21세기 유교 연구를 위한
백가쟁명 百家爭鳴

유교문화연구총서 23

21세기 유교 연구를 위한

백가쟁명 百家爭鳴

2권 정상과 이상의 대결 역사

신정근 외 지음

일러두기

1. 책의 내용은 유교문화연구소 20주년 기념 학술대회(2019.11.29~30)에 발표한 글을 위주로 하여 다른 매체에 발표되지 않은 창작 원고를 기준으로 수록했다.

2. 책의 내용은 유교문화연구소의 편집 과정과 지은이의 수정과 보완 작업을 거쳤기 때문에 학술대회의 발표 원고와 다르다.

3. 총서는 《 》, 책은 『 』, 논문과 시는 「 」, 그림과 노래는 〈 〉 등으로 표시한다.

4. 서지 사항은 서명, 편명, 페이지 순서로 밝힌다.

5. 철학 용어는 본문에서 한국어와 한자의 순서로 병기하고 각주에서 한자만 표기한다.

6. 철학 개념은 두음법칙의 적용을 받지 않는다.
   예: 理 → 리

7. 원전을 번역할 때 지은이가 내용을 보충하는 부분을 [ ]로 표시했다.

　성균관대학교 유교문화연구소는 2000년에 설립되어 올해로 20주년을 맞이했다. 어엿한 청년의 나이가 되었다. 기념식을 해야겠는데 무엇을 할까 하다가 예산이 허용하는 범위에서 가능한 한 많은 국내 학자를 모시는 학술대회를 열기로 했다. 그간 유교문화연구소의 운영에 직간접적으로 도움을 주신 데에 감사의 뜻을 표하기도 하고 개인별로 온축한 연구의 성과를 공유하여 정리하는 편이 좋겠다는 생각이 들었다.

　유교문화연구소는 바쁘게 달려왔던 과거의 시간을 되돌아보고, 현재의 자리를 둘러보며 앞으로 나아갈 방향을 잡아야 하는 때가 되었다고 판단했다. 이에 〈2019년 백가쟁명百家爭鳴〉을 개최하여 유교의 과거와 현재 그리고 미래를 만나고자 했다. 20년이라는 세월이 결코 짧은 세월이 아니듯이, 20년 동안의 유교문화연구소 발자취 역시 수많은 발자국이 모이고 이어져 여기까지 올 수 있었다. 유교문화연구소의 20년은 바로 '유교 연구의 20년'이라고 해도 지나친 말은 아니라고 생각한다.

　20년 동안 수많은 학자들이 유교문화연구소의 총서 및 학술지 발간과 학술대회를 통해 유교를 주제로 많은 연구 결과를 내놓았기 때문이다. 또 〈인문도시종로〉, 〈유교문화활성화지원사업〉 등 유교문화의 대중화 사업을 통해 저변을 확대해왔다. 그런 의미에서 이번 유교문화연구소 20년 기념 학술대회는 유교의 과거를 돌아보고, 현재를 직시하며, 미래를 내다보는 시간으로 만들고자 했다.

원래 20주년 학술대회라면 꽤 일찍부터 준비를 해야 한다. 발표 형식도 정하고 발표자 섭외도 해야 하는데 준비할 일이 많기 때문이다. 하지만 여러 가지 사정상 연초부터 뭔가를 해야지 생각만 하고 9월을 넘겨서야 학술대회의 윤곽을 잡았다. 그리고 발표자 섭외는 의외로 짧은 시간에 끝났다. 메일로 발표 여부를 묻는 절차를 진행할 때 실로 많은 분들이 흔쾌히 발표를 수락해주셨다.

원래 100명까지 고려했지만 제반 사정상 50여 분에 달할 정도로 국내 행사로는 전례가 없는 학술대회를 개최하게 되었다. 이 자리를 빌려 바쁜 중에도 원고를 집필하고 발표해준 분과 학술대회에 참가해서 고견을 나누고 또 진행에 도움을 준 모든 분들에게 진심으로 고마움을 전한다.

학술대회가 끝나고 생각해보니 국제학술대회도 좋지만 50여 분이 발표하는 국내학술대회도 참으로 좋았다. 정부의 각종 재정 지원으로 프로그램을 진행하다 보면 은연 중에 국내 학자보다 국외 학자를 초청하는 쪽이 비중이 실린다. 중요한 것은 우리가 얼마나 내실을 기하느냐에 있다.

발표한 분은 많지만 책에 글이 실린 분은 적다. 글마다 사연이 있고 또 어디에도 발표된 적이 없는 글을 중심으로 편집을 하다 보니 줄어들게 되었다. 시간이 더 주어졌더라면 더 많은 분들의 글이 책에 실릴 수 있겠지만 그러지 못하여 송구하지 그지없다. 앞으로 국내 학자들이 많이 모여서 그간 갈고 닦은 실력과 학식을 공유하는 자리가 마련되었으면 좋겠다.

나는 2014년 3월에 유교문화연구소 8대 소장으로 취임했다. 당시 1년 기간의 연구년을 보내다가 6개월 만에 현업으로 돌아오게 되었다. 2년으로 끝낼 줄 알았던 소장직을 그 뒤로 2차례 더 연임하면서 거의 6년

(2014.3~2019.12)을 유교문화연구소의 8~10대 소장으로 재임하게 되었다. 이 소임이 20주년 기념 학술대회로 마무리되고 다시 연구총서로 묶여 마지막 역할을 하게 되었다고 할 수 있다.

20주년의 대규모 학술대회를 치르려면 도움이 필요하다. 예산상의 지원을 아끼지 않은 한기형 동아시아학술원 원장님께 감사드린다. 아울러 초기 발표자의 연락과 관련 업무를 맡은 정향원과 심주현님, 발표자 섭외와 제반 업무를 담당한 김미영 책임연구원 그리고 학술대회 자료집과 연구총서의 초기 편집을 맡은 설준영님에게 고마운 마음을 전한다.

나머지 후반 작업은 시간 관계상 내가 직접 할 수밖에 없었다. 워낙 필자가 많아 편집과 교정 작업을 하려면 엄청난 집중력이 요구되기 때문이다. 이 때문에 필자와 충분히 소통하지 못하고 전체의 원고를 통일하게 되었다. 오탈자를 바로잡고 서지사항의 형식을 통일하는 등 최소한의 수정 작업을 할 수밖에 없었다. 원의를 해치지 않으려고 했지만 본의와 달리 실수가 있을 수 있으므로 필자 여러분들의 양해를 바라는 바이다. 다시 한 번 더 유교문화연구소를 맡으면서 도움을 준 모든 분들께 사의를 표하며 글을 마치고자 한다. 그분들의 도움이 있었기에 어설프고 힘든 소임을 그나마 대과 없이 마칠 수 있었다고 생각한다.

2019.12
신정근 씁니다

차례

서문 5

『시경』과 당시唐詩 속 춤동작의 문학적 형상화 추출 및 유형화
: 연무宴舞·전무戰舞·취무醉舞·신무神舞 / 김미영

1. 들어가는 글 13
2. 『시경』 속 춤동작의 문학적 형상화 추출 17
3. 당시唐詩 속 춤동작의 문학적 형상화 분석 24
4. 연무宴舞·전무戰舞·취무醉舞·신무神舞 39
5. 나오는 글 43

조선후기 문인들의 '소확행' 음악활동 / 송지원

1. 머리말 47
2. '닦는 음악'에서 '소통하는 음악'으로 49
3. 임원林園에서의 음악 생활 58
4. 맺음말 68

조선시대 18, 19세기 화론畫論에서 중시된 '기奇'와 '예藝' / 고연희

1. 머리말 71
2. 18세기, 기경奇景의 추구 73
3. 19세기, 문자기법文字奇法의 추구 83
4. 18세기에서 19세기로 91
5. 맺음말 93

장자의 자연自然과 기인奇人의 상관성
: 카를 로젠크란츠의 『추醜의 미학』을 중심으로 / 임태규

1. 들어가는 글 97
2. 장자 기인奇人 이해의 주변 102
3. '기인'의 세 가지 유형 110
4. 나가는 글 123

기이한 정상: 유교가치 실현을 위한 제언 / 전성건

1. 서론 127
2. 정상화의 역사화 과정 130
3. 정반합의 논리적 모순 135
4. 수사학의 미래적 선택 140
5. 결론 144

「심기리心氣理」편에서는 왜 리理를 유교의 최상위 개념으로 설정했는가? / 이해임

1. 들어가는 글 149
2. 마음은 외부대상의 자극으로부터 어떻게 반응하는가? 152
3. 양기는 마음의 지각작용을 통제할 수 있는가? 157
4. 형이상의 리가 형이하의 세계를 어떻게 주재하는가? 162
5. 나오는 글 169

서학의 욕구론과 위정척사파의 비판
: 김평묵의 『벽사변증기의』를 중심으로 / 이원석

1. 들어가며 173

2. 『칠극』의 지평과 유가 비판 176
3. 김평묵의 『칠극』 비판 184
4. 결론 194

과욕寡欲에서 양욕養欲으로 / 권오향

1. 들어가며 197
2. 욕欲의 의미와 가치 201
3. 욕欲은 왜 억눌려 왔는가? 211
4. 욕欲이 왜 현대에 권리로 부상하는가? 224
5. 결론 238

유학에서 경經의 수렴성으로부터 예藝의 확산성까지
: 규범 원리와 심미 의식의 연속성을 중심으로 / 엄연석

1. 머리말 241
2. 유학에서 경經의 일반적 의미와 상관개념 245
3. '문文'의 의미와 예藝의 확산적 특성 256
4. 문文과 질質, 인의와 예악의 연속성과 균형 조화 264
5. 맺음말 269

천리天理의 '공공성'과 '현실성': 일관된 충서忠恕의 리理가
개인 및 사회에 가지는 의미에 관한 소고 / 정도원

1. 서론: '리理'라는 '말'의 의미 273
2. 사람 사는 이치로서의 천리天理와 공리公理 276
3. '일관一貫'된 '천天'리理의 인식과 의미 280
4. '공公'리理의 실현과 개인의 행복 285
5. 결론: 천리天理에 대한 도학 담론의 가치 289

신유학의 불교 비판과 유학의 복원: 이정 형제를 중심으로 / 이현선

1. 들어가는 말 293
2. 불교 우위의 '현재[今]': 불교의 유학화와 유·불 융합론 294
3. 이정 형제 이전 송대 유학의 불교 비판 299
4. 이정 형제의 불교 비판: 유·불 융합론의 모순 302
5. 「중용장구서」에 나타난 주희의 도통론과 이정二程 계승 311
6. 나가는 말 316

주자의 『주역본의周易本義』 권수卷首 구도九圖는 어떻게 정正이 되었는가 / 임재규

1. 서언 317
2. 조선 역학에 있어서 『주역전의대전』과 『주역본의』의 권수卷首 구도九圖 318
3. 『주역전의대전』 이전 중국 역학에 있어서 『사고전서』 본 『주역본의』 판본과 『주역본의』의 권수 구도九圖 321
4. 왕무횡王懋竑의 「주역본의구도론周易本義九圖論」 325
5. 『주역본의』 권수 구도 중의 「괘변도」와 『주역본의』의 주문注文 331
6. 결어 339

양명의 탈성화脫聖化 기획 / 설준영

1. 존재 양태로서의 성인 343
2. 행위 양태로서의 성인 351
3. 심즉리를 통한 탈성화脫聖化 기획 357

『시경』과 당시唐詩 속 춤동작의 문학적 형상화 추출 및 유형화:
연무宴舞 · 전무戰舞 · 취무醉舞 · 신무神舞

1. 들어가는 글

'감성 영역의 예술을 이성적 언어로 표현하는 데에는 분명 한계가 있다. 그뿐만 아니라 예술에서 추구하는 미적 가치와 예술작품을 감상한 후의 느낌이 서로 같지 않기 때문에 모든 사람이 동의하는 가치 평가와 감상 표현은 불가능하다.

하지만 문장에 대한 다양한 품평, 그림을 보고 느낀 감상의 글, 붓의 기맥에 관한 뭇사람의 글은 모두 문론文論의 기초가 되었고, 화론畵論의 바탕이 되었으며, 서론書論의 초석이 되었다.'[1]

문론, 화론, 서론의 성립이 가능했던 것은 실제 예술 작품을 앞에 놓고 이렇다는 둥 저렇다는 둥 논의가 가능했기 때문이다. 이에 반해 춤은

---

[1] 김미영, 「舞境의 세계로 조심스레 들어가다」, (사)선비정신과 풍류문화연구소 〈웹진 오늘의 선비〉 2013년 5월 칼럼(http://www.ssp21.or.kr) 부분 인용.

사정이 이와 같지 않다. 춤은 실천의 그 순간이 지나면 사라져버리기 때문에 두고두고 이러쿵저러쿵 이야기하는 것이 불가능하다. 따라서 춤의 실천은 있었지만, 그것에 관한 이렇다 할 무론舞論이 성립되기 어려웠다.

그렇다면 무론의 성립은 불가능한가? 문장과 그림, 글씨는 실물이 '있는 것'이기 때문에 오랜 시간을 두고 평가할 수 있지만, 춤은 같은 방식의 실물이 '있는 것'이 아니기 때문에 문론, 화론, 서론과 같은 성격의 무론의 성립은 불가능하다고 말할 수 있다. 실물의 측면에서 보면 춤은 이미 '없는 것'이기 때문이다.

그러나 여기서 포기하기엔 이르다. 춤은 서책과 그림 등과 같은 형태로 '있는 것'은 아니지만, 그것은 분명 '있는 것'이었고, 또 언제든 '있는 것'이 될 수 있기 때문이다. 다시 말하면 문장과 그림, 글씨처럼 실물이 눈앞에 놓여 '있는 것'은 아니지만, 춤은 그것을 보았던 관객의 기억과 감흥, 그리고 예술 의경意境[2] 안에서 여전히 '있는 것'이다. 특히 지면 위에 펼쳐진 춤동작의 문학적 형상화를 통해 '있는 것'이 될 수 있다. 이러한 측면에서 춤동작의 문학적 형상화는 주목된다.

무론이 부재한 것은 아니다. 전통시대의 사상이 바탕이 된 악론樂論이 바로 악론이자 무론이다. 전통시대의 춤은 "음양陰陽 · 사상四象 · 오행五行 · 팔괘八卦 · 천간天干 · 지지地支 · 12차次 · 24절기節氣 등과 같은 자

---

2 '의경'은 동아시아 미학의 핵심 개념 중 하나로, 예술작품 또는 자연경관의 象 · 氣 · 道가 융합하는 대우주 생명이론을 강조한다. 의경은 주관범주의 '意'와 객관범주의 '境'이 결합된 일종의 예술경계이다. 의경은 형상, 형상 너머의 형상, 형상 너머의 뜻으로 인해 서로 낳아주고 전해주어서 같은 종류를 끝없이 이어준다. 의경은 특정한 예술 형상과 그것으로 나타내는 예술적 정취, 예술적 분위기와 그로 인해 촉발될 수 있는 폭넓은 예술 연상과 환상의 총화이다.(푸전위안 지음, 신정근, 임태규, 서동신 옮김, 『의경: 동아시아 미학의 거울』, 성균관대학교출판부, 2013; 왕궈웨이 지음, 류창교 옮김, 『세상의 노래비평 인간사화』, 소명출판, 2004; 왕궈웨이 지음, 조성천 옮김, 『인간사화』, 지만지, 2009 참조)

연[天]의 이치와 법칙들을 바탕으로 제작한 것"[3]이기 때문에 춤의 절차와 대형의 변화는 언급했던 사상적 의미를 내포하고 있다.

그것이 바로 무론의 한 축이다. 하지만 거기에는 문론·화론·서론에 필적할만한 작품 실체에 대한 미적 담론이 미약하다. 문론이 실제 문장에서, 화론이 실제 그림에서, 서론이 실제 필체에서 시작했듯이, 무론도 춤동작 그 자체에 대한 미적 담론이 있어야 한다는 것이 필자의 생각이다.

춤은 춤추는 그 순간이 지나면 실물이 눈앞에 놓여 '있는 것'으로 '있는 것'은 아니다. 그러나 그것을 보았던 이의 기억과 감흥을 글로 표현한 문학적 형상화를 통해, 더 나아가 그것을 통한 예술 의경을 통해 언제든 '있는 것'이 될 수 있다. 시간이 지나면 눈앞에 펼쳐졌던 무희舞姬[4]의 고운 자태는 사라지지만, 문학적 형상화를 통해 그 고운 자태는 우리 마음속에서 언제든 되살아날 수 있다. 따라서 춤을 감상한 이의 평가이자 감흥의 표현인 문학적 형상화는 무론을 구축하는 데에 간과할 수 없는 보고寶庫이다.

그들은 분명 춤을 보며 춤의 무언가에 사로잡혔고, 그 순간 심장이 두근거렸을 것이며, 그 감흥이 쉽게 사라지지 않아 붓을 들어 지면 위에 써 내려갔을 것이다. 그들은 춤의 매력을 노래하기도 하고, 기묘한 춤동작의 특징을 묘사하기도 했으며, 관람 후에도 쉽게 가시지 않는 감동을 표현했다. 따라서 그것은 문론, 화론, 서론에 필적할 만한 무론의 기초이자 핵심이 될 수 있다.

---

3   김미영, 『『악학궤범』 악론의 동양사상 2580』, 성균관대학교출판부, 2018, 20쪽 인용.

4   춤추는 사람을 무용수, 춤꾼으로 표현하기도 하지만, 이 글에서는 문학작품에서 자주 표현되는 舞姬로써 대신하고자 한다.

이에 본 논문에서는 고대 중국의 시가를 모아 엮은 『시경』과 춤동작의
문예적 묘사가 풍부한 당시唐詩에서 생동감 있게 움직이는 춤의 실체를
드러내 보고자 한다.[5] 또 그 시어詩語들이 시대와 공간을 초월하여 조선
시대까지 영향을 미쳤다는 것도 짚어볼 것이다.

먼저 『시경』에서 춤동작의 문학적 형상화를 추출하고, 그것이 당대唐
代와 조선시대에는 어떻게 쓰였는지를 추적하여 그 동이성을 찾고자 한
다. 이어서 당시에 전하는 춤동작의 문학적 형상화를 추출하고, 마찬가
지로 『시경』과 조선시대의 문학 작품과 연계된 흔적을 탐색해 볼 것이
다.[6] 끝으로 『시경』과 당시에서 추출한 결과를 특징별로 유형화하고자
한다.[7]

이 글은 무론을 구축하기 위한 초석을 동아시아 사상의 바탕인 『시경』
에서 시작하여, 다양한 춤이 묘사된 당시에서 찾고, 더불어 조선시대의
문학 작품에서도 그 흔적을 찾아보고자 한 것이다. 연구의 결과는 동아
시아 춤의 미학적 고찰을 춤동작 자체에서 시작해 볼 수 있는 주춧돌이
될 것이라고 기대한다.

---

5 『詩經』과 唐詩에서의 춤동작의 문학적 형상화는 필자의 이전 논문을 인용하였음을 밝힌다.
  김미영, 「唐詩에서의 춤동작[舞態]에 대한 문학적 형상화 Ⅰ: 健舞를 중심으로」, 『대한무용학
  회논문집』 70, 대한무용학회, 2012, 23~40쪽; 「唐詩에서의 춤동작에 대한 문학적 형상화 Ⅱ」,
  『무용역사기록학』 35, 무용역사기록학회, 2014, 9~30쪽; 「『詩經』 속 춤동작의 문예적 표현 탐
  구」, 『인문과 예술』 제7호, 인문예술연구소, 2019, 111~126쪽.

6 『시경』의 원문과 번역문은 유교문화연구소, 『시경』, 성균관대학교출판부, 2008을 인용 및 참조
  하였다. 이하 책명과 쪽수만 제시한다. 唐詩의 원문은 『文淵閣四庫全書電子版: 原文及全文
  檢索版』, 香港: 迪志文化出版有限公司, 1999의 『全唐詩』에 따랐으며, 번역은 필자가 한 후
  한학자인 기태완 선생님의 감수를 받았음을 밝힌다. 조선시대 문학작품의 원문과 번역문은
  (사)전통문화연구회 東洋古典 동양고전종합DB(http://db.cyberseodang.or.kr)에서 인용 및 참
  조하였다.

7 조선시대 문학작품에 전하는 춤동작의 문학적 형상화는 매우 많고 다양하지만, 이 글에서는
  『시경』과 당시에 전하는 문학적 형상화와 비교되는 것만 제시하는 것으로 제한하였다.

2. 『시경』 속 춤동작의 문학적 형상화 추출

『시경』은 고대 중국의 시가를 모아 엮은 오경五經의 하나로, 공자에 의해 305편으로 간추려졌다.[8] 『시경』에는 대략 BC 11세기부터 BC 6세기까지의 황하를 중심으로 한 주周 나라에서 불렸던 노래 가사가 전한다. 공자의 언행을 기록한 『논어』와 『공자가어』에는 유독 『시경』을 인용한 사례가 많은데, 그것은 바로 『시경』에 담겨 있는 내용이 고대 중국사회의 문화와 정신을 이해하기 위한 본바탕이자 핵심이기 때문일 것이다.

『시경』에 전하는 시어는 공자뿐만 아니라, 시간과 공간을 뛰어넘어 동아시아의 수많은 지식인에게 널리 영향을 미쳤다. 한·당·송·명·청 시대는 물론 조선시대의 문헌에서도 『시경』의 시어들이 여전히 발견되는 것이 이를 증명한다. 이로써 보면 『시경』의 이해는 동아시아 전반의 문화와 예술을 이해하는 기나긴 노정의 첫발이라고 할 수 있다. 이런 점에서 『시경』에서의 춤동작에 대한 문학적 형상화는 눈여겨볼 만하다.

『묵자』「공맹公孟」에 "시 300편을 암송하고, 시 300편을 연주하고, 시 300편을 노래하고, 시 300편을 춤춘다[誦詩三百, 弦詩三百, 歌詩三百, 舞詩三百]"라는 말이 전하듯이, 『시경』의 노래는 분명 춤과 함께 연출되었을 것이다. 그러나 악보樂譜와 무보舞譜가 전하지 않기 때문에 어떤 선율에 맞춰 어떤 춤동작으로 춤을 추었는지 그 선율과 춤동작을 재현할 수 없다. 따라서 노래 가사의 내용으로 선율과 춤의 분위기 및 속도를 추측해 볼 뿐이다. 그런데 춤의 경우는 주목해 보아야 할 것이 더 있다. 바로 춤동작을 표현한 시어이다.

---

8   『시경』에 전하는 것은 총 311편인데, 그중 제목만 있는 것이 6편이다. 그 6편을 제외한 305편이 전해진다.

1) 용약踊躍

전쟁 상황에서는 북을 치면 진군을, 징을 치면 퇴각을 한다. 『시경』에도 북소리가 울리자 병사들이 무기를 들고 전장으로 뛰어나가는 표현이 전한다. 「패풍邶風 격고擊鼓」에 "북소리 둥둥~ 울리니, 무기를 들고 뛰어오르네[擊鼓其鏜, 踊躍用兵]"[9]라고 했다. 진군을 명하는 북이 울리자, 일어나 적을 향해 나아가 치고 찌르며[10] 적과 접전을 벌이는 모습이다.

정현鄭玄(127~200)이 위의 시문에서의 '용병用兵'을 '훈련하는 때[此用兵謂治兵時]'[11]라고 풀이했듯이 「격고」는 적과 대적하는 병사들의 훈련 모습을 노래한 것이다. 물론 여기에 춤이 빠질 수 없다. 위의 시 구절에서 춤 동작을 묘사한 것은 바로 '용약踊躍'이다. '용약'은 칼 또는 창으로 서로 치고 찌르는 춤동작의 문학적 형상화라고 할 수 있다.

이후에도 '용약'은 여전히 춤동작을 표현했다는 것을 발견할 수 있다. 『통전』권149에는 "혹은 뛰어오르기도 하고 혹은 펄쩍 뛰기도 한다[或踊或躍]"라고 전하고, 백거이白居易(772~846)의 시에는 "동고銅鼓 한번 치니 문신文身이 춤을 추네[銅鼓一擊文身踊]",[12] "북 치며 도약하기 전에 치사致辭를 하네[鼓舞跳梁前致辭]"[13]라고 전한다.[14] '용'과 '약'이 한 단어로 쓰

---

9 『시경』, 118쪽 인용.

10 『詩經集傳』: "踊躍, 坐作擊刺之狀也"(성백효 역주, 『시경집전』상, 전통문화연구회, 1993; 2005, 86쪽 참조).

11 『譯註 毛詩正義』2, 傳統文化硏究會, 2016, 170쪽 인용. 『모전』의 내용은 『역주 모시정의』에 있는 것은 번역서의 쪽수를, 없는 것은 『文淵閣四庫全書電子版: 原文及全文檢索版』(香港: 迪志文化出版有限公司, 1999)의 『毛詩註疏』를 제시하였다.

12 白居易, 「欲王化之先邇後遠也」.

13 白居易, 「西涼伎」.

14 『통전』에는 '踊'과 '躍'이, 백거이의 시에는 '踊'과 '跳'가 쓰였으나, '跳'와 '躍'은 같이 쓰기 때문에 용약과 같은 것으로 보아도 무관하다.

이지는 않았지만, 빠르고 날렵하게 움직이며 도약하는 춤동작을 묘사한 것은 서로 다르지 않다.

『시경』과 『통전』의 저작 시기는 1,270여 년의 차이가 나고,[15] 『시경』과 당시는 멀게는 1,370여 년의 차이가 나는 데에도 불구하고,[16] '용약'이라는 시어는 그 빛을 잃지 않았다. 다만 적군과의 치열한 접전을 형용했던 것이, 날렵하게 뛰는 경쾌한 춤동작을 표현하며, 그 날카로움이 무뎌진 측면이 있다.

그러나 '용약'의 날카로움은 오랜 세월이 흐른 뒤 조선시대에 그 모습을 드러낸다. 실학을 집대성했다고 평가받는 정약용의 『다산시문집茶山詩文集』 권1 「무검편증미인舞劍篇贈美人」[17]에 "치고 찌르고 뛰고 굴러 어지럽게 움직이면서 경계하며 주시한다[擊刺跳躍紛駭矚]"[18]에서 다시 날을 세웠다.

『시경』의 '용약'은 전쟁을 준비하는 군사들의 훈련 모습을 표현한 것이고, 「무검편증미인」의 '용약'은 이를 예술적으로 승화시킨 〈검무〉의 춤동작을 묘사한 것이지만, 적과 대적하는 모습을 형용한 맥락은 같다.

이처럼 무기를 들고 적을 상대로 혈전을 펼치는 모습을 표현한 것은 다르지 않다는 점에서 『시경』의 '용약'의 의미가 오랜 세월 동안 전해진 것이라고 볼 수 있다. 『시경』과 「무검편증미인」의 저작 시기는 무려 2,250

---

15 『시경』의 저작은 대략 BC 470년, 『통전』은 801년으로 약 1,271년의 차이가 난다.

16 당나라 건국과 패망 시기를 기준으로 가깝게는 1,088년 멀게는 1,377년의 차이가 난다.

17 「무검편증미인」은 정약용이 18세 때 경상우도 병마절도사로 있던 장인 홍화보가 사위를 위해 베풀어 준 진주 촉석루 연회에서 본 〈검무〉를 무보를 그리듯 생생하게 묘사하고 있는 시문이다. 전체 내용은 김미영, 「문학작품에 표현된 18세기 교방검무의 미적 특징」, 『한국무용사학』 6, 한국무용사학회, 2007, 173~205쪽 참고.

18 '跳'는 '踔'과 같이 쓰이므로, '跳躍'은 '踔躍'과 다르지 않다.

여 년이라는 차이가 난다.[19] 그런데도 『시경』의 '용약'이 여전히 같은 의미로 쓰였다는 점은 춤동작의 문학적 형상화가 무론의 토대가 될 수 있다는 주장을 뒷받침해준다.

2) 준준蹲蹲

『시경』「소아 벌목伐木」에 "술이 있거든 술을 거를 것이고, 술이 없으면 받아올 것이네. 두둥~ 두둥~ 북을 치고, 너울너울 춤을 추며, 한가할 때에 거른 이 술을 마셔보세[有酒湑我, 無酒酤我, 坎坎鼓我, 蹲蹲舞我. 迨我暇矣, 飮此湑矣]"[20]라고 전한다.

앞에서 언급했던 '용약'은 북이 울리자 무기를 부딪치며 적과 대적하는 춤동작을 묘사한 것이었다. 여기서도 북을 두드리며 춤을 추기 시작하는 것은 같은데, 춤동작은 서로 크게 달랐을 것이라는 점을 짐작할 수 있다.

「벌목」의 '준준蹲蹲'은 술을 거나하게 한잔하고, 흐느적거리며 비틀비틀 추는 '취무醉舞'의 형상을 묘사한 것이다.[21] 『모전毛傳』과 『시경집전詩經集傳』에는 모두 "준준은 춤추는 모양이다[蹲蹲, 舞貌]"[22]라고 풀이되어 있고, 『시경주석詩經註析』에도 "준준은 춤의 스텝이 음악과 조화를 이루는 자태[蹲蹲, 舞步合樂的姿態]"[23]라고 풀이되어 있다. '준준'을 풀이한 위

---

19 정약용이 18세 때에 쓴 것으로, 그 해는 1780년이다.

20 『시경』, 680쪽 인용.

21 박영희는 '蹲'은 토템신앙이 반영된 개구리 춤이 주대 이후 변모되어, 노동이나 수확 후의 잔치에서 여러 명이 함께 추는 춤을 표현한 것이라고 설명했다. 박영희, 「『시경』 속 춤동작의 의미 재구성」, 『中國語文學誌』 37, 중국어문학회, 2011, 67~68쪽 참조.

22 『毛詩注疏』 卷16, 『詩經集傳』, 368쪽 인용.

23 程俊英, 蔣見元, 『詩經註析』, 《中國古典文學基本叢書》, 北京: 中華書局, 1999, 457쪽 인용.

의 주석에는 취무의 특징은 강조되어 있지 않지만, 시문의 내용으로 미루어 볼 때 술을 마신 후, 흥에 겨워 춤을 추는 모습을 형용한 것임에는 틀림없다.

그렇다면 당시를 보자. 중당中唐 시인 유언사劉言史(742~813)의 「왕중승 집에서 밤에 호등무를 보다[王中丞宅夜觀舞胡騰]」에는 "술동이 앞에서 새처럼 빠르게 추네[蹲舞尊前急如鳥]"라는 시문이 전하는데, 이 시문에서의 '준무蹲舞'는 『시경』의 '준준'과 느낌이 크게 다르지 않다. 술이 언급되었다는 점도 그렇고, 속도의 차이는 다소 있더라도 둘 다 격식을 갖추지 않고 자유롭게 춤동작을 펼치고 있는 점에서 같기 때문이다.

백거이의 「군 안의 봄 연회로 인하여 여러 손님들에게 보내다[郡中春讌因贈諸客]」라는 시에는 "파巴 땅의 미인이 덩실덩실 춤을 추네[巴女舞蹲蹲]"라고 전하는데, 『시경』에 전하는 '취무'의 특징은 표현되어 있지 않지만, 잔치 자리에서 덩실거리며 추는 춤사위는 읽어낼 수 있다.

'준준'의 이와 같은 느낌은 조선시대 문헌에도 여전히 나타난다. 조선의 한문 사대가 중 한 사람인 계곡谿谷 장유張維(1587~1638)의 시문집인 『계곡선생집谿谷先生集』에 "짧은 옷소매 일어나 덩실덩실 춤을 추네[短袖起舞何蹲蹲]"[24]라고 전하고, 정약용의 『여유당전서』에도 "군자에게 효자 있어 바가지로 술 권하고, 덩실덩실 춤을 추며 애썼다는 말을 하네[君子有孝子, 酌之用匏. 蹲蹲舞我, 謂我劬勞]"[25]라고 전하며, 조선 후기의 문신 잠곡潛谷 김육金堉(1580~1658)의 시문집인 『잠곡유고潛谷遺稿』에도 "덩실덩실 장사가 춤을 추네[蹲蹲壯士舞]"라는 표현이 전한다. 대체로 음악에 몸을 맡기고 흔들흔들 추는 취무의 춤동작을 표현하고 있다.

---

24 金堉, 『谿谷先生集』卷26「洗鋤」.
25 丁若鏞, 『與猶堂全書』卷12「回卺宴壽樽銘」

3) 파사婆娑

「진풍陳風 동문지분東門之枌」에는 춤동작과 관련하여 '파사婆娑'라는 표현이 전한다. "동문의 느릅나무와 완구의 상수리나무에서 자중의 딸이 춤을 추네. 좋은 아침을 택하여 남방의 언덕으로 향하네. 그 삼은 길쌈하지 않고 저잣거리에서 춤을 추네[東門之枌, 宛丘之栩, 子仲之子, 婆娑其下. 穀旦於差, 南方之原, 不績其麻, 市也婆娑]"[26]

『모전』에는 단순하게 "파사는 춤이다[婆娑, 舞也]"[27]라고 되어있고, 주희도 특별한 설명 없이 "파사는 춤추는 모양이다[婆娑, 舞貌也]"[28]라고만 풀이했다. 한편, 『시경주석』에는 "뛰고 돌며 흔들며 요동치며 춤추는 것[跳舞嬖旋搖擺]"[29]이라며, 좀 더 구체적으로 설명되어 있다.

'파사'는 춤추는 모습을 형용하는 데에 많이 쓰였으며, 또 우아한 자태를 형용하거나,[30] 느긋하게 배회하며 소요하는 모습을 묘사할 때에도 쓰였다.[31] 반면 술에 취해서 비틀거리는 모습과 바쁘게 움직이는 모습을 표현할 때와[32] 또 어지럽게 퍼져있는 모습과 쇠약한 모습을 표현하는

---

26 『시경』, 534~535쪽 인용.

27 『毛詩註疏』 卷12.

28 『詩經集傳』, 293쪽 인용.

29 『詩經註析』, 365쪽 인용.

30 『秦並六國平話』 卷上: "但見歌喉淸亮, 舞態婆娑."

31 杜摯, 「贈毌丘儉」: "騏驥馬不試, 婆娑槽櫪間. 壯士志未伸, 坎軻多辛酸."; 盧照鄰, 「釋疾文」: "餘羸臥不起, 行已十年. 宛轉匡床, 婆娑小室."; 『文選』班彪「北征賦」: "登障隧而遙望兮, 聊須臾以婆娑."; 李善 注: "婆娑, 容與之貌也."; 葛洪, 『抱樸子』「崇敎」: "若夫王孫公子, 優遊貴樂, 婆娑綺紈之間, 不知稼穡之艱難." 등.

32 葛洪, 『抱樸子』「酒誡」: "漢高婆娑巨醉, 故能斬蛇鞠旅."; 范成大, 「慶充自黃山歸」: "鳴騶如電馬如雷, 知是婆娑醉尉回."; 應劭, 「風俗通」「十反 蜀郡太守潁川劉勝」: "杜密婆娑府縣, 幹與王政, 就若所雲, 猶有公私";『晉書』「陶侃傳」: "未亡一年, 欲遜位歸國, 佐吏等苦留之. …… 將出府門, 顧謂愆期曰, '老子婆娑, 正坐諸君輩'"

등.[33] 다른 표현에 비해 매우 다양한 모습을 형상화하는 데에 쓰였다.

당시에도 왕유의 「양주 교외에서 바라보다[涼州郊外遊望]」에 "아름다운 자태는 마을의 토지신에 의탁하고 …… 무녀가 어지럽게 신들린 듯 춤을 추네[婆娑依里社, 女巫紛屢舞]"라는 표현이 전한다. 이 시는 무녀가 토지신과 곡식신에게 굿을 하는 모습을 묘사한 것이다.

당시에서는 왕유의 시 외에 춤동작을 '파사'로 표현한 예를 쉽게 찾아볼 수 없지만, 조선시대 문학 작품에는 춤동작을 묘사할 때 '파사'를 자주 썼다는 것을 발견할 수 있다. 예를 들면 "하얀 달빛 아래 너울너울 춤을 추고[舞月婆娑白]; 높은 장대 끝에 서서 너울너울 춤을 추며[百尺竿頭舞婆娑]; 이곳에서 너울너울 춤을 추면서[於此舞婆娑]; 다시 달빛 아래 덩실덩실 춤을 추노라[更從月下舞婆娑]"[34] 등이다.

이상의 내용으로 볼 때, 파사는 주로 일반적인 춤동작보다는 강렬하고 기이한 춤동작을 묘사할 때에 쓰였다는 것을 알 수 있다. 즉 아정한 춤동작이기 보다는 사람의 혼을 빼놓을 정도로 화려한 모습이거나 난이도 있는 춤동작의 경우에 '파사'로 표현했다.

정리하면, 『시경』의 '용약'은 적을 상대하며 빠르고 날렵한 도약의 춤동작을 묘사한 것이고, '준준'은 절도에 얽매이지 않고 여유 있게 덩실거리는 취무를 표현한 것이며, '파사'는 신들린 몸짓과 몽환적인 느낌을 주는 신무神舞의 특징이 보이는 춤동작을 묘사한 것이라고 말할 수 있다.

이 외에도 『시경』에는 잔치 자리를 묘사하며, '반반反反', '억억抑抑'으

---

33 劉義慶, 『世說新語』 「黜免」: "殷因月朔, 與衆在聽, 視槐良久, 歎曰, '槐樹婆娑, 無複生意'"; 杜甫, 「惡樹」: "方知不材者, 生長漫婆娑."; 呂坤, 「反挽歌」: "鞿此婆娑世, 欲飛不能奮."; 張岱, 「陶庵夢憶 · 閔老子茶」: "抵岸, 卽訪閔汶水於桃葉渡. 日晡, 汶水他出, 遲其歸, 乃婆娑一老."

34 李穀, 『稼亭集』 第20卷 「開雲浦」; 張維, 『谿谷集』 第34卷 「雜體」 44首; 金昌協, 『農巖集』 第6卷 「花潭」; 李穡, 『牧隱詩稿』 第6卷 「大諫旣去, 陶然有詠」.

로 술 취하기 전 위의威儀를 차린 모습을 표현하기도 하고, 취한 후에는 '번번幡幡', '필필怭怭'로 위의를 잃어버린 방종한 모습을 표현하기도 했으며, 또 위의를 잃고 추는 취무를 '선선僊僊', '기기俄俄', '사사傞傞'로 묘사하기도 했다.[35]

또 만무萬舞의 웅장함과 우아함을 표현한 '양양洋洋',[36] 농사와 밀접한 관련이 있는 움직임을 춤으로 표현한 '좌우채지左右采之',[37] 새의 움직임을 포착하여 이를 모방한 움직임을 묘사한 '창蹌'도 보인다.[38]

3. 당시唐詩 속 춤동작의 문학적 형상화 분석

당시에는 춤동작의 문학적 형상화가 풍부하게 전한다. 당대는 과거시험에서 시율이 강조되면서 시인의 수도 늘고 시작품도 많아졌다. 악무는 중원대륙이 통일되면서 남북조 악무가 합쳐졌을 뿐만 아니라 여기에 외국의 악무까지 유입되면서 매우 다양하게 연출되었다.

이러한 배경에 힘입어 다양한 춤종목들이 당시에 묘사되었다. 당시에는 《건무健舞》와 《연무軟舞》, 《좌부기左部伎》와 《입부기立部伎》 그리고 《십부기十部伎》에 속한 많은 춤이 소개되었으며, 무희의 춤동작이나 자태에 주목하여 묘사한 것도 많다.

당대에 연회에서 자주 공연되었던 것은 《건무》와 《연무》이다. 이에

---

35 『詩經』「小雅 桑扈之什」「賓之初筵」.

36 『詩經』「魯頌 閟宮」.

37 『詩經』「周南 關雎」.

38 『詩經』「齊風 猗嗟」.

《건무》와 《연무》로 구분하고, 그중 춤동작을 표현한 시어가 많은《건무》의 〈검무劍舞〉〈호선무胡旋舞〉〈자지무柘枝舞〉,《연무》의 〈녹요綠腰〉와 〈춘앵전春鶯囀〉으로 한정하여 문학적 형상화를 추출하고자 한다.

1) 건무健舞: 검무劍舞 · 호선무胡旋舞 · 자지무柘枝舞

〈검무〉와 관련된 당시를 생각하면, 가장 먼저 떠오르는 것이 두보(712~770)의 「공손대랑의 제자가 〈검기〉를 춤추는 것을 보고 「검기행」을 짓고 아울러 서를 쓰다[觀公孫大娘弟子舞劍器行幷序]」이다.

두보는 공손대랑의 제자가 추는 〈검무〉를 보고 춤동작을 다음과 같이 묘사했다. "빛남은 예羿가 아홉 해를 쏘아 떨어뜨린 듯하고, 날아가는 듯한 동작은 신선들이 용을 타고 나는 듯하다. 다가오는 것은 우레가 진노를 거둔 듯하고, 멈춘 것은 강과 바다가 맑은 빛을 모은 듯하다[爛如羿射九日落, 矯如羣帝驂龍翔. 來如雷霆收震怒, 罷如江海凝淸廣]"

두보가 주목한 것은 바로 검의 '빛남[爛]'과 '날아가는 듯한 [무희의 역동적인 동작[矯]', 그리고 '다가서서[來] 멈춘 동작[罷]'이다. '검의 빛남'은 허공을 가르며 번뜩이는 검의 빛을 예가 쏜 화살에 맞고 땅으로 떨어지는 아홉 해에 비유했다. 안진경(709~785)도 「배장군에게 보내다[贈裴將軍]」에서 검의 빛에 주목했다. 그는 배민裴旻[39]의 〈검무〉에 대해 "검무는 마치 내려치는 번개 같다[劍舞若遊電]"고 했다.

이와 같은 〈검무〉의 형상은 조선시대의 문학 작품에도 보인다. "자줏빛 번개와 서릿발 같은 다툼이 빈 골짝서 다투는 듯하다[紫電靑霜鬪空

---

39 배민은 이백, 장욱과 함께 삼절이라 불린다(『新唐書』 卷202: "文宗時, 詔以白歌詩, 裴旻劍舞, 張旭草書爲三絶").

谷]"[40], "자줏빛의 빠른 움직임이 사나운 모양의 채색을 이룬다[抔紫電兮翼文雷]"[41]라고 했다. 이처럼 무희의 현란하고 역동적인 움직임과 함께 허공을 가르는 검을, 두보는 화살에 맞고 땅으로 떨어지는 해의 빛으로, 안진경과 조선의 정약용 · 유득공은 번개의 빛으로 묘사했다. 모두 검의 현란한 빛에 매료된 것이다.

'날아가는 듯한 동작[矯]'은 신선들이 용을 타고 나는 모습에 비유되었는데, 무희의 날아가는 듯 빠르게 움직이는 모습을 용이 나는 모습[龍翔]으로 묘사한 것이다. 안진경도 "바람 따라 얽히고 또 돌아가네[隨風縈且迴]"라고 표현했듯이, 검의 현란한 움직임과 함께 빠르게 움직이며 바람처럼 돌아가는 무희의 모습을 포착한 것이다.

'다가서는 동작[來]'은 우레가 진노를 거둔 것으로 표현되었다. 이는 바로 웅혼한 자태를 묘사한 것이다. '멈춘 동작[罷]'은 강과 바다에 밝은 빛이 응집된 것으로 표현했는데, 이는 웅혼한 자태로 관객 앞으로 다가왔다가 빛이 모이듯 고요하게 퇴장하는 모습을 묘사한 듯하다.

이와 같은 모습은 박제가(1750~1805)의 「검무기劍舞記」에 전하는 "얼굴빛도 변하지 않는데 마치 영인郢人의 품성 같다[不失容若郢人之質也]", 유득공이 말한 "검을 치켜세우고 멈춰 서니 어찌 그리 웅장한가?[拂劍却立兮何雄哉]"라는 표현에서 느껴지는 웅혼한 자태와 다르지 않다.

〈검무〉를 감상한 이들은 '검의 움직임'과 무희의 춤동작 중 '빠르고 현란한 역동적인 움직임', '날아가는 듯한 가벼운 움직임', '빠르고 날렵한 움직임', '다가오는 동작', '멈춘 동작' 및 '용맹하고 웅혼한 자태' 등에 매료되었다. 검의 움직임을 보고 두보는 떨어지는 햇빛[日落]으로, 안진경

40　丁若鏞, 「舞劍篇贈美人」.
41　柳得恭, 「劍舞賦」.

은 내려치는 번개[遊電]로, 그리고 정약용과 유득공은 자줏빛 번개[紫電]로 묘사했고, 날아가는 듯 보이는 춤동작은 용이 나는 모습[龍翔]과 바람이 얽히고설켜 돌고 돌아가는 회오리바람[風縈旋轉飄]에 비유했다.

또 다가오는 동작은 우레가 진노를 거둘 만큼 용맹하고, 멈춘 동작은 강과 바다에 밝은 빛이 응집된 듯하다고[凝淸] 묘사한 것으로 볼 때, 춤이 끝나자 무대와 객석에 정적이 흐른 것으로 보인다.

한편 두보가 「서」에서 언급한 '울기蔚跂', '유리瀏灕', '돈좌頓挫'는 〈검무〉의 춤동작의 특징과 무희의 내면 세계를 함축하는 표현으로 주목된다.[42] '울기'는 바로 무희의 웅혼한 자태를 말하고, '유리'는 영활하고 흐름에 막힘이 없이 빠르게 나는 모습을 형용한 것이며, '돈좌'는 일어났다 엎드리고 돌고 구르다가 꺾는 춤동작을 형상화한 것이다.

정리하면 '일락日落', '유전遊電', '자전紫電'과 '풍영선전표風縈旋轉飄'는 춤동작(검무)의 은유적 표현이라고 할 수 있으며, '선전旋轉', '유리瀏灕', '돈좌頓挫', '용상龍翔'은 〈검무〉의 역동적인 춤동작을, '울기蔚跂'는 무희의 강직한 내면을 묘사한 것이라고 할 수 있다.

이어서 〈호선무〉를 보자. 〈호선무〉는 당나라 때에 가장 성행했던 춤 중의 하나이다. 원진元稹(779~831)과 백거이白居易(772~846), 잠삼岑參(715~770)의 시문에서 〈호선무〉의 춤동작에 대한 문학적 표현을 살펴보자.

---

42 『全唐詩』 卷222: "大歷二年十月十九日, 夔府別駕元持宅, 見臨潁李十二娘舞劍器, 壯其蔚跂; 問其所師, 曰, '餘, 公孫大娘弟子也.' 開元三載, 餘尙童稺, 記於郾城觀公孫氏舞〈劍器〉·〈渾脫〉, 瀏灕頓挫, 獨出冠時. 自高頭宜春·梨園二伎坊內人, 泊外供奉, 曉是舞者, 聖文神武皇帝初, 公孫一人而已. 玉貌錦衣, 況餘白首. 今玆弟子, 亦匪盛顔. 旣辨其由來, 知波瀾莫二. 撫事慷慨, 聊爲〈劍器行〉. 昔者, 吳人張旭, 善草書帖, 數常於鄴縣, 見公孫大娘舞西河劍器, 自此草書長進, 豪蕩感激, 卽公孫可知矣."

쑥대의 서리 맞은 뿌리가 돌개바람[羊角]처럼 질주하고, 장대에 올린 붉은 쟁반은 불바퀴처럼 현란하구나. 여주가 흩어지고 귀걸이는 용성龍星[43]을 좇아가고, 무지개 노을빛 가벼운 수건은 번갯불을 끌어당기네. …… 도는 바람처럼[回風] 어지럽게 춤추니 공중에서 싸락눈 내리고 …… 사방에서 어찌 뒷모습과 앞모습을 구분할 수 있을까? …… 유연한 동작을 하니 몸에 걸친 패대佩帶를 보게 되고, 배회하는 동작을 하니 손목에 두른 둥근 팔찌가 함께 하네.[44]

원진의 시를 읊으면, 귀걸이와 팔찌, 노리개 등의 장식을 하고 가벼운 의상을 입은 무희가 붉은 쟁반을 돌리기도 하고 무지개 색깔의 수건을 들고 매우 빠르게 돌며 〈호선무〉를 추는 모습이 상상된다. 원진은 도는 동작을 '돌개바람[羊角]'이라고 표현했고,[45] 또 "도는 바람처럼 어지럽게 춤추니 공중에서 싸락눈이 내린다."고 했는데, 하늘에서 내리는 눈처럼 휘도는 춤동작을 묘사한 것이다. 아래의 백거이와 잠삼의 글에는 빠르게 도는 춤동작이 더욱더 자세하게 묘사되어 있다.

도는 눈발[迴雪]처럼 가볍게 날리며 구르는 쑥대처럼 춤추는데, 좌로 돌고 우로 돌며[左旋右轉] 지칠 줄 모르고, 천 번 돌고 만 번 돌아도[千匝萬周] 그치

---

43 '용성'은 별의 명칭인데, 이 별은 28수의 각항을 이루고 4월의 동쪽 밤하늘에서 볼 수 있는 것으로, 이때가 봄임을 말하고 있다.

44 元稹, 「胡旋女」: "蓬斷霜根羊角疾, 竿戴朱盤火輪炫. 驪珠迸珥逐龍星, 虹暈輕巾掣流電. …… 回風亂舞當空霰, …… 四座安能分背面, …… 柔軟依身看佩帶, 裵回繞指同環釧."

45 '羊角'을 돌개바람이라고 번역한 것은 다음의 설명에 따른 것이다. 『莊子』「逍遙遊」편에 "회오리바람을 타고 날개 쳐서 빙글빙글 돌며 9만리를 올라간다[摶扶搖羊角而上者九萬里]"라는 내용이 있는데, '양각'에 관한 『釋文』의 해석에 "바람이 양의 뿔처럼 비틀려서 올라간다[旋風曲戾, 猶如羊角]"라고 했다. 이 해석에 따라 '돌개바람'이라고 번역하였다.

지 않네. 세상의 어떤 것에도 비할 것이 없으니, 내달리는 수레가 더 느리고 돌개바람이 더 더디네.[46]

미인의 춤은 연꽃이 도는 듯하고[蓮花旋] …… 회전하는 옷자락과 소매는 날리는 눈발[飛雪] 같네. 좌로 돌고 우로 도니[左鋋右鋋][47] 돌개바람이 이는데, 비파와 횡적 소리는 상응하여 따르지 못하네.[48]

원진이 말한 '양각羊角'과 '회풍回風', 백거이가 말한 '회설迴雪', 잠삼이 말한 '비설飛雪'은 무희가 빠르게 회전하는 춤동작을 비유적으로 표현한 것이다. 무희가 도는 모습을 '좌우로 지치지 않고 끊임없이 도는데, 내달리는 수레나 돌개바람보다 빠르고, 너무 빨라 장단이 못 따른다.', '앞뒤를 구분할 수 없다.'라고 표현했는데, 이로써 그 빠름의 속도를 알 수 있다.

또 '좌선우전左旋右轉', '좌연우연左鋋右鋋', '천잡만주千匝萬周'라고 했듯이 도는 동작이 매우 많았던 듯하다. 〈호선무〉를 감상한 이들은 대체로 무희가 매우 빠르게 도는 모습에 넋을 잃고 바라보며 놀라움을 금치 못한 듯하다. 그들은 회전하는 춤동작을 돌개바람이 부는 모습[旋風], 회오리바람이 부는 모습[飄飆] 눈발이 휘도는 모습[迴雪/回雪], 쑥대가 도는 모습[轉蓬], 연꽃이 도는 모습[蓮花旋]으로 묘사했다. 여기에 옷자락이 휘

---

46 白居易, 「胡旋女」: "迴雪飄飆轉蓬舞, 左旋右轉不知疲, 千匝萬周無已時, 人間物類無可比, 奔車輪緩旋風遲."

47 이 부분은 『全唐詩』 권199에는 '左鋋右鋋生旋風'으로 되어 있고, 計敏夫 撰, 『唐詩紀事』 권23에는 '左旋古旋生放風'으로 되어 있는데, '右'가 '古'로 잘못 기록된 듯한 부분을 제외하면 『당시기사』의 기록이 더 의미에 와 닿는다. 이에 '鋋'을 '旋'으로 바꾸어 풀었다.

48 岑參, 「田使君美人舞如〈蓮花北鋋歌〉」: "美人舞如蓮花旋 …… 回裾轉袖若飛雪, 左鋋右鋋生旋風, 琵琶橫笛和未匝."

말리고[回裾] 소매를 나부끼는 모습[轉袖]이 더해져 한층 더 멋스럽게 느껴졌을 것이다.

다음은 〈자지무〉를 보자. 〈자지무〉는 중앙아시아 지역에서 전래 된 소수민족의 춤으로 당대에 크게 주목받았던 춤이다. 이 춤은 격동하는 북소리에 맞춰 움직이는 가는 허리와 미묘한 자태로 감상자들을 매료시켰다.

민간에서 유행했던 〈자지무〉는 한 사람이 추기도 하고 두 사람이 추기도 했으며, 또 연꽃 속에 동녀가 숨어 있다가 나오기도 하는 등 연출 양식에서 다양함을 보였다. 당시에는 〈호선무〉와 쌍벽을 이룰 정도로 〈자지무〉와 관련된 시들이 많이 전한다. 그중 춤동작과 관련이 있는 표현만을 모았다.

① 어여쁜 자태에 따라 흔들리는 치마는 온통 불꽃 같고[艷動舞裙渾是火]; ② 모자 회전하니 금 방울이 하얀 얼굴 앞에서 휘도네[帽轉金鈴雪面廻]; ③ 몸 구부리며 절주에 따라 아름다운 모습으로 도네[亞身踏節鸎形轉];[49] ④ 푸른 장식이 사타구니와 등허리에서 빙빙 도네[碧排方胯背腰廻];[50] ⑤ 가까이서 나란히 짤랑짤랑 금 방울이 흔들리는데[旁收拍拍金鈴擺]; ⑥ 도리어 장단 맞추어 사뿐사뿐 어여쁜 버선목이 꺾이네[却踏聲聲錦袎摧]; ⑦ 무희는 잠깐 돌더니 머리를 나란히 드네[鸎影乍迴頭竝擧]; ⑧ 미묘한 음악 소리 비로소 사라지자 날개가 가지런히 펼쳐지네[鳳聲初歇翅齊張]; ⑨ 일찍이 쌍쌍이 조화를 이루는 춤 거울 속에서 보았네[曾見雙鸎舞鏡中];[51] ⑩ 연이어 날며 교차하는 그

---

49 鸎形은 미인의 아름다운 몸을 가리킨다. 鸎影도 같은 의미다.

50 排方은 옛날 허리띠 위의 장식을 말한다.

51 鸎舞는 난새가 추는 춤을 일컫는 것으로, 和樂에 비유된다.

림자 봄바람을 마주하네[聯飛接影對春風]; ⑪ 장식을 늘어뜨리며 가는 허리를 뒤로 꺾네[垂帶覆纖腰]; ⑫ 곧 비녀가 아리따운 눈썹과 짝하네[安鈿當嫵眉]; ⑬ 소매를 들어 번다한 북소리가락에 맞추네[翹袖中繁鼓]; ⑭ 빠른 파곡破曲에 맞추어 빠르게 요동치니[急破催搖曳];[52] ⑮ 비단 적삼이 벗겨져 어깨가 드러나네[羅衫半脫肩]; 땀방울이 비단옷 적셔 꽃문양 피우네[汗透羅衣雨點花]; 또 먼지를 날리며 땀방울이 떨어지네[也從塵汚汗霑垂][53]

위의 문장들은 백거이 · 원진 · 장효표章孝標(791~873) · 장호張祜(약 792~853) · 이군옥李羣玉(808?~862) · 유우석(772~842) · 설능薛能(817?~880) · 서응徐凝 · 온정균溫庭筠(812?~866?) · 화응和凝(898~955)의 시 중에서 춤동작과 관련된 부분만 발췌하여 열거한 것이다.

위의 표현들을 보면 〈자지무〉는 '몸을 곡선처럼 구부리고[亞身]' · '돌고[轉]' · '잠깐 돌고[乍迴]' · '팔[날개]을 펼치고[翅齊張]' · '소매를 날리고[翹袖]' · '몸을 흔들고[搖曳]' · '허리를 뒤로 꺾는[覆纖腰]' 등의 동작으로 춤을 추었다는 것을 알 수 있다. 또한 감상자들이 무희의 어여쁜 자태[艶動/鶯形]와 발목을 꺾은 버선목[袎攦]에 매료된 것도 포착된다.

특히 '허리를 뒤로 꺾는 동작'과 함께 감상자들이 눈을 떼지 못한 것이 있는데, 바로 무희의 '가는 허리'이다. 이는 날씬한 몸, 가벼운 몸과 함께 강조되었다. "몸 가벼운 것이 뼈가 없는 듯하고[體輕似無骨]; 북소리 남은 박을 재촉해도 허리는 부드러우며[故催殘拍腰身軟]; 허리 가냘프게 기울

52　악곡의 구성 형식을 언급할 때, 慢 · 近 · 令이라 하기도 하고, 令 · 引 · 近 · 慢 혹은 令 · 破 · 近 · 慢이라 구분하는데, 破는 주로 빠른 악곡을 가리킨다.

53　①白居易,「醉後贈李馬二妓」; ②白居易,「柘枝妓」; ③章孝標,「柘枝」; ④⑤⑥張祜,「觀杭州柘枝」; ⑦⑧張祜,「周員外席上觀柘枝」; ⑨⑩李羣玉,「傷柘枝妓」; ⑪⑫⑬劉禹錫,「觀柘枝舞二首」; ⑭⑮薛能,「柘枝詞三首」; 劉禹錫,「和樂天柘枝」; 白居易,「看常州柘枝贈賈使君」.

여 능히 〈자지무〉를 추네[腰細偏能舞〈柘枝〉]; 수놓은 적삼에 금띠를 두른 허리 낭창거리네[繡衫金腰裹]"[54] 등의 표현에 잘 나타난다.

무희의 허리가 얼마나 낭창낭창 움직였으면, 부드럽고 낭창거린다는 표현도 모자라 "뼈가 없는 듯하다"고 했을까? 무희의 미모 예찬은 여기서 그치지 않았으니, 좀 더 살펴보자. 미인에 대한 묘사로는 '경성지색傾城之色·경국지색傾國之色'이라 하여, 여인의 미색이 뛰어나 군주의 정신을 혼미하게 해서 나라가 망한다는 식의 부정적인 표현도 있지만, 대체로 '흰 눈이 덮인 나무[瓊樹]'·'난새와 봉황새[鸞鳳]'·'난새[鸞形]'·'초승달 모양의 눈썹[蛾眉]'·'아름답고 고운 모습[佳麗]'·'분을 바른 미인의 얼굴[粉色]' 등의 다양한 표현으로 무희의 고운 미모를 예찬했다.

가는 허리를 표현한 것으로는, "가는 허리 부드러워 힘이 없네[纖腰頓無力]; 춤이 급하니 붉은 허리 부드럽네[舞急紅腰軟]; 가는 허리 춤을 다투니 임금은 몹시 취하네[細腰爭舞君沈醉]; 허리는 한 줌 옥과 같아서 다만 바람 불면 꺾어질까 두렵네[腰支一把玉, 秪恐風吹折]; 춤추는 허리 낭창거리니 버들가지 부드럽게 드리우네[舞腰困裹垂楊柔]"[55] 등으로, 낭창거리며 부드럽게 움직이는 가는 허리를 '섬요纖腰'·'요연腰軟'·'세요細腰'·'요옥腰玉'·'요유腰柳'·'소요素腰'로 표현했다. 또 오늘날 가는 허리를 개미허리라고 하는 것과 같이 '벌의 허리[蜂腰]'[56]라는 표현이 있어서 매우 흥미롭다.

〈자지무〉를 본 감상자들은 무용수의 아름다운 자태와 가는 허리, 유연한 몸짓과 새가 날갯짓하는 듯한 양팔의 움직임, 회전 동작, 몸을 숙

---

54 劉禹錫,「觀柘枝舞二首」; 劉禹錫,「和樂天柘枝」; 徐凝,「宮中曲二首」; 溫庭筠,「屈柘詞」.

55 元稹,「寄吳士矩端公五十韻」; 白居易,「三月三日祓禊洛濱」; 李涉,「竹枝詞」; 李羣玉,「贈回雪」; 李咸用,「長歌行」.

56 皇甫松,「抛毬樂」.

이고 젖히고 흔드는 동작, 그리고 소매의 휘날림 등에 매료되었으며, 버선목의 꺾임 같은 섬세한 움직임에도 끌렸다.

가는 허리[纖腰]의 무용수의 어여쁜 자태는 '염동艷動'·'난형鸞形'·'난영鸞影'으로, 양팔의 움직임은 '날개가 가지런히 펼쳐지고[翅齊張]', '날며 교차하는 것[飛接]'으로, 회전동작은 '돌고(廻/轉)'·'모자가 회전하고(帽轉)'·'잠깐 돌고[乍廻]' 등으로 묘사되었다. 이 외에 '몸을 앞으로 숙이는 동작[亞身]'과 '머리를 나란히 드는 동작[頭竝擧]', '가는 허리를 뒤고 꺾는 동작[覆纖腰]'이 표현되었다.

2) 연무軟舞: 녹요綠腰 · 춘앵전春鶯囀

당시에 보이는《연무》종목에는 〈양주凉州〉·〈녹요綠腰〉·〈소합향蘇合香〉·〈굴자지屈柘枝〉·〈단란선團亂旋〉·〈감주甘州〉·〈수수라垂手羅〉·〈회파악回波樂〉·〈난릉왕蘭陵王〉·〈춘앵전春鶯囀〉·〈반사거半社渠〉·〈차석借席〉·〈오야제烏夜啼〉 등이 있지만, 이들 중 춤동작에 대한 표현은 〈녹요〉와 〈춘앵전〉으로 한정되어 있다. 따라서 〈녹요〉와 〈춘앵전〉에 전하는 춤동작의 문학적 형상화를 추출하는 것으로 제한한다.

〈녹요〉는 〈육요六么〉·〈녹요錄要〉·〈낙세樂世〉라고도 부른다. 정원貞元 연간(785~805)에 어느 악공이 덕종德宗(재위 779~805)에게 곡을 한 수 올렸는데, 덕종은 그에게 그 곡에서 가장 중요하고 좋은 부분을 발췌하라고 명한다.[57] 그 구체적인 형상은 이군옥李羣玉의 「장사에서 9일 동루에 올라 춤을 보다[長沙九日登東樓觀舞]」에서 볼 수 있다.

---

57 왕극분 저, 차순자 역, 『중국무용사: 수당오대』, 2002, 57~58쪽 부분 인용.

남국에 아름다운 여인이 있는데, 가볍고 유연하게 〈녹요〉를 추네. 잔치 자리에는 가을이 저물어 가는데, 날리는 소매는 구름과 비를 털어내네. [소매] 날리는 것은 비취빛 난초와 같고, 은근하게 움직이는 것이 용이 [하늘로] 오르는 듯하네. 월나라 미인은 〈전계무〉를 추다 멈추고, 오나라 미인도 〈백저무〉를 추다 멈추네. 느릿느릿한 자태는 다함이 없지만, 복잡한 움직임과 곡조로 끝을 향하네. 몸을 낮춰 도니 연꽃이 물결처럼 일렁이는 듯하고, 심히 어지럽게 도니 바람에 흩날리는 눈발 같네. 귀고리가 떨어지자 예쁜 눈으로 둘러보더니, 긴 옷자락이 하늘로 오르려고 하네. 오로지 붙잡아 머물게 할 수 없음을 근심하며, 경쾌한 미녀의 자태를 좇아 날아갈 뿐이네[58]

여기서 주목할 것은 '경영輕盈 · 비메飛袂 · 편翩 · 난초취蘭苕翠 · 완완 · 유룡거遊龍擧 · 만태慢態 · 번자繁姿 · 저회低回 · 연파랑蓮破浪 · 능란凌亂 · 설영풍雪縈風 · 경홍驚鴻' 등으로 모두 춤동작에 관한 표현들이다. '유연한 움직임[輕盈]' · '날리는 소매[飛袂]' · '소매의 나부낌[翩]' · '몸을 낮춰서 도는 동작[低回]' · '은근한 움직임[婉]' · '느릿느릿한 자태[慢態]' · '복잡한 움직임[繁姿]' · '어지럽게 도는 동작[凌亂]' 등은 춤동작을 표현한 것이다.

이외에 '난초가 허공에 푸르게 뻗어나는 모습[蘭苕翠]'으로 나부끼는 소맷자락을, '용이 (하늘로) 오르는 모습[遊龍擧]'으로 은근하게 움직이는 춤동작을, '연꽃이 물결처럼 일렁이는 모습[蓮破浪]'으로 몸을 낮춰서 돌아가는 춤동작을, '바람에 흩날리는 눈발[雪縈風]' 등으로, 빠르게 휘도는

---

58 李羣玉, 「長沙九日登東樓觀舞」: "南國有佳人, 輕盈綠腰舞. 華筵九秋暮, 飛袂拂雲雨. 翩如蘭苕翠, 婉如遊龍擧. 越豔罷前溪, 吳姬停白紵. 慢態不能窮, 繁姿曲向終. 低回蓮破浪, 凌亂雪縈風. 墜珥時流盼, 脩裾欲遡空. 唯愁捉不住, 飛去逐驚鴻."

춤동작을, '놀란 기러기[驚鴻]'로 경쾌하고 빠르게 움직이는 무희의 춤동작을 은유적으로 표현했다.

이군옥은 '가볍고 유연하며[輕盈]'·'경쾌하게[驚鴻]' 움직이는 무용수에게 매력을 느꼈다. 여기에 쓰인 '경영'은 여자의 맵시 있고 유연한 자태를 형용하는 말로,[59] 우리의 문헌에도 "버들개지 나부끼듯 춤이 가볍고 부드럽네[柳絮飄揚舞輕盈兮]; 사뿐사뿐 가벼운 미녀는 능히 월나라 춤을 전할 수 있네[輕盈美女能傳越]"[60]라며, 가볍고 부드러운 춤동작을 '경영'이라고 표현되었다.

이어서 '경홍驚鴻'은 놀라서 날아가려는 흰 기러기, 또는 여신[神女]이 나는 듯한 가벼운 모습을 나타내는 것으로, 가볍고 우아한 무희의 자태를 묘사한 것이다. 또 몸이 날씬하고 가벼운 미녀를 가리키기도 하므로, '경영'은 날씬한 무희의 가볍고 부드러운 움직임을 표현한 것이라고 볼 수 있다.

이군옥은 또한 날리는 소맷자락을 인상적으로 보았다. 이에 '비메'·'편'과 같은 직접적인 표현과 함께 '난초가 허공에 푸르게 뻗어나는 모습[蘭苕翠]'으로 날리는 소매를 묘사했다. 춤추는 소매에 대한 표현은 이 외에도 무수히 많이 전한다.

예를 들면 "회전하는 옷자락과 소매는 날리는 눈발 같네[回裾轉袖若飛雪]; 긴 소매는 피리소리 재촉하자 가볍게 들리려하네[袖長管催欲輕擧]; 정왕대에 춤추는 소매 드리웠네[定王垂舞袖]; 반드시 춤소매를 휘돌려야 하네[要須廻舞袖]; 몸은 가볍게 춤추는 소매를 좇아가네[身輕逐舞袖]; 급하게 비단 소매 뒤집어 알지 못하게 하네[急翻羅袖不敎知]; 초나라 무희

---

59 '경영'은 미인을 가리키기도 하고 가볍고 유쾌한 소리를 표현할 때에도 쓰인다.
60 『續東文選』「指環賦」; 徐居正, 『四佳詩集』〈金文良有巫山雲雨之興, 用前韻以戲〉.

의 소매는 고요하게 춤추네[楚袖蕭條舞]; 춤추는 소매 활을 당겨 슬픔을 잊네[舞袖弓彎渾忘却]; 긴 소매가 회란처럼 도네[長袖轉回鸞]; 꽃무늬 소매는 눈[雪] 앞에서 빛나네[花袖雪前明]; 긴 소매 더디게 도니 마음의 정취 더하네[長袖遲回意緒多]; 임금은 긴 소매를 좋아하네[君王好長袖]"[61] 등의 표현들이다.

우리의 문헌에도 춤추는 소맷자락이 매우 다양하게 묘사되었다. 예를 들면 '수표袖飄·표수飄袖·수회袖廻·수수袖垂·번무수翻舞袖·무번 장수舞翻長袖·무염번라수舞艶翻羅袖·삼수번衫袖翻·수편袖翩' 등이 있다.[62] 춤추는 무희의 날리는 소맷자락에 매력을 느낀 것은 당나라 때나 조선시대나 다르지 않았나 보다.

이군옥은 또 '회전 동작'에 주목했다. 즉 '몸을 낮춰서 도는 동작[低回]'인데 이를 '연꽃이 물결처럼 일렁이는 모습[蓮破浪]'으로 묘사했다. 무희의 회전 동작을 연꽃에 비유한 예는 잠삼의 「전사군의 미인무는〈연화북연가〉와 같다[田使君美人舞如〈蓮花北鋋歌〉]」에 "미인의 춤은 연꽃이 도는 듯하네[美人舞如蓮花旋]"라는 표현에도 보인다.

연꽃이 도는 모습에 비유한 것으로 보면 아주 빠른 속도로 돌았던 것은 아닌 듯하다. 매우 빠른 회전 동작은 이어서 '능란淩亂'이라고 표현하며, '눈이 바람에 휘몰아치는 모습[雪縈風]'으로 묘사했기 때문이다. 회전 동작을 눈이나 바람에 비유한 예는 무수히 많다.

"회전하는 옷자락과 소매는 날리는 눈발 같고, 좌로 돌고 우로 도니

---

61 岑參, 「田使君美人舞如『蓮花北鋋歌」; "李白, 「憶舊遊寄譙郡元參軍」; 「送長沙陳太守二首」; 「銅官山醉後絶句」; 戴叔倫, 「獨不見」; 王建, 「宮詞一百首」; 白居易, 「留北客」; 邢鳳, 「夢中 美人歌」; 虞世南, 「詠舞」; 李嶠, 「舞」; 張說, 「城南亭작」; 薛奇童, 「楚宮詞」.

62 언급한 소매에 대한 문학적 형상화들은 필자가 《한국문집총간》의 문집 97집 가운데 2,174개의 기사를 검토한 결과이다. 이와 관련된 자세한 내용은 다음 기회로 미룬다.

돌개바람이 일어나네[回裾轉袖若飛雪, 左旋右旋生旋風]; 춤은 눈발이 휘도는 듯하네[舞疑回雪態]; 휘도는 아름다움이 날리는 눈발 같네[縈盈若回雪]; 열여섯 명이 마치 도는 눈발같이 움직이네[二八如回雪]; 현란하게 도니 바람은 소매를 휘감네[炫轉風迴雪]"[63] 등이다.

조선시대의 문헌에도 "눈처럼 도는 초무를 보았네[雪回看楚舞]; 너울너울 눈처럼 휘돌며 추는 춤을 추게 하네[遣作蹁躚回雪舞]; 춤추는 아리따운 모습이 눈송이 나는 듯하네[舞嬌回雪轉]; 춤을 추며 도는 버선 가볍기가 눈과 같네[羅襪舞回輕似雪]"[64] 등의 표현들이 전한다.

다음은 '은근하게 움직이는[婉]' 것을 '용이 유연하게 하늘로 오르는 모습[遊龍擧]'으로 표현했는데 이곳 이외에 문학작품에서 용의 모습으로 춤 동작을 묘사한 예는 검무와 관련된 것이 주를 이룬다. 예를 들어 '검을 빼니 용이 팔을 두르네[掉劍龍纏臂][65]; 검의 기운이 벽에 비추어 용과 물고기의 형상이 파도를 넘는 듯하네[劍氣映壁 若波濤龍魚之狀]'[66] 등 검의 움직임을 용의 움직임에 비유했다.

이로써 보면 빠르게 움직이는 용의 움직임으로써 검의 날렵함을 묘사한 것과는 달리 이군옥이 말한 '유룡거'는 유유히 하늘로 올라가는 무희의 유연하고 가벼운 자태를 묘사한 것으로 이해할 수 있다.

이상의 내용으로 볼 때, '날리는 소매[飛袂/翩]'·'몸을 낮춰서 도는 동작[低回]'·'느릿느릿한 자태[慢態/婉]'·'복잡한 움직임[繁姿]'·'어지럽게

---

63 岑參, 「田使君美人舞如蓮花北鋌歌」; 許渾, 「陪王尙書, 泛舟蓮池」; 李羣玉, 「贈回雪」; 楊希道, 「詠舞」; 元 稹, 「曹十九舞綠鈿」.

64 『東國李相國文集』, 「古律詩」「馬巖會賓友, 大醉夜歸, 記所見, 贈鄕校諸君」; 『東國李相國文集』, 「古律詩」「明日, 以長篇贈徐學錄陵」; 『東文選』「五言排律」「謝崔相國設餞宴」; 『三灘集』「詩」「次陸放翁集詩韻」.

65 姚合, 「劍器詞三首」.

66 朴齊家, 『貞蕤閣集』, 「劍舞記」.

도는 동작[凌亂]'과 '무희의 가볍고 유연하며 경쾌한 모습[輕盈/驚鴻]'이 이 군옥이 표현한 춤동작의 문학적 형상화이며, '난초가 허공에 푸르게 뻗어나는 모습[蘭苕翠]'·'용이 (하늘로) 오르는 모습[遊龍擧]'·'연꽃이 물결처럼 일렁이는 모습[蓮破浪]'·'바람에 흩날리는 눈발[雪縈風]' 등은 춤동작의 은유적 표현이라고 할 수 있다.

이제 장호張祜의 「춘앵전」을 보자.

홍경궁 연못 남쪽에 버들은 아직 피지 않았는데, 태진太眞이 먼저 매화 한 가지를 잡네요. 나인[內人]이 이미 〈춘앵전〉을 노래하니, 꽃 아래에서 바람처럼 휘돌며 연무를 추며 오네요.[67]

위의 내용으로 알 수 있는 것은 계절과 장소, 그리고 등장 인물이다. 아직 봄이 오기 전 장안의 동쪽에 있었던 홍경궁에 양귀비(태진)가 있고, 노래를 부르는 나인이 있다. 확언할 수는 없지만, 글의 흐름으로 볼 때 나인이 〈춘앵전〉을 노래하니 양귀비가 매화꽃 아래에서 부드럽게 〈춘앵전〉을 춘 듯하다.

여기서 장호는 춤추는 모습을 '사사偓偟'라고 표현했다. '사사'는 바람같이 휘돌며 춤추는 모양을 나타낸다. 『시경』에는 위의를 잃어버리고 추는 취무를 '사사'라고 표현했다. 아마도 술에 취한 듯 빙빙 도는 것을 '사사'라고 표현한 듯하다. 춤동작을 '사사'라고 표현한 예는 우리의 문헌에도 적지 않게 전한다.

예를 들면 "즐거움에 빠져 바람처럼 휘돌며 춤을 추고 있음을 미처 깨닫지 못했네[耽歡不覺舞偓偟]; 아! 바람처럼 휘돌며 빠르게 춤추네[羌

---

67 張祜, 「春鶯囀」: "興慶池南柳未開, 太眞先把一枝梅. 內人已唱春鶯囀, 花下偓偟軟舞來."

屢舞兮偟偟]; 너무 기뻐서 빠르게 움직이며 익살스럽게 춤추네[歡多諧
謔舞偟偟]; 하늘나라의 선녀들이 바람처럼 돌며 춤을 추네[諸天仙侶舞偟
偟]; 미친 듯이 부르짖기도 하고 아주 빠르게 돌며 춤을 추기도 하네[或
狂叫亂呼. 或偟偟屢舞]; 바람처럼 휘돌며 어지럽게 춤을 추네[亂舞偟偟]"[68]
등이다. 이로써 볼 때 '사사'라는 문학적 표현은 정적인 춤동작이 아닌
비교적 빠르게 움직이거나 회전하는 춤동작에 대한 묘사라고 볼 수 있
다.

4. 연무宴舞 · 전무戰舞 · 취무醉舞 · 신무神舞

지금까지 『시경』과 당시에 전하는 춤동작의 문학적 형상화를 추출하
고, 여러 주석을 바탕으로 그 의미를 탐구했다. 더불어 조선시대 문집에
서도 그 흔적들을 확인하였다. 추출한 춤동작의 문학적 형상화는 각양
각색의 다양한 춤 종목에서 시인 묵객들이 포착한 것이다.

이를 유형별로 분류하면 대체로 연무宴舞, 전무戰舞, 취무醉舞, 신무
神舞로 구분할 수 있다. 물론 잔치에서 춤이 추어진 경우가 많아서 큰
틀에서는 모두 연무라고 할 수 있지만, 전쟁무, 취무, 신들린 듯한 움
직임의 특징이 강하게 드러나는 경우와 구분하기 위해 나누어 분류하
였다.

연무에는 잔치 자리에서 펼쳐졌던 춤동작의 문학적 형상화를 정적인
것과 동적인 것으로 나누어 배열했고, 전무에는 전쟁 상황에서 적과 대

68　金時習, 『雪谷集』, 『梅月堂集』; 金安老, 『希樂堂稿』; 柳夢寅, 『於于集』; 李德懋, 『靑莊館全
　　書』; 金允安, 『東籬集』.

적하는 춤동작의 문학적 형상화를 배열했으며, 취무에는 술에 취해 비틀거리거나 흐느적거리는 춤동작을 표현한 것을, 신무에는 신들린 듯한 움직임이나 무무巫舞의 느낌을 주는 춤동작을 표현한 것으로 나누어 배열하였다(〈표 1〉).

〈표 1〉에서 연무에는 『시경』의 '양양洋洋', '좌우채지左右采之', '창鶬'과 당시의 다양한 표현들을 배열하였다. 『시경』에는 만무萬舞의 웅장함과 우아함을 표현한 '양양'과 농사와 밀접한 관련이 있는 움직임을 표현한 '좌우채지', 그리고 새의 움직임을 모방한 창으로 춤동작이 묘사되어 있다. 이와 비교하여 당시에는 『시경』과 비교할 수 없을 정도로 춤동작의 문학적 형상화가 많이 전한다.

정적인 동작으로는 〈녹요〉의 '날리는 소매[飛袂/翩]'·'몸을 낮춰서 도는 동작[低回]'·'느릿느릿한 자태[慢態/婉]'·'가볍고 유연하며 경쾌한 모습[輕盈/驚鴻]'과 〈자지무〉의 '몸을 앞으로 숙이는 동작[亞身]'과 '머리를 나란히 드는 동작[頭竝擧]' 등을 들 수 있다. 동적인 동작으로는 〈녹요〉의 '복잡한 움직임[繁姿]'·'어지럽게 도는 동작[凌亂]'과 〈자지무〉의 '양팔을 날개를 펼치듯 펴는 것[翅齊張]', '날며 교차하는 것[飛接]'과 회전 동작의 '돌고[廻/轉]'·'잠깐 도는 것[乍迴]', 그리고 '가는 허리를 뒤고 꺾는 동작[覆纖腰]' 등을 꼽을 수 있다.

또 〈춘앵무〉의 '사사傞傞'와 백거이와 잠삼이 말한 '좌선우전左旋右轉', '좌연우연左鋋右鋋', '천잡만주千匝萬周' 등이 있다. 한편 〈호선무〉의 회전하는 춤동작을 묘사한 '돌개바람이 부는 모습[旋風]', '회오리바람이 부는 모습[飄飆]', '눈발이 휘도는 모습[迴雪/回雪]', '쑥대가 도는 모습[轉蓬]', '연꽃이 도는 모습[蓮花旋]'을 들 수 있다. 이 외에 '난초가 허공에 푸르게 뻗어나는 모습[蘭苕翠]', '용이 하늘로 오르는 모습[遊龍擧]', '연꽃이 물결처럼 일렁이는 모습[蓮破浪]', 그리고 '바람에 흩날리는 눈발[雪縈風]' 등과

〈표 1〉『시경詩經』과 당시唐詩 속 춤동작의 문학적 형상화

	宴舞		戰舞	醉舞	神舞
	靜	動	• 용약踴躍	• 준준蹲蹲	• 파사婆娑
시경	• 양양洋洋	• 좌우채지左右采之 • 창창蹌蹌		• 선선仙仙 • 기기僛僛 • 사사傞傞	
당시	• 비몌飛袂 • 편편翩翩 • 저회低回 • 만태慢態 • 완완婉 • 경영輕盈 • 아신亞身 • 두병거頭竝擧 • 유연柔軟 • 배회裵回	• 시수翅袖 • 번자繁姿 • 능란凌亂 • 시제장시翅齊張 • 비접飛接 • 요搖 • 회廻/전轉 • 사회乍廻 • 복섬요覆纖腰 • 사사傞傞 • 좌선우전左旋右轉 • 좌연우연左鋋右鋋 • 천잡만주千匝萬周	• 선전旋轉 • 유리瀏灕 • 돈좌頓挫 • 용상龍翔		• 파사婆娑 • 분루紛屢

〈표 2〉『시경詩經』과 당시唐詩 속 검과 무희의 춤동작, 자태, 내면의 은유적 표현

검의 움직임	무희의 춤동작	무희의 자태	무희의 내면
• 일락日落 • 유전遊電 • 자전紫電	• 경홍驚鴻 • 표요飄颻 • 선풍旋風 • 전봉轉蓬 • 난초취蘭苕翠 • 회설回雪 • 양각羊角 • 회설迴雪 • 회풍回風 • 연화선蓮花旋 • 유룡거遊龍 • 연파랑蓮破浪 • 설영풍雪縈風 • 풍영선전風縈旋轉飄	• 염동艶動 • 난형鸞形 • 난영鸞影	• 응청凝淸 • 울기蔚跂

같은 은유적인 묘사를 통해 춤동작의 생명력을 더욱 느낄 수 있다.

전무와 관련된 춤동작의 문학적 형상화는『시경』의 '용약踴躍'과 당시의 '선전旋轉', '유리瀏灕', '돈좌頓挫', '용상龍翔'을 들 수 있다(〈표 1〉). 이외에도 '떨어지는 햇빛[日落]', '내려치는 번개[遊電]', '자줏빛 번개[紫電]'로 검의 움직임을 은유적으로 표현했고(〈표 2〉), 춤추는 모습은 '바람이 얽히고설켜 돌고 돌아가는 회오리바람[風縈旋轉飄]'에 비유했다(〈표 2〉).

특히 적을 향해 다가오는 동작은 우레가 진노를 거둘만큼 용맹하다는 의미의 '응청凝淸'이라고 표현했고 멈춘 동작은 강과 바다에 밝은 빛이 응집되는 듯하다는 것을 강조하면서, 무용수의 내면을 '울기蔚跂'라고 표현하며 강인한 검객의 마음을 강조했다(〈표 2〉).

취무의 성격이 강조된 것은『시경』의 '준준蹲蹲', '선선僊僊', '기기傲傲', '사사傞傞'를 들 수 있다. '준준'과 '선선'은 술을 거나하게 한잔하고, 흐느적거리며 비틀비틀 추는 모습을 묘사한 것이고, '기기'는 취무의 모습을 묘사할 때와 넓은 소매를 양옆으로 펼치며 너울너울 춤추는 모습을 묘사할 때 쓰였으며, '사사'는 끊임없이 회전하는 춤동작을 묘사할 때 쓰였다. 사사의 이런 특징은 취무 외에도 신무의 성격도 보여준다(〈표 1〉).

신무의 성격이 강조된 것으로는『시경』의 '파사婆娑'와 당시의 '파사'와 '분루紛屢'를 꼽을 수 있다. '파사'는 여러 가지 다양한 모습을 표현할 때에도 두루 쓰였으나, 춤과 관련해서는 신들린 듯한 춤동작을 묘사할 때에 주로 쓰였다. '분루'도 신들린 듯 빠르고 복잡한 춤동작을 묘사할 때에 쓰인 것으로, 마찬가지로 신무의 느낌이 든다(〈표 1〉).

한편 당시에는 가는 허리와 미인, 그리고 소맷자락이 날리는 것을 표현한 시어가 많이 전한다. 이를 아래의 〈표 3〉으로 정리했다. 설명은 생략한다.

<표 3> 당시 속 가는 허리와 미인, 소매자락의 문학적 형상화

가는 허리	미인	소매
• 가는 허리[섬요纖腰/세요細腰] • 부드러운 허리[요연腰軟] • 나뭇가지 같이 가는 허리[요지腰支] • 춤추는 허리[무요舞腰] • 군더더기 없이 가는 허리[소요素腰] • 버드나무 가지처럼 가는 허리[유요柳腰] • 벌의 허리[봉요蜂腰]	• 성을 무너뜨리는 미색[경성지색傾城之色] • 나라를 무너뜨리는 미색[경국지색傾國之色] • 흰 눈이 덮인 나무[경수瓊樹] • 난새와 봉황새[난봉鸞鳳] • 초승달 모양의 눈썹[아미蛾眉] • 아름답고 고운 모습[가려佳麗] • 분을 바른 미인의 얼굴[분색粉色]	• 소매를 나부끼는 동작[전수轉袖] • 소매를 날리는 동작[교수翹袖] • 난초가 허공에 푸르게 뻗어나는 모습[난초취蘭苕翠] • 가볍게 들리는 소매[경거輕擧] • 분위기가 매우 쓸쓸하고 고요하게 움직이는 소매[소조蕭條] • 가볍게 움직이는 소맷자락[경거輕裾] • 소맷자락이 활처럼 휘는 모습[궁변弓彎]

5. 나오는 글

그 옛날 시인 묵객들은 아리따운 무희에게 시선을 빼앗기고 춤추는 모습에 넋을 잃었다. 무희의 아름다운 미모와 가냘픈 몸매, 그리고 매혹적으로 현란하게 움직이는 그들의 춤을 감상한 시인 묵객들은 감흥이 쉽게 가라앉지 않자 저절로 붓을 들었다.

그들의 글 속에는 나풀나풀 허공으로 소맷자락을 날리며 연꽃이 뱅글뱅글 도는 듯 어여쁘게 돌아가는 무희가, 부드럽게 빙글빙글 돌다가 갑자기 회오리바람이 불듯 세차게 휘도는 무희가, 또 느리고 우아하게 움직이다가 어느 사이엔가 빠르게 내달려 불현듯 허리를 꺾는 무희가, 몸을 숙이고 있다가 갑자기 번쩍 들며 변화무쌍하게 움직이다가 불현듯 용이 하늘로 유유히 올라가는 듯 사라지는 무희가, 혹은 버드나무 가지처럼 가는 허리를 낭창낭창 휘감으며 사라지는 무희가 '있다'.

현실에서 춤추는 무희는 '없는 것'이지만, 붓을 들고 있는 시인 묵객의 눈앞에는 여전히 무희와 무희의 화려한 춤사위가 '있는 것'이다. 그리고 그들의 글을 읽고 있는 독자에게도 그것은 '있는 것'이 된다.

서두에서 문론, 화론, 서론의 성립이 가능했던 것은 실제 예술작품을 앞에 놓고 오랜 시간 논의가 가능했기 때문이며, 이에 반해 춤은 실천의 그 순간이 지나면 다시 볼 수 없기 때문에 무론이 성립되기 어려웠을 것이라고 했다. 그렇다면 오늘날에는 춤 작품 영상을 두고두고 보며 비평과 감상평을 남길 수 있기 때문에 이를 통해 무론을 성립할 수 있다고 말할 수 있다.

그러나 그림, 글씨, 문장과 달리 춤은 사람의 몸을 통해 직접 전달되는 시간 예술이기 때문에 그림 · 글씨 · 문장과 같은 맥락에서 논의하는 데에는 한계가 있다. 그림 · 글씨 · 문장의 실체는 시간이 흘러도 그 원본이 그대로 남아 있지만, 춤은 어떤 기술적인 방법을 동원하더라고 그 현장에서 보는 것이 아니면, 원본이 아닌 복사본을 보는 것이기 때문이다.

원본과 복사본이 같을 수는 없다. 그림과 글씨, 문장의 원본과 복사본의 가치가 다르지 않다면, 왜 진품 논란이 있겠는가? 따라서 현장에서 본 것과 영상을 통해 본 것을 같은 춤이라고 말할 수 없는 측면이 있다. 이런 측면에서 현장에서 보고 느낀 감상자가 쓴 문학적 형상화는 매우 중요하다.

이 글은 실제의 문장, 실제의 그림, 실제의 필체가 문론, 화론, 서론의 바탕이 되었듯이, 무론도 춤동작 그 자체에 대한 미적 담론이 필요하다는 문제의식에서 출발했다. 이에 『시경』과 당시 속 춤동작의 문학적 형상화를 추출하고, 이를 유형화해 보았다.

춤추는 그 순간이 지나면 사라져 버린 춤을, 그것을 보았던 이의 글을 통해 만나보고자 했으며, 그 글 속에서 유사성을 찾고자 했다. 춤을 글로 다 표현할 수는 없지만, 춤동작의 문학적 형상화를 통해 우리는 그 춤이 눈 앞에 '있는 것'으로 느낄 수 있다. 다만 추출한 문학적 형상화는 아직 날 것이다. 여기에 동아시아 미학의 깊은 울림[舞境]이 더해진다면 무론의 한 축이 될 것이라고 기대한다.

조선후기 문인들의 '소확행' 음악활동

송지원(음악인문연구소 소장)

1. 머리말

조선시대 문인들에게 음악은 '수신'에 도움을 주는 활동이었다. 이때 음악은 기예를 익히기 위한 것이 아닌, 궁극적으로 덕성 함양이 그 목표가 되었다. '성어악成於樂', 즉 음악으로 인격을 완성하기 위해 문인들은 거문고를 가까이 두고 성정을 다스렸다.

그러한 활동을 위해 자신이 연주하는 음악을 악보로 만들어 기록해 놓았다. 조선시대 고악보 가운데 문인들이 만든 악보가 다수 남아 있는 이유이다. 이때 거문고는 '수신의 악기'라는 이미지에 걸맞게, 여러 사람이 함께 즐기는 악기라기보다 혼자 조용히 타며 마음을 다스리는 악기로서의 위상을 지녔다.

거문고를 '수신의 악기'로 여기고 이를 연마했던 문인들의 사고는 원론적으로 조선시대 내내 기본적으로 유지되었던 것으로 보인다. 그러나 조선 후기 문인들에게서는 몇 가지 점에서 이와 다소 다른, 새로운 양상이 보이기 시작하여 주목을 요한다. 우선 조선 전기 문인들이 주로 연주했던 악기는 대부분 '거문고'에 국한되었지만 조선 후기 문인들은 거문고는 물론 가야금, 퉁소, 양금, 단소, 생황, 금, 슬 등과 같은 다양한 악기를 취미로 끌어들여 연주하는 양상을 보인다.

또 이들의 실력은 아마추어의 그것을 뛰어넘어 마니아적 경지에 이르는 양상도 드러낸다. 여기에서 더 나아가 이들은 악기를 홀로 타기보다 함께 모여 '여럿이 나누는' 공동체적 활동을 이루기까지 한다. 이들의 음악 활동 양상과 그 활동의 의미가 무엇인지 궁금해진다.

본고에서는 조선 후기 문인들에게 새롭게 보이는 이와 같은 음악 활동 양상에 대해 문화사적 의미를 생각해보고자 한다. 교양의 심화, 확산, 예술적 소통의 새로운 시도, 예술취향의 새로운 변화 등과 같은 방식으로 설명이 가능하겠지만 21세기에 유행하는 '소확행'[1]이라는, 바쁜 일상에서 느끼는 작지만 확실하게 실현 가능한 행복, 혹은 그러한 행복을 추구하는 삶의 경향을 나타내는 말을 빌려 생각해보고자 한다.

조선 후기 문인들의 음악 생활을 지금 이 시대의 유행어에 넣어 설명하고자 하는 시도는 다소 무리이고 안 어울릴 수도 있지만, 한편 조선 후기 문인들에게 나타나는 음악 활동의 양상을 설명하기에 적합한 것으로 보이며, 용어가 반드시 일치하지 않아도 '소확행'이라는 화두는 어느 시대에나 번다함을 느끼는 일상생활 안에서 생겨날 수 있는 흐름이라 간주되어 조선 후기 문인들의 음악 활동과 관련된 일련의 흐름을 여기에

---

1   소확행이란 용어의 시작은 일본 소설가 무라카미 하루키의 에세이 『랑겔한스섬의 오후』(1986)에서 처음 쓰인 말로서 바쁜 일상에서 느끼는 작은 즐거움을 뜻하는 의미로 시작되었으며 이와 유사한 의미로 스웨덴의 라곰, 프랑스의 오캄, 덴마크의 휘게와 같은 용어 등이 있어 시대의 유행처럼 쓰이는 용어이기도 하다. 이와는 조선 후기 문인 사회에서 다양하게 벌어지고 있는 여러 움직임들에서 그러한 흐름을 읽어낼 수 있다.

빗대어 바라보고자 하는 것이다.

더욱이 그들이 펼친 음악 활동이 그저 '자족'의 수준에 그친 것이 아니라 그 시대 새로운 음악문화 전개에 기여하였고, 그 결과는 예상 외로 반향이 컸던 것으로 드러나기에 의미를 생각해 볼 여지를 남긴다.

따라서 이 글에서는 조선 후기 문인들에게서 보이는 '소확행' 음악 활동을 몇 가지 측면에서 주목해 보고자 한다. 무겁고 진지한 것, 과도한 책임감과는 거리가 있지만 새로운 예술이란 그러한 무거움과 책임감에서 자유로울 때 진솔한 움직임이 가능해지고, 새로운 문화적 결과물로 이어진다는 것을 조선 후기 문인들의 음악 활동을 통해 읽어볼 수 있으리라 본다.

이를 위해 먼저 홍대용, 박지원 등 연암 그룹의 음악 활동과 서유구가 향촌생활을 꿈꾸며 임원에서 펼친 음악생활을 중심으로 이야기해 보고자 한다. 작지만 확실한 행복을 느낄 수 있었던 음악활동이 결과적으로 한 시대 문화 유행이 되었고, 그 결과는 지금 이 시대로 이어져 영산회상과 같은 음악사적으로 큰 의미를 지닌 음악으로 결실을 맺었다는 것은, 작은 행복에서 시작한 큰 결실이라는 구도로 설명이 가능해지기 때문이라는 점을 주목하고자 한다.

2. '닦는 음악'에서 '소통하는 음악'으로

조선시대 문인들의 음악은 정신 수양을 위한 것, 홀로 있는 시간에 탄주하며 마음을 정돈하기 위한 것 등의 용도만 있었던 것은 아니었음이 조선후기인들의 음악 활동에서 읽혀진다. 거문고 이외의 악기 연주 자체가 문인사회에서는 새로운 시도이지만 이들의 연주실력은 아마추어의 그것을 뛰어넘는 경지로 나아간다.

조선후기인들의 새로운 경향 가운데 '벽癖과 치痴', 즉 한 곳에 몰두하여 깊은 경지로 들어가는 일련의 태도가 있었다.[2] 이는 음악활동에 있어서도 예외가 아니어서 일종의 '덕후'와 같은 태도로 음악활동에 몰입하는 인물도 드러나기 시작한다. 악기 연주를 잘 하여 이들은 음악 연주를 혼자 만족하는 데에서 나아가 여럿이 함께 나누는 음악활동을 펼치는 방식으로 나아간다.

이들은 음악을 직업으로 하는 음악가가 아닌, 문인들의 음악활동이기 때문에 아마추어들임에 분명하다. 그럼에도 불구하고 이들의 음악활동은 결과적으로 조선 후기 '줄풍류문화'의 새로운 확산에 기여하게 되었다. 그 내용에 대해 살펴보자.

조선 후기 문인이 지닌 음악에 대한 태도는 기본적으로 음악에 대한 열린 태도가 있었기에 가능한 것이었다. 조선 후기 문인들이 펼친 '여럿이 함께' 모여 이루는 '공동체적 예술•활동'은 일종의 조선 후기적 특징이라 할 수 있는 것이다.

특히 '여럿이 함께 모여 음악을 연주하고 연주하는 가운데 음악적 소통을 이루어내는 현장은 매우 특별해 보인다. 이는 다양한 악기를 연주하고자 하는 인물들의 출현, 그리고 마니아적 태도로 음악에 접근하는 인물형의 출현이 이루어졌기에 가능한 일이었다. 이런 시선들은 서로 밀접한 관련을 지니고 있으며 일정한 지점에서 조우하기도 한다.

악기 연주 능력이 탁월한 문인들의 등장 또한 그러하다. 이들은 개인

---

2   조선 후기적 인간의 특성의 한 유형으로 이야기하는 '癖과 痴'가 조선 후기 문화에 긍정적 영향을 미쳤다는 연구는 학계에서 이미 이루어진 바가 있다. 이와 관련된 연구는 안대회, 『조선의 프로페셔널』, 서울: 휴머니스트, 2007; 정민, 『18세기 조선지식인의 발견』, 서울: 휴머니스트, 2007 등이 있다.

적으로 마니아급의 연주 실력을 지녔으며, 각각 다른 악기 연주자들이 모여 '소통'하고, 그 소통의 내용은 상당한 깊이로 이루어졌다. 이 같은 사실은 이전에는 보이지 않던, 조선 후기적 특징이라는 점에 동의한다. 또 그와 같은 현상은 조선 후기 음악의 새로운 현상으로 자리매김 되어야 할 내용이다.

문인들이 함께 모여 각각의 악기를 담당하면서 음악을 연주하고 교감하고 감상하는 장면은 본고에서 논하고자 하는 조선 후기 음악 소통의 현장을 잘 보여준다.[3] 문인들이 모여 거문고를 필두로 한 여러 악기를 함께 연주하고 교감하며 감상하는 다음의 현장은 매우 자주 인용되는 음악 문화의 현장이다. 성대중의『청성집靑城集』에 보이는 악회樂會의 모습이다.

담헌 홍대용은 가야금을 앞에 놓고 성경 홍경성은 거문고를 잡고 경산 이한 진은 소매에서 통소를 꺼내 들고 김억은 양금을 끌어 놓고, 樂院工 보안 역시 국수로 생황을 연주하며 담헌의 유춘오에 모였다. 성습 유학중은 노래로 거들고, 효효재 김용겸은 나이 덕으로 높은 자리에 앉았다. 맛있는 술로 취기가 돌자 모든 악기가 함께 어우러진다. 정원이 깊어 대낮인데 고요하고 떨어진 꽃잎은 섬돌 위에 가득하다. 궁조와 우조가 번갈아 연주되니 곡조가 그윽하고 요원한 경지로 들어간다. 김용겸이 갑자기 자리에서 내려와 절을 하니, 모든 사람들이 놀라 일어나 피하였다. 김공이 말하였다. "그대들은 이상하게 여기지 말 것이다. 우임금은 옳은 말을 들으면 절을 했었다. 이것이 곧 천상의 음악인데, 늙은이가 어찌 절 한번 하는 것을 아까워하리오?"

---

3 박지원의『熱河日記』, 이덕무의『靑莊館全書』, 成大中의『靑城集』, 박제가의「貞蕤閣集」등의 문헌에서 이러한 분위기를 충분히 엿볼 수 있다. 이들은 주로 연암 그룹의 구성원들이다.

태화 홍원섭도 그 모임에 참여했는데, 나를 위해 이와 같이 들려주었다.
담헌이 세상을 떠난 다음해에 쓰다.[4]

홍대용이 가야금을, 홍경성이 거문고를, 이한진이 퉁소를 담당했고 중인 신분인 김억이 양금을, 그리고 장악원 소속 음악인인 보안의 생황, 이렇게 다섯 악기가 만났다. 참여 인물들 가운데 박보안을 제외한 인물들은 전문 음악인이 아니지만 단순한 취미 이상의, 전문가적인 수준을 지니고 있다.

홍대용은 가야금과 거문고 마니아로서 연주에 능통하다. 1765년 서장관 홍억의 사행使行시 자제군관 자격으로 연행燕行했을 때 사온 악기인 양금洋琴을 토조土調로 풀어내어 1772년 이후 조선 땅에 양금을 널리 퍼뜨리는 계기를 마련한 인물이기도 하다. 또 그의 문집『담헌서湛軒書』에 포함되어 있는 음악 관련 기록은 그의 음악에 대한 관심과 조예가 상당한 수준에 달했음을 알려준다.

김용겸은 김수항의 손자이며 김창즙의 아들로 악률에 밝아 정조대에 장악원 제조를 지낸 바 있다. 박지원에 의해 "풍류가 넘치고 담론이 끊임없이 이어지는[風流弘長, 談論媚媚] 선배"라 묘사되기도 하였다. 음률에 민감한 김용겸은 장악원 제조를 지내면서 전문 음악인들과 친분이 두터

---

4   成大中,『靑城集』권6,「記留春塢樂會」: "洪湛軒大容置伽倻琴, 洪聖景景性操玄琴, 李京山 漢鎭袖洞簫, 金檍挈西洋琴, 樂院工普安, 亦國手也, 奏笙簧, 會于湛軒之留春塢, 俞聖習學 中侑之以歌. 嘐嘐金公用謙, 以年德臨高坐. 芳酒微醺, 衆樂交作. 園深畫靜, 洛花盈階. 宮 羽遞進, 調入幽眇. 金公忽下席而拜, 衆皆驚起避之. 公曰, '諸君勿怪, 禹拜昌言. 此鈞天廣 樂也, 老夫何惜一拜?' 洪太和元燮, 亦與其會, 爲余道之如此. 湛軒捨世之翌年記." 「기유춘 오악회와 관련된 내용은 송지원, 「조선후기 중인음악의 사회사적 연구」(서울: 서울대 석사학 위논문, 1992)에서 조선후기의 새로운 음악문화를 거론하면서 언급한 바 있다. 이후 「성대중이 묘사한 18세기 음악사회의 몇 가지 풍경」『문헌과 해석』, 서울: 문헌과 해석사, 2003, 22호, 179~83쪽에서 보다 확대된 논의를 한 바 있다.

워 자신의 모임에 늘 장악원의 악사들을 끌어들였다.

이들이 연주하는 악기 편성을 보면 줄풍류 음악이다. 생황과 같은 악기는 현재의 줄풍류 편성에는 포함되어 있지 않지만 조선후기에는 줄풍류에 포함되어 연주했음을 알 수 있다. 여기에 진지한 감상자 홍원섭과 정조대 장악원제조를 지냈던 인물 김용겸이 객석의 청중으로 함께 하였다.

가장 중요한 두 종의 현악기인 거문고와 가야금, 그리고 홍대용이 해독하여 조선에 유행이 된 악기 양금, 또 '황籧'의 제작 기술이 쉽지 않아 늘 문제를 일으켰던 악기 생황 등, 당시 줄풍류 편성의 핵심적인 악기들이 모두 모였고, 홍대용 주변의 인물들로서 악기를 기본으로 했던 사람들이 모여 음악적 교감을 이루는 현장을 연출하였다. 조선 후기에 형성된 줄풍류 문화의 초기 단계를 이러한 모임을 통해 알 수 있다.

이러한 악회는 음악으로 소통하기 위한 모임이다. 음악이 더 이상 혼자 연주하면서 성정을 함양하는 데에서 그치지 않고, 여기에서 더 나아가 각자 담당한 여러 종류의 악기로 '음악적 소통'을 이루고 있는 현장이다. 이때 이들이 연주한 악곡樂曲에 대한 유추가 가능하다. 그것은 곧 현악기 중심의 '영산회상'일 가능성이 크다.

현재 연주되는 영산회상은 '닫힌 구조'로 고착되어 일정한 선율이 악보화되어 고정된 음악으로 정착되었지만 조선 후기의 영산회상은 '열린 구조'의 음악으로서 악기 편성이나 연주 선율이 연주 상황에 따라 조금씩 다를 수 있는, 그러한 음악이었다. 연주 당시 모인 연주자들의 실력이나, 악기 편성의 상황이 한결같지 않고, 연주의 분위기 또한 상황에 따라 다를 수 있었다.

이 악회樂會에 함께 한 이들은 음악 외적인 요소는 모두 배제하고 음악으로 소통하기 위해 모였다. 이들이 함께 연주한 음악이 여러 악기가 함께 하는 '줄풍류'음악이라는 사실 또한 일정한 의미를 지닌다. 줄풍류 음악은 실내에서 현악기를 중심으로 하여 동호인끼리 모여 나누는 음악이기 때문이다.

줄풍류 음악을 연주할 때에는 특정한 지휘자 없이 거문고를 담당한 연주자가 중심이 되고 여타 악기를 담당한 사람과 교감하며 음악을 연주한다. 그들 사이에 음악을 연주하며 나누는 음악 언어는 소통의 최대치를 열어 놓는다. 이와 같은 악회에 모인 사람들 대부분은 음악에 대해 열린 귀를 가졌고, 연주 솜씨 또한 전문가와 함께 어울려 손색없을 정도의 수준이면서 순수 감상용 음악을 구사하는 이들이다. 유학중의 노래가 곁들여졌다고 하니 줄풍류 선율을 따라 부르는 음악이었을 것이다. 유학중은 유학幼學이라 했으니 벼슬하지 않은 유생으로 이들의 자리에 함께 하였다.[5]

이와 같은 음악 소통의 현장에서 또 하나 주목할 상황이 있다. 진지한 의미에서의 음악 감상자의 경험 현장이다. 이는 태화 홍원섭의 경험을 통해 감지할 수 있다. 음악에 뛰어난 감식안을 지닌 홍원섭의 수용자적 경험이 그것이다.

오른편의 그림 한 폭에서 평상 위에서 슬瑟 타는 이는 담헌이요, 슬을 마주보고 금琴을 타는 이는 김생金生이며 슬과 나란히 앉아 항아리 옆에서 귀를 기울여 듣는 이는 태화이다. 슬의 소리는 맑고 금의 소리는 그윽하다 분리된 상태에서는 맑은 것은 맑을 뿐이요, 그윽한 것은 그윽할 뿐이다. 두 소리가 어울려야 맑은 것은 깊어지고 그윽한 것은 트이게 되니, 깊으면 심원해지고 트

---

5   유학중은 김수장의 『해동가요』에 수록된 '古今唱歌諸氏'의 명단에 보인다. 송지원(1992)에서 재인용.

이면 화합한다.[6]

담헌 홍대용이 슬瑟을 타고 김생金生이 금琴을 타고 있다고 묘사한 장면이다. 여기서 '금'과 '슬'은 '금슬상화' 혹은 '금슬이 좋다'는 이야기를 만든 악기로서 소리가 매우 잘 어울리는 중국의 악기이다. 담헌은 이미 거문고와 가야금 실력으로 정평이 나 있었는데, 이 기록으로만 본다면 중국 악기인 '슬'도 섭렵했던 것으로 드러난다.

슬과 잘 어울리는 악기인 '금' 또한 문인들의 악기로서 조선 사회에서 일반적으로 연주되는 악기는 아니었고, 일정 시기가 되면 중국에서 악기를 사 와야 하고, 연주법을 배워오기도 했던 악기였지만[7] 따라서 위의 기록으로만 본다면 홍대용을 둘러싼 인물들 가운데에는 금과 슬을 연주하는 이가 있었다는 것으로 이해할 수도 있다.

그러나 위의 기록에서 언급한 '금'과 '슬'은 거문고와 가야금일 수도 있다는 가능성을 전적으로 배제할 수는 없다. 금과 슬을 거문고와 가야금으로 묘사하는 관행이 일반적이며 그 정황으로 볼 때 거문고와 가야금으로 줄풍류를 연주하는 장면으로 인식하는 것이 보다 자연스럽기 때문이다.

이들의 음악을 감상한 홍원섭은 "슬의 소리는 맑고 금의 소리는 그윽하다. 분리된 상태에서는 맑은 것은 맑을 뿐, 그윽한 것은 그윽할 뿐이다"라 묘사하였다. 금과 슬의 소리에 대해 이렇게 묘사한 것은 수용미

---

6   洪元燮, 『太湖集』 권5, 「書金生畵後」: "右畵一幅, 布床而瑟者湛軒也, 對瑟而琴者金生也. 並瑟而踞, 側耳聽于纍纍之旁者太和也. 瑟之聲淸, 琴之聲幽. 離之, 淸者淸而已, 幽者幽而已. 合之, 淸者深, 幽者暢. 深則遠, 暢則和."

7   중국에서 唐琴, 즉 금을 구입하고 악곡을 배워오도록 했던 일은 1765년(영조 41)의 연행에서 홍대용 일행에 포함된 장악원 악사 장천주의 과제로 부여된 일이기도 했다.

학적인 측면에서 주목할 만하다. 수용미학이란 수용자의 심미적 경험에 관한 내용을 다루는 청취자의 음악 미학을 말한다.

홍대용을 둘러싼 18세기의 음악 현장에서 이와 같은 소통이 이루어졌다. 음악 작품이 일정 기능이나 특정 목적을 위해서가 아니라 순수한 '음악'으로, 소통을 위한 음악으로 연주되고 감상되는 이 현장 또한 조선 후기적 음악 현장임에 분명하다. 비록 한정된 특정 감상자를 앞에 두고 하는 연주이지만 이러한 무대는 18세기의 문인들이 함께 어우러져 연주하는 또 다른 음악현장에서도 있을 법한 모양이다.

이들이 연주하는 음악은 줄풍류이고, 공간적으로는 방중악房中樂에 해당한다. 줄풍류는 조선 후기의 풍류방 문화를 대표하는 음악으로서 홍대용 등의 문인들이 중심적 위치에 놓이는 바, 이들에 의해 비로소 줄풍류가 새로운 음악 장르로서 대두되므로 그 음악사적 의미는 지대하다.

또 이들의 음악 연주가 직업적 요구에서 이루어진 것이 아니라 순수한 문인들에 의해 음악으로 소통하기 위한 방식으로 이루어졌다는 면에서 음악의 자율성을 확보했다는 사실을 주목할 수 있다. 이와 같은 음악의 자율성 확보의 밑바탕에는 음악 내부에 몰입하고자 하는 음악 생산자와 수요층, 향유층의 소통과 교감이 깔려있다. 홍대용이 참여한 악회의 음악 소통 현장은 조선후기 음악사에서 줄풍류의 발달을 가속화시킬 수 있는 힘으로 작용했음을 알 수 있다.

이와 같은 현장 이외의 조선 후기의 다른 음악 연주현장에서는 여전이 전문인들이 연주하고, 문인들이 감상하는 방식이 지배적이었다. 음악인들을 집으로 불러 연주를 듣거나[8] 음악인들을 대동하고 나들이를 나

---

8 유득공의 「유우춘전」에 이와 같은 정황이 잘 묘사되어 있다. 柳得恭, 『泠齋集』 권10, 「柳遇

서서 음악을 듣는 방식의 연주 형태가 대부분으로서 앞서 예로 든 경우와는 차원을 달리하고 있다.

이러한 경우 연주 행위와 감상 행위는 철저히 분리되어 있다. 연주 행위는 전문 음악인들의 몫이 되고, 감상 행위는 연주자들에게 일정한 대가를 지불한 사람들의 몫이 되었다. 따라서 음악인들이 아님에도 불구하고 직접 음악을 연주하며 때로는 음악에 관한 진지한 토론을 곁들여가며 함께 하는 소통의 장면은 조선 후기의 새로운 문화 현상임에 분명하다.

'소통을 위한 음악'이란 음악을 보다 자율적 시선으로 바라볼 수 있게 한다. '특정한 의식에 부속된 음악', '일정한 기능을 위한 음악'이란 규범에서 벗어나 '호흡을 함께 하며 나누는 음악'으로의 전환은 음악의 향유 방식이 이미 달라져 있음을 알려준다.

혼자 정신을 수양하기 위한 음악에서 나아가 여럿이 어울려 나누며 연주하는 음악 문화가 정착되어가는 과정이 드러난다. 이처럼 조선 후기 문인 지식층들의 음악 소통 양상을 통해 음악이 사회적이고 문화적인 맥락에서 이루어졌음을 확인할 수 있다.

이는 조선 후기 문인들의 음악 활동이 소통, 공감, 연대 의식을 중요시하는 태도를 바탕으로 전개되고 있음을 확인할 수 있다. 조선 후기 문인들의 동지적 결속 태도가 반영된 결과이고 인간이 사회적 존재라는 사실을 음악 나누기 행위에서도 극대화하고 있음을 알 수 있다.

음악을 함께 나누고 연주하는 체험을 통해 이들은 정신적 교감을 이

春傳.: "宗室大臣, 夜召樂手, 各抱其器, 趨而上堂, 有燭煌煌, 侍者曰, 善且有賞, 動身曰, '諾.' 於是, 絲不謀竹, 竹不謀絲, 長短疾徐, 縹緲同歸, 微吟細嚼, 不出戶外, 睨而視之, 邈焉隱几, 意其睡爾, 少焉欠伸曰, '止.' 諾而下, 歸而思之, 自彈自聽而來爾, 貴游公子, 翩翩名士, 淸談雅集, 亦未嘗不抱琴在坐."

루고 그 교감은 한층 승화된 지점에서 소통을 이루었다. 그 소통을 통해 그들이 누리고자 했던 것은 무엇일까. 이는 곧 '공동체적 결속'이 아닌가 한다. 조선 후기의 일련의 문인들에 의해 이루어진 공동체적 결속은 곧 조선 후기 지식인들의 자의식의 변모를 이루는 큰 틀로 작용하였다.

3. 임원林園에서의 음악 생활

조선 후기 문인 가운데 또 하나의 새로운 인물형을 보유주는 서유구 (1764-1845)는 향촌 생활에 필요한 『임원경제지』라는 백과사전적 저술을 지어 임원林園에 살면서 필요한 실용적 기술과 기예, 생활의 지식, 뜻을 기르기 위한 방법 등 실생활에 유용한 내용을 모아 놓았다.

책의 성격은 실용서로서 향촌에 머물면서 수양에 힘쓰는 사람들의 삶을 위한 것[9]으로, 이는 관직에 나아가 국가를 경영하기 위한 것이 아닌, 향촌에 머물면서 수양에 힘쓰는 사람들의 삶을 위한 것[10]이라 주목되며 사대부의 '자립적 삶'에 대한 총체적인 시각을 보여주는, 서유구 필생의 업적이라 평가되기도 한다.[11]

『임원경제지』에는 음악 생활과 관련된 기록을 포함되어 있는데 악보 「유예지」가 13권에 수록되어 있고, 권14의 「이운지怡雲志」에는 조선 후기 향촌 생활을 하면서 살고자 하는 선비들의 음악 생활 지향을 읽을 수 있는 내용이 포함되어 있어 조선 후기 문인들의 '소확행'의 삶을 추구하는

---

9   『林園經濟志』「例言」.
10   심경호, 『임원경제지』의 박물 고증 방식과 문명사적 의의」, 『풍석 서유구와 임원경제지』 소와당, 2011.
11   김대중, 「풍석 서유구의 산문 연구」, 서울대학교 박사학위논문, 2011.

내용으로 읽힌다.

특히 「이운지」에서 논의하고 있는 음악 관련 내용은 서유구가 「이운지」 서문에서 밝힌 편찬 목적에서 잘 드러난다. 「이운지」는 "임원에서 살며 삶을 한가하고 우아하게 즐기기 위한 방법에 대해 기록한 글"이라 스스로 밝혔다. 서유구는 그와 같은 삶의 모델로서 왕유王維가 망천별업輞川別業에서 시를 읊으며 자족하며 살았던 삶, 예찬倪瓚이 운림산장雲林山莊에서 정결하게 살았던 삶, 고덕휘顧德輝가 옥산초당玉山草堂에서 살았던 사례를 들면서 '이운怡雲'이라는 이름은 도홍경陶弘景[12]의 뜻을 취한 것이라고 밝혔다.[13]

책의 편찬 목적에 드러나듯 「이운지」에는 임원에서 사는 삶의 이상적인 여러 모습을 소개하였다. 또 그러한 모습을 구현하기 위해 필요한 여러 기물, 악기, 취미 활동 내용 등에 대해 열거하고 있다.

이 가운데 음악과 관련된 내용 가운데에는 중국 악기인 금琴과 관련된 것이 가장 많고 그밖에 현금玄琴, 번금蕃琴, 즉 양금洋琴, 생황笙簧, 종鍾, 경磬에 관련된 내용이 일부 포함되어 있어 「유예지」의 악보에 포함된 악기인 현금, 금, 양금, 생황의 내용도 모두 수록되어 있음을 알 수 있다.[14]

그러나 서유구의 「이운지」에 보이는 여러 내용이 여타 전적에 보이는

---

12 陶弘景(456~536)은 梁나라의 학자로 유, 불, 도에 능통하였다. 양 무제의 신임을 받아 자문 역할을 맡았으나 관직을 버리고 茅山에 은거하였다. 서유구는 도홍경의 시 "山中有所有, 嶺上多白雲, 只可自怡悅, 不堪持贈君"에 나오는 '怡'와 '雲'을 따서 「이운지」라 하였다.

13 徐有榘, 『林園經濟志』 「怡雲志引」.

14 그러나 이들 내용 가운데 많은 부분을 『捫虱新話』나 『洞天淸錄』 『洞天琴錄』 『遵生八牋』 『律呂精義』와 같은 송대 혹은 명대의 전적에서 가져왔고 우리나라의 문헌 중에는 자신의 저술로서 『임원경제지』에 다 포함시키지 못했던 나머지 부분을 모아 지은 『金華耕讀記』, 그리고 성종 대에 편찬된 樂書의 전범인 『樂學軌範』, 영조 대에 국가적 규모로 편찬된 『東國文獻備考』 「樂考」 등의 내용을 옮겨온 것이므로 그 내용이 독창적인 것만은 아니다.

지식을 총체적으로 모아 놓고 자신의 이야기를 덧붙여 놓았기 때문에 학문의 독창성이라는 측면에서는 그 의미가 반감되기도 하지만, 그럼에도 불구하고 「이운지」에 기록해 놓은 여러 내용, 즉 임원에서 살아가는 삶의 이상적인 모습은 조선 후기 문인 지식인 서유구가 추구하는 이상적 삶의 모습을 그린 것이기도 하므로 그 내용에 대해 살펴보는 일은 일정 의미를 지니는 것이다.

특히 번다한 생활을 멀리하고 향촌에서의 삶을 꿈꾸며 그 속 생활을 제대로 누리기 위한 여러 내용을 하나하나 열거하는 내용은 마치 21세기 인들이 귀촌을 꿈꾸며 '소확행'을 추구하는 모습과 겹친다.

이제 서유구가 「이운지」를 통해 그리고자 하는 이상적인 모습 가운데 음악과 관련된 내용을 위주로 살펴보기로 한다. 「이운지」 가운데 음악과 관련된 내용을 언급한 것은 음악이 삶을 멋스럽고 우아하게 만드는 것이라는 점을 인정하고 출발한 것이다.

이는 서유구가 맑은 마음으로 우아함을 기르고 소요하며 유유자적하게 살고자 하는[15] 지향을 「이운지」를 통해 드러낸 것이라 생각된다. 서유구가 그러한 삶을 추구하기 위해 음악과 관련되어 어떠한 지향을 드러내었는지 몇 가지 사례를 통해 살펴보기로 한다.

먼저 음악을 연주하는 공간에 관한 내용이다. 서유구는 「이운지」를 통해 임원에 살면서 서재나 찻방, 약제실, 응접실 등을 갖추어 놓아 화려한 문화생활의 면모를 드러내었다. 여기에서 음악과 관련되어 주목되는 내용은 곧 '금실琴室'이다. 금을 연주하는 방을 조성해 놓고 가장 좋은 음향을 누릴 수 있는 방법을 찾는 것이다.

물론 이 이 내용은 서유구 자신의 아이디어가 아닌, 송나라 진선陳善

---

15 徐有榘, 「林園經濟志」, 「怡雲志引」: "其所以淸心養雅, 逍遙自適."

이 지은 『문슬신화撫蝨新話』의 내용을 가져온 것이기는 하다. 그러나 이 것이 조선의 문헌에 소개되기는 서유구의 저술에 처음 보이므로 주목할 만하다.

이 내용은 은거지의 배치에 대해 주로 논의하고 있는 「이운지」 권1의 '재료정사齋寮亭榭'에 소개된 '금실'[16]에 수록된 내용인데, 음악 연주회장 의 공간음향에 대해 고민하는 요즘의 음악계에도 하나의 지침이 될 만한 내용이 보인다. 서유구는 여기에서 은거지에 금을 연주하는, 음향이 잘 울릴 수 있는 조건을 갖춘 방을 별도로 마련하는 방안을 제시하였다.

그가 제시한 금실은 이러하다. 먼저 금실의 지하에 큰 항아리를 묻고 항아리 가운데에는 동종銅鍾을 매달아 두고 그 윗부분을 돌이나 나무판 으로 덮고 금을 연주하면 그 소리가 울려 청량하게 들린다고 하였다. 이 는 음량이 작은 금의 소리를 더 크고 잘 울리게 하기 위한 방법으로 제 시한 것으로 중국 송대 사람들의 아이디어이긴 하지만 서유구에게 받아 들여진 것으로서 서유구도 이미 공간음향에 대해 진지한 고민을 하고 있 었다는 하나의 사례로 보인다.

이어 금을 연주할 때에 시각적인 즐거움을 가질 수 있는 방안도 제안 하였다. 금을 연주할 때 물고기가 뛰게 하는 법을 제안했는데, 연주실 가까이에 작은 연못을 두고 금붕어를 살도록 한 후 금을 연주할 때마다 금붕어에게 먹이를 주면 손님 앞에서 음악을 연주할 때 금붕어가 뛰어 오르는 모습을 연출할 수 있게 된다는 것이다.[17]

후자는 다소 장난스러운 연출로 보이지만 귀로는 음악을 들으며 눈으 로는 금붕어의 도약을 보도록 하기 위한 배려로서 요즘 영상과 함께 음

---

16 『林園經濟志』, 「怡雲志 · 齋寮亭榭」, '琴室'.

17 『林園經濟志』, 「怡雲志 · 齋寮亭榭」, '琴室'.

악회를 기획하는 연출과도 비교되어 주목된다.

그러나 서유구는『문슬신화』의 내용을 인용하여 금의 음향적 실험 관련 기사를 소개하긴 했지만 정작 금의 연주는 높은 누각 아래에서 하는 것이 좋다고 주장하고 있어 그것이 새로운 시도로서 주목되긴 하지만 결국 자연스러운 음향을 강조하였음을 알 수 있다.

「이운지」 권2의 '산재청공山齋淸供'에서 음악과 관련된 논의가 많이 이루어진다. 서실書室에 금이 없으면 안 된다는 설명부터 시작하여 금의 재료에 대한 품등을 논의하였고 금의 제작법, 고금古琴의 판별법, 특이한 금, 금의 아홉 가지 덕[九德], 금을 탈 때 꺼려야 할 것, 금 보관을 위한 악기집, 금을 올려놓는 금안琴案, 금 연주실 등 '금과 관련된 모든 것'이라 할 만큼 세부적인 내용을 다루고 있다. 이는 예전에 금에 관해 논할 때 관념적인 금론琴論을 위주로 논의하던 태도와는 다소 차이가 있음을 알 수 있다.

이와 같은 내용 가운데 주목되는 것 몇 가지만 이야기해 보고자 한다. 먼저 '산재청공'에서 금과 관련된 논의는 「논서실불가무금論書室不可無琴」으로 시작된다. 서실에서 늘 금을 가까이하라는 내용이다. 서실에는 반드시 금을 두고 매일같이 아악雅樂을 대하도록 권한다.

연주에 능통하던, 그렇지 않던 금을 연주할 것을 권하며 「매화삼롱梅花三弄」 「백설조白雪操」와 「귀거래사歸去來辭」 「적벽부赤壁賦」와 같은 중국의 여러 작품을 열거하면서 성정을 기르고 수신하는 도道로서 금 이상의 것이 없다고 하였다.[18] 이 부분은 명대의『준생팔전遵生八牋』[19]을 인용한

---

18 『林園經濟志』, 「怡雲志·山齋淸供」, '論書室不可無琴'.

19 『遵生八牋』(1591)은 중국 명대 문인들의 취미 생활에 관해 기록한 책으로 高濂이 쓴 것이다. 百柄琴에 대한 내용은 이 책을 참고한 것이다.

것이다.

이처럼 금 연주를 권하는 데 이어서는 금을 만드는 재료에 대해 논하고 있다. 악기의 몸통을 구성하는 나무에 관하여는 '택재擇材'에서, 금의 줄받침인 진軫은 '진품軫品'에서, 휘徽는 '휘품徽品', 금의 줄에 관한 것은 '현품絃品'으로 구분하여 각각 설명한 후 금의 제작법에 대해 이야기하였다.

악기의 몸통을 만드는 나무의 경우 각각 음양의 성질을 따르는 것이 좋은데, 윗판은 양목陽木인 오동나무, 아랫판은 음목陰木에 해당하는 가래나무 쓰는 것이 좋다고 설명하였다. 또 고금古琴에는 부자금夫子琴과 열자금列子琴의 두 가지 모양이 있다고 '양식樣式' 부분에서 설명하고 있다.

그러나 근세에 이르러 금의 모양은 옛날과 달라졌다고 이야기한다. 금과 관련된 내용 대부분은 『준생팔전』 외에 『동파지림東坡志林』[20] 『동천금록洞天琴錄』 『동천청록洞天淸錄』[21] 등의 중국 문헌을 인용한 것이고 일부 성종 대의 『악학궤범樂學軌範』의 내용을 가져온 것도 있다.

다음으로 현금玄琴, 즉 우리나라의 거문고에 관하여도 다루었다. 주지하듯이 거문고는 조선 문인들의 교양 필수 악기로서의 위상을 지니고 있으며 우리나라에서는 백악지장百樂之丈, 즉 여러 악기의 으뜸이라 여겨지고 있다.

또한 삿된 마음을 금하고 자신을 이기는 방법으로 거문고를 연주하는 것만 한 것이 없다는 악기로 간주되어 선비라면 특별한 연고가 없는

---

20 『東坡志林』은 중국 송대의 문호인 蘇軾의 저술이다.
21 『洞天淸錄』은 중국 남송시대 문인들의 취미 생활에 관해 기록한 책으로 종실 출신의 문인 趙希鵠이 쓴 것이다. 「이운지」의 琴에 대한 내용은 이 책의 내용을 많이 가져왔다.

한 곁에 두는 악기였다. 서유구는 이와 같은 위상을 지니고 있는 거문고를 중국의 금과 같이 다루고 있다. 거문고에 대한 서유구의 다음 설명을 보자.

『삼국사기』에 거문고는 중국 아부雅部[22]의 금琴을 본떠서 만들었다고 하였다. 『신라고기』에 말하였다. 처음에 진나라 사람이 칠현금을 고구려에 보냈는데, 당시 제2상인 왕산악이 그 법제를 고쳐서 만들었다. 겸하여 곡을 만들어 연주했다. 그때 검은 학이 날아와 춤을 추자 드디어 '현학금玄鶴琴'이라 했다가 후에 다만 '현금玄琴'이라 했다. 만드는 법을 살펴보면, 앞판은 오동나무를, 뒷판은 밤나무를 쓴다. 괘는 회나무를 쓰는데 그다음으로 종목을 쓴다. 장식은 화리, 철양, 오매, 산유자 등의 나무를 쓴다. 학슬은 청형을 쓰고 염미는 각색 진사, 혹은 푸른 물을 들인 무명실을 쓰며 귀루는 홍록색 진사를 쓴다.[23]

거문고에 대한 설명은 『악학궤범』과 『동국문헌비고東國文獻備考』 「악고樂考」의 기록을 가져온 것으로 두 문헌에서 주요한 부분만을 압축적으로 가져와 설명하고 있다. 거문고의 유래와 역사, 거문고 제작에 관한 내용을 다루었다. 서유구가 중국 금의 제도를 설명하면서 우리나라의 거문고에 대해 언급한 것은 중국의 금에 비견되는 악기가 현금에 해당하기 때문인 것으로 보인다.

'현금'에 이어서는 서양금인 '번금蕃琴'에 대해 설명한다. 구라철사금歐邏鐵絲琴을 우리나라에서는 서양금西洋琴이라 하는데, 서양인은 천금

---

22 『삼국사기』 원문에는 '雅部'가 아니라 '樂部'로 기록되어 있으며 『삼국사기』를 인용한 『악학궤범』에는 '樂部'로 기록되어 있다.
23 徐有榘, 『林園經濟志』, 「怡雲志・山齋清供」, '玄琴'.

天琴이라 하고 중국인은 번금이라 부른다고 했다. 우리나라에는 어느 때 들어왔는지 알 수 없다고 설명하였는데, 이미 북학파 학자들에 의해 유입된 시기에 대한 고증이 대략 이루어졌지만 명확한 유입 시기가 밝혀지지 않았기 때문인 듯하다.

다음으로 금의 '구덕九德', 즉 아홉 가지 덕성에 대해 논한 부분이 있다. 금의 구덕에 관한 논의는 『준생팔전』에서 인용한 내용인데 첫째, 기奇 둘째, 고古 셋째, 투透 넷째, 정靜 다섯째, 윤潤 여섯째, 원圓, 일곱째, 청淸 여덟째, 균勻, 아홉째, 방芳이라 하였다. 이들 아홉 가지 덕성은[24] 모두 좋은 재목으로 만든 금일 때 갖출 수 있는 조건을 제시한 것이다.

또 금을 탈 때 꺼려야 할 내용도 몇 가지 소개하고 있는데, 금을 연주할 때 향香을 쓸 경우라면 맑고 연기가 적게 나는 것을 써야 한다고 했다. 또 금을 연주하지 않아야 할 시간, 장소, 날씨 등에 대해 이야기하였다. 이는 거문고 탈 때 꺼려야 할 조건을 제시한 조선의 여러 악보들의 내용과 비교된다.

그밖에 금의 받침대나 금을 보관하는 갑, 금을 넣을 주머니 등에 대해 소개하고 있다. 「이운지」에서는 그 외에도 생황, 피리, 종, 경 등에 대해 악기 이름이 지닌 뜻과 제작 법 등에 대해 설명하여 백과사전적인 지식이라는 측면에서 악기를 접하는 대목도 보인다.

이처럼 서유구는 「이운지」에서 중국의 금과 관련된 다양한 내용을 소개하고 있다. 당시 조선의 문인들은 대부분 거문고에 취미를 가지고 있었고 금에 관하여는 문헌에서 접하는 정도의 지식을 가지고 있었다. 서유구가 「이운지」에 금에 관한 내용을 인용한 문헌은 대부분 송대나 명대의 저술들로서 문인들의 취미생활을 기록한 책들이 대부분이다. 명대의

24　徐有榘, 『林園經濟志』, 「怡雲志 · 山齋淸供」 '九德'.

『준생팔전』, 송대의 『동천청록』이 대표적이며 그 외에도 『계신잡지』와 같은 문헌도 참고한 것으로 보인다.

우리 나라의 문헌으로는 성종 대의 악서인 『악학궤범』, 영조 대에 국가적인 규모로 편찬된 『동국문헌비고』 「악고」, 중국에서 들여온 악서 『율려정의』, 그리고 서유구 자신의 저술인 『금화경독기』[25] 등이 있다.

서유구는 음악에 대해 이전 세대의 사람들에 비해 유연한 사고를 가지고 있었던 것으로 보인다. 「유예지」나 「이운지」에서 '예악 사상'과 같은 무게가 나가는 주제를 다루지 않은 것은 서유구 자신의 그러한 사고가 반영된 것으로 생각된다. 서유구는 임종 무렵에 자신의 곁에서 거문고를 타도록 당부하였다.

그리고 실제 연주가 끝나자 숨을 거두었다. 살아서 실용적인, 그리고 현실적인 음악 향유의 모습이 임종 때까지 이어진 것이 아닐까 생각된다. 이는 서유구가 가진 음악에 대한 태도를 잘 알려주는 대목으로 이해된다. 살아서 즐기는 음악을 죽을 때에도 곁에 두고 싶은 열망을 보여주는 것이라 할 것이다.

서유구가 그의 저술에서 다룬 음악관련 내용은 비교적 실용적인 것만을 다루었다. 『임원경제지』의 「유예지」와 「이운지」에 그 내용을 수록해 놓았다. 이는 예악론에 경도되어 있던 여타 문인들의 태도와 차별화되는 것으로서 이러한 태도는 19세기 문인들의 일부에서 드러나는 '전문화' 되어가는 태도와 한편 일치하는 것이기도 하다.

서유구가 「이운지인怡雲志引」에서 밝힌 것처럼 그의 말년의 꿈은 소박

---

25 「금화경독기」는 서유구의 저술로 2010년에 일본 도쿄도립중앙도서관에 있는 것을 조창록이 발견하여 학계에 소개되었다. 「금화경독기」는 『임원경제지』를 쓰고 남은 부분을 모아 정리한 것이라 하였다.

하였다. 글은 이름을 기록할 정도면 되고, 생산은 입을 것과 먹을 것을 자급할 정도면 되지 다른 바람이 없고 오직 임원林園에서 아취를 키우며 세상에 대한 욕심 없이 일생을 마치기를 바란다고 했다.[26] 향촌에서 살아가는 문인 서유구의 그의 음악 생활도 이러한 생각에 기반한 것이다.

서유구는 『임원경제지』의 「유예지」에 방중악보를 남겼으며 「이운지」에서는 금과 관련된 논의들을 수록하였다. 이러한 내용은 모두 사대부가 향촌에 살면서 필요한 것들로 상정된 것이다. 조선 후기 문인 서유구가 향촌에서 살면서 찾고자 했던 음악 생활은 조선 후기 문인들의 '소확행' 이라 하기에 부족함이 없어 보인다.

서유구가 『임원경제지』 속에 남긴 음악 관련 기록은 그 내용의 규모나 깊이 면에서 볼 때 음악사적인 면에서 큰 비중을 차지하는 것은 아니다. 그러나 18세기 후반에서 19세기 초의 문인 사대부가 향촌에 거주하면서 실생활에 필요한 실용적 지식과 문화적인 면에서 필요한 교양의 실제에 대해 기록한 책이므로 그것을 통해 생활인으로서의 문인 지식층이 자신의 삶을 윤택하게 하기 위해 어떠한 음악 활동을 했는지 보여주고 있다는 면에서 주목할 만하다.

특히 방중악보인 「유예지」에 수록된 악보들, 예컨대 영산회상과 가곡, 보허사, 시조 등과 같은 음악은 조선 후기에 크게 발달을 보인 음악으로서 「유예지」의 '방중악보'에서 그러한 음악의 인기 상황을 확인할 수 있다. 「이운지」에서 밝힌 음악 생활의 다양한 면모는 사대부가 향촌에 거주하면서 추구한 '소확행'의 면모, 그것이 아닌가 생각된다.

---

26 徐有榘, 『林園經濟志』, 「怡雲志引」: "書足以記姓名耳, 産足以資衣食耳, 無他望也, 惟 祈林園養雅, 無求於世, 以終身焉."

4. 맺음말

음악이란 학문적으로 연구해야 할 대상이기도 하지만 악기를 연주하는 일은 기능을 연마해야 가능한 것이었으므로 조선후기 문인들에게 음악을 바라보는 시선은 분열되어 있었다. 우선 문인들의 교양필수 악기로 간주되었던 거문고만 해도, 그와 관련된 악론樂論은 학문적 영역이었고, 그 상위 개념인 악학樂學도 학문의 영역으로 접근해야 했다.

그러나 악기를 연주하는 일은 일련의 '기능적' 과정을 거쳐야 가능한일이었다. 조선시대 문인들이 곁에 두었던 '거문고'를 우아하게 타기 위해, 실은 악기를 꾸준히 익히는 과정을 거쳐야 했다. 악기를 터득하는과정 자체가 인내와 수신의 과정이고, 악기의 속성을 알게 된 문인들은악기를, 음악을 통해 인격 완성의 경지로 나아가고자 했다.

그와 같은 전제는 조선시대 악론에서 혼자 타는 악기 거문고, 그것을통해 인격을 완성하고자 하는 노력 그 자체를 하나의 '레토릭'처럼 작동되도록 하였다. 실제 조선시대 문인들에게 거문고는 수신의 악기로서의위상을 점하게 하였고 이러한 생각은 조선시대 문인 대부분에게 작동되고 있었다. 심지어 조선 말기에 만들어진 '산조散調'를 거문고로 연주하는 일에 대해 문인들이 곱지 않은 시선을 던졌던 것도 그와 같은 흐름에서였다.

그럼에도 불구하고 조선 후기 문인들에게서 새롭게 생겨난 흐름이 있었다. 바로 음악으로 소통하기, 향촌 생활에 반드시 필요한 음악, 그것을 생활 안에서 어떻게 가꾸어 나가느냐의 문제였다. 조선 후기 일련의문인들에게 나타나는 이러한 흐름은 지금 이 시대, 생활에 지친 이들이꿈꾸는, 혹은 추구하는 '소확행'의 움직임과 겹쳐 보인다.

음악을 통해 좋은 나라를 만들겠다는 예악 정치의 거대한 담론이 이들에게는 무거움으로 느껴졌다. 서유구가 『임원경제지』에 예악 담론을 의도적으로 배제한 것도 그와 같은 흐름의 일환이었다. 취미를 같이 하는 몇몇 사람들이 모여 조촐하게 펼치는 소소한 음악 활동은 결국 거대 담론에서 탈피하여 획득한 '무거움을 통과한 가벼움'이라는 측면에서 발랄한 결과를 만들어내었다. 서유구의 음악 관련 논의는 예악 사상의 이념적 틀에서 벗어나 한결 가벼워진 음악에 대한 태도가 있었기에 가능한 것이었다.

조선후기 문인들의 음악적으로 소통하기 운동은 영산회상과 같은 줄풍류 음악의 위치를 확고하게 만들었고, 문인들의 음악활동의 결과물인 줄풍류음악은 이후 우리나라 전역에 전파되어 향제줄풍류문화를 확산시켰다. 그리고 이 음악이 지금 현재에는 국립국악원의 줄풍류로 자리잡게 되어 전문가들의 음악으로 연주되고 있다. 조선후기 문인들이 추구했던 '소확행'의 문화로 펼쳐졌던 줄풍류 음악, 그것은 이념의 무게를 덜고 문화의 자유로운 호흡을 추구한 결과로서 만들어진 것이었다.

서유구의 『임원경제지』 내용에서도 드러나듯, 그는 음악을 둘러싼 논의를 한결 실용적이면서도, 생활 속에서 다소 가볍게, 혹은 즐기며 하고자 하는 차원으로 변화시키고자 하는 의도를 적극적으로 보였다. 이는 '음악은 닦는 것'이라는 화두에서 더 나아가 음악은 일상에서 생활의 일부로, 즐기며 행하는 것이라는 인식의 전환으로 읽힌다. 또한 아울러 음악을 관념적 차원에서 현실적 차원으로 끌어 올린 것이라는 측면에서도 생각해 볼 여지가 있다.

조선시대 18, 19세기 화론畵論에서 중시된 '기奇'와 '예藝'

고연희(성균관대학교 교수)

1. 머리말

이 글은 18세기의 회화와 19세기의 회화를 배태한 예술이론의 연관적 부분을 논하고자 한다. 지금까지 회화사에서 18세기와 19세기를 서술할 때 두 세계를 대척적으로 바라보는 방식이 지배적이었다. 18세기 회화의 성과였던 이른 바 '진경산수화眞景山水畵'[1]의 폭발적 생산과 19세기 난蘭

---

1 '眞景'이란 姜世晃(1713~1791)의 표현에 근거를 두고 근대기부터 사용되었다. 강세황이 말한 '진경'의 예는, 오세창 편저, 『근역서화징』, 정선조, "정겸재가 우리나라 진경을 가장 잘 그렸다[鄭謙齋最善東國眞景]"가 『謙齋畵帖』에 쓴 강세황의 글로 기록되어 있고; 『不染齋主人眞蹟帖』(삼성리움소장) 중 첫 그림인 정선의 한양전경에는 강세황이 "이 노인의 진경도로 최고라 할 만하다[此翁眞景圖, 當推爲第一]."라고 적었다. 강희언의 〈인왕산도〉에 "진경을 그리는 자는 지도와 같을까 항상 우려한다[寫眞景者 每患似乎地圖].";『豹菴稿』卷4, 「扈駕遊禁苑記」: "화원 김응환으로 세 정자의 진경을 그리게 하였다[使畵員金應煥寫三亭之眞景]"고 했다. 邊英燮은 강세황이 말하는 '眞景'이란 實景을 의미한다고 보았으며, 필자는 이에 동의한다. 邊英燮, 『豹菴姜世晃繪畵硏究』, 일지사, 1988, 190쪽 참조. 말하자면 '진경'이란 특별한 의미를 가지지 않으며, '실제 경치'라는 그림의 대상을 칭할 뿐이다.

이나 매화를 그린 주제로 한 회화 및 간솔한 붓질의 산수화를 그리도록
이끄는 문자향文字香, 서권기書卷氣 등의 '완당阮堂 바람'을 비교하면 두
시대의 문화는 매우 이질적으로 보이기 때문이다.[2]

그리하여 두 세기의 예술은 쉽게 비교되기를, 18세기는 국토 산천과
현실을 중시하고 사실적 표현을 추구한 세계였다면 19세기는 복고적이
며 중국풍을 추구하는 세계였다고 한다. 여기서 빚어지는 문제는, 19세
기가 망국으로 이어지는 역사의 현실을 결부되면서 19세기의 문화예술
은 현실에 무감했다거나 적어도 18세기 흥성했던 현실주의와 사실주의
를 상실하였다는 눈길이다.

근래 19세기 서화계에 대한 연구가 심도 있게 이루어지고 있지만[3] 그
것은 대개 19세기를 이끈 예술가들이 청나라와 얼마나 깊이 교유하였는
가를 밝혀주는 듯하여 19세기를 바라보는 부정적 눈길에 대한 해명에 개
입하지는 못하고 있다.

이 글은 18세기에서 19세기로 전개되는 예술론藝術論을 면밀하게 살
펴 이들 사이를 흐르는 근본적이고 연계적인 측면을 논하고자 한다.[4] 18
세기에서 19세기로의 변화 속에 유의미한 예술 이론의 역사가 전개되고
있었으며 그것은 모종의 방향성을 가지고 있었음을 설명할 것이다.

---

2   18세기로부터 19세기로 연결적 문화 현상을 서술하는 경우들이 있다. 서화고동의 취미, 회화
    감상과 수장의 확대 등 사회경제적 측면의 문화 양상 및 소위 민화라 하는 채색장식병풍류의
    발전전개를 논할 때 그러하다. 그러나 회화사는 일반적으로 18세기를 대표하는 진경산수화와
    풍경화, 19세기를 대표하는 서권기와 문자향의 화훼화와 산수화로 두고 그 양상을 연결짓지
    못한다. 필자는, 18세기에서 19세기로의 회화사 서술이 사회경제문화의 진행 과정과 함께 한
    예술 우위론의 추이였음을 설명해야 한다고 생각한다.
3   金鉉權, 「김정희파의 한국회화교류와 19세기 조선의 화단」, 고려대 박사논문, 2010; 박철상,
    『세한도』, 문학동네, 2010 참조.
4   고연희, 『조선시대 산수화』, 돌베개, 2007의 5장에서 요점을 제시했다. 여기서 본격적으로 논
    하겠다.

이러한 논의는 18세기와 19세기 저술들 속에서 회화 예술에 관련된 이론理論을 비교하여 살피면서 마련한 것이며, 애당초 18세기의 회화 현상을 현실과 국토의 관점으로 해석한 한계限界를 극복하는 지점에서[5] 출발하였기에 가능했다.

2. 18세기, 기경奇景의 추구

18세기 정선鄭敾(1676~1759)이 우리 산천을 그린 산수화들은 특정 풍경의 기경奇景을 포착한 경우가 많다. 정선에게 그림을 요구한 문인들은 기경에 집착하여 산수를 평론하고 체험을 통하여 확인하며 기행문학을 남기던 이들이었다. 그들이 산수의 '기奇'를 찾는 것은 18세기 초 산수 유람 열풍의 본질이었다.[6]

18세기 초, 한양의 일부에서 금강산 유람의 문화를 이끈 이들은 김수증金壽增(1624~1701)과 그의 조카들 김창협金昌協(1651~1708), 김창흡金昌翕(1653~1722) 형제를 비롯한 노론계 안동김씨 가문의 학자들이었다. 이들이 산수 절경絶景을 체험하고 내놓은 산수 기행 시문집은 우리 문학

5 　이러한 지점은, 정선의 화업과 중국의 관련성을 논한 한정희, 「17~18세기 동아시아에서 실경산수화의 성행과 그 의미」, 『美術史學研究』 237호, 2003; 홍선표, 「鄭敾의 倣古參今」, 『美術史學研究』 257호, 2008; 고연희, 「鄭敾의 眞景山水畵와 明淸代 山水版畵」, 『美術史論壇』 9, 1999 및 『朝鮮後期 山水紀行藝術』, 일지사, 2001 등에서 마련되었고, 정선의 작업실상을 살핀 강관식, 「謙齋 鄭敾의 仕宦 經歷과 哀歡」, 『미술사학보』 29집, 2007, 143~183쪽; 장진성, 「鄭敾과 수응화」, 『미술사의 정립과 확산, 항산 안휘준 교수 정년퇴임기념논문집』, 사회평론, 2006 등의 연구로 이어졌다.

6 　고연희, 「조선시대 眞幻論의 전개」, 『韓國漢文學研究』 29, 2002; 「산수기행문예의 '奇'추구」, 『韓國漢文學研究』 29호, 2012 참조.

사에 획을 그을 만한 문학 활동이었다.[7] 절경을 찾아 한양에서 강원도로 발길을 옮기는 탐승探勝의 문화는 성리학에 침잠하였던 조선 중기나 이 어지는 전쟁의 초토화 속에서 불가능한 유희적 문화였다.

중국에서는 명대明代에 명산 유람이 흥성하여져 중국 문인들의 발길 이 좀처럼 이르지 않던 안휘성의 황산黃山 기슭에까지 유람객용 객사가 넘쳐났다.[8] 명대의 탐승문화는, 중국 명산을 담은 유산기遊山記의 편집 과 중국 명산을 시각적으로 조망시켜주는 판화도版畵圖의 출판으로 이 어졌다. 김창협의 집안은 청나라의 문물에 깊은 관심에서 가지고 있었 으며 특히 김창협은 중국 서적의 입수에 적극적이었다.

그들이 '명산기'라 부른『명산승개기名山勝槩記』는 왕사임王思任(1574~ 1646), 원굉도袁宏道(1568~1610) 등의 소품小品 산수 기행문의 참신한 성과 가 담겨있었고, 김창협, 김창흡의 문하에 모여든 젊은 학자들 이하곤李 夏坤이나 신정하申靖夏(1681~1716) 등 걸출한 문인들이 명대유산기 문학 에 심취하였고, 조선의 '유산기遊山記'의 편집이 시작되었다. 탐승을 애 호하는 명대 문화는 '기이함을 숭상[尙奇]'하는 심미적 태도였다.

중국 명산도名山圖류 화보에서 묘사하는 명산의 회화적 이미지는 방 고倣古를 양식(style)의 극단적 실험으로 기이함의 표현을 예시하였다. 김 창협과 김창흡 외 그들의 문하생들은 이러한 명대의 서적들을 즐겨보면 서 우리 산수를 대상으로 산수품평山水品評을 하여 기奇의 특성을 찾았 다. 김창흡이 금강산 여행록에서 '경지를 쫓아가며 기를 찾아 베끼다[逐 境摸奇]'의 측면을 그 내용으로 기술한 이유이다.[9]

---

7   이들의 왕성한 紀行文學 제작의 상황은 고연희, 위의 책, 2001.

8   고연희, 「안휘파의 황산도 연구」, 홍익대 석사논문, 1996.

9   金昌翕, 『三淵集拾遺』卷24, 「題海山錄後(庚寅)」: "細閱其逐境摸奇, 各有發揮, 而正陽之作 尤偉." 당시 산수기행의 '奇'의 추구상에 대하여는, 고연희, 위 논문, 2012 참고.

화가 정선은 이들이 찾은 기경奇景의 특성을 이해하여 그림으로 표현하여 탐승을 즐긴 문인들에게 찬사를 받았다. 조선시대 한시 품평사를 견주어볼 때, 조선 중기에 비하여 조선후기 시론에서 '기奇'가 선호되고 중시되었다.[10] 김창협과 김창흡이 산수의 '奇'를 시문으로 표현하는 태도는 문예론의 과정 속에 진보적으로 자리하고 있었다고 평가받을 수 있다. 한편 남인계 학자 이익李瀷(1681~1763)은 안동김씨를 중심으로 한 노론계 학자들의 기이한 산천 추구에 노골적인 비난의 말을 남겼다.

이익은 "산천의 기이한 절경[山川奇勝]'을 그린 그림은 쓸모없으며 완물玩物의 자료일 뿐이니 군자君子가 취할 것이 아니다"[11]라고 하였다. 요컨대, 김창흡, 김창협 형제 및 그 문하생들이 이룬 산수품평과 산수유람의 문예활동에서 기승奇勝의 추구는 특징적 현상이었음을 확인할 수 있다. 부연하자면 그들은 '진경眞景'을 대상으로 '기경奇景'을 추구하였던 것이다. 그들은 '진眞'을 찾아 금강산 탐험을 떠난 것은 결코 아니었다는 말이다.

화가 정선의 진경산수화가 보여주는 비사실적 요소의 양상은 대개 문인들이 강조한 기경의 특성을 부각하고자 노력한 결과이다. 대표적 예가 〈문암門巖〉이다. 정선의 그림 속 문암은 우뚝하게 독립된 문의 형상으로 그려져 있고, 문암 바위의 구멍에서 소나무 한 그루가 보란 듯 자라있다. 또한 문암의 일출에 여러 가지 붉은 계열의 색이 칠해져 있고, 사자암이나 귀암 등의 동물 형상이 지나치게 강조되고 사람의 형상으로 서거나 앉아 있다.

---

10 漢詩史와 詩論에서 조선 후기에 이르러 奇의 추구가 확대된 점에 대해 임준철, 「朝鮮中期 漢詩의 奇」, 『어문연구』 36권 4호, 2008, 447~474쪽; 안대회, 「18세기 奇詭尖新 漢詩의 한 양상: 徐命寅의 『取斯堂煙華錄』을 중심으로」, 『한국한문학연구』 45집, 2010, 331~365쪽 참고.

11 李瀷, 『星湖全集』 卷56, 「跋海東畵帖」.

이렇게 정선의 그림에서 현저하게 드러나는 특이한 표현들은 대개 문인들이 거듭하여 그 절경을 묘사한 방식과 유사하다. 정선의 〈박연폭포도〉는 더욱 흥미로운 예이다. 정선은 지나치게 긴 화면과 긴 물줄기, 못의 위, 아래로 검고 둥근 돌을 너무 크게 그렸다. 이는 정선이 김창협의 박연폭포 기행문에서 폭포장관의 기이함을 묘사한 부분을 부각한 결과였다.[12]

실경의 특성을 포착하여 실경의 기경됨을 강조한 정선의 화면에 대하여 이미 당시의 문인들은 인식하고 있었다. 김창협의 다음 글은 진경산수화의 이해에 분기점을 그어주는 중요한 자료이다. 이 글은 정선의 그림에 대한 것이 아니라, 정선보다 앞서 안동김씨 학자들과 관계를 맺었던 조세걸曺世杰(1635~?)이 그린 〈곡운구곡도谷雲九曲圖〉에 부친 글이다.

〈곡운구곡도〉는, 그 제목이 무이구곡도를 연상케하지만, 김수증이 찾아낸 명승을 그렸다는 점에서 정선 시절 진경산수화 제작의 문화와 궤를 같이 하는 명승절경의 그림이다. 조세걸의 〈곡운구곡도〉는 비교적 해당 지역의 실경을 상당히 곡진하게 보여주는 그림이었지만, 김창협은 아래와 같은 인식을 토로했다.[13]

세상에서 말하기를 좋은 그림은 반드시 '실제[眞]에 가깝다'라 하고 또한 좋은 경치는 반드시 '그림[畵] 같구나'라고 한다. 아름다운 산과 수려한 물이 두루 다 갖추어지기 어렵고 그윽하고 깊숙한 산수에는 또한 사람의 발길이 닿기 어렵고 그 사이 집을 짓고 백성이 만드는 물건과 가축과 밥 짓는 연기 등을

---

12 이 그림들에 대한 자세한 설명은 고연희 앞글(2012) 참고.
13 이 그림이 강원도 해당 산천의 특성을 잘 반영한 점에 대하여는 유준영·이종호·윤진영, 『은둔과 권력』, 북코리아, 2010 참고.

모두 갖추기는 더욱 어렵다. 그러나 화가는 오히려 마음대로 포치하여 붓 아래 아주 멋진 경치를 '환幻'으로 그려낼 수 있기 때문이 어찌 아니겠는가. 그렇다면 선생이 산속에서 각건을 쓰고 명아주 지팡이를 짚고 구곡 안에서 배회하는 곳은 화畵의 경계요, 선생이 산을 나가 문을 닫고 안석에 기대어 그림으로 감상하는 곳은 진眞의 구곡이 아닌가. 진과 화畵를 어찌 구분하는가.[14]

김창협은 〈곡운구곡도〉가 핍진逼眞하다고 칭송한 뒤, 묻는다. 왜 사람들은 그림[畵]이 실제[眞]를 가깝게 그렸다고 칭송하고 다시 실제[眞]는 그림[畵]와 같아서 좋다고 칭송하는 '모순'을 범하는가? 역사적으로 살피면, '강산이 그림과 같다[江山如畵]'라는 표현은 강산을 사실적 수준으로 그려내는 산수화가 급격하게 발달한 중국 송대宋代에 등장한 말이지만, 위에서 김창협이 말한 '그림 같다[如畵]'는 진경산수화가 전개되던 조선후기 상황을 맞이하면서 재등장한 언급이다.

김창협은 곧 '그림'이 실제보다 멋지게 '환幻'으로 그려낸다는 점을 말한다. 그리고 김창협은, 숙부 김수증이 누리는 곡운의 실제 경계는 그림 속 '환'의 경계라 하고 한편 숙부가 감상하는 이 그림[幻]에서는 그가 바라는 '실제'의 면모가 담겨 있다고, 동어반복으로 보이는 모호한 실제와 그림[畵, 幻]의 교차적 어법을 사용한다. 위의 모순에 대한 질문을 논리적으로 답하기보다, 숙부가 고른 곡운의 풍취와 이를 그린 그림의 성과를 동시에 칭송하는 쪽으로 글을 맺었지만, 질문은 의미 있게 던져져 있

---

14 金昌協, 『農巖集』 卷25, 「谷雲九曲圖跋」: "世言好圖畵, 固曰逼眞, 而其稱好境界, 又必曰如畵, 豈不以佳山秀水勝美難該, 而其幽深夐絶, 又人跡所難到, 能於其間, 著村莊民物, 鷄犬煙火, 以粧點物色 尤不易得, 而畵者却能隨意所到, 布置攢簇, 往往於筆下, 幻出一絶好境界故耶. 然則先生之在山也, 角巾藜杖, 相羊九曲之中, 便是畵境界. 其出山也, 閉戶隱几, 指點粉墨之間, 便是眞九曲. 其眞與畵. 又何分焉. 觀此卷者, 宜先了此公案."

었다.

김창협의 동생 김창흡은, 정선이 그린 정자연亭子淵을 보며 다음의 글을 썼다. 실제를 그린다고 하면서 기奇를 찾아 그림으로 바꾸어 낸다는 내용을 담고 있다.

그림은 '환幻'을 잘하여 짐짓 '기奇'를 찾아 그리고 '실제[眞]'라고 일컫고, 또는 추한 것을 바꾸어 어여쁘게 만들기도 한다. 그림을 보니 맑은 못에 푸른 절벽이라 어찌 검은 돌 누런 물이 아니라고 알겠는가. 눈[目]이 노닐 만하고 뜻[意]이 족하니 어느 언덕 어느 정자인지 물을 필요가 없다.[15]

김창흡의 이 글은 정선의 진경산수화가 대상의 명승지를 더 멋지게 그려 환의 화면을 만들어 준 점에 긍정적이다. 게다가 기를 찾아 그려놓고 실제라고 한다고 말함으로써 김창협이 지적한 모순의 지적에 동참하고 있다. 김창협과 김창흡 형제들은 진경산수화의 제작과 결과에 드러나는 '진眞'과 '화畫'를 구별하고 있으며, 실제를 그리지만 그림은 환을 만든다는 점에 대하여 긍정적 태도를 보여주고 있다.

조귀명趙龜命(1693~1737)은 김창협 형제들보다 한 세대 뒤의 인물이자, 정선의 진경산수화에 관심이 지극했던 문인이다. 조귀명은 김창협 형제들이 대비시킨 개념에 대하여 논리적인 답안을 제출하듯 하면서 실제와 그림이 대등하게 겨루는 상황을 부각시켰고 동시에 환으로 표현된 산수화의 가치에 대하여 사고하였다.

---

15 金昌翕, 『三淵集』 卷25, 「題李一源海嶽圖後」, 「亭子淵」: "丹靑善幻, 固能摸奇稱眞, 而亦或轉醜爲姸. 按圖而澄潭翠壁, 安知非烏石黃流乎. 且遊目意足, 不須問某丘某亭也."

실제의 산수[眞山水]를 그림 같다[似畵]고 말하고, 그림의 산수[畵山水]는 실제 같다[似眞]고 말한다. 실제 같다고 하는 것은 자연自然을 귀하게 여기는 것이요, 그림 같다고 하는 것은 기교奇巧를 숭상한 것이다. 이는 즉 하늘이 내린 자연은 진실로 인간의 법이 되지만, 인간의 기교는 또한 하늘보다 나음이 있다는 말이다. …… 올해 가을 화양동에 가고 싶었는데 가지 못하고, 이내 이 두루마리 그림으로 와유臥遊를 누리노라니, 여덟 폭의 환(그림)의 경계가 한 지역의 실제의 경계보다 반드시 못하지 않구나. 누군가 어찌 비교하여 논하느냐고 묻거든, 어찌 실제와 환을 구별하겠느냐고 답하겠다.[16]

인간의 기교는 하늘의 자연보다 나음이 있다고 선언하였다. 그리고 한편 인간은 자연을 법으로 삼는다는 부분을 대응시켜 인간의 기교가 자연보다 낫다는 명백한 판결을 제시하고 다소 유보하는 뉘앙스로 물러선다. 이 글에서 조귀명은 계획한 산수유람을 이루지 못하고 그림으로 대리만족을 하려는 중이다.

환(그림)의 경계로 누워 노니는 것이 실제의 경계인 산수에 가는 것보다 못하지는 않다는 주장["其臥遊八幅幻境界 未必讓一區眞境界也"]은 인간의 기교로 만들어진 그림[幻]은—자연보다 나을 수 있기에—실제를 대신하기에 충분하고 낫다는 논리이다. 이글이 말하는 '진眞'이란 그림의 대상이 되었던 특정 산수의 구체상이다. 이 점에서, '진眞' / '화畵(환)'의 비교는 구체적 이미지의 맞비교이다. 즉 이 글은, 그림(산수화)가 실제(산수자연)과 그 가치가 나을 수 있는 점을 설명해보려고 노력하고 있다.

---

16 趙龜命, 『東谿集』 卷6, 「題畵帖」: "貴眞山水以似畵, 貴畵山水以似眞. 似眞貴自然, 似畵尙奇巧. 是則天之自然固爲法於人, 而人之奇巧亦有勝於天也. …… 今秋, 欲入華陽洞未果, 而天遂以此卷餉其臥遊, 八幅幻境界, 未必讓一區眞境界也. 如有曰奚論多少, 則當對曰奚辨眞幻."

여기서 잠시 조선 후기 산수화 제작에 영향이 컸던 화보 서적 『개자원화전초집芥子園畵傳初集』을 예로 들어, 이들의 이론과 정선의 진경 표현의 회화적 배경이 중국 서적과 관련을 맺는 양상을 보도록 하겠다. 『개자원화전초집』을 펼치면 그 첫 면에 큼직한 글씨로 선명하게 눈에 드는 서문이 이렇게 시작한다.

오늘날의 사람들이 '실제의 산수[眞山水]'와 '그림의 산수[畵山水]'를 사랑함은 다르지 않다. 그 병풍과 장자가 앞에 걸려 있고 족자와 화책이 책상 위에 가득하면 저 우뚝우뚝 솟고 멀고 너른 것과 푸른 봉우리 흐르는 듯 샘물소리 답하는 듯한 데 때때로 아지랑이 일고 노을이 덮고 때때로 경치가 맑고 화창한 것을 마주하노라면 마치 그 몸이 산속에 있는 듯하여, 지팡이에 짚신 신고 산에 오르고 골짝에 임하지 않더라고 이미 산수의 즐거움이 있으리라. 이것이 다른 사람이 그려놓은 그림을 보는 즐거움이다."[17]

여기서 말하는 '진산수眞山水'와 '화산수畵山水'의 표현법은 명대의 어법이었다.[18] 산수화는 멋진 산수경을 보여줌으로써 산수로 유람하는 즐거움을 대신해준다고 서문에 밝힌 이 화보는, 다양한 화법의 판화도를 소개한다. 그것은 명산의 실경이라기보다는 다양한 양식의 표현을 판화도로 보여준다. 명산의 절경은 이러한 표현법의 활용으로 가능해질 것이다.

『개자원화전초집』이 소개하는 준법皴法은 16가지이다. 그 가운데 16번

---

17 『芥子園畵傳初集』第一冊,「序」: "人愛眞山水與畵山水無異也. 當其屛幛列前, 幀冊盈几, 面彼崢嶸遐曠, 峰翠欲流, 泉聲若答, 時而烟雲晦靄, 時而景物淸和, 宛然置身於一丘一壑之間. 必蠟履扶節而已有登臨之樂."

18 명대 회화론에 등장하는 眞과 畵의 논의에 대하여는, 고연희 위의 글, 2002에서 다루었다.

째가 '난시준亂柴皴'이다. 섶이 엉기듯 사선과 직선을 섞어서 죽죽 그어 산석의 질감을 표현하는 방식이다. 이 책에서 '난시준'은 이전 화가의 법이 아니고 서법書法에서 개발된 것이라 하였다.[19] 산수의 표현이라기보다는 속필速筆로 구성한 이미지라는 뜻이다.

정선 이전에 16가지 준법을 아는 이가 없었다고 하며 정선의 화법을 칭찬한 조영석趙榮祏(1686~1761)의 글이 전하는데, 이 글은 정선이 『개자원화전초집』을 충실히 학습한 화가로 인정하면서 정선이 〈구학첩〉 뿐 아니라 영동지역을 그릴 때 난시준을 일괄 사용한 점을 지적하며 은근한 불만을 표현하였다.[20]

조영석의 이 글은 정신의 산수화 기법의 원천을 알려주는 하나의 예이다. 정선은 『개자원화전』을 보았을 뿐 아니라, 중국 『명산기名山記』(명

---

19 『芥子園畵傳初集』 第三冊, 「亂柴皴」: 前此一一書名於某人下系某皴, 此則直書某皴下系某人, 且于書名方位儼然如一人者, 亦余書法之變. 以亂柴亂麻在皴法中爲變調, 不得不以變例系之. "이 앞은 일일이 이름을 쓰고 아무개 아래 무슨 준이라 하였으나 이는 곧장 무슨 준이라 하고 아무개를 연결짓지 않았다. 또한 이름을 적는 쪽에 분명 한 사람처럼 한 것은 또한 나의 書法의 변화이다. '난시준'과 '난마준'은 皴法에서 變調이기에 변례로 두지 않을 수 없다."

20 趙榮祏, 『觀我齋稿』 卷3, 「丘壑帖跋」: "竊謂我東之畵山水者, 於輪廓位置十六皴之法, 萬流曲折一絲不亂之說, 未有能知之者. 故雖層峰疊嶂, 惟以水墨一例塗抹, 不復辨其向背遠近高下淺深土石夷險之勢, 畵水無論潺湲與洶湧, 並執兩筆, 作繩交形, 豈復有山水哉. 余嘗論之如此, 而元伯亦以爲是也. …… 然余見元伯所爲金剛諸山帖, 皆以兩筆竪尖掃去, 作亂柴皴, 是卷亦然, 豈嶺東嶺南山形故同歟, 抑元伯倦於筆硯而故爲是便捷耶, 且其鋪置, 往往太皆密塞, 滿幅丘壑, 無一窽天色." "내가 말하기를, 우리나라에서 산수를 그리는 사람은 윤곽과 위치와 16가지 준법에서나 만류곡절의 일사분란한 설법에 대하여 아는 이가 아직 없는 까닭에 층첩된 산봉을 오히려 수묵으로 칠하고 그 향배와 원근과 높고 낮음과 깊고 얕음과 토석의 평이하거나 험준한 기세를 구별하지 못한다. 물을 그림에서 잔잔하거나 솟구치는 것을 물론하고 붓 두 자루를 잡아 새끼 꼬인 형상을 그리니 어찌 산수가 있겠는가. 내가 일찍이 이와 같이 논하였더니 정선이 맞다고 하였다. …… 그러나 내가 정선이 그린 〈금강산첩〉을 보니 모두 두 가지 필로 곤두세워 쓸어내려 난시준을 만들었더니 이 화권(〈구학첩〉)도 그러하다. 대개 영동과 영남의 산의 형세가 같아서인가. 아니면 정선이 그리기에 피곤하여 그저 빠르게 하였음인가. 또한 포치에서도 종종 지나치게 빽빽하여 산수가 화폭에 가득하여 하늘색이 거의 없구나."

산승개기) 속 중국 명산 판화도 및 『해내기관海內奇觀』의 중국 명산 판화
도가 보여주는 필묵법의 특성으로 바위, 물결 등을 표현할 때 활용하였
다.[21] 정선의 특별한 화풍에는 이러한 중국 화보의 적극적 활용과 과감
한 운용이 뒷받침되었다.

판화도는 각화刻畵라 필묵의 부드러움이나 먹색의 미묘한 변화는 전
달되지 않고, 강한 필선과 먹색의 대비가 강조된다. 이른바 정선의 특이
한 필묵법이 이와 연관이 깊다. 이러한 필법은 유람산수의 기승氣勝을
홍쾌한 정서로 전달해주는 역할을 하였고 문인들이 바란 '기奇'의 요소를
화풍 상의 '기'로 드러낼 수 있었다.

이하곤이 정선의 정양사 그림을 보고 '조종살활操縱殺活'로 '환출幻出'
을 하였다고 감탄하여 평가하였다.[22] 그리하여 정선의 그림에 奇가 부
족하면 문인들이 불만을 토로하기도 하였다. 정선의 그림 위에 적혀있
는 글 중 한 예이다. "시인이 경치를 묘사할 때 종종은 평이平易한 데에
서 기이함[奇]이 나오니 기이한 곳은 반드시 기이할 필요는 없다. 정선의
그림이 그러하여, 후의 사람이 혹은 여기기를, 이병연이 그림을 알고 정
선이 또한 시에 통하여 가하지 못한 적이 없었다고 한다. [그러나] 경치는
눈을 뜨일 만한 곳이 없고 그림 또한 부득불 그러하구나."[23]

지금까지 살펴본 김창협, 김창흡, 조귀명의 실경화 가치론을 정리하
면 다음과 같다.

---

21 정선의 산석 표현에서의 필묵법과 중국화보와의 관련성은, 고연희, 앞의 책, 2001; 정선의 다
    양한 물결 표현에 나타나는 중국화보와의 관련성에 대하여는 김취정, 앞의 글.

22 李夏坤, 『頭陀草』 冊14, 「題一源所藏海嶽傳神帖」.

23 "詩家寫景, 往往於平易處出奇, 奇處不必奇也. 元伯之畵亦然. 後之人或以爲一源知畵, 而
    元伯亦通乎詩未爲不可也. 景無可開眼處, 畵亦自不得不然."『韓國의 美, 山水 下』, 중앙일
    보사, 1988.

비교대상	비교내용	결론의 명제	
진眞 화畵	좋은 그림을 핍진逼眞이라 하고 좋은 경치를 여화如畵라 한다.	화畵의 환幻이 더 멋질 수 있다 는 말이 아닐까?	김창협
진眞 화畵	화畵로 그린 맑은 경치 진眞의 누른 바위와 물	화畵는 선환善幻, 모기摸奇로 이목耳目을 즐겁게 한다.	김창흡
진眞 화畵	진산수眞山水를 화畵와 같다 하고 화산수畵山水를 진眞과 같다 하는데	진산수眞山水보다 화산수畵山水 가 못지 않다.	조귀명

3. 19세기, 문자기법文字奇法의 추구

19세기로 접어들면서 그림의 중심 화론이나 가치론이 선명하게 변화
한 것으로 보인다. 실제 산수를 대상으로 하기보다 옛 그림이나 옛 서체
를 궁구하여 이를 다시 그리고 연구하여 표현하는 태도가 두드러지기 때
문이다. 이러한 변화는 사실 18세기 중반부터 나타나고 있었다.

18세기 문인화가 심사정沈師正(1707~1769)이 그의 산수화 위에 '방석전
倣石田(명나라 화가 석전石田 심주沈周를 방하여 그리다)'이라 적었고, 강세황
은 그의 수묵산수화 위에 '미가부자米家父子(북송의 미불米芾과 미우인米友
仁의 법으로 그리다)'라고 적었다. 이러한 그림들은 18세기에 출발된 의식
적으로 옛 양식樣式을 산수화의 주제로 하는 그림들이 등장하고 향유되
고 있었다는 점을 알려준다.

이렇듯 옛 화가의 화풍으로 그리는 작업은 말하자면 19세기 산수화
전개의 단서였다고 할 수 있다. 19세기 초에 활동한 신위申緯(1769~1845)
는 그의 수묵산수화에 '황공망과 미불에 참여한다[參黃米]'고 적었다. '방
작倣作'이라는 표현을 스스로 그림 위에 적은 김정희金正喜(1786~1856) 이
후, 그의 제자 허련許鍊(1809~1892)의 그림 위에는 '(예倪)운림雲林'(원나라
운림雲林 예찬倪瓚)의 이름이 종종 번듯하게 적혀있다. 이는 예찬의 양식

으로 산수를 그려본다는 뜻이었다.

19세기 산수화의 많은 경우에 그 주제가 우리 산천 어느 명소의 장소 이름이 아니라, 중국 문인화 대가의 이름이나 호를 표제로 삼았다. 잘 알려져 있는 바와 같이, 18세기 산수화 문화의 중심에 있었던 것으로 믿어진 이른바 진경산수화의 열기는 19세기 문인양식 산수화 제작으로 중심축이 옮겨진 것으로 보이는 이유이다.

여기서 더하여 유의할 점은, 앞에서 살폈던 바와 같이 실제 경치[眞山水]를 '어떻게' 표현할 것인가라는 화가와 문인들의 생각과 실천 속에, 즉 진경산수화를 그리는 방식 속에 산수화 양식의 사용에 대한 고민과 실천이 형성되어 있었다는 사실을 상기해보는 것이다. 정선은 화가로서 자신의 방법을 글로 남기지 않았지만, 그가 다양한 중국 화보 속에서 새로운 기법을 익히고 활용하고자 하였다는 점은 다각도로 연구성과가 나오고 있다.

그럼에도 불구하고 일반적으로 혹은 연구자들조차 정선 회화의 가치를 '무엇'을 그렸는가에서 말하고자 하는 경향이 뚜렷하다. 정선에게 '무엇'은 유람의 열풍문화를 즐긴 문인들로부터 주어진 과제였고, 화가로서 정선은 그 주제를 '어떻게' 그릴 것인가가 생각하고 실천하는 책무가 있었다. 진산수라는 대상으로 주어진 기이한 절경을 '어떻게' 더 멋지게 그 기이한 특성을 그림(환)으로 표현할 것인가 모색하는 정선에게 중국의 명산을 다양하게 그린 중국산수판화집은 적절하고 유용한 자료였다.

게다가 이러한 중국명산 판화집을 익히 살핀 김창협과 김창흡 등의 문인들이 그림(판화도) 속 중국 산수와 우리 산수를 비교하여 시문을 짓고 논하던 터였다.[24] 18세기 문인들은 정선 회화의 기이한 표현의 출처

---

24 고연희, 「鄭敾의 眞景山水畵와 明淸代 山水版畵」, 『美術史論壇』9, 1999.

를 논하였고, 그 결과의 기이함을 칭송하거나 혹은 부족을 평하였다.

정선 화풍의 표현 출처를 양식적 측면에서 파악하고 다시 정선의 동의를 구한 기록은 앞선 조귀명의 글에서 찾아볼 수 있었고,[25] 또한 이하곤이 문징명文徵明이나 동기창董其昌 등 명대 화가의 필의筆意를 정선의 그림에서 찾은 데서도 확인할 수 있다.[26]

문인들은 정선의 진경산수화가 실경과 '핍진'하다고 칭송할 때, 그들이 실경에서 찾고자 한 기이함의 표현 즉 환幻의 이미지라는 결과에 대한 만족이었다. 화가에게 기의 표현은 실경[眞]이란 '대상'에 귀속하는 문제가 아니라, 어떠한 필묵의 양식을 선택하여 운용하는가 하는 문제였다.

19세기 문인들이 산수대상이 아닌 어떠한 특정 '양식'의 문제로 집중하여 표현하고자 하는 측면, 즉 양식적 표현에의 관심, 화법에의 관심은 이미 실제경치를 화면으로 옮기는 과정 즉 이른바 진경산수화의 전개 속에서 사유되고 실천되고 있었다고 할 수 있다.

19세기 회화사에 부상하는 묵난·묵매·홍매 및 간솔한 산수화들은 자연의 이미지로부터 자유롭다. 자연의 이미지를 완전히 벗어난 추상화의 단계는 아니었지만, 자연의 실제적 구체상 보다는 표현법 즉 양식에 거의 완전하게 집중한 회화세계였다.

김정희의 말년 대표작 〈불이선난不二禪蘭〉이 그러한 예이다. "초예草隸, 기자奇字의 법으로 [난을] 그렸으니 세상 사람들이 어찌 이를 알고(知) 어찌 이를 좋아하겠는가[以草隸奇字之法, 爲之, 世人那得知, 那得好之也]"라

25 趙榮祏, 『觀我齋稿』 卷4, 「謙齋鄭同樞哀辭」.

26 李夏坤, 『頭陀草』 卷14, 「題一源所藏鄭元伯輞川圖後」. 이 경우는 진경도가 아닌 망천도의 필법에 관련된 글이지만 정선이 중국의 畫譜 속 양식을 활용하였던 태도를 분별하여 살피고 있다.

적어 넣었다. "초례기자지법草隷奇字之法"이란 말은 곧 김정희가 추구한 예서隷書의 방법이다.

이는 또한 일찍이 명대의 동기창이 "선비가 그림을 그림에 마땅히 초례草隷, 기자奇字의 법으로 한다[士人作畵, 當以草隷奇字之法爲之]"라는 글을 남겨, 사람들에게 널리 인용된 바 있다는 점에서 명청대 방고 회화와 함께 부각된 서예적 화법에의 추구를 말한다.

김정희는 누구도 자신의 방법을 이해하지 못할 것이라 강조하고자, 『논어』에서 유명한 「옹야편雍也篇」의 구절, "지지자知之者는 불여호지자不如好之者요 호지자好之者는 불여락지자不如樂之者니라."를 끌어와 자신의 기자지법奇字之法에 대한 지지자知之者가 없고 호지자好之者가 없으니, 락지자樂之者는 기대도 할 수 없는 상황을 화면에 적어넣었다. 김정희가 상정할 수 있었던 최상의 단계는 예서의 법과 기이한 글자의 법으로 그려낸 난초의 필법 출처를 알아보고 좋아하고 즐기는 감상자였을 것이다.

김정희는 화초의 이미지를 서예적 조형법으로 표현하고자 했다. 김정희는 "난 치는 것이 가장 어렵다[寫蘭最難]"고 하였고 또한 산수, 매죽, 화훼, 금어는 잘 하는 사람이 있어도 난을 잘 친 사람은 드물다고 하였다.[27] 김정희는 난 그림의 어려움을 각별히 지목하면서, 난을 잘 칠 수 있는 유일한 방법으로 예서의 조형법을 거듭 주장한 것이다.

이로써 이른바 문자의 향기[文字香]와 서권의 기운[書卷氣]이 담길 수 있다고 보았던 것이고, 이러한 김정희의 이론에 대하여 조희룡趙熙龍(1797~1859)은 동의하고 실천하고자 하였다.[28]

---

27 김정희, 『완당집』 권6, 「題石坡蘭卷」
28 고연희, 「'文字香' '書卷氣', 그 함의와 형상화 문제」, 『미술사학연구』 237, 2003, 165~199쪽.

조희룡이 그의 거작 〈매화서옥도梅花書屋圖〉에 부친 제발에서, 김정희가 〈불이선난〉이 그랬듯이, 유희의 붓질[遊戲之筆]이 얻어내는 기이한 기운奇氣을 강조했다. 그것 또한 남들이 알아보기 어려운 것이라고 했다. 다음과 같다.

벌레 먹은 상자 속에서 오래된 종이를 얻었는데, 이는 곧 20년 전에 그린 매화서옥도였다. 대개 유희의 붓질이며 자못 기이한 기운이 있었으나, 그을림으로 인하여 어두워져서 마치 백 년이 된 물건 같았다. 그림 매화가 이와 같거늘 하물며 사람이랴. 털어 펼치노라니, 문득 삼생석 위의 느낌이 들더라.[29]

기이한 조형 감각에 대한 이해는 그것을 파악하는 조형적 지식에 근간을 두고 이를 즐기는 단계로 오르는 것이었다. 그것은 김정희가 요구한 '그것을 즐기는 사람[樂之者]'의 수준이었고, 위 글에서 조희룡이 말하는 유희遊戲의 붓질로 그림을 그리는 화가의 수준이었다. 허련許鍊 (1809~1892)도 〈묵매12폭병풍〉(추사박물관이 소장)으로 매화도 대표작을 남기면서 병풍 제 8폭에 "팔뚝에 부여한 예서와 초서의 필법으로 이로써 매화를 그리노라니 기이한 뼈대가 굳세도다[腕中天授隷草法, 用以寫梅奇骨撑]."라고 적었다.

허련이 다양한 화훼를 그리면서 '예초법隷草法'을 사용하였다고 하고, 이로써 매화의 기골奇骨이 드러났다고 자부했다. 그 문자의 조형법이 기이한 법이었다고 하는 김정희 이래로의 반복적인 표현이다.

산수화에 대가의 양식으로, 화훼화에 문자의 조형법으로 모종의 기이

---

29 "蟲窠中得一枯紙, 乃(二十)載前所作梅花書屋圖也. 蓋遊戲之筆, 而稍有奇氣. 爲烟燻所昏, 殆若百年物. 畵梅如此, 況人乎. 披拂之餘, 不覺三生石上之感."

한 미감을 표현하고자 했던 예술론 속에서 19세기 문인들은 회화의 대상 객체는 잊고 회화표현의 표현법과 양식에 집중적 관심을 기울이게 되었다.

이름 높은 옛 대가의 양식에 몰두하고 비석 문자의 조형 감각에 빠져들면서 그림 속 산수화 화훼를 실제의 산수, 화훼 대상과 비교할 필요조차 없어졌다. 조희룡이 남긴 바, 그림과 자연에 대한 다음과 같은 비교 발언은 19세기 예술론을 잘 보여준다.

비교대상	비교내용	결과명제	
진석真石 화석畵石	真石은 밖에 있고, 畵石은 안에 있다. 안에 있는 것이 참된 것이다.	화畵가 진真보다 상위다	조희룡
진산진수 真山真水 화산화수 畵山畵水	진산진수真山真水는 누구나 알고, 화산화수畵山畵水는 그림을 아는 자만 안다.	화畵가 진真보다 좋다	조희룡

조희룡은 시종일관 실제 자연의 경물보다 그림으로 그려진 경물이 더 수준 높은 세계라고 선언하였다. 그 원문을 살피면 다음과 같다.

사람들은 실제의 돌[真石]을 좋아하지만 나는 그림의 돌[畵石]을 좋아한다. 실제의 돌은 밖에 있지만 그림의 돌은 안[內]에 있기 때문이다. 안에 있는 것이 참[真]이기 때문이다.[30]

실제의 돌보다 그림 속의 돌 즉 그려진 경물 속에 내재한 내용이 있기

---

30 趙熙龍, 『漢瓦軒題畵雜存』 156항: "人愛真石, 我愛畵石. 真石在外, 畵石在內, …… 在內者爲真."

때문에, 실제보다 오히려 그림이 참[眞]이라는 역설적 표현을 한 글이다. 진짜는 밖에 있고 그림은 내 안에서 나오니 그림이 진짜라는 말이다.

이 글이 주장하고자 하는 것은 실제와 그림의 차이, 그리고 실제보다 그림의 우위이다. 아래의 글은 실제 산수보다 그림 산수를 높이 평가하는 데 더욱 적극적이다. 그림 산수는 아는 사람만이 알아보는 수준 높은 세계라고 설명하고 있다.

실제의 산과 실제의 물[眞山眞水]은 사람들이 모두 알고 있지만, 그림 속 산과 그림 속 물[畵山畵水]은 그림을 아는 자가 아니면 알 수 없다.[31]

조희룡이 거듭 주장하는 바, 실제보다 그림[畵]을 우위에 두는 회화 우위 가치관은 반복적으로 나타난다. 그림은 그것을 아는 자[知之者]가 된 이후에 즐길 수 있고, 실제 대상은 누구나 알고 즐기는 것이라고 대비시킴으로써, 그림의 수준은 확실히 우위가 된다.

자연을 바라보는 즐거움과 예술을 향유하는 즐거움의 차이가 조희룡의 글에는 거듭 선명하게 등장한다. 아래의 글은, 도道를 탐구하는 관觀의 대상으로서 자연산수自然山水보다는 특정 조형법으로 그려낸 회화예술 속에서 즐기겠노라는 주장을 담고 있다.

19세기 산수화가들은 이러한 가치관에 동의하고 있었다. 그리하여 조희룡이 김정희와 함께 한『예림갑을록藝林甲乙錄』에서 김수철金秀哲(19세기 활동)의 산수화에 대하여, 세상 사람들이 실제 산을 좋아하여 산으로 가더라도 자신은 그림 산으로 들겠노라는 구절을 서슴없이 얹었다.

---

31 趙熙龍,『畵鷗盦謾墨』序: "眞山眞水, 人人可得而知之. 畵山畵水, 非知畵者, 不能知也."

그림의 산[畵山]이 실제의 산[眞山]과 같고, 실제의 산이 그림의 산[畵山]과
같다.

사람들이 모두 실제의 산을 좋아하여도 나는 홀로 그림의 산에 들리라.[32]

조희룡에게 산수화란 대개 진경산수화가 아니라, 19세기에 선호되는
양식으로 그려진 화면 즉 특정 필묵법을 의도적으로 선정하여 그린 화면
이었고, 따라서 이를 아는 사람들만이 향유[樂]할 수 있는 세계였다. 또
한 위와 같은 글은 필묵법의 표현에 매료되어 황공망의 법이라든가 예찬
의 법이라고 화면에 적던 류의 양식적 산수화에 붙여진 글이었다. 말하
자면 이 글에서 진眞과 그림[畵]의 대비는 18세기의 그것과 같이 구체적
일 수 없다.

19세기 산수화론은, 진이 화畵에 그대로 그려지지 않는다는 사실을 이
미 잘 알고 있는 것으로 보인다. 진경산수화의 시대와 논의를 거쳐왔기
때문이며 진경산수화가 진을 고스란히 담지 않음으로 획득한 가치에 대
한 논의를 거쳐왔기 때문이다.

18세기에서 19세기로 진행된 이러한 논의의 전개는 회화예술의 독립
된 위상과 가치를 찾아가는 과정이었다. 요컨대, 19세기의 회화이론은
실제라는 현실의 대상을 버린 데 그 핵심이 있었던 것이 아니라, 선명한
논리적 과정을 따라 그림의 우위를 택하여 간 결과에 그 핵심이 있다.

그리하여 19세기 화론은 18세기와 연결선 상의 과정을 보여준다. 표
현법 즉 양식을 택한 19세기, 자연보다 필묵의 기교를 택한 19세기로의
변화는 이미 18세기 진경산수화의 제작과 평가 속에서 '기奇'를 추구하면

---

32 趙熙龍, 『藝林甲乙錄』, 「北山 金秀哲의 梅雨行人圖에 부치노라[題北山梅雨行人圖]」: "畵山
如眞山, 眞山如畵山. 人皆愛眞山, 我獨入畵山."

서 예견되어 있었다.

4. 18세기에서 19세기로

정선, 〈화적연〉, 1747. 〈해악전신첩〉중 제1도, 간송미술관

김정희, 〈세한도〉, 23 x 69.2㎝, 종이에 수묵, 개인소장

이제 18세기의 대표적 그림 한 폭과 19세기의 대표적 한 폭을 비교하면서 조선후기의 회화 이론의 연계적 변화가 이들 화면에 어떻게 반영되어 있는지 살펴보도록 하겠다. 정선의 〈화적연禾積淵〉은 정선의 화풍이 무르익을 무렵에 제작된 작품으로 간송미술관에 소장된 〈해악전신첩海嶽傳神帖〉(1747)의 제1화면이며, 김정희의 〈세한도歲寒圖〉는 이른바 추사체의 서체를 완성하는 시기로 알려져 있는 제주 유배 시기에 정성을 기울여 그린 그의 대표적 산수도 중 하나이다.

정선의 〈화적연〉은 실경 화적연의 기이한 바위 풍경을 그린 것이다. 이 화면은 실제의 바위가 그대로 묘사된 그림이라기보다는 마치 '볏단을 쌓아놓은 화적'의 모양인 양 더욱 높이 불쑥 솟아난 형상으로 그려져 있다. 화가 정선은 붓질을 빠르게 휘둘러 바위와 물결을 곡선으로 주변 바위를 직선으로 대비시키면서 바위의 기이한 존재를 부각해 내고자 하였다. 그 결과 실제 풍경의 기이함은 이 화면 속에서 더욱 기이한 이미지[幻]로 탄생하였다. 기이한 풍경을 더욱 기이하게 그려낸 이 그림을 앞에 두고, 실제 풍경의 기이함이 잘 드러났다고 그 당시 감상자들은 평가하였다.

김정희의 〈세한도〉는 어느 특정 장소를 그린 그림이 아니라, 『논어』의

한 구절 속 송백松柏의 비유를 화면으로 그린 내용이다. 김정희는 그림 속 가옥을 중봉의 느린 붓질로, 나무들은 측필과 중봉으로 힘차고 과감하게 속도를 바꾸며 그려냈다. 이러한 필획들은 당시 문자의 획을 다양하게 실험하며 필획의 표현을 고심하며 모색하던 중의 필법의 시도를 반영한 결과이다.

문자적 조형성에의 추구는 이 그림 속 필획에서 선명하고 자유롭게 드러난다. 〈화적연〉은 실제 대상을 기이하게 강조하여 표현하고자 필선을 고심하여 표현했다면, 〈세한도〉는 실제 대상으로부터 좀 더 자유롭게 서예가 자신의 필법 표현에 집중하였다. 자연산수가 아닌 인간기교의 독립적 가치는 19세기의 화면에서 한결 상승하고 있음을 볼 수 있다.

5. 맺음말

18세기의 진경산수화와 19세기 남종문인화 양식의 산수화 및 서예적 붓질로 그린 화훼화(난·매 등)의 양상은 일견 대척적 관계로 보이지만, 사실 그 밑으로 흐르는 예술론은 시대를 연결하며 도도하게 흘러가고 있었다는 측면을 여기서 밝혀 보고자 하였다.

실제 경치(진眞, 진산수眞山水)를 대상으로 하는 18세기의 이른바 진경산수화를 거치면서, 학자들은 그림과 실제의 차이를 비교하게 되었고, 이를 통해 그림은 실제를 완전하게 재현하기보다 그림으로 실제를 다르게 표현하는 효과를 알고 나아가 요구하게 되었다. 그 결과로 화면은 환幻으로 결과됨을 다시 확인하였고 이로써 실제와 다른 그림[畵]만의 가치를 찾아가게 되었다.

'실제 산수[眞山水]'와 '그림 산수[畵山水]'라는 두 세계를 구체적으로 비교해본 결과는 점점 그림 산수의 선택으로 진행되어 나갈 수 있었다. 이 과정에서, 김창협, 김창흡, 조귀명, 조희룡으로 이어지는 언명은 그 방향감을 놀랍도록 선명하게 보여주었다.

산수자연이라는 진산수보다 그림 속 화산수를 선택하였던 것은, 조물주가 만든 산수자연보다 인간의 기교가 만든 예술의 가치에 대한 이해로 나아간 방향이었다. 19세기에 복고적 양식樣式이나 서예적 필묵법 즉 예서법이나 기자법 등으로 산수의 이미지를 그리고 즐긴 학자들은 그림 산수의 세계의 향유자들이었다.

다시 말하자면, 19세기에 그림 산수의 조형미를 즐기는 회화는 실경을 버린 배반의 역사가 아니라 예술의 우위성과 독립을 지향한 과정의 결과, 즉 예술 우위론의 선택 과정의 결과로 이해할 수 있다는 뜻이다.

19세기 서예적 조형성 혹은 문자기文字氣가 회화계를 주도하는 가운데 이를 향유[樂]하는 예술향유의 즐거움이 김정희에 의해 추구되었고, 이를 표현하는 '유희遊戲'의 붓질이 조희룡과 같은 화가에 의하여 선명하게 주장되었다.

18세기 산수화 문화에서 기이한 풍경[奇景]을 찾고 표현하고자 한 것은 도체道體로서의 자연보다 즐거운 대상으로서의 산수자연을 택하고 있었다는 산수관의 변화를 반영하다. 나아가 그들이 추구한 회화예술은 그 기이함을 더욱 기이하게 표현할 수 있는 방법을 모색하는 것이었다.

19세기에 이르면 산수 자체보다 인간적 기교의 표현에 몰두하면서, 옛 대가의 양식과 특정 서예의 기이한 문자의 조형성, 문자의 기법[奇法]을 회화의 주제로 주장하게 된다. 나아가 이를 익히고 아는 자들만이 즐기고 향유할 수 있는 회화 예술의 세계가 성장하였고 이에 대한 주장이 거듭 이루어졌다. 조선시대 '도道'에서 '예藝'로의 흐름이 급속도로 진행

되고 있었던 조선후기 예술론의 추이를 여기서 찾아볼 수 있다.[33]

---

33 논의를 마감하며 부연하여 둘 점이 있다. 이 논의는 18세기의 진경산수화에서 19세기의 서예적 조형 및 복고적 양식의 산수화가 보여주는 대척 사이의 연관을 선명하게 보여주는 데 논의의 초점을 두었다. 이러한 논의 가운데 의도적으로 다루지 않은 부분이 있기에 이를 상기시켜 두고 싶다. 18세기 전반기 정선의 기이한 표현법은 18세기 중반에 모종의 반발을 받으면서 실경의 사실적 묘사를 중시하자는 이론의 등장을 촉발하였다. 강세황이 그린 〈박연폭포도〉와 정선이 그린 〈박연폭포도〉의 차이는 여기서 비롯된다. 19세기로 이르면 한국산천의 실경을 그리는 문화가 저변화, 대중화되면서 많은 양이 제작되고 표현법도 다양해진다. 말하자면 18세기 후반에서 19세기로 이어지는 금강산 그림의 역사는 예술론의 중심적 흐름과 다른 경로를 통하여 회화문화로 전개되는 부분이다.

장자의 자연自然과 기인奇人의 상관성:
카를 로젠크란츠의 『추醜의 미학』을 중심으로

임태규(성균관대학교 강사)

1. 들어가는 글

현대 미학의 새로운 현상 가운데 가장 큰 특징을 꼽는다면, 당연히 '추醜'의 미학적 위상 변화라 할 것이다. 미학적 논의와 예술 범주의 주류가 '미美'에 집중되었던 것과는 다른 문화 현상이라 할 것이다. '아름다움'에 상대하는 '추함'에 관심을 두게 된 변화는 단지 미학 분야에만 한정된 것은 아닌 것으로 보인다.

특히 요즘의 대중문화를 포함하는 현대 예술 전반, 그리고 시와 문학 분야를 비롯한 인간 감성의 실천 범주인 창조적 행위의 각 분야에서 추의 위상이 일정한 위치를 점유해 가는 현상은 우리가 부정할 수 없는 사실이다. 그렇다고 해서 추의 위상이 변화되는 이런 현상이 근대까지 대립적인 범주로서 위상을 지켜온 미를 대체하고 있다는 것은 아니다. 근대의 지성사에서 인간 감성의 부정적 영역으로 여겨지면서, 논의에서조차 배제 시켰던 것과는 다르게 다양한 창작 분야에서 나름의 위치를 점유하는 현상들이 확인되고 있다는 것이다.

서양 철학사에서 미학을 본격적인 논의 대상으로 삼았던 칸트(Immanuel Kant, 1724~1804)는 사람의 정신영역을 진眞(이성), 선善(실천), 미美(감성)의 세 가지 범주로 구분하고, 인간 감성 영역으로서의 미는 순수 이성과 실천 행위를 이어주는 매개 영역으로 간주했다. 다시 말하면, 미는 순수한 도덕 윤리의 정신 현상인 진과 선의 행위 방식을 이어주는 범주로 인식했다는 것이다.

칸트 철학에서 미는 논리적 완성의 필요에 따라 철학적 논의 대상으로 삼은 것이다. 더 나아가 감성 영역에 집중된 『판단력비판』에서 인간 이성과 대비되는 자연미는 감성을 자극하는 대상이기는 하지만, 인간의 감각에 비친 자연의 '아름다운 영역'만을 논의 대상으로 삼으면서, 추를 배제하는 미학적 전통을 이어갔다. 독일 관념론을 대표하는 헤겔(Hegel, Georg Wilhelm Friedrich, 1770~1831)의 미학 논의에서도 순수한 미를 인간의 정신 현상에 국한하면서 관념화의 길을 걸었고, 자연미조차도 인간화시키는 결과를 낳게 되었다.

무엇보다도 서양에서 추를 본격적인 미학의 대상으로 연구한 것은 헤겔의 관념주의 철학을 공부했지만, 이후 비판적 입장을 견지한 카를 로젠크란츠(Johann Karl Friedrich Rosen kranz, 1805~1879)의 저작 『추의 미학』이다. 그의 저작은 이 논의를 이끌어가는데 중요한 비교 검토의 자료가 될 것이다. 그렇다고 해서 이 저작에서 기존의 미의 위상을 반전시켜 추를 미학의 독립 범주의 반열로 인정했다는 것은 아니다. 다만 미는 그동안 부정적 추라는 인식 범주에 의해 위상이 지속되었다는 상대적 관점을 제기한다는 점이다.

그렇다면 왜 추는 다른 학문이 아닌 미학의 범주로 분류해야 하는지의 문제를 제기할 수 있을 것이다. 로젠크란츠는 "미의 이념을 분석하게 되면 그것과 추에 관한 연구는 분리될 수 없다. 따라서 부정적 미로서 추라는 개념은 미학의 일부를 이룬다."[1]라고 말하면서, 추를 미학의 속성으로 분류하는 것이 마땅하다는 관점을 제기한다. 여기에서 이러한 문제 제기의 합리성을 확인하는 일은 그렇게 중요하지 않다.

다만 미학의 관점에서 검토해야만 미의 부정적 개념으로서의 추의 이념이 분명해진다는 것이 로젠크란츠의 견해이다. 무엇보다도 이 글은 19세기에 출현한 로젠크란츠의 『추의 미학』이 독립적인 미학의 범주로 정립된 것은 아니지만, 현대 예술 현상의 변화에 꾸준한 영향을 끼친 것으로 보기에 충분하다는 점에서 비교 검토의 대상으로 삼고자 한다.

동양 전통의 학문 환경에서 미학은 독립적인 논의의 대상이 되지 못했으며, 미에 관한 논의도 대부분 윤리적 측면에서 교화적 가치로 제시되었다는 점에서 인간화의 길을 걸었다고 볼 수 있다. 따라서 예술 범주에서도 예술 자체의 형식미보다는 사람의 내면을 구성하는 인격미를 강화시키는 역할을 담당해왔다. 이 또한 미를 순수 감성의 범주로 이해하기보다는 윤리 측면을 보강하는 영역에 귀속시켰다는 것을 의미한다.

동양에서 이러한 미적 인식이 변화되는 시점으로는 아속雅俗논쟁에 주목하게 된다. '속'은 미에 상대하는 추와는 해석의 차이가 있겠지만, 고아한 사대부 취향의 심미관 일변도의 사회적 인식에 비판적 관점을 표출하면서 미학의 영역에 등장했다는 맥락에서, 추를 미학적으로 수용하게 되는 소극적 실마리를 제공한 것으로 보인다.[2] 그 이유는 장파가 이

---

1   카를 로젠크란츠 지음, 조경식 옮김, 『醜의 미학』, 나남, 2017, 9쪽.
2   중국 미학에서 '俗'은 문인 사대부 취향의 고상함의 '雅'와 대립적인 "저속하고 천박한 풍속을 가리키거나, 저급한 심미 취미"로 분류된다. 成復旺 主編, 『中國美學範疇辭典』, 中國人民大學出版社, 1995, 334쪽.

해하는 속의 미학적 속성이 광기[狂], 기이함[奇], 재미[趣][3] 등 풍자성에 초점을 둔다는 것과 로젠크란츠가 추를 형태 없음, 부정확성, 기형화의 형태 파괴[4] 등의 미적 형식으로 파악한다는 유사함을 보이기 때문이다.

미에 상대하는 이러한 이념들은 풍자와 해학의 방식으로 표출되면서 사회 비판 의식을 담고 있다는 면에서 기존의 미 이념과 차이를 보인다. 이와 더불어 로젠크란츠는 독일 문학의 전통에서 요구하는 미 이념을 "고상한 것, 순수한 것, 아름다운 것, 고양시키는 것, 새롭게 하는 것, 아늑한 것, 사랑스러운 것, 품위 있게 만드는 것 등을 이끌어내기 위한 목적"에서 왜곡되었다고 말하기 때문이다.[5] 이는 미를 동양의 '아雅'와 유사한 이념적 속성으로 파악한다는 데서 유사한 근거를 지니는 것으로 검토된다.

따라서 로젠크란츠의 견해는 독일에서 정형화된 심미 의식을 재정립하는 출발점이 된 것으로 보인다. 이렇듯 동서양에서 부정적 영역으로서 인식되었던 속과 추에 관한 새로운 미학적 연구는 무엇보다도 기존의 미美와 아雅 이념 중심의 심미 의식의 대립적 측면을 해소하는 지점에서 출발한다는 데 의미를 둘 수 있을 것이다.

현대 미학의 심미 영역에서 미 이념이 재해석되고 추의 위상이 일정한 위치를 갖게 되는 변화의 상황과 더불어 주목되는 인물이 장자이다. 장자는 선진 사상가들 가운데 '미'와 '추'의 대립 인식문제를 철학적 사유 방법으로 제기한 대표적인 인물일 것이다.

미와 관련된 논의는 몇몇 사상가들의 저서에서도 발견되지만, 미와

---

3   장파 지음, 유중하 외 옮김, 『동양과 서양, 그리고 미학』, 푸른숲, 2004, 362쪽.

4   카를 로젠크란츠 지음, 조경식 옮김, 앞의 책, 10쪽.

5   카를 로젠크란츠 지음, 조경식 옮김, 위의 책, 15쪽.

상대적인 추를 논의의 대상으로 삼은 사상가는 거의 없기 때문이다. 사상가들 대부분이 사람의 본성을 도덕적 기준으로 파악하는 선과 악의 구분, 옳고 그름을 판단하는 분별지分別知로서 시是와 비非 판단의 문제는 지속해서 거론하고 있지만, 장자는 오히려 이러한 대립적 사유 토대 자체를 문제 삼는다.

특히 장자는 추를 자연적 본성으로서의 '덕德'을 지닌 인물에 비유한다는 데에서 다른 사상가들과는 차이를 보인다. 『장자』에서 자연적 본성[6]으로서의 덕을 지닌 존재로 은유 되는 사람이 '기인奇人'이다. 이 때문에 『장자』에 등장하는 기인과 장자 자연관의 의미 상관성을 검토하는 이 논의는 유의미한 시도라 하겠다.

주지하다시피 장자 철학의 정점은 '저절로 그러함'으로 풀이되는 '자연自然'이다. 따라서 이 논의는 기인과 자연의 상관성으로 검토되는 장자의 자연관이 기인의 은유를 통해 사람의 문제에는 어떤 방식으로 적용되고 있는지를 확인하는 과정이 될 것이다. 더 나아가 이 목표에 도달하기 위해 기인의 비유를 둘러싼 주변적 사유 범주들과의 연관성을 검토하는 과정을 거치고자 한다.

우선 무엇보다도 우리의 보편적 인식에서 기인은 '추'의 대상이라는 점에서 장자의 미추관美醜觀은 일차적인 논의의 출발점이 되어야 할 것으로 보이고, 다음으로는 기인의 은유적 속성에 따라 몇 가지 유형으로 분류하고, 분류 속성에 따라 차이점을 검토하여 각기 다른 내재 의미를 종합하는 과정을 거칠 것이다.

---

6 이 논의에서 장자의 '덕'을 '자연적 본성'으로 해석하는 근거는 다음에서 확인할 수 있다. 董治安 主編, 『老莊辭典』, 山東教育出版社, 1988, 184~185쪽; 임태규, 『장자 미학사상』, 문사철, 2013, 63~70쪽.

2. 장자 기인奇人 이해의 주변

앞에서 밝혔듯이 장자의 '기인' 관련 논의는 세 가지 맥락에서 접근할 필요가 있는 것으로 보인다. 하나는 장자의 기인은 그가 제기하는 미추관의 근거를 제공한다는 점이고, 둘은 '기인'의 유형 분류에 따라 내재 의미가 확장된다는 점, 그리고 셋은 서술 흐름의 의도를 통해 검토되는 사유의 정점에 관한 문제이다.

먼저 현대 미학에서 추의 위상이 변화되는 현상에 비추어 주목되는 장자의 미추 인식의 문제를 살펴보고자 한다. 장자는 미와 추의 대립이 생겨난 것은 차이와 다름을 인정하지 않고, 편견에 의해 만들어진 인식 때문이라는 문제를 제기한다.

심미 영역에서 이런 외형의 차별은 추를 부정적 영역에 가두고 미만을 심미 범주로 인정하는 인식의 결과로 이어졌다는 것이다. 이런 차별화로 인해 고착된 심미 의식을 편견의 근거로 제기하고 있으며, 이 세계의 본질을 은폐시키는 결과로 이어졌다는 것이다.

따라서 미와 추도 상대적 감성 인식일 뿐이라는 점을 들어서 대립 관계를 해체하려 한다. 그 해체의 논리가 반영된 문제 제기는 두 가지이다. 『장자』 전편에서 가장 논리적인 글로 평가받는 「제물론」에는 장자의 미추관을 확인할 수 있는 두 이야기가 있다.

작은 풀줄기와 큰 기둥, 문둥병 환자와 미인 서시를 들어서 세상의 온갖 괴상한 것들에 이르기까지 도를 통해서 하나가 된다. 한쪽에서의 분산은 다른 쪽에서의 완성이며, 한쪽에서의 완성은 다른 쪽에서의 파괴이다. 모든 사물은 완성이건 파괴이건 다 같이 도를 통해서는 하나가 된다. 오직 통달한 사람만이 다 같이 하나임을 알아서, 자기의 판단을 내세우지 않고 사물을 평상시의

자연스러운 상태 속에 맡겨둔다.[7]

모장과 여희는 사람마다 미인이라고 하지만 물고기는 그를 보면 물속 깊이 숨고, 새는 그를 보면 하늘 높이 날아오르고, 순록은 그를 보면 힘차게 달아난다. 이 넷 중에 어느 쪽이 이 세상의 올바른 아름다움을 알고 있을까? 내가 보기에는 인의의 발단이나 시비의 길은 어수선하고 어지럽다. 어찌 내가 그 구별을 알 수 있겠나.[8]

이 문제에 접근하는 것은 세계를 이해하는 두 가지 방식의 비교를 통해 확인할 수 있을 것이다. 즉 자연을 현상 그 자체에 비추어 바라보느냐, 아니면 관념화된 인식으로 보려 하느냐의 차이일 것이다. 우선 장자가 말하는 자연 그대로의 '실정實情'에 기대어 보자. 실정은 현상 그 자체를 보려는 태도이며, 진상眞相이나 진정眞情과도 같은 의미라 할 수 있다. 앞의 인용문에서 대립하는 기준으로서의 크고[大] 작음[小], 서시와 '문둥병 환자[厲]'는 상대적 인식에 의한 구별이다.

그리고 '온갖 괴상한 것들[恢恑憰怪]'은 무엇을 대상으로 하는 은유인지 특정하게 밝히지는 않지만, 우리의 보편적 심미 의식에서 추의 이념을 드러내는 수사임은 분명하다. 뒤로 이어지는 문맥의 흐름에서 볼 때, 장자에게 이러한 대립적 심미 의식을 중화시키는 장치가 '도통위일道通爲一'이다.

여기에서 '도道'는 주지하다시피 저절로 그렇게 생성[成] 소멸[毁]을 반

---

7 『莊子』「齊物論」: "故爲是擧莛與楹, 厲與西施, 恢恑憰怪, 道通爲一. 其分也, 成也, 其成也, 毁也. 凡物無成與毁, 復通爲一. 唯達者知通爲一, 爲是不用而寓諸庸"

8 『莊子』「齊物論」: "毛嬙西施, 人之所美也, 魚見之深入, 鳥見之高飛, 麋鹿見之決驟. 四者孰知天下之正色哉? 自我觀之, 仁義之端, 是非之塗, 樊然殽亂, 吾惡能知其辯!"

복하는 자연을 법으로 삼는다는 도가 철학의 종지에 따르면, 아마도 '자연의 입장으로 보면 모두 하나다'가 될 것이다. 이러한 세계 이해의 태도는 두 번째 이야기에서도 확인할 수 있다.

모장과 여희는 사람의 눈에서는 미인이지만, 자연의 실정에 비추어보면 미인이라는 근거를 상실하게 된다. 실제로 대상을 인식하는 우리의 마음 작용을 공허하게 비울 수 있다면, 자연에 대한 미추라는 인간적 의식의 대립 자체가 무의미해질 수 있을 것이다. 도와 마찬가지로 물고기와 새, 순록은 자연의 메타포들인 수사적 장치라 할 수 있다.

장자의 이러한 대립의 해체 방식은 미를 부정하는 것이라기보다는, 추에 대한 새로운 논의의 가능성을 제시한다는 데 의미를 둘 수 있을 것이다. 실제 우리가 보는 현상적 자연은 우리의 경험을 반추해보면 미와 추의 한쪽 면만을 보여주지 않는다는 것을 쉽게 알 수 있다.

자연은 사물과 현상의 관계 방식에 따라 위장과 변형을 반복하며 수많은 모습을 보여주기 때문이다. 물고기나 새들, 그리고 사슴 등 자연물은 자신의 유기체적 조건에 맞게 자연에 적응하며 나름의 완전성을 갖추고 있다.

다시 말해 스스로의 형식 법칙에 따라 완전체로 진화한 것이다. 따라서 장자의 '물화物化'는 자연과학의 관점에서 자연의 형식 법칙을 설명하는 개념으로 이해할 수 있다. 사물의 변이變異 또한 기형화가 아니라 자연조건의 변화에 따른 자연 발생적 삶의 방식이라 할 수 있다는 것이다. 변이를 기형으로 보는 관점은 인간의 감각적 편견일 뿐이라는 점은 명백하다. 반면에 이러한 편견은 자연에 관계하는 지각 방식에 따라 달라질 수 있다.

다음으로 자연 이해에서 주목해야 지점은 관계성의 문제이다. 우리는 밤하늘에 빛나는 달과 별을 아름답다고 한다. 바람과 물결, 푸른 하늘 위에 떠다니는 흰 구름을 상쾌하게 바라본다. 촉촉하게 대지를 적시는 빗줄기도 심미 감성을 유발하기에 충분하다. 우리는 이런 자연의 모습을 미적이라고 한다.

독버섯이 더 화려한 외형과 색채로 유혹하듯이 밤하늘의 달은 어두운 뒤편에 의해 더욱 빛나고, 그 달빛을 받은 봄 매화는 더 희게 빛이 난다. 우리는 습관적으로 다양한 자연환경의 변화들 가운데 익숙해진 것들만 아름답게 여긴다. 석양을 받아 반짝이는 잔잔한 강물은 심미 정감을 불러일으키지만, 폭우와 홍수는 공포를, 잔잔한 바람은 어느 순간 태풍으로, 흰 구름은 먹구름을 감추고 있다.

실제 시시각각으로 변화하는 자연은 우리에게 아름다운 대상으로만 머물지 않는다. 아름답게 보이는 자연은 한쪽 측면이고, 우리에게 익숙한 것들이 아름답게 보일 뿐이다. 이러한 우리 미인식의 편견은 아마도 생존의 본능일 수도 있을 것이다.

이와 관련하여 로젠크란츠는 "동물 형태의 추를 올바로 이해하기 위해서는 자연이 우선 생명과 종족을 보존시키려고 하여, 이와 같은 목적을 위해 미와 개체에 대해서는 냉담하게 처신하는 방향성을 가진다는 점을 고려해야 한다"라고 설명한다. 사람들의 미적 감성 또한 이러한 자연적 본능을 따르는 방향성일 수 있다.

다음으로 살펴볼 주변은 서술 흐름의 의도성과 기인의 유형에 따른 의미 맥락의 차이이다. 『장자』에서 '기인奇人'의 이야기는 대부분 「덕충부」에 집중되어 있다. 내편을 중심으로 살펴보면, 「양생주養生主」의 우사右師와 「인간세人間世」 마무리 부분의 지리소支離疏 이야기를 제외하면, 기인 이야기는 「덕충부」에 집중되어 있다.

기인의 일화가 「덕충부」에 집중되어 있다는 것은 장자가 의도하는 치밀하게 구성된 서술 의도가 있는 것으로 보인다. 다시 말하면, 「인간세」

를 마무리하는 끝부분의 지리소는 「덕충부」에서 개진할 내용을 암시하는 것으로 추측된다는 것이다.

그런 서술 흐름이 우연한 것인지는 분명치 않지만, 「양생주」는 삶을 잘 기르는 요체를 논하는 '안명安命' 의식을, 「인간세」는 부득이不得已한 세상을 살아가야 하는 사람이 지켜야 할 중도中道를, 「덕충부」는 사람의 정신을 좌우하는 마음의 내재성 다룬다는 내용상의 연관성을 볼 때, 의도성이 엿보인다는 것이다.

그 연관성의 핵심은 장자 철학 전체를 관통하는 사람의 마음 이야기에 집중되어 있다는 것이며, 「덕충부」의 이야기들은 사람의 내면의 '덕'과 관련된 논의가 중심이 되기 때문이다. '내면의 덕이 충만하면 그 조짐이 겉으로 드러난다'는 「덕충부」의 편명을 보더라도 「인간세」는 사람살이의 외부 문제, 「덕충부」는 내부의 문제를 주제로 삼고 있다.

그렇지만 이 내외의 문제는 두 가지로 나눌 수 있는 것이 아니다. 장자는 내부가 충실해야[心齋] 외부의 사태에 효과적으로 대응하여 안명을 가능하게 할 수 있다 보기 때문이다. 먼저 「인간세」와 「양생주」의 두 이야기를 검토하기로 하겠다.

남백자기가 상구에 갔을 때 특이한 거목을 보았다. 사마수레 천대를 매어도 그늘에 푹 가려 보이지 않을 정도였다. 자기는 '이건 무슨 나무일까? 필시 좋은 재목감이 될 거다.'라고 했다. 눈을 들어 그 가는 가지를 보니 구불구불하여 마룻대나 들보가 될 수 없고, 고개 숙여 그 굵은 밑둥을 보니 나무속이 갈라져 널이 될 수 없었다. 그 잎을 핥으면 곧 입이 문드러져 상처가 나고, 그 냄새를 맡으면 몹시 취해서 사흘이 지나도 깨어나지 않았다. 자기는 말했다. '이건 정말 재목감이 못 되는 나무로군. 그러니까 이렇게까지 자랐지. 아! 신

인도 이 나무와 같은 쓸모없음으로써 지켜 가는구나!'[9]

공문헌이 우사를 보고 놀라서 말했다. '이건 어찌 된 사람인가? 어째서 외발
이 되었는가? 하늘 탓인가 사람 탓인가?' 우사는 대답했다. '하늘 탓일세. 사
람 탓이 아니야. 하늘이 나를 외발로 만들어 주었네. 사람의 형태에는 두 발
이 있게 마련이지. 이것으로도 내 외발이 하늘 탓이지, 사람 탓이 아님을 알
수 있네.'[10]

위의 두 이야기에는 '쓸모없음의 쓸모[無用之用]'를 은유적으로 표현한
기목奇木과 후천적 형벌조차도 '천명天命'이라 여기는 외발이 우사가 등
장한다. 이 둘은 보편적 심미 이상에 대립 된다는 맥락에서 부정적 추의
대상이다. 더불어 순수 생물학적 측면에서 볼 때, 둘에는 차이가 있다.
기목은 생물학적 본연성을 그대로 간직한 자연물이다.

앞서 거론한 「제물론」의 물고기나 새들처럼 자신의 유기체적 조건에
맞게 자연에 적응하며 나름의 완전성을 갖추고 있는 자연물이라는 것이
다. 이 때문인지 장자는 기목을 신인神人에 비유한다. 반면에 우사는 발
뒤꿈치가 잘리는 월형刖刑을 받아 절름발이가 된 사람이다. 우사는 관명
官名이고, 송宋나라 사람이라는 기록[11]에 의하면 관직을 거친 실제 인물

---

9 『莊子』「人間世」: "南伯子綦遊乎商之丘, 見大木焉, 有異, 結駟千乘, 將隱芘其所藾. 子綦
曰, '此何木也哉? 此必有異材夫?' 仰而視其細枝, 則拳曲而不可以爲棟樑, 俯而視其大根,
則軸解而不可以爲棺槨, 咶其葉, 則口爛而爲傷, 嗅之, 則使人狂酲, 三日而不已. 子綦曰,
'此果不材之木也, 以至於此其大也. 嗟乎神人, 以此不材!'"

10 『莊子』「養生主」: "公文軒見右師而驚曰, '是何人也? 惡乎介也? 天與, 其人與?' 曰, '天也,
非人也. 天之生是使獨也, 人之貌有與也. 以是知其天也, 非人也.'"

11 "'右師'는 簡文帝의 「釋文」에 의하면 官名이라 하고 司馬彪는 宋人이라 함." 안동림 역주, 『장
자』, 현암사, 2005, 97쪽.

일 것이다.

기록에 의하면 당시에 월형을 받은 사람이 신던 용踊이라는 신발이 유행할 정도였다는 것을 보더라도 당시에는 잔혹한 형벌이 흔하게 자행된 것으로 보인다. 하지만 우사는 자신이 형벌에 의해 후천적 기인이 된 것을 천天이 그런 것이어서, 자신이 받은 형벌을 천형天刑이라고 말한다. 우사는 특히 안명의 조건인 양생養生의 도를 체득한 인물로 그려지고 있다는 점에서, 자연의 법칙에 순응하는 인물이라 할 것이다.

다음으로 '무용지용'과 관련하여 「인간세」에서 주목되는 기인은 지리소支離疏이다.

지리소라는 사람은 턱이 배꼽에 가려지고 어깨는 정수리보다 높으며, 상투는 하늘을 가리키고 내장이 위로 올라갔으며, 두 넓적다리가 옆구리에 닿아 있다. 옷을 깁거나 빨래를 하면 충분히 먹고 살아갈 수 있고, 키질을 해서 쌀을 고르면 열 식구는 먹여 살릴 수 있다. 위에서 군인을 징집하면 지리는 사람들 사이에서 두 팔을 걷어붙인 채 다닐 수 있고, 위에서 큰 역사가 있을 때 지리는 언제나 병이 있다고 하여 일이 내려지지 않는다. 위에서 병자에게 곡식을 내릴 때는 3종의 곡식과 열 다발의 장작을 받는다. 육체가 온전하지 못한 자도 그 몸을 보양하여 천명을 다할 수가 있는데, 하물며 그 마음의 덕이 온전하지 못한 자야 더 할 것이 아니겠는가.[12]

지리소는 앞의 우사와 마찬가지로 둘 다 비정상적인 외형을 지닌 기

---

12 『莊子』「人間世」: "支離疏者, 頤隱於臍, 肩高於頂, 會撮指天, 五管在上, 兩髀爲脇. 挫鍼治繲, 足以餬口, 鼓筴播精, 足以食十人. 上徵武士, 則支離攘臂而遊於其間, 上有大役, 則支離以有常疾不受功. 上與病者粟, 則受三鍾與十束薪. 夫支離其形者, 猶足以養其身, 終其天年, 又況支離其德者乎!"

인이다. 하지만 이 둘에는 차이가 있다. 우사는 기록이 있는 실제 인물로 보이지만, 지리소는 가상화된 인물로 장자가 만들어낸 우화적 기인이다. 그가 기인이 된 원인은 분명치 않지만, 붙여진 이름의 뜻에 따르면 선천적 기인이라는 것을 알 수 있다. 즉 '지리支離'는 형체가 온전하지 못한 것을 형용하고, '소疏'는 '성글다'는 의미로 '두 넓적다리가 옆구리에 닿았다'라는 형체 묘사로 보아 두 다리가 벌어진 모습을 한 꼽추이다.

따라서 우사는 실제 인물이고 지리소는 가상적으로 만들어진 인물이라는 것을 쉽게 알 수 있다. 또 다른 차이라고 하면, 한 사람은 쓸모 없음의 쓸모[無用之用]가 오히려 안명의 요인이 되었다면, 다른 한 사람은 '쓸모 있음의 쓸모[有用之用]'가 안명을 저해하는 요인이 되었다는 점이다.

그렇지만 형벌로 발꿈치가 베인 우사나 천부적 기인인 지리소 모두 자신이 처한 현실을 '천명天命'으로 받아들인다는 점에서는 동일하다. 『장자』에서 천은 '자연'으로 해석되는 점을 고려할 때 기인은 자연성 자체라는 면에서 본질은 하나라는 관점을 제기하는 것으로 파악된다. 이러한 관점은 "자연은 미와 추를 우연히 함께 섞어놓은 것"[13]이라는 아리스토텔레스의 견해를 상기시킨다.

사실 자연 사물이 우연히 그렇게 된 것인지, 나름의 필연을 가진 것인지의 본질적인 문제를 사람의 지각으로 완전히 판단하는 일은 불가능하다. 자연은 지극히 중립적이기 때문이다. 장자는 자연의 눈으로 사람의 편견을 해체하려는 것이다. 장자는 한쪽으로 굳어진 사람의 편견을 '성심成心'이라 부른다. 성심은 흔히 우리가 말하는 선입견이며, 견고해진 마음이라는 점에서 관념화된 시각이라 할 것이다.

---

13 카를 로젠크란츠 지음, 조경식 옮김, 앞의 책, 53쪽.

3. '기인'의 세 가지 유형

앞의 내용을 종합하면『장자』에서 기인은 세 가지 유형으로 분류된다. 하나는 기인의 메타포로서 묘사된 자연물, 둘은 가상화된 만들어진 기인이다. 셋은 형벌을 받아 기인이 된 후천적 요인의 유형이다.『장자』내에서도 추의 속성으로 거론되는 기인은 무엇보다도 미에 대립하는 심미의식이라는 점에서 예술과 미학의 관점으로 파악할 때, 그 구체적인 내재 의미가 확인될 수 있을 것이다.

현대 미학에서 추가 예술의 대상이 될 수 있다는 점은 예술의 목적이 미를 생산하는 일이라는 일반적인 명제에 모순되는 현상이라 할 것이다. 미 이념이 그 자체로 예술의 영역에서 독립적 가치를 발휘하지만, 추의 경우에는 그렇지 못하기 때문이다.

따라서 추가 미학의 영역에서 관심을 받게 된 이유가 기존의 이상화된 심미 인식에 대한 문제 제기, 그리고 순수 미만을 지향하지 않는다는 예술 추구의 목적 변화와 연관된 것으로 보인다. 그 이유는 미를 지향하는 예술 일반이 비록 '아름다움'에 대한 감각적 요소를 필연적으로 가지고는 있지만, 그렇다고 미 이념의 본질을 가볍게 여기지 않기 때문일 것이다. 즉 본질적 의미에서 이념은 자유롭고, 부정적인 것의 가능성을 열어 놓기 때문이다.[14]

장자의 미추 인식도 기본적으로 이념의 본질에 관한 문제 의식에서 출발하는 것이라 할 수 있다. 그리고『장자』속의 기인 은유는 인간적 의미의 실존 문제와 더 나아가 이 세계의 본질에 관한 사유의 정점에 있다는 측면에서 검토의 의미를 둘 수 있을 것이다.

---

14 카를 로젠크란츠 지음, 조경식 옮김, 앞의 책, 56쪽 참조.

1) '기인'의 메타포들

『장자』에는 실제 인물과 기형적 형상으로 묘사되는 기인들이 등장한다. 이러한 기인의 은유를 뒷받침하는 또 다른 사례가 사물을 기인화 하는 일화들이다. 자연계의 사물에 이르기까지 사유를 확장해 가는 논의의 전개 방식은 앞서 살펴본 미인 모장과 여희의 아름다운 외형을 물고기와 새, 사슴에 비유하는 이야기에서 보듯이 인간과 자연의 경계를 허물려는 의도라 할 것이다. 이러한 의도를 확인할 수 있는 기인 은유는 『장자』이곳저곳에서 확인되지만, 우선 두 이야기를 통해 살펴보기로 하겠다.

> 송나라에 형씨라는 고장이 있는데, 개오동나무와 잣나무, 뽕나무가 잘 자랐다. 그 나무의 둘레가 한두 줌 이상이 되면 원숭이 말뚝을 찾는 자가 그것을 베어가고, 서너 아름이 되면 커다란 마룻대를 찾는 자가 그것을 베어가고, 일곱여덟 아름이나 되면 널을 찾는 귀족이나 부잣집에서 그것을 베어간다. 그래서 그 천명을 다하지 못하고 중도에 도끼에 잘리고 만다. 이는 나무가 지닌 쓸모 때문에 겪는 재난이다. 그러므로 제사 때는 이마가 흰 소와 코가 우뚝 젖혀진 돼지나 치질을 앓는 사람은 강으로 가서 제물로 바칠 수가 없다. 이러한 것을 이미 무당은 알고 있어서 불길하게 여기지만, 바로 이 때문에 신인은 대길하다고 생각한다.[15]

---

15 『莊子』「人間世」: "宋有荊氏者, 宜楸柏桑. 其拱把而上者, 求狙猴之杙者斬之, 三圍四圍, 求高名之麗者斬之, 七圍八圍, 貴人富商之家求樿傍者斬之. 故未終其天年, 而中道之夭於斧斤, 此材之患也. 故解之以牛之白額者與豚之亢鼻者, 與人有痔病者不可以適河. 此皆巫祝以知之矣, 所以爲不祥也, 此乃神人之所以爲大祥也."

혜자가 장자에게 말했다. '내게 큰 나무가 있는데, 사람들은 그걸 가죽나무라고 하더군요. 줄기는 울퉁불퉁하여 먹줄을 칠 수가 없고, 가지는 비비 꼬여서 자를 댈 수가 없소. 길에 서 있지만, 목수가 거들떠보지도 않소. 그런데 선생의 말은 크기만 했지 쓸모가 없어 모두 외면해 버립디다.' …… 지금 선생에게 큰 나무가 있는데 쓸모가 없어 걱정인 듯하지만, 어째서 아무것도 없는 드넓은 들판에 심고 그 곁에서 마음 내키는 대로 한가로이 쉬면서, 그 그늘에 유유히 누워 자 보지는 못하오. 도끼에 찍히는 일도 누가 해를 끼칠 일도 없을게요. 쓸모없다고 어찌 괴로워한단 말이오!'[16]

앞에서 살펴본 「인간세」의 남백자기가 상구에 갔을 때 본 특이한 거목과 유사한 일화이다. 이와 마찬가지로 이 두 이야기의 주제는 '쓸모없음의 쓸모[無用之用]'이다. 기목으로 묘사되는 가죽나무는 유용성의 측면에서 쓸모없고, 이마가 흰 소와 코가 젖혀진 돼지는 시각적으로 흉하다는 이유로 불길한 생물이라 여기기 때문에 쓸모없다.

제사에 바치는 소는 한 가지 색이어야 하고 코가 젖혀진 돼지는 모양이 흉하다고 여겨 희생으로 쓰지 않았다고 한다.[17] 이 때문에 제사를 주관하는 무당은 불길하다고 여기지만 신인神人은 대길하다고 여긴다. 『장자』에서 신인은 신묘한 능력을 갖추고도 그 흔적을 남기지 않는 이상적 인격을 가리킨다.[18]

---

16 『莊子』「逍遙遊」: "惠子謂莊子曰, '吾有大樹, 人謂之樗. 其大本擁腫而不中繩墨, 其小枝卷曲而不中規矩. 立之塗, 匠者不顧. 今子之言, 大而無用, 衆所同去也.' …… 今子有大樹, 患其无用, 何不樹之於无何有之鄉? 廣莫之野? 彷徨乎无爲其側, 逍遙乎寢臥其下. 不夭斤斧, 物无害者, 無所可用, 安所困苦哉!"

17 안동림 역주, 앞의 책, 140쪽 참조.

18 안동림 역주, 위의 책, 35쪽 참조.

여기에서 말하는 흔적이 세속적 명예나 인위적 행위 방식으로 축적된 능력이라면, 신인의 신묘함은 자연 그대로에 맡기는 데서 생겨난 능력이라 할 수 있다. 로젠크란츠의 자연의 추에 관한 논의에서도 이와 유사한 견해를 제시하고 있다.

시간과 공간에서의 실존이 본질적 이념인 자연에서 추는 이미 무수히 많은 형태로 형성될 수 있다. 자연의 모든 사물이 예속되어 있는 성장은 그 자유로운 진행 과정에 의해서 매 순간 정도를 넘어서거나 정도에 미치게 할 수 있고, 그럼으로써 본성 자체에 의해서 지향되는 순수한 형태를 파괴할 수 있고 추하게 만들 수 있다. 자연의 개별적 존재들은 다채로운 혼돈상태에서 아무 것도 고려하지 않고 생존해나가려고 하기 때문에 종종 자신의 형태를 이루어가는 자신을 방해한다."[19]

이러한 견해는 인간적 인식의 간섭을 배제하고, 순수 자연성 그대로의 현상을 바라보려는 자연 이해 방식이다. 실제 자연 속의 개별 사물들은 모두 외양이 다르다. 같은 종이라 할지라도 똑같은 형태의 사물은 없다고 해야 할 것이다. 자연 사물을 구분하는 종種, 속屬, 목目과 같은 범주는 개략화概略化시키킨 구분일 뿐이다.

그리고 사물의 차이를 세밀화하기 위한 구별의 장치이다. 하지만 장자의 '도통위일'은 이런 인간적 구분을 무효화시킨다. 도의 관점에서 보면 모두 하나이기 때문에 자연계의 모든 사물은 각기 '저절로 그러한' 생존의 법칙으로 존재하고, 변형과 변이조차도 각기 자유로운 생존의 진행 과정이라는 견해를 밝히는 것으로 볼 수 있다. '저절로 그렇게'라는

---

19 카를 로젠크란츠 지음, 조경식 옮김, 앞의 책, 31쪽.

술어가 모호한 인상을 주지만, 실제 자연의 변화는 사람의 지각으로 의식되는 성질의 것이 아니다. 이는 과학적 사유로도 그 원인을 완전하게 설명할 수 없다.

지각과 과학으로 구축된 사람의 인식에는 한계가 있을 수밖에 없다. 장자가 위 이야기를 통해 거론하는 이마가 흰 소와 코가 젖혀진 돼지는 보편적 심미 기준에서 벗어난다는 점에서 불길한 사물이 되었고, 가죽나무라는 기목은 쓸모없다는 기준에 의해 목수가 거들떠보지도 않았다. 그 쓸모없음으로 희생을 피해 갔다. 자연에 대한 로젠크란츠의 견해를 빌리면, 불길함과 쓸모없음의 기준은 인식의 한계를 지닌 인간의 불완전한 자연 이해에서 비롯된 편견이라 말할 수 있을 것이다.

장자의 덕은 내적 본질에 관한 핵심주제이다. 아름다움과 추함, 길함과 불길함은 우리의 경험적 사실에 비추어보면 익숙함과 생소함의 차이와 그리 다르지 않다. 애초에 익숙한 것에 마음이 이끌리는 것에서부터 미 이념이 생겨난 것이라 할 수 있다.

예를 들면 둥근 형태의 문양이나 과일은 우리에게 편안함을 준다는 것, 그리고 균형 잡힌 사각형은 안정감을 준다는 연구 결과들은 오히려 이러한 인간 인식의 한계를 드러내는 논의라 할 수 있다. 미추와 마찬가지로 길함과 불길함이라는 인식 또한, 인간의 문화적 소산일 뿐이다.

이 때문에 장자는 "백 년이나 된 나무를 쪼개어 술 단지를 만들고, 청황색으로 칠해서 치장하면 그 깎고 남은 찌꺼기는 도랑에 버려진다. 술단지와 도랑 속의 찌꺼기를 비교해보면, 그 아름다움과 추함에는 차이가 있다. 하지만 그 본성을 잃었다는 점에서는 마찬가지다."[20]고 말

---

20 『莊子』「天地」: "百年之木, 破爲犧樽, 靑黃而文之, 其斷在溝中. 比犧樽於溝中之斷, 則美惡有間矣, 其於失性一也. 跖與曾史, 行義有間矣, 然其失性均也."

한다.

2) 가상화된 '기인'

기인의 두 번째 유형은 「인간세」의 이야기에서 살펴본 천부적인 기형으로 묘사되는 지리소와 같은 인물 유형이다. 『장자』전체 가운데 「덕충부」에는 많은 기인이 등장한다.

대표적인 기인은 애태타哀駘它, 인기지리무신闉跂支離無脤, 옹앙대영甕盎大癭이다. 애태타는 곱추의 외형을 지닌 인물이다. 이이李頤는 「석문釋文」에서 '애태哀駘'는 흉한 모습이고 '타它'는 이름이라 하였고, 또 다른 일설에 따르면 '태타駘它'는 등에 혹이 나온 모습을 형용한 것이라 하는데,[21] 이를 통해 외형이 곱추인 인물임을 알 수 있다.

이 세 인물의 이름이 형용하는 과장된 묘사를 볼 때, 인기지리무신은 절름발이에 곱추에 언청이인 사람이고, 옹앙대영은 커다란 혹이 달린 사람이다. 가상화된 기인의 과장된 이름에서 느껴지는 기인의 강렬한 인상은 시학詩學에 관한 비평에서 "경탄의 가장 훌륭한 표징은 과장이다"[22]라는 가스통 바슐라르의 말을 떠올리게 한다. 따라서 『장자』에서 확인되는 기인에게 붙여진 기형적 이름들은 더욱 강렬한 인상을 전달하려는 과장된 수사적 의도로 볼 수 있다.

이러한 유형의 인물들은 생득적生得的 기인으로 묘사되고 있다. 필자가 생득적이라 말하는 이유는 기형의 원인이 외적, 후천적 요인이 아니라, 자신의 천부적으로 갖게 된 유전적 요인에 의해 변이된 유형이기 때

---

21 안동림 역주, 앞의 책, 159쪽 참조.
22 가스통 바슐라르, 곽광수 옮김, 『공간의 시학』, 동문선, 2003, 217쪽

문이다. 이러한 기인의 이름을 볼 때, 장자가 만들어낸 가공적 인물임을 알 수 있다. 즉 외형을 형용한 이름이라는 것이다. 이러한 기인의 특징은 다음의 두 이야기를 통해 검토할 수 있다.

노나라의 애공이 중니에게 물었다. '위나라에 추남이 있는데 그의 이름이 애태타라 합니다. 그와 함께 지낸 사내들은 따르면서 떠나지 못하고, 그를 본 여자들은 다른 이의 아내가 되느니 차라리 그분의 첩이 되겠다고 부모에게 간청한다 하오. 그 수가 몇 십 명으로 그치지 않는다 하오. 그가 자기 의견을 주장하는 걸 아직 아무도 들은 적이 없고, 늘 남에게 동조할 뿐이라오. …… 내가 불러들여 그를 만나봤더니, 과연 그 흉한 꼴이란 온 세상을 깜짝 놀라게 할 정도였소. 그러나 그와 함께 있으니 한 달도 안 돼서 나는 그의 사람됨에 마음이 이끌리게 되었고, 1년도 안 돼서 그를 믿게 되었소. 나라에 대신이 없었으므로 나라를 맡기려 했더니, 내키지 않는 얼굴을 하고 있다가 이윽고 응낙했으나, 멍한 모습으로 사양하는 것도 같았소. 나는 부끄러워졌으나 결국 나라를 맡겼소. 얼마 안 있어 내게서 떠나가 버렸소. 나는 뭔가 잃은 듯 마음이 언짢았소. 이 나라에 즐거움을 함께 누릴 사람이 없어진 듯하단 말이오. 그는 어떤 사람일까요?[23]

인기지리무신(절름발이에 꼽추에 언청이인 사람)이 위나라 영공에게 의견을 말했더니, 영공은 기뻐했다. 온전한 사람을 보면 그 목이 야위고 가냘프게 보

---

23 「莊子」「德充符」: "魯哀公問於仲尼曰, '衛有惡人焉, 曰哀駘它. 丈夫與之處者, 思而不能去也. 婦人見之, 請於父母曰, 與爲人妻, 寧爲夫子妾者, 十數而未止也. 未嘗有聞其唱者也, 常和而已矣. …… 寡人召而觀之, 果以惡駭天下. 與寡人處, 不至以月數, 而寡人有意乎其爲人也. 不至乎期年, 而寡人信之. 國無宰, 寡人傳國焉, 悶然而後應, 氾然而若辭. 寡人醜乎, 卒授之國. 無幾何也, 去寡人而行, 寡人衈焉若有亡也, 若無與樂是國也. 是何人者也?"

였다. 옹앙대영(커다란 혹이 달린 사람)이 제 나라 환공에게 의견을 말했더니, 환공은 기뻐했다. 온전한 사람을 보면 그 목이 야위고 가냘프게 보였다. 그러므로 덕이 뛰어나면 외형 따위는 잊게 되고 만다. 그러나 사람들은 그 잊어야 할 것은 잊지 않고, 잊어서는 안 될 것은 잊고 있다. 이런 일을 '참으로 잊고 있음'이라 한다. 그러므로 성인은 마음을 자유로이 노닐게 한다. 그리고 지식을 화의 근원으로 여기고 예의 규범을 갖풀로 생각하며, 도덕을 교제의 수단으로 알고 기교를 장사의 솜씨로 여긴다. 성인은 모략을 행하지 않으니, 어찌 지식이 필요하랴! 깎고 다듬지 않으니 어찌 갖풀이 소용되랴. 잃음이 없으니 어찌 도덕이 필요하랴. 물건 매매가 없으니 어찌 장사가 소용되랴. 이 네 가지는 자연의 양육이다. 자연의 양육이란 자연이 먹여 살린다는 것이다. 자연이 먹여 살리는데 어찌 또 인위가 필요하랴.[24]

애태타의 일화에서 악인惡人은 외형이 추해 보기 흉한 모습을 형용한 묘사이다. 그는 외형이 추하지만, 항상 자신의 주장을 내세우는 법도 없고 남에게 동조하는 듯한 태도를 보인다. 장자는 이런 인물을 "모습과 형체까지도 커다란 하나의 세계에 융합되어 하나가 되었으므로 자기라는 게 없다. 자기가 없는데 사물이 있겠는가?"[25]라고 말한다. 이는 「소요유」에서 무기無己함으로 묘사되는 지인至人과 같이 이상화된 인물이라 할 것이다. 그런데도 그를 만나본 사람들은 모두 그에게 이끌리는 이유는 인기지리무신과 옹앙대영이 등장하는 다음의 이야기에서 확인할 수

---

24 『莊子』「德充符」: "闉跂支離無脹, 說衛靈公, 靈公說之, 而視全人, 其脰肩肩, 甕㼜大癭說齊桓公, 桓公說之, 而視全人, 其脰肩肩, 故德有所長, 而形有所忘. 人不忘其所忘, 而忘其所不忘, 此謂誠忘. 故聖人有所遊, 而知爲孽, 約爲膠, 德爲接, 工爲商. 聖人不謀, 惡用知? 不斲, 惡用膠? 無喪, 惡用德? 不貨, 惡用商? 四者, 天鬻也. 天鬻者, 天食也. 旣受食於天, 又惡用人!"
25 『莊子』「在宥」: "頌論形軀, 合乎大同, 大同而無己. 無己, 惡乎得有有!"

있다. 이 둘 또한 외형이 추한 가상화된 기인이다.

이 두 기인은 '내면의 덕이 뛰어난' 인물로 묘사되고 있다. 기인이지만 사람을 매혹시키는 이유는 자연적 본성으로서의 덕을 잃지 않았기 때문이다. 위 이야기에서 장자가 부정하는 것들은 모두 인위人爲의 소산이다. 지식과 예법, 그리고 도덕과 기교는 모두 자연적 본성인 덕을 해치는 요인이라는 것이다.

이러한 인위적 기준은 근본적으로 보편성을 추구하는 의식에 타당한 근거를 제공한다. 이와는 상대적으로 기인은 특수한 형상을 지니고 있다는 점에서 추 이념으로 인식되고 있다. 앞에서 살펴본 세 기인은 보편적 미 이념에 벗어나는 외형을 지녔다는 이유로 추의 대상이다. 하지만 기인의 은유에서 보여주듯이 장자의 사유 방식에서 외형은 그 사람의 본성, 내지는 존재의 본질을 판단하는 척도가 될 수 없다. 시각적 측면에서 볼 때 보편적 미 기준과 대립하는 요소로는 비정형非定型, 비대칭非對稱, 부조화不調和를 꼽을 수 있다. 이 요소들은 우리의 시각에 익숙하지 않다는 점, 즉 미의 대상을 지각하는 시각적 주체와 닮지 않았다는 생소함과 관련된 것으로 보인다. 로젠크란츠는 추의 자연적 원인을 인간적 미 이념으로 환원시키는 인식의 불완전성을 이렇게 말한다.

식물은 외부로부터 강한 공격을 받아 자의적으로 형태가 변화되어 망가질 수 있다. 그것은 또 내부의 질병으로 인해 성장이 위축되어 변종이 될 수 있다. 형태의 기괴한 변화와 색채의 변화 역시 질병으로 인해 진행되고 더 나아가 추해질 수 있다. 이 모든 경우에 추의 자연적 원인은 분명하다. 생명과 식물에 이질적인, 악마적인 원칙이란 것은 존재하지 않는다. 바로 식물 자신이 살아 있는 채로 병들어서 그 질병의 결과로 혹이 나고 말라비틀어지며 왜소하게 되고 기이한 형태로 자라나서 정상적 형태를 잃어버릴 수 있으며, 마찬가

지로 색이 바래거나 변함으로써 정상적인 색채도 상실할 수 있다.[26]

이러한 견해는 장자의 자연에 비추어보면 다르지 않은 것으로 보인다. 로젠크란츠가 말하는 자연에 가해지는 이질적이고 악마적인 원칙이라는 것은 아름답다거나 추하다는 이념, 그리고 실용의 측면에서 쓸모있음과 쓸모없음으로 구분하는 차별 의식일 것이다. 따라서 장자는 '자연의 양육'에 맡겨두어야 한다고 말하는 것이다. 앞서 거론했듯이 자연은 그 자체로 존재 법칙을 갖추고 있고, 변형과 변이의 과정은 생존의 여러 조건에 따르는 필연의 과정이기 때문에 '자연의 양육'에 맡겨야 한다는 것이다.

3) 천형天刑적 '기인'

천형적 기인은 앞서 살펴본 우사와 같은 유형이다. 천형天刑으로 분류하는 이유는 후천적 요인에 의해 형벌을 받아 기인이 되었지만, 이 인물들은 한결같이 자신의 형체가 절름발이가 된 원인을 천부적이라 말하기 때문이다. 당시 사회 질서유지의 준칙이었던 예법을 기준으로 육체에 가해지는 형벌은 일종에 낙인烙印이었다고 한다.

형벌은 정치 안정을 꾀하는 귀족들의 통치 수단으로 행해졌겠지만, 자연성을 훼손하여 정상인과 구별 짓는 잔혹한 계도 방식이었다. 주나라에서 춘추전국시대에 이르기까지 사회질서를 유지하는 실질적인 원리로 시행된 것은 예禮와 형刑이다. 예의 수호를 천명했던 주나라에서 행해지던 육체적 형벌은 죄의 경중에 따라 얼굴에 문신을 새기는 것, 코를

---

26 카를 로젠크란츠 지음, 조경식 옮김, 앞의 책, 38쪽.

자르는 것, 생식기를 자르는 것, 발뒤꿈치를 잘라내는 것, 심지어 사지를 찢어 죽이는 것 등 수많은 형태의 형벌이 이루어졌다고 한다.

하지만 이 두 가지 원리는 모든 사람에게 공평하게 적용되지 않았다. 예법은 통치계급인 귀족들의 행위 규범이었고, 형벌은 민民에게 적용되었던 가혹한 형법이었다. 기본적으로 형벌은 평민을 비롯한 피지배층을 통치하는 수단으로 사용된 것이다.[27] 즉 『장자』에서 형벌을 받아 기인이 된 인물들은 대부분 사회적 약자였다는 것을 알 수 있다.

「덕충부」에는 월형刖刑을 받아 절름발이가 된 기인이 여럿 보인다. 그 예로 왕태王駘와 신도가申徒嘉의 이야기를 살펴보기로 하겠다.

노나라에 발하나가 잘린 왕태라는 자가 있었다. 그를 따라 배우는 자가 중니와 맞먹을 정도였다. 상계가 중니에게 물었다. '왕태는 외발이입니다. 그를 따라 배우는 자가 선생님의 제자와 노나라를 반씩 갈라가질 정도입니다. 서 있어도 가르치지 않고, 앉아 있어도 의논하는 일이 없는데, 빈 마음으로 갔던 자가 가득 얻고 돌아옵니다. 본래 말 없는 가르침이라는 게 있어서 겉으로 드러나지 않아도 마음으로 이루는 게 있는 것이겠지요? …… 그 변화와 함께 변하는 일이 없고, 하늘이 뒤집히고 땅이 꺼져도 또한 함께 떨어지지 않는다. 진리를 잘 깨닫고 있어서 사물과 함께 변하는 일이 없으며, 사물의 변화를 운명으로 알고 그대로 따르면서도 도의 근본을 지키는 것이다.'[28]

---

27 강신주, 『철학의 시대』, 사계절, 2011, 57~58쪽 참조.

28 『莊子』「德充符」: "魯有兀者王駘, 從之遊者, 與仲尼相若. 常季問於仲尼曰. '王駘, 兀者也, 從之遊者, 與夫子中分魯. 立不教, 坐不議, 虛而往, 實而歸. 固有不言之教, 無形而心成者邪? 是何人也?' …… '而不得與之變, 雖天地覆墜, 亦將不與之遺. 審乎無假而不與物遷, 命物之化而守其宗也.'"

신도가는 발나가 잘린 사람인데, 정나라의 자산과 함께 백혼무인을 스승으로 삼고 있었다. 자산이 신도가에게 말했다. '내가 먼저 나가면 자네가 남아 있게. 자네가 먼저 나가면 내가 남아 있을 테니.' 다음날 다시 한집에서 만나 한자리에 앉았다. 자산이 신도가에게 말했다. '내가 먼저 나가면 자네가 남아 있게. 자네가 먼저 나가면 내가 남아 있을 테니. 지금 내가 나가려는데 자네는 남아 있어 주겠나? 못하겠나? 그런데 자네는 대신을 보고도 피하려 하지 않거든. 자네가 대신과 동등하단 말인가? 신도가가 대답했다. '선생님의 문하에 본래 대신이라는 따위가 있었던가. 자네는 대신이라는 직위를 좋아해서 남을 깔보는 모양일세. 이런 말이 있지. 거울이 밝은 것은 먼지가 앉지 않아서이고, 앉으면 흐려진다. 오랫동안 현인과 함께 있으면 잘못함이 없어진다는. 지금 자네가 소중히 여길 것은 선생님일 텐데 아직 그런 소리를 하다니. 잘못이 아니겠는가.'[29]

왕태는 노魯나라 사람이고 신도가는 정鄭나라 사람이라는 기록에 따르면 실제 인물로 보인다. 이 둘은 올자兀者로 묘사된 것을 보면 모두 발뒤꿈치가 잘리는 월형을 받아 절름발이가 된 사람이다. 따라서 후천적 기인이라고 할 수 있다. '말 없는 가르침이라는 게 있어서 겉으로 드러나지 않아도 마음으로 이루는 게 있는 것이겠지요?'라는 제자의 물음에서 '마음으로 이루는 것'은 내면에 자연적 본성인 덕을 잃지 않았음을 가리킨다. 그리고 덕을 지키는 마음의 태도를 '사물의 변화를 명으로 받아들

---

29 『莊子』「德充符」: "申徒嘉, 兀者也, 而與鄭子産同師於伯昏无人. 子産謂申徒嘉曰, '我先出則子止, 子先出則我止.' 其明日, 又與合堂同席而坐. 子産謂申徒嘉曰, '我先出則子止, 子先出則我止. 今我將出, 子可以止乎, 其未邪? 且子見執政而不違, 子齊執政乎?' 申徒嘉曰, '先生之門, 固有執政焉如此哉? 子而悅子之執政而後人者乎?' 聞之曰, '鑑明則塵垢不止, 止則不明也. 久與賢人處則無過. 今子之所取大者, 先生也, 而猶出言若是, 不亦過乎!'"

인다[命物之化]'[30]는 데서 확인할 수 있다.

왕태라는 기인은 형벌을 받아 절름발이가 되었지만, 사물의 변화를 거스르지 않고 천명天命으로 받아들이는 태도에서 천형적天刑的 기인임을 알 수 있다. 신도가의 이야기에서는 외모가 기형이라는 이유로 배척하는 사회적 편견에 대한 비판적 입장을 엿볼 수 있다. 장자가 말하는 '거울의 밝음'은 자연의 입장이고, '거울에 묻은 먼지'는 사회적 편견이며 인위가 개입된 편협한 마음이라는 것이다.

이로써 장자의 '덕'은 자연적 본성으로서 '성性'이며, '명命'은 덕을 잃지 않는 태도를 뜻한다고 하겠다. 덕을 잃지 않는 태도라는 것은 「덕충부」에 가공의 인물로 등장하는 기인 숙산무지叔山無趾가 말하는 "하늘은 모든 것을 덮어주고, 땅은 모든 것을 실어 준다"[31]는 '받아들임[命]'의 태도일 것이다.

이 때문에 장자는 "네 발가락과 육손이는 본성에서 나온 것"[32]이니, 보통 사람과 달리 많고 적음을 가지고 차별하지 말아야 하고, "물오리의 다리가 비록 짧지만 이어주면 슬퍼하고, 학의 다리가 길지만 자르면 슬퍼한다"[33]고 말한다. 따라서 기인의 이야기를 통해 드러내는 장자의 사유는 모두 그의 자연관으로 귀착된다는 결론에 이를 수 있다.

---

30 '命物之化'에 대한 해석에 따라 장자 사상의 이해가 크게 달라질 수 있다. 郭象은 "변화를 명으로 여겨 거스름이 없다[以化爲命 以無乖迕]"라 풀이했고, 林希逸은 "만물의 변화가 모두 나에게서 명령을 받는다[萬物之變化 皆受命於我]"라 풀이했다. 필자는 곽상의 해석을 따랐다. 안병주 · 전호근 역, 『莊子 1』, 전통문화연구회, 2008, 208쪽 참조.

31 『莊子』「德充符」: "夫天無不覆, 地無不載."

32 『莊子』「駢拇」: "駢拇枝指, 出乎性哉!"

33 『莊子』「駢拇」: "是故鳧脛雖短, 續之則憂, 鶴脛雖長, 斷之則悲."

4. 나가는 글

장자의 '기인奇人'과 자연관의 상관성에 초점을 둔 이 논의는 세 가지 맥락에서 접근했다. 하나는 장자의 미추관, 둘은 기인의 유형과 의미 맥락, 그리고 셋은 기인과 장자 사유의 정점으로서 자연과의 연관성을 검토하였다.

세 가지 문맥들은 『장자』 속에 흐트러져 있는 듯 보이지만, 이야기들은 일련의 의미 관계를 갖는 것으로 읽히고, 궁극적으로는 '자연自然'이라는 주제에 통합된다. 장자의 기인에 얽혀 있는 문맥들을 정리하면, 우선 미추 인식의 문제로 접근한 장자의 '기인'은 '무용지용無用之用'으로 '안명安命'을 지키는 인물이라 하겠다.

'안명'의 척도는 자연이 부여한 천명으로서의 '자연적 본성'을 회복하는 것이다. 『장자』에서 '자연적 본성'은 사람의 마음에 내재한 '덕德'과 의미 맥락이 일치한다는 점에서 기인의 은유는 마음에 덕을 잃지 않는 인물로 표상된다. 따라서 장자의 기인은 곧 자연으로 귀결된다고 할 수 있다.

『장자』에서 기인은 모두 현실적 '쓸모없음의 쓸모'로 자연이 부여한 천명天命을 지켜나가는 인물이라는 내재 의미를 지니는 은유 대상인 것이다. 결과적으로 기인을 통해 확인할 수 있는 장자의 사유는 자연으로 귀결되고 있으며, 미와 추를 구별하는 고착된 인식은 자연을 인간화한 결과라 말할 수 있을 것이다. 반면에 장자는 인간의 실존 문제와 이 세계의 존재 방식을 자연에서 찾으려 한다는 점에서 현대 미학에서 추 이념이 나름의 위상을 점유하게 된 문화 현상과 더불어 주목하게 된다.

현대 미학은 현상적 자연에 주목하면서 인간의 실존 문제를 탐색하려 하기 때문이다. 더불어 미와 추의 관계를 설명하는 수사적 방법론으로 등장시키는 자연성의 메타포로서의 기인은 현대 미학에서 추 이념의 위상이 변화된 현상을 이해하는 실마리를 제공한다는 것이다.

그 이유는 현대 미학에서 기존의 미 이념은 추의 상대적인 감성일 뿐이라는 심미 의식의 변화, 그리고 다양화를 추구하는 현대 미학은 객관적 미 기준보다는 개인의 특수한 심미 의식에 가치를 둔다는 것, 그리고 감각에 치우친 심미 의식으로서의 미 이념을 목표로 삼지 않기 때문이다. 무엇보다도 기존의 미 이념만을 가지고는 인간의 실존적 사태와 이 세계와 자연의 본질을 설명할 수 없다는 세계 이해 방식이 달라짐에서 찾을 수 있을 것이다.

추가 미에 대립하는 부정적 감성을 불러일으키는 감각 대상으로 여겨지며, 근대 심미관에서 배제되었던 역사는 동서양이 고르게 감각 대상으로서의 자연을 인간화시킨 결과라고 할 수 있다. 덧붙이면 인간 이성이 자연 해석의 주체였다는 것이다. 이후로 진행된 미 중심의 심미 인식의 고착화는 인간 감성의 한쪽 측면을 향한 관념화로 이어지면서, 미적 감성만이 감각 요소의 주요 범주로서 부동의 위치를 점하게 된 것이다.

서구의 현대 미학이 탈근대적 사조와 맞물려 규정적 미 이념을 해체하는 방향으로 선회하면서 추 이념이 나름의 위치를 점하게 되었지만, 동양의 미학은 의미와 본질에 천착했던 과거로 인해 인간의 감성 영역으로서의 미에 관한 논의는 주목받지 못했다. 그럼에도 불구하고 실제로 동양에서 전통 회화의 주제로 즐겨 그려진 자연물 가운데 괴석怪石과 기목奇木들이 주를 이룬다는 특징은 미추 인식의 관점에서 볼 때 매우 역설적인 현상으로 보인다.

한편으로 장자의 '무용지용'을 표상하는 이미지들로도 볼 수 있겠지만, 동양 회화에서 확인되는 이러한 특징은 직접적인 추의 이념을 표상하는 방식이라기보다는 자연성과 실존적 삶의 관계를 친화적으로 승화시킨 결과라 할 것이다.

그 표상 방식에는 오히려 미 이념의 직접적인 표현보다는 코믹한 것을 만들어내는 예술가는 추를 전혀 피해 갈 수 없다는 로젠크란츠의 말처럼, 기존의 미의식에 대한 풍자와 해학적 접근 방식이라는 맥락에서 장자의 기인 은유와 닮아 있는 것이라 하겠다.

기이한 정상: 유교가치 실현을 위한 제언

전성건(안동대학교)

1. 서론

공자는 정명正名을 통해 인류의 문제를 해결하려고 하였다.[1] 그의 후예인 맹자는 오륜을 대표로 하는 인륜을 통해서만이 금수로 떨어지는 인간을 구원할 수 있다고 믿는다.[2] 순자는 인간을 생래적으로 쟁탈, 잔적, 음란으로 귀결되는 존재로 규정하고, 이를 극복하기 위해서 필요한 것이 사법과 예의라고 말한다.[3]

---

1 『論語』「子路」: "子路曰, 衛君待子而爲政, 子將奚先? 子曰, 必也正名乎! 子路曰, 有是哉, 子之迂也! 奚其正? 子曰, 野哉, 由也! 君子於其所不知, 蓋闕如也. 名不正, 則言不順, 言不順, 則事不成, 事不成, 則禮樂不興, 禮樂不興, 則刑罰不中, 刑罰不中, 則民無所錯手足. 故君子名之必可言也, 言之必可行也. 君子於其言, 無所苟而已矣."

2 『孟子』「滕文公上」: "后稷敎民稼穡, 樹藝五穀, 五穀熟而民人育. 人之有道也, 飽食 煖衣 逸居而無敎, 則近於禽獸. 聖人有憂之, 使契爲司徒, 敎以人倫, ——父子有親, 君臣有義, 夫婦有別, 長幼有序, 朋友有信."

3 『荀子』「性惡」: "人之性惡, 其善者僞也. 今人之性, 生而有好利焉, 順是, 故爭奪生而辭讓亡焉, 生而有疾惡焉, 順是, 故殘賊生而忠信亡焉, 生而有耳目之欲, 有好聲色焉, 順是, 故淫

모두 정의되지 않은 인仁을 이루기 위한 방법이라고 할 수 있다. 유학의 최종심급 이념이 바로 인이다. 그러나 인이라는 개념은 시간과 공간의 제약을 받는다. 정이程頤는 인을 생의生意로 정의했고,[4] 주희는 천리天理로 정의했으며,[5] 왕양명은 본심으로서의 양지良知로 정의했고,[6] 정약용은 교제交際를 통한 (충忠)서恕로 정의했다.[7] 이러한 개념 내용의 변경은 동아시아 자체—그 자체라는 말도 어폐가 있지만—의 문맥에서만 나타나는 것이 아니다.

서양의 학문과 일상이 유학에 변용을 가져왔다. 자연과 자유, 이성과 감성, 자율과 타율 등의 개념이 동양을 변화시켰다. 군자와 소인은 자율적 인간과 타율적 인간으로, 성과 정은 이성과 감성으로, 만물과 주재主宰는 자연과 자유로 번역되었다.

번역은 그것으로 끝나는 것이 아니다. 번역은 문화의 전파傳播이고 이식移植이다. 유학의 인仁은 아가페로 이해되고 다시 사랑으로 정의된다. 정상正常은 '변동이나 탈이 없이 제대로인 상태'를 의미한다. 그것이 가능한가? 기이奇異하다. 우리가 정상이라고 생각하는 것은 데카르트가 천명한 것처럼 판명判明한 것이 아니다.

오늘 이 자리에서 언급하고자 하는 것은 '정상'으로서의 '유학', 특히

亂生而禮義文理亡焉. 然則從人之性, 順人之情, 必出於爭奪, 合於犯分亂理而歸於暴. 故必將有師法之化・禮義之道, 然後出於辭讓, 合於文理而歸於治."

4 『二程遺書』「明道先生語一」: "天地之大德曰生, 天地絪縕, 萬物化醇, 生之爲性, 萬物之生意最可觀, 此元者, 善之長也, 斯所謂仁也, 人與天地一物也, 而人特自小之, 何哉!"

5 『朱子語類』 권3, 「性理三」: "趙致道云, 李先生云, 仁是天理之統體. 先生曰, 是."

6 『大學問』: "良知者, 孟子所謂是非之心, 人皆有之者也. 是非之心, 不待慮而知, 不待學而能, 是故謂之良知, 是乃天命之性, 吾心之本體, 自然靈昭明覺者也, 凡意念之發, 吾心之良知無有不自知者. 其善歟, 惟吾心之良知自知之, 其不善歟, 亦惟吾心之良知自知之."

7 『心經密驗』周子學聖說: "今人欲成聖而不能者, 厥有三端, 一認天爲理, 二認仁爲生物之理, 三認庸爲平常. 若愼獨以事天, 强恕以求仁, 又能恒久而不息, 斯聖人矣."

조선 유학과 그 정학正學에 대한 논의이다. 조선 유학은 지금까지도 한국의 유교문화전통으로서의 한 축을 담당하고 있다.

인의예지仁義禮智나 효제충신孝弟忠信을 기반으로 한 조선 유학의 인문적 가치뿐만 아니라, 서당·서원·향교·사당·종묘 등 문화적 가치의 소종래所從來가 된다. 반면 정학은 성리학·양명학·고증학·서학 등의 학문적 차이나 각각의 학문 안에서 분파되는 학파 혹은 학맥 등의 차이에 따라 다르게 규정된다. 그리고 어떤 쪽이 정학으로 기정사실화되면 다른 쪽은 이른바 이단異端이 된다.

이 글의 구성은 다음과 같다.

2장에서는 정상화의 역사화 과정을 다루었다. 정학正學의 역사화가 중심이다. 중국의 문화전통에서 출발한 정학에 대한 이론은 양주와 묵적을 비판한 맹자가 대표적이다.[8] 공자의 도를 친자親炙하지 못한 맹자는 공자를 사숙私淑했다고 하면서 전국시대를 사상적으로 정리하기 위한 노고勞苦를 아끼지 않는다.[9]

여차저차해서 이러한 맹자의 노고는 조선으로 발걸음을 옮긴다. 주희라는 거인巨人의 저술에 의지하여! 조선에서 서학西學, 즉 이른바 천학天學은 정학을 수호하기 위해 홀대를 당하는 사마외도邪魔外道로 규정된다. 정학의 정상을 위해 이단의 기이奇異가 된 것이다.

3장에서는 정반합의 논리적 모순을 다루었다. 조선은 성리학의 나라이다. 불교, 양명학, 천주학은 설 자리가 없다. 이단으로 규정되었기 때문이다. 정반합의 과정으로 설명할 수 없는 논리이다. 성리학 대 불교는

---

8 『孟子』「滕文公下」: "聖王不作, 諸侯放恣, 處士橫議, 楊朱·墨翟之言盈天下. 天下之言不歸楊, 則歸墨."

9 『孟子』「離婁下」: "君子之澤五世而斬, 小人之澤五世而斬, 予未得爲孔子徒也, 予私淑諸人也."

그래도 괜찮다. 성리학 대 천주교도 괜찮다.

성리학 안에서의 이단 규정은 괜찮은가? 서로를 이단으로 규정하는 성리학 안에서 성리학자들의 생각은 모순이다. 학파적學派的 맥락도 사승적師承的 맥락도 있지 않느냐고 반문反問할 수 있다. 그래도 희한稀罕하다. 희한하니 기이하다. 기이하니 모순이다.

4장에서는 수사학의 미래적 선택을 다루었다. 4차 혁명시대라고 하는 거창한 플래카드를 준비했다. 유학은 지나간 유물遺物이다. 인정하고 생각하자. 넓은 의미에서 유학은 과거를 연구하고 있는 이들에게만 필요한 것이다. 몇 명 되지 않는 이들이 향유享有하고 있는 지나간 유물이다.

이들에게는 현재적이지만, 대한민국 시민들에게 보편적인 것은 아니다. 그래서 유물이다. 그래도 찾자면 문화콘텐츠 영역에서 유학이 발견된다. 문화산업에서 주로 호출된다. 인정하자. 유학은 콘텐츠를 위해 다양한 문화자원을 찾아주는 데에 우선 노력해야 한다. 그러면 유학의 인문 가치를 발견할 수 있을 것이다. 현실에 충실한 인문 가치를 말이다. 대학에서 갇혀 있지 말고 대학 밖으로 나가야 한다.

2. 정상화의 역사화 과정

정통과 이단의 갈등은 역사 이래로 전개되어온 것이다. 지금도 이러한 갈등이 지속되는 것이 현실이다. 어느 한 쪽이 정통이 되면 다른 한 쪽은 이단이 된다. 대화나 타협도 불가능하니, 일방의 승리와 다른 쪽의 패배만 있게 된다.

정통은 선이 되고 이단은 악이 된다. 정통은 옳고 이단은 옳지 않다는 가치판단이 전제되어서이다. 정통과 이단의 갈등은 근본적으로 독선과 아집에서 비롯되는 것인지도 모른다.

동아시아 유교전통에서 볼 때, 벽이단에 대한 논의는 맹자가 양주楊朱와 묵적墨翟을 비판한 것에서 시작되었다고 해도 과언이 아니다.[10] 그리고 이러한 시각은 조선에서도 유효하였다.

조선 전기 벽이단闢異端에 대한 논의는 주로 불교에 관한 것이었지만, 조선 중기에는 양명학에 관한 것이었고, 다시 조선 후기에는 천주학이라고 일반화할 수 있다. 조선 전기는 조선의 개국과 함께 유학의 기치를 통해 국가를 설계해야 하는 시대였다. 기왕의 불교적 흔적을 지워야했던 것이다.

조선 중기에 이르러야 '오늘날 생각하는 성리학'이 정립되었다고 할 수 있다. 그런데 그 당시 양명학이 유행하게 된다. 불편한 존재일 수밖에 없었던 것이다. 벽이단의 논리가 작동되었던 것이다. 이제야 성리학이 자리 잡게 되었는데!

조선 후기에는 고증학에 편승하여 천주학이 전래된다. 세계의 지축이 흔들리는 시대, 외래의 학문 사조는 기이한 것이지만, 역시 불편할 수밖에 없다. 일상의 변화가 불편하고, 고정된 생각의 변화를 요구하기 때문이다.

이 가운데 천주학에 대해 생각해보자. 조선 유학에서 서학에 대한 수용은 대체로 성호星湖 이익李瀷을 종장으로 하는 성호학파에 의해서 진행되었다. 그리고 그 특징은 첫째 서양의 과학기술과 천주교를 분리한 것, 둘째 서양 과학기술의 학문적 우수성과 실용성을 긍정한 것, 셋째 천주교를 비롯한 이단의 학설을 선별적으로 수용한 것 등이다.

선별적으로 수용한 것이란 성호학파의 개방성을 보여주는 것으로, 성

---

10 『孟子』「滕文公下」: "楊氏爲我, 是無君也; 墨氏兼愛, 是無父也. 無父無君, 是禽獸也."

호가 "구라파의 천주학은 내가 믿는 것은 아니지만, 하늘과 땅에 대해 담론한 것은 궁극에 이르기까지 깊이 있게 연구하여 역량을 포괄하고 있으니, 이전에는 없었던 것이다."[11]라고 말한 것을 통해 확인할 수 있다.

그러나 성호 사후 노론老論 중심의 정국政局에서 성리학을 제외한 학문에 몰두하는 것이 녹록치 않게 되었다. 그러므로 성호의 제자들은 천학—조선의 학자들은 서학을 천학으로 지칭했음—을 비판하는 데에로 나아간다.

하빈河濱 신후담愼後聃의 「기문편紀問編」과 「서학변西學辨」,[12] 순암順菴 안정복安鼎福의 「천학고天學考」와 「천학문답天學問答」,[13] 무명자無名子 윤기尹愭의 「벽이단설闢異端說」 등이 대표적이다.[14] 그리고 이후 1785년 을사추조적발사건乙巳秋曹摘發事件[15]에서 1801년 이른바 신유교난辛酉敎

---

11 『星湖全集』권26, 「答安百順 丁丑」: "歐羅巴天主之說, 非吾所信. 其談天說地, 究極到底, 力量包括, 蓋未始有也."

12 愼後聃(1702~1761)은 호가 河濱・遯窩・金華子이며 본관이 居昌이다. 1723년 사마시에 합격하여 진사가 되었으나 과거를 포기하고 오로지 성리학의 연구에만 전념하였다. 1724년에 처음 성호를 찾아뵙고 그 뒤로 변함없이 스승으로 모셨다. 성호를 통해 천주학을 접하고 23세에 『西學辨』을 지어 천주학을 비판하였다.

13 『天學考』와 『天學問答』은 당시 젊은 人士들, 특히 남인계 젊은 학자들이 천주교에 매료되어 그쪽으로 쏠리는 것을 크게 우려하여 그들을 깨우치려고 지은 것이다. 『천학고』는 천주교가 새로운 것이 아니고 중국 당나라 때부터 알려진 大秦의 景敎가 그 원류라고 밝히고 그것이 별로 대단하지 않다는 것을 보여 주는 것이다. 『천학문답』은 천주교의 교리를 문답식으로 설명하고 분석한 것인바, 당시 순암으로서 최신 지식을 동원하여 천주교를 여러 모로 비판한 것이다.

14 윤기의 대표적인 천학 비판 저술은 『闢異端說』과 『又記答人之語』가 있다. 이 글들은 1785년에 발생한 西學의 獄事를 목도하면서 쓴 글이다. 당시 정통 유가의 입장에서 본 천주학에 대한 인식, 천주학의 종지 및 사대부 자제들의 천주학 연구 경향에 대한 저자의 태도를 읽을 수 있다.

15 초기 천주교도들이 明禮洞에 있는 金範禹의 집에서 집회를 갖다가 형조의 관원에게 적발된 사건을 말한다.

難[16]으로 이어지는 천주학 사건들은 근기남인近畿南人은 물론 영남남인들에게도 정치적이고 학문적인 부담으로 작용하게 된다.

여기에서 주목되는 것은 순암 안정복의 「천학문답」이다. 이 저술은 근기 남인과 영남 남인의 벽이단론을 연결하고 또 분리하는 역할을 한 매개적 저술이라고 할 수 있다.[17] 순암의 이 저술은 근기 남인들이 천주교에 물들지 않기를 바라며 경고하고 훈계하기 위해 지은 것이다.

그리고 이 저술이 이후 손재損齋 남한조南漢朝(1744~1809)를 비롯한 영남 남인에게 전해지게 된다. 손재는 순암의 저술에 대한 비판적인 글을 쓰는데, 그것이 바로 「안순암천학혹문변의安順菴天學或問辨疑」[18]이다.

손재는 순암의 스승인 성호의 천주학에 대한 개방적인 태도를 비판할 뿐만 아니라 「이성호【익】『천주실의』발」변의[19], 순암의 서양과학에 대한 긍정까지도 비판한다. '서양의 과학기술이 비록 정교하지만, 일본이나 안남의 기술에 불과하니, 어찌 외람되이 성신聖神의 이름을 붙여 현란한

---

16 영조의 계비였던 정순왕후는 할아버지 영조에 의해 아버지 사도세자가 억울한 죽음을 당했다는 정조의 입장을 지지해 온 남인 시파를 제거하려고 하였다. 남인 시파의 대부분이 천주교에 동조하는 입장이었기 때문에 정순왕후 김씨는 신유년 1월 천주교에 대한 공식 박해를 통해 이들을 모두 제거하려고 하였다.

17 김선희, 「19세기 영남 남인의 서학 비판과 지식 권력: 류건휴의 『이학집변』을 중심으로」, 『한국사상사학』 51, 2015, 466쪽.

18 『損齋集』 권12, 「安順庵天學或問辨疑」: "嘗觀朱子或問義例, 蓋爲發揮章句集註未盡之蘊, 而設爲問難, 以盡其精微之義, 豈有將關邪魔外道而設爲或問, 有若容或有一段事, 可與上下其論哉? 今此西學, 乃邪魔外道之尤者, 辭而闢之, 猶恐其不嚴. 今以或問名篇, 似有拖泥帶水之意, 改之如何?"

19 『損齋集』 권12, 「李星湖【瀷】『天主實義』跋」辨疑: "學絶道喪, 異說蜂起. 幸有大人先生, 崇正論以救之, 猶懼其難遏. 況立言一差, 流波濫觴? 尙奇好異之倫, 尤樂其便已, 鼓一世而從之. 其勢滔天, 不決不止, 吁可畏矣. 大抵近世之學, 其弊有二. 學以自得爲貴, 道必以博取爲務. 學要自得, 故不遵先儒成說, 而硬鑿安排, 向別處走. 道務博取, 故擇不精語不詳, 指鐵爲金, 認賊爲子, 而不覺其駸駸然入於其中. 朱子所謂或恐往遺之禽而反爲吾道之話者, 不幸而近之矣. 於乎可勝歎哉!"

기술을 도울 수 있느냐?'는 것이 그것이다.[20] 서양의 천주학에 대해서는 부정하면서 과학기술에 대해서는 긍정하던 것이 이제는 서양의 학술 전체를 부정하는 데에로 나아간 것이다.

1839년 반포된 『척사윤음斥邪綸音』[21]에서는 천학을 이단異端을 넘어서는 외도外道로 규정하고 있다. 유학에서 말하고 있는 인륜에 대한 생각과 조그만 차이가 있어도 이단이라고 했는데, 천학은 이뿐만 아니라, 정도正道를 벗어난 매우 기이奇異한 것이라서 외도라고 규정할 수밖에 없다는 것이다.

그리고 그 처벌은 극형으로서의 사형死刑이었던 것이다. 요컨대, 외도는 이단 중에서도 교화의 영역을 넘어서는, 그래서 사형의 집행 대상으로서 전락한 사교邪教, 즉 사마외도邪魔外道에 대한 호칭이 되었던 것이다. 이상에서 살펴본 것처럼, 서학에 대한 이단사설 그리고 사마외도라는 평가는 이른바 '정학'을 정상화해 가는 역사화의 과정을 잘 보여준다.

---

20 『損齋集』 권12, 「安順庵天學或問辨疑」: "彼之所以夸耀愚俗, 愚俗之所以眩惑彼學. 大抵以知解絶人, 技藝精巧之類耳. 竊意其識解通慧, 往往有驚人處, 如今道佛者流, 亦多靈異事, 而益之以傅會夸誕之言耳. 其技藝之精巧, 則又以靈慧之識, 加專一之業而致之【如今日本, 安南之工技術巧, 非我國所及】則亦無怪其精巧也. 然則知解雖異, 而不過道佛之類而已. 技藝雖精, 而不過日本, 安南之工技而已. 烏可以是而猥加神聖之名, 反助其眩耀之術乎?"

21 『척사윤음』의 내용은 크게 세 부분으로 나눌 수 있다. 첫째, 윤음 반포의 배경과 취지를 밝히고 있다. 정학으로서의 성리학의 연원과 사람의 성품이 인의예지의 사단과 친의별서신의 오륜에 있음을 밝혔다. 둘째, 천주교의 논리를 조목조목 반박하는 것이다. 천주교에서 말하는 敬天과 尊天은 실제로는 하늘을 업신여기고 더럽히는 것이다. 하늘은 無聲無臭하고 사람은 有軀有殼하여 절대로 서로 혼동될 수 없다. 그런데 천주교에서는 예수가 하늘에서 내려와 사람이 되고 죽은 뒤 다시 부활해 하늘에 올랐다 하니, 이는 허무맹랑한 것이다. 셋째, 천주교도들도 이 나라의 백성이요 임금의 백성이니, 이들에게 개전을 회유한다고 하고 있다.

3. 정반합의 논리적 모순

『경서석의經書釋義』를 저술함으로써 서로 다른 여러 학설이 바르게 되었고,
『계몽전의啓蒙傳疑』를 저술함으로써 여러 학파의 이합집산이 비로소 일정해
졌고, 『이학통록理學通錄』을 저술함으로써 학술이 통일되었고, 『주자서절요
朱子書節要』를 저술함으로써 성학에 발단이 있게 되었고, 『천명도설天命圖
說』을 개정함으로써 이기理氣가 만물을 낳는 이치, 고요할 때의 존양 공부와
움직일 때의 성찰 공부가 남김없이 다 갖추어졌습니다. 이것들은 모두 성현
의 은미한 뜻을 밝히고 후학의 마음의 눈을 여는 것이었습니다. 도학의 전승
이 잘못될까 깊이 우려하여 사이비似而非를 극력 배척, 진헌장陳獻章이 선
禪으로 흐른 것과 왕수인王守仁이 괴벽한 데로 치우친 것을 통렬히 논박하여
발본색원하지 않은 것이 없으니, 사설邪說을 누르고 정학正學을 뿌리내리게
한 공은 실로 우리 동방의 주자입니다.[『선조실록』]

퇴계 이황의 저술을 통해 다양한 학설이 바르게 되었고 여러 학파의
이합집산이 해결되었으며, 학술이 통일되었고 성학에 근간이 세워졌으
며, 미발공부와 이발공부가 모두 갖추어졌다는 평가이다.

진헌장과 왕수인을 발본색원拔本塞源한 것은 도학道學의 전승을 위한
것이었고 사설邪說을 누르고 '정학正學'을 뿌리내리게 한 것이었다는 평
가이다. 퇴계의 당대의 학문 풍토는 화담花潭 서경덕의 기론氣論, 정암
整庵 나흠순의 이기일물설理氣一物說, 상산象山 육구연陸九淵과 양명陽明
왕수인의 심학心學 등이 유행하던 시기였다.

화담의 기론은 그의 제자인 연방蓮坊 이구李球나 사암思菴 박순朴淳
등에게 영향력을 행사하였고, 정암의 『곤지기困知記』는 일재一齋 이항李
恒, 율곡 이이, 여헌旅軒 장현광張顯光, 소재蘇齋 노수신 등에게서도 그

흔적을 볼 수 있다.

퇴계가 존경하던 모재慕齋 김안국金安國이 『상산집象山集』의 간행을 건의했던 것을 미루어보면, 당대 학술계의 풍토는 그나마 유연한 때였다고 할 수 있다. 그러나 퇴계는 이들의 학설을 비판하여 조선 성리학을 도통을 수수授受할 수 있는 정통正統으로서의 '정학'으로 정립한다.

그러나 한 세기 뒤인 남당南唐 한원진은 도통의 계보를 퇴계에게서 율곡으로 전환시키고 그의 학문을 정학으로 자리매김한다. (요 → 순 → 우 → 탕 → 문 → 무 → 주공 → 공자 → 맹자 → 주자 →)율곡 이이 → 사계 김장생 → 신독재 김집 → 우암 송시열 → 수암 권상하, 그리고 자신으로 이어지는 도통과 정학의 계보를 작성한 것이다. 그리고 이는 '이통기국理通氣局'과 '이기지묘理氣之妙'의 명제를 제시하여 퇴계 등이 주장하는 호발설互發說을 저지했다는 것으로 단안을 내린다.[22]

불교가 상산학이 되고 상산학이 양명학이 되었다. 그들은 모두 일관되게 심을 종지로 삼으며 그 지선의 묘용을 얻는다고 하나, 사실 그 기질의 거친 자취를 좇는 것일 뿐이다. …… 양명의 제자들은 길거리를 메운 사람들을 보고 모두 성인이라 하니, 또한 단지 그 영각의 작용을 보고 그럴 따름이다. … 심을 순선이라 하고 심과 기품을 둘로 나누는 논리는 예전에 없었던 것인데, 이간李柬이 주장하였다. 지금은 그의 설이 널리 퍼져서 누구나 동의하며 서로

---

22 『南塘集』 권34, 「寒水齋權先生行狀」: "於是栗谷先生出, 一掃諸家之說而斷之曰, 無形無爲而爲有形有爲之主者理也. 有形有爲而爲無形無爲之器者氣也. 理無形而氣有形, 故理通而氣局, 氣有爲而理無爲, 故氣發而理乘. 又曰, 發之者氣也, 所以發者理也. 非氣不能發, 非理無所發, 無先後無離合. 斯言一出, 而二歧之論可廢, 而道體之全, 可復尋矣. …… 蓋明天理主宰之妙, 則其言易涉於作用, 明道器無間之妙, 則其言或略於主宰. 若先生之論, 則理氣無間之中, 理不失爲主宰, 欲知先生造詣之極者, 求之於此可矣. 蓋朱子歿而吾道東矣. 其任傳道之責者, 惟栗谷, 尤菴二先生爲最著."

모여 강학한다는 것이 선회禪會를 하는 것이라 하니 매우 걱정스런 일이다.[23]

남당의 비판은 불교, 상산학, 양명학의 관련성으로 시작한다. 모두 마음을 종지로 삼고 있고, 그 속에서 지선至善의 묘용을 얻는다고 말하지만, 그것은 기질의 거친 자취를 좇는 것일 뿐, 주자학의 핵심을 벗어나고 말았다는 말이다. 마음을 순선하다고 하면서 기품은 그렇지 않다고 하는 것은 마음을 둘로 구분하는 것으로 '선禪적인 요소'가 충분하다는 것이다.

외암巍巖 이간李柬은 남당과 함께 한수재寒水齋 권상하權尙夏의 동학임에도 이른바 '호락논쟁'으로 인해 비판의 대상이 되었다. 남당에게 정학과 이단의 구분은 명확하다. "이理를 주主로 하는 것은 정학이고, 기氣를 주로 하는 것은 이단異端이니, 정학과 이단을 가리는 것은 단지 이와 기에 달려 있다."[24]

조선 사회의 이념적 토대이자 사회 운영 및 규범 원리로 작동했던 유학 이념은 1876년 개항을 기점으로 이전과는 전혀 다른 위기 상황과 마주해야 했고, 이후 중앙 정부의 주도하에 추진된 일련의 개혁 정책과 일본 제국주의 침략 및 이에 따른 국권 침탈이라는 시대 상황 하에서 새로운 인식과 대응을 모색하게 된다.

---

23 『南塘集』권29, 「心純善辨證【示權亨叔○癸亥】」: "自釋氏而爲陸氏, 自陸氏而爲王氏. 其以心爲宗, 一串貫來, 自謂得其至善之妙用, 而實則循其氣質之粗跡耳. 故釋氏之顚倒妙用, 應緣無礙, 陸氏之徒, 今日悟道, 明日醉酒罵人, 此皆爲靈覺之所使, 而王氏之門, 見其滿街奔走, 都是聖人, 亦只是見其靈覺之用耳. 論心論性而與同於彼者, 其得失可見矣. 盖以心爲純善, 以心與氣稟爲二者, 前未有此論, 李公擧發之, 今聞其說大行, 無人不同, 相聚講學, 只作禪會, 深可憂懼."

24 『南塘集』권6, 「經筵說【下】」: "主於理者爲正學, 主於氣者爲異端. 正學異端之辨, 只在於理與氣而已矣."

위정척사론衛正斥邪論[25]이 바로 그것이다. 역사적 위기 의식을 바탕으로 유교 이념을 강화하고자 했던 유학 지식인들이 주도했던 논의였던 것이다. 요컨대 "숭정학崇正學, 척이단斥異端"[26]의 논리이다.

정학과 이단이 서로 성장하고 쇠퇴하는데, 그 원인은 진실로 사람들의 마음에 달려 있는 것이다. 천리天理와 인욕人欲이 서로 소멸하고 자라는데, 그 흐름은 진실로 천운天運이 음양과 선악에 관계하는 것이다. 세도世道의 승강昇降과 치란은 천하 만물이 동일한 것이다. 그러므로 어지러운 세상을 구제하는 것은 벽이단 보다 급선무는 없다. 벽이단은 정학을 밝히는 것보다 급선무는 없다. 정학을 밝히는 것은 단지 마음에 달려 있는 것이니, 천리와 인욕을 변별하는 것일 뿐이다.[27]

유학자들은 정학과 이단을 천리와 인욕을 변별하는 마음의 문제로 보고 있다. 세상만사를 마음의 문제로 보는 것은 유학뿐만 아니라, 다른 여타의 종교 또한 그렇다. 불교가 심학心學으로 지칭되는 것도 그렇고,

---

25 『梅山集』권42, 「蘆山趙公墓誌銘【幷序】」: "甲申領議政南公公轍回啓曰, 趙某傳習師訓, 居敬窮理, 工夫刻苦, 固窮安貧, 操行修潔. 雖其求道自晦, 而衛正斥邪之功, 遠近歸嚮."; 『省齋集』권11, 「答趙致正【廷夏○辛卯四月三日】」: "時義云云. 天地閉賢人隱, 是今日時義, 而於其中須扶植陽道, 以爲來復之根, 方始是爲天地立心, 洋倭邪敎大熾, 何以則斥邪保正乎? 先就吾一心上, 剖判人獸之別, 乃是衛正斥邪之本."

26 『梅山集』권25, 「答金平黙【丁未臘月】」: "崇正學爲闢異端之本. 比如元氣充壯, 則外邪不能侵, 吾輩所交勉, 惟有此義而已. 直內方外, 如內修外攘, 更爲賢者誦之."; 『梅山集』권16, 「答金敎官【聲大○甲申臘月】」: "凡所以斥異端者, 卽其似是處, 尤宜痛闢, 爲慮其彌近理而大亂眞矣. 此聖賢憂患世敎之苦衷也, 推斯義也, 致一吾宗者, 當守之以城郭甲兵, 俾不敢乘虛猖獗. 曷可援吾說之相近, 立彼敵之證案哉?"

27 『華西雅言』권12, 「異端」: "正學異端互相盛衰, 其源實由人之一心. 天理人欲, 互相消長, 其流實關天運之陰陽淑慝. 世道之升降治亂, 天下之物, 只是一而已, 故救亂世, 莫先於闢異端. 闢異端, 莫急於明正學. 明正學只在一心辨別天理與人欲而已."

양명학이 심학이라고 불리는 것도 그렇고, 주자학자인 퇴계학이 심학으로 명명되는 것도 그렇다.

그런데도 마음에 대한 서로 다른 이해 때문에 자신의 학문은 정학이 되고, 그 외의 학문은 이단이 된다. 이러한 학문의 정학과 이단의 변별이 극도에 달했던 것이 조선 후기 사회이다.

조선 후기 정치사를 지배했던 기호 계열의 학파들이 바로 대표적이다. 화서학파華西學派,[28] 노사학파蘆沙學派,[29] 간재학파艮齋學派,[30] 연재학파淵齋學派[31]들은 학파의 종장이 제시한 주요 성리학적 입장을 고수하는 한편, 자신들의 학문적 입장과 구분되는 다른 학파의 학설을 두고 비판과 재비판을 주고받는다.[32] 이들은 자신의 거주지를 중심으로 강학활동을 통해 서로 다른 입장에서 정학을 숭앙하고 이단을 배척하는 태도를 동일하게 보인다.

지금까지 정상正常을 지키기 위한 정학의 논리를 살펴보았다. 정학은 기이奇異하다. 유학이 유학을 정학으로 생각하여 그 이외의 것들을 이단으로 규정하고 있는 것은 그렇다고 치자. 유학 안에서, 다시 유학의 한 부분을 차지하는 성리학 안에서의 정학과 이단의 구별은 정반합正反合의 논리로 설명될 수 있는 것일까?

---

28 유성선, 「화서학파 위정척사론의 의리정신 일고찰」, 『화서학논총』 7, 2016 참조.

29 박학래, 「노사학 연구의 현황과 과제: 한국 철학계의 연구를 중심으로」, 『동양고전연구』 70, 2018 참조.

30 박학래, 「간재학파의 학통과 사상적 특징: 학문연원, 교유 및 문인 분포를 중심으로」, 『유교사상문화연구』 28, 2007 참조.

31 신태영, 「연호 이주환과 연재학파의 의리정신」, 『동방한문학』 79, 2019 참조.

32 김근호, 「한주학파의 심즉리설 비판에 대한 재비판적 논구: 이승희·허유·곽종석·김황 등을 중심으로」, 『유교사상문화연구』 43, 2011; 양조한, 「간재학파와 연재학파의 사상동이와 특징」, 『간재학논총』 11, 2010; 장숙필, 「간재와 화서학파의 심설논쟁의 핵심 쟁점과 그 의미」, 『율곡학연구』 27, 2013 등 참조.

이理를 우선으로 하고 기를 차후로 생각하는 성리학 안에서의 정학과 이단의 구별은 정반합의 논리를 모순으로 만들기에 충분하다. 이처럼 정상은 기이하다. 그럼에도 불구하고 그들은 각자의 향촌 사회 내에서 자신들만의 유학적 전통을 '보존'하고 '계승'하는 역할을 한다.

4. 수사학의 미래적 선택

유학의 가치를 보존하고 계승하는 것은 그들만이 전유하는 것은 아니다. 한국과 중국은 한중 정상이 만나 2014년부터 '한중유교문화교류'를 진행하고 있다. 중국은 국가적으로 유학을 세계를 아우르는 보편적 가치로 내세우고 있고 전략적으로 관광산업과 연계시키고 있다.

한국은 그와는 결을 달리하여 '21세기 가치포럼'을 중심으로 한국정신문화재단 등에서 유학의 가치를 전면에 내세우고 있다. 지방자치단체는 각기 출신 지역의 명사名士들을 발굴하여 문화산업을 확장시키고 있다. 그 가운데 유학자들이 상당수 차지하고 있는 것이 사실이다.

오늘날을 우리는 제4차 산업혁명시대라고 한다. 이전에도 경험한 것이다. 18세기 증기기관(Steam engine)의 등장으로 개신된 제1차 산업혁명은 농경사회를 공업과 상업의 사회로 이행시켰고, 그 결과 자유민인 시민계층이 형성되기 시작하였다.

이른바 "근대"라는 녀석이 등장한 것이다. 19세기 전기에너지(Electric energy) 활용이 계기가 된 제2차 산업혁명은 석유, 자동차, 전화, 기계 산업을 일으켰고, 그 결과 탄생한 대량생산 산업구조는 산업국가의 경제적 부를 현저하게 증대시켰다.

20세기는 정보통신기술의 발달, 즉 반도체와 디지털이 개발되어

제3차 산업혁명을 일으켰다. 대표적 사례가 바로 인공지능(Artificial Intelligence)이다. 제4차 산업혁명은 제3차 산업혁명의 연장선상에 있다고 볼 수 있지만, 예상되는 생체조직프린팅(Bio printing), 자가 변형(Self-altering), 사이보그(Self-regulating organism) 등의 출현은 이제 '산업혁명'에서 끝나는 것이 아니라, '인류혁명'으로 나아가게 될 것이다. 이는 인공지능과 합성 생물학의 결과물인 유사인종(Post-human)의 도래를 통해 인간 개념 자체를 본질적으로 뒤흔들 가능성이 있다.[33] 유학은 여기에서 제외되어 있다.

최근 몇 년 사이에 등장한 기술적 변화는 인간과 기계의 관계를 변화시켰을 뿐만 아니라 물질과 정보의 기존 영역을 구분하는 경계를 허물고 있다. 과거처럼 인간이 컴퓨터를 활용해서 의사를 결정하고 인터넷을 통해 다른 인간과 소통하는 것에 그치지 않고 컴퓨터가 인공지능의 형태로 인간과 독립적으로 사고하고 판단할 뿐 아니라 인터넷을 통해 인간이 아닌 사물들이 서로 소통하기 시작하였다. 유학이 자리할 공간은 아직까지 없다.

이러한 놀라운 변화는 놀라운 연산능력과 함께 기계학습을 통해 인간의 판단능력을 따라잡은 인공 지능, 인간의 개입 없이도 거대한 양의 자료를 수집하고 처리할 수 있는 사물 인터넷, 빅 데이터(Big Data)를 자유롭게 저장하고 처리하는 클라우딩 컴퓨팅, 사물을 어떤 형태로든 만들어내는 3D 프린팅 등의 덕분이라고 할 수 있다. 어디에서 유학을 찾을 수 있겠는가?

그러나 이러한 산업혁명의 문제는 말 그대로 문제적인 것(Thing Problematic)만은 아니다. 시간과 공간의 확대로 인한 인류의 무제한적 소

---

33 백종현, 「제4차 산업혁명시대, 인문학의 역할과 과제」, 『철학사상』 65, 2017 참조.

통이 가능해졌기 때문이다. 제한적이었던 인간의 행동반경과 시야가 그야말로 무한대로 확대된 것이다. 그리고 이러한 제한을 넘어설 수 있는 사례의 하나가 바로 "디지털 인문학"[34]의 가능성이다. 이제야 유학이 한 몫을 할 수 있을 듯하다. 인문학이 그것이다. 인문 가치!

디지털 인문학이란 정보기술(Information Humanities)의 도움을 받아 새로운 방식으로 수행하는 인문학 연구와 교육, 그리고 이와 관계된 창조적인 저작활동을 지칭하는 말이다. 이것은 전통적인 인문학의 주제를 계승하면서 연구방법 면에서 디지털 기술을 활용하는 연구, 그리고 예전에는 가능하지 않았지만 컴퓨터를 사용함으로써 시도할 수 있게 된 새로운 성격의 인문학 연구를 포함한다.

이제 제4차 산업혁명시대의 문화콘텐츠를 위한 유교 가치의 재발견을 위한 논의를 해보자. 한국의 유교문화원형은 정보화 사회(Information-Oriented Society)로 진입한 20세기까지는 문화유산으로서 소극적 복원과 보존의 대상이었지만, 문화지향사회(Culture-Oriented Society)로 진입한 21세기에는 문화콘텐츠로 적극적인 향유와 활용의 주제로 부각되고 있다.

종묘·문묘·향교·서원·종가 등 유교문화를 대표하는 장소에서는 전통적으로 거행되었던 의례와 교육 등을 중심으로 장소기반형+체험지향형 사업이 가능하므로, 의식 관람과 더불어 전통문화체험학습 내지 서원스테이·고택체험 등이 이루어지고 있는데, 대체로 피상적인 전통문화체험에 머무는 경우가 많으며, 깊은 문화적 몰입체험으로 승화되지는 못하고 있다. 다만, 다큐멘터리방송과 인터넷 매체를 통해서 시간적 간극을 넘어서서 유교적 전통문화의 다양한 역사적 사실을 시청각적으

---

34 최희수, 「디지털 인문학의 현황과 과제」, 『소통과 인문학』 13, 2011 참조.

로 접하게 해준다는 매력 때문에 매체기반형 사업이 선도하고 있는 것이다.[35]

이런 현황을 한국의 종교문화원형이라는 차원에서 비교해보면, 흥미로운 사실을 확인할 수가 있다. 기독교의 경우, 영화·애니메이션·인터넷·아이폰 애플리케이션 등 다양한 매체를 통해 기독교의 다양한 문화를 향유하도록 콘텐츠를 개발하고 유통시키는 개별 사업체들이 활발하게 활동하고 있는 반면, 불교문화 원형사업은 유구한 역사를 자랑하는 사찰의 장소 기반형 장점을 체험지향형 사업으로 승화시킨 템플스테이와 체험지향형 사업으로 특화된 연등축제 등을 킬러콘텐츠로 활성화하여 장소기반형+체험지향형 사업을 활발하게 진행하고 있다.

그런데 유교는 유구한 역사적 자산을 자랑하는 유교적 장소를 근거로 삼아 장소기반형+체험지향형 사업의 가능성이 높음에도 불구하고, 유교의 독특한 종교성 및 세계관보다는 전통문화 계승이라는 측면에 집중했기 때문에 깊은 몰입체험에 이르지 못하는 한계를 노출하고 있다. 이러한 부분은 앞으로의 문화콘텐츠를 위한 기획에 일정정도의 역할을 부여받을 수 있을 것이다.

여기서 "수사학의 미래적 선택"을 말하고 싶다. 극단적으로 말해, 유학은 지나간 과거의 유물일 뿐이다. 그 존재 가치를 따지는 이들은 유학을 공부하는 이들, 그 유물의 값을 매기며 살아가는 이들, 유교를 자신의 신념으로 살아가는 이들뿐이다.

이기론, 사단칠정론, 인성물성동이론, 심론 등을 반복재생산하는 이들이 유학을 공부하는 이들이고, 전통 유학의 유물 관람을 허용하기 위해 티켓팅을 하는 이들이 그 유물의 값을 매기며 살아가는 이들이고, 종

---

35 박종천, 「문화유산에서 문화콘텐츠로」, 『국학연구』 18, 2011.

가와 종부의 문화, 전통예절 교육 등을 계승하면서 살아가는 이들이 유교를 자신의 신념―유형의 값을 매기며 살아가는 이들이라고도 할 수 있음―으로 살아가는 이들이다.

수사학의 가치는 돌아가야 할 때를 아는 데에 있는 것이 아닐까?[“子在陳, 曰, “歸與! 歸與! 吾黨之小子狂簡, 斐然成章, 不知所以裁之.”공야장公治長」」 유학의 가치는 보편적 가치를 획득할 수 있다. 법가의 용어를 차용하자면, 법法 · 세勢 · 술術의 전략이 필요하다. 유학의 가치는 충서로 대변되는 인仁의 실현이다.

생의生意이든, 생리生理이든, 교제交際든 그것이 무엇인지 정의해야 한다. 인의 새로운 정의가 필요하다. 그 다음, 제4차 산업혁명시대가 추구하는 혹은 추구해야 하는 시대정신을 확보해야 한다. 과학기술의 진전은 이제 멈출 수 없게 되었다. 그렇다면 그 방법을 무엇인가? 문화 콘텐츠학―아직 정식 학문은 아니지만―은 벌써 이 땅에서 20여 년의 축적을 쌓았다.

5. 결론

공자는 사람의 행위 원리를 정립하는 데에 앎(지知)의 목적을 두었다. 안다는 것은 사물에 대한 대상적 인식에 있는 것이 아니라, 사회생활에서 인간의 행위 원리를 정립하는 데에 있었기 때문이다. 유학의 최종심급은 인仁이라고 할 수 있다.

인의 가치와 그에 대한 앎, 앎과 삶이 분리되는 경향을 부정하고 가치와 삶의 회복을 위해서 유학 속에서 보편적 가치와 그것의 실현 방안을 찾아야 한다. 삶의 의미와 분리되지 않는 합리적인 모델을 찾아야 한다.

지금까지 살펴본 것처럼, 정상正常으로서의 정학正學은 기실 공의公議에 따른 공론公論을 통해서 구성된 것이 아니다. 당파黨派의 교조적이고 정치적인 이해득실에 따라 만들어진, 그리고 상대 진영의 논리를 이겨내서—아니 승리하지 못했어도 자기 세계에 갇혀 자기 복제를 반복적으로 유지함으로써—정통正統으로 굳어진 것이다.

　이것이 기이奇異한 것이다. 현대 한국의 유학은 대중에게 관심의 거리 밖에 있다. 성균관 스캔들, 남한산성, 불멸의 이순신, 광해 등 영화나 드라마 등에서 소환되는 식상한 전통의 잔재일 뿐이다. 대중에게 유학은 정상이 아니라 기이한, 그러나 그리 거리가 멀지 않은 그 무엇이다.

　이러한 인식 아래에서만이 유학의 또 다른 정상화작업이 시작될 수 있을 것이다. 유학의 보편적 가치와 삶의 방법을 찾아 전달할 수 있는 시발점이라는 말이다. 인의예지와 효제충신이라는 유학의 정신 가치는 지금도 유효하고 그에 관한 이야기는 여전히 주변이기는 하지만 지속되고 있다. 유학과 인권, 유학과 페미니즘, 유학과 인공지능 등 유학의 현대화를 위한 유학담론은 지속된다. 그러나 그것으로만 끝난다면, 유학을 '지금 여기'에서 이야기할 필요가 있을까?

　우리는 '지금 여기'라는 선택의 갈림길에 있다. 유학의 경사자집經史子集은 읽는 이가 적지만 꾸준히 번역되고 있고 해석되고 있다. 논증 없이 설명하는 논문과 저술도 간단없이 양산되고 있다. 각종 연구소와 연구원에서 진행되는 학술대회도 젊은이들 없이 잘 진행되고 있다. 기이하다.

　유학의 마지막 고혈膏血을 짜내 유물에 마지막을 헌사獻辭하는 것인가? 유학의 '지금 여기'는 전장戰場이다. 생사生死의 기로岐路에 있는 것이다. 유학의 미래를 위한 한 길은 문화콘텐츠 혹은 인문콘텐츠의 발전을 위해 밀알이 되는 것일 수 있다. 원천 소스(original source)를 제공하는 길이다. 또한 대학에 갇혀 있는—아니 안주하는—이들이 대중에게 '먼저' 다가갈 수도 있다. 기이한 정상을 비판할 수 있는 유연한 유학은 될 수 없는 것일까? 이제 선택할 때이다.

변증법에 따르면 모든 정상은 정반합正反合의 과정을 통해 발전의 과정을 겪는다. 정상화의 역사화 과정이라고 할 수 있다. 그러나 정반합의 논리가 합리적이라고 할 수 있을까? 모든 정과 반의 구도가 같은 값이나 동일한 가치를 지닐 수는 없다. 모순이다. 유학의 목적은 사문斯文으로서의 수사학洙泗學의 성공이다.[36] 인仁의 실현이다.

유학의 유파가 훈고학, 성리학, 양명학, 고증학 등이라면, 이들은 정반합의 과정에 충실한 것일까? 등가의 원리를 유지하는 것일까? 우리가 정상이라고 부르는 모든 것들은 등가가 전혀 다른 기이한 것들이 투쟁의 과정을 통해 권위를 획득한 것이라고 할 수 있다. 그것도 우연적으로! 우연과 필연의 그 중도中道에서 수사학의 미래를 선택해야 한다. 이인里仁을 택인擇仁으로 해석할 수 있는 것처럼.[37]

범칭汎稱 유학연구소는 어쩌면 수명을 다했는지도 모른다. 이것을 인정하고 출발하자! 동굴 밖으로 나아가자! 비록 눈이 부셔 다시 들어가려고 할 수도 있다. 그래도 다시 나아가자. 새로운 무엇인가를 찾으려면, 생의生意를, 천리天理를, 교제交際와 같은 인의 가치를 찾으려면 위험은 감수해야 한다.

그런데 문제는 이념적 가치만을 찾아서는 안 된다는 것이다. 만질 수 있는 물질도 필요하다. 과거의 유물이 현재적으로 가치를 지닐 수 있다.

---

36 『論語』「子罕」: "子畏於匡曰, 文王旣沒, 文不在玆乎? 天之將喪斯文也, 後死者不得與於斯文也, 天之未喪斯文也, 匡人其如予何?"
37 『論語』「里仁」: "里仁爲美. 擇不處仁, 焉得知?"

그런데 그것만으로는 안 된다. 그리고 새로운 정상을 찾기 위해서는 지금 여기에 위치해 있는 이른바 '범칭 유학연구소'를 부정하는 데에서 정답을 찾을 수 있을 것 같다.

'기이한 정상'이라고 이 글의 제목을 단 이유는 단순하다. 지금 여기에 존재하는 나, 너 그리고 우리를 정상이라고 생각해서는 이른바 진보할 수 없다고 생각하기 때문이다. 오히려 나, 너 그리고 우리를 기이로 생각하고 출발하는 것이 퇴보를 막아줄 수 있다고 믿기 때문이다.

생각의 전환, 이른바 회심回心의 순간이 항상 필요하다고 판단했기 때문이다. '범칭 유학연구소'는 이제까지의 역할을 충분히 잘 해왔다. 그래서 기특奇特하다. 그래서 앞으로를 기약期約하고 기대企待하는 것은 아니다. 정상은 기이하다. 그것을 정언명법定言命法으로 삼으면 된다.

「심기리心氣理」편에서는 왜 리理를 유교의 최상위 개념으로 설정했는가?

이해임(한림대학교 연구교수)

1. 들어가는 글

1394년 정도전鄭道傳(1342~1398)은 「심기리心氣理」편을 저술했다. 1377년 정도전은 유배서 풀려났고, 1383년 그는 이성계李成桂(1335~1408)와 인연을 맺게 된다. 이후 1388년 이성계가 위화도 회군으로 실권을 장악하면서, 정도전은 1391년 조선 개국(1392)의 기초를 다지는 차원에서 척불 운동을 펼친다. 이 같은 일련의 과정을 고려해보면 「심기리」편은 다분히 불교 배척에 저작 목적이 있다고 할 수 있다.

「심기리」편은 정도전의 논의에 권근權近(1352~1409)의 주석이 붙어있는 형식으로 이루어져있다. 권근의 주석은 정도전이 인용한 구절의 출처를 밝힘으로써 정도전이 말하고자 하는 내용의 전체적인 맥락과 그 의미에 대해서 풀어주고 있다. 그렇다고 해서 권근이 정도전과 다른 목적을 갖고 논의를 전개한 것은 아니다.

권근 또한 불교와 도교에 대한 비판적 입장을 견지하고 있다. 다만

「심기리」편은 비교적 적은 분량으로 작성되었기 때문에, 이를 통해서 정도전과 권근의 차이를 재단하기에는 상당한 어려움이 있다.[1] 권근의 주석이 정도전의 주장과 함께 병렬로 이어진다는 점에 의거해보면, 두 사람은 불교와 도교 비판의 이론적 근거를 같이 한다고 추정해볼 수 있다. 따라서 나는 본 연구의 논의를 이끌어가는 데 활용하는 원문에 대해서 정도전 혹은 권근의 주장이라고 특정하거나 분리하지 않고 「심기리」편이라고 통칭하겠다.

선행연구 또한 「심기리」편을 분석하는 데 불교 비판에 초점을 맞추고 있다. 이는 조선이 유교를 통치이념으로 채택하고 정착해나가는 과정을 엿볼 수 있게 한다. 예컨대 불교 비판이 단순히 이념적 차원에 머무는 것이 아니라 당시 불교 사원의 팽창, 승려의 증가, 그리고 왕실 내 불교 행사로 재정을 낭비하고 있던 경제적 상황으로부터 벗어나는 일환으로 작용할 수 있다.[2]

그리고 또 다른 선행연구는 「심기리」편의 저작 목적을 불교 비판보다 불교와 도교를 포용하려는 데 두었다고 주장한다.[3] 이 같은 관점은 권근이 쓴 「심기리」편의 서문 속에서도 잘 드러난다.

권근은 '어떤 사람들은 「심기리」편을 보고서 유 · 불 · 도 삼교통합의 가능성을 주장했다고 우려를 표명하면서 이 편의 저작 목적이 불교비판에 있다.'[4]고 주장했다. 이로써 보건대 「심기리」편은 불교를 비판하는 데

---

1   최천식은 정도전과 권근의 차이에 대해서 주목하고 있다. 다만 이 논문도 「심기리」편을 주텍스트로 활용하고 있지는 않다. 최천식, 「정도전과 권근의 마음이론 비교연구」, 『철학연구』 80, 2008, 18~20쪽.

2   리기용, 「삼봉 정도전의 벽이단론과 그 해석 문제: 심문천답과 심기리편을 중심으로」, 『한국철학논집』 제34집, 2012, 26~27쪽.

3   김충열, 『고려유학사』, 고려대출판부, 1984, 218쪽.

4   『삼봉집』 권6, 「심리기서」: "此先生闢二氏. 固非泛然論列者比. 又非大厲聲色極口詆毀者之

목적이 있다고 할 수 있다.

다만 1394년 정도전은 「심기리」편과 함께 『조선경국전』을 완성했다. 『조선경국전』은 조선왕조의 건국이념과 정치·경제·사회·문화의 기본 방향을 제시한 법전이다. 이는 치治·부賦·예禮·정政·헌憲·공工의 6전으로 구성되어있다. 내용은 주로 각 항목을 설치한 이유를 설명하고 있으며, 또 왕과 신하가 할 일을 구별해두었다.

『조선경국전』은 이후 1460년부터 1471년까지 『경국대전』을 비롯한 조선왕조 법전 편찬의 기초가 되었다.[5] 따라서 「심기리」편 저작은 불교 배척의 차원을 넘어서 유학이 새로운 시대를 이끌어나갈 사상임을 천명한 것이라고 할 수 있다.

「심기리」편은 리·기·심 개념을 가지고 유교가 불교와 도교보다 우월함을 입증해나간다. 그리고 그 가운데 핵심은 리 개념에 있다. 「심기리」편에서는 리를 마음의 허령과 몸의 욕망이 따라야 할 법도로 설정하고 있다. 불교든 도교든 마음과 몸이 외부대상의 자극으로부터 제대로 된 반응을 하지 못하는 이유를 바로 리의 부재서 찾고 있다.

이로써 보건대 「심기리」편의 논의는 단순히 이단 비판에 머물러 있는 것이 아니라 조선 개국과 함께 확립한 국가 기강[법도]의 중요성을 역설한 것이라고 할 수 있다. 그리고 이 국가 기강은 마음이나 기의 차원에서 이루어지는 것이 아니라 영원불변한 형이상학적 근거로부터 확립되는 것이라고 할 수 있다. 따라서 나는 「심기리」편의 저작 목적이 성리학의 리를 최상위 개념으로 끌어올리는 데 있음을 논증해나고자 한다.

比也. 抑或有人, 徒見其不斥也, 以爲三教一致, 故先生作此以明其道之同耳, 則非知言者也. 故愚不揆鄙拙, 略爲註釋, 又引其端, 以所聞於先生者明之耳.”

5   https://ko.wikipedia.org/wiki/조선경국전.

2. 마음은 외부대상의 자극으로부터 어떻게 반응하는가?

「심기리」편에서는 주자의 말을 인용하여 마음을 정의한다. 마음은 기와 리를 합한 것으로 신명의 집이다.

마음은 리와 기를 합하여 신명의 집이 된 것이니, 주자의 이른바, "마음은 허령하여 어둡지 않아 모든 이치가 갖추어져 모든 일에 대응한다."[6]라는 것이다. 내 생각에 오직 텅 비었기 때문에 모든 이치가 갖추어져 있으며, 오직 허령하기 때문에 모든 일에 대응할 수 있는 것이다. 모든 이치가 갖추어져 있지 않으면 그 텅 빈 것은 막연하게 비어있는 것이며, 그 허령한 것은 분잡하게 이리저리 작용할 뿐이요, 비록 모든 일에 대응한다고 하더라도 옳고 그름이 어지럽게 뒤섞일 것이니 어찌 신명의 집이 될 수 있겠는가? 그러므로 마음을 말하면서 리를 말하지 않으면, 이는 그 집만 알고 그 주인은 알지 못하는 것이다.[7]

여기서 마음은 기, 리, 신명으로 이루어져 있다. 그렇다면 기 · 리 · 신명은 각각 무엇을 가리키는가? 「심기리」편에서는 '텅 빈 마음의 허령은 외부 대상의 자극으로부터 분잡하게 반응한다.'고 주장한다.

이 구절에 의거해보면, 허령은 외부 대상의 자극으로부터 반응할 수 있는 동력을 갖고 있다. 그리고 이 반응은 꼭 옳은 방향으로 나아가지

---

6 『대학장구』: "明德者, 人之所得乎天, 而虛靈不昧, 以具衆理而應萬事者也."
7 『삼봉집』권6, 「심리기」: "心者, 合理與氣, 以爲一身神明之舍. 朱子所謂虛靈不昧, 以具衆理而應萬事者也. 愚以爲惟虛, 故具衆理. 惟靈, 故應萬事. 非具衆理則其虛也漠然空無而已矣. 其靈也紛然流注而已矣. 雖曰應萬事, 而是非錯亂. 豈足爲神明之舍哉. 故言心而不言理, 是知有其舍, 而不知有其主也."

않는다. 따라서 마음의 허령은 기의 영역에 속한다고 할 수 있다.

또 「심기리」편에서는 '마음속에 모든 이치가 갖추어져 있다.'고 주장한다. 그리고 '마음속의 이치를 가지고 외부 대상의 자극에 대해서 제대로 된 반응을 할 수 있다.'고 말한다. 이 같은 점에 의거해보면 마음은 리에 입각해야만 제대로 된 반응을 할 수 있고, 또 제대로 된 반응은 신명의 작용이다.

따라서 「심기리」편에서 '마음은 리와 기가 합하여 신명의 집이 된 것이다.'라고 정의하는 것은 바로 마음의 허령은 이치를 준거로 삼아야 제대로 된 반응을 할 수 있다는 것이고, 또 이 반응은 바로 신명의 작용임을 나타내는 것이다.

이 정의는 불교 비판에 앞서 마음에 대한 유학의 입장을 명확하게 밝힌 것이다. 즉 마음이 반응 주체로서 홀로 우뚝 설 수 없다는 것이다. 이와 상반된 입장이 바로 불교의 마음이다. 불교의 마음은 반응 주체로 어떤 것도 이를 대체할 수 없다.

> 나의 본래 모습은 고요하여 거울이 빈 것과 같으니, 인연을 따르면서도 변하지 않고, 변화에 대응하여 다함이 없도다.[8]
> 마음의 본래 모습이 적연하여 조짐이 없어 그 허령한 지각이 어둡지 않다. 비유컨대 거울의 특성은 본래 비어 있으나 그 밝음은 비추지 않음이 없는 것과 같다. 대개 인연을 따른다는 것은 마음의 경우에는 허령이요, 거울의 경우에는 밝음이고, 변하지 않는다는 것은 마음의 경우에는 고요함이요, 거울의 경우에는 빈 것을 말한다. 그러므로 모든 변화의 감응이 일어나더라도 다함이 없는 것이니, 곧 『금강경』의 이른바, '감응함이 머무르는 바가 없으되 마음은

---

8 『삼봉집』권6, 「심리기」: "我體寂然, 如鑑之空, 隨緣不變, 應化無窮."

그대로 있다.[9]라는 뜻이다. 대개 밖으로는 비록 변화에 응하는 자취가 있으나 안으로는 막연히 한 가지 생각의 움직임도 없는 것이니, 이는 석씨 학문의 제일가는 의리이다.[10]

불교에서 마음은 거울로 비유된다. 거울은 외부 대상을 있는 그대로 비추어낸다. 이 때문에 마음이 외부 대상으로부터 어떤 자극을 받더라도 그 반응은 외부 대상의 모습을 있는 그대로 비추는 것 그 이상도 그 이하도 아니다.

「심기리」편에서는 이 같은 불교의 마음 개념을 잘 이해하고 있다. 불교의 허령을 외부 대상의 자극으로부터 모종의 반응을 산출할 수 있는 동력으로 규정하지 않는다. 외부 대상의 자극에 대한 모종의 반응은 마음의 변화를 나타내는 것이다.

그런데 불교의 허령은 외부 대상의 자극에 대한 나의 반응을 보여주는 것이 아니라 외부 대상을 있는 그대로 드러내주는 것이다. 그렇기 때문에 반응 주체는 외부대상의 자극에 대해서 전혀 흔들리지 않는다.

심지어 반응 주체는 거울의 빈 것처럼 고요히 외부 대상의 모습을 그대로 담아서 반사할 뿐이다. 불교의 마음은 반응하는 것이라기보다 수용하는 것에 가깝다. 따라서 불교의 마음은 어떤 외부자극에 대해서도 흔들리지 않는다.

그렇다면 불교의 마음은 애초에 흔들리지 않는 것인가? 「심기리」편은

---

9 『금강경』 「장엄정토분」: "是故, 須菩提, 諸菩薩摩訶薩, 應如是生淸淨心, 不應住色生心, 不應住聲香味觸法生心, 應無所住, 而生其心."

10 『삼봉집』 권6, 「심리기」: "心之本體, 寂然無眹, 而其靈知不昧, 譬則鏡性本空, 而明無不照, 蓋隨緣者, 心之靈而鏡之明也. 不變者, 心之寂而鏡之空也. 是以, 應感萬變而無有窮盡. 卽 金剛經所謂應無所住, 而生其心之意. 蓋外邊雖有應變之跡, 而內則漠然無有一念之動, 此 釋氏之學第一義也."

불교에서 몸과 마음을 구별하는 구도에 주목한다. 불교는 마음이 흔들리는 원인을 몸에서 찾는다. 몸은 사대[흙·물·불·바람]로 이루어진 것으로 감각기관의 욕구와 관련되어있다. 그리고 이 욕구는 마음을 흔들어 놓는다.

> 너의 사대[흙·물·불·바람]가 서로 합하여 몸을 이룸으로 말미암아 눈이 있어 빛을 보고자 하며 귀가 있어 소리를 듣고자 하는지라, 선악의 환멸이 그림자를 인연하여 생겨서, 나를 공격하고 나를 해롭게 하니 내가 편안함을 얻지 못하도다.[11]
>
> 너는 기를 가리켜 말한 것이요, 사대는 또한 석씨의 말을 쓴 것이니, 이른바 흙·물·불·바람이다. 『원각경』에 이르기를, "나의 지금 이 몸은 사대가 화합한 것이다."[12]라고 하였고, 또 말하기를, "육진이 그림자를 인연하여 스스로 마음과 본성이 되었다."[13]라고 하였다. ○이는 앞의 장을 이어 말한 것이니, 마음의 본체가 원래 적연할 뿐인데, 다만 너라는 사대의 기가 가탁하여 엉기어 합하여 형상이 있는 형체를 이룸으로 말미암아 이에 눈이 있어 아름다운 빛을 보고자 하고 귀가 있어 좋은 소리를 듣고자 하며, 코와 혀와 몸과 뜻이 또한 각각 욕심이 있어, 순하면 착한 것이 되고 거스르면 악한 것이 되니, 이것이 모두 환상에서 나온 것으로 진실한 것이 아니요, 곧 외부의 그림자를 인연하여 서로 이어 생긴 것이다. 이 모든 것이 나의 고요한 본체를 해

---

11 『삼봉집』 권6, 「심리기」: "由爾四大, 假合成形, 有目欲色, 有耳欲聲, 善惡亦幻, 緣影以生, 戕我賊我, 我不得寧."

12 『원각경』 「보안보살장」 제3장: "我今此身四大和合, 所謂髮毛, 爪齒, 皮肉, 筋骨, 髓腦, 垢色皆歸於地, 唾涕, 膿血, 津液, 涎沫, 痰淚, 精氣, 大小便利皆歸於水, 暖氣歸火, 動轉歸風, 四大各離, 今者妄身當在何處?"

13 『원각경』 「보안보살장」 제3장: "善眼汝當知, 一切諸衆生, 身心皆如幻, 身相屬四大, 心性歸六塵."

쳐서 분요하고 착란하여 나로 하여금 편치 못하게 하는 것이다.[14]

불교는 '너'라는 말로 몸을 지시하고, 또 '나'라는 말로 마음을 나타낸다. 몸은 이목耳目과 같은 감각기관을 가리킨다. 이 감각기관이 타자화된 까닭은 외부대상의 자극에 대해서 끊임없이 반응하려고 함으로써 나, 즉 마음을 괴롭히기 때문이다.

불교의 시각에서 보면 몸은 욕망의 덩어리로 외부대상을 있는 그대로 받아들이지 못한다. 심지어 외부대상의 자극에 대한 몸의 반응이 적절하다고 하더라도 이는 진실한 것이 아니다. 외부대상 자체 혹은 외부대상의 자극이 참된 것이라고 할 수 없기 때문이다.

예컨대 선과 악이라는 가치 개념 또한 몸의 욕망이 만들어낸 환영인 것이지 참된 것이 아니다. 선과 악이라는 가치 개념에 사로잡히는 순간 마음은 이미 자신의 본래 모습을 잃어버리게 된다. 따라서 불교의 마음은 외부대상의 자극 혹은 몸의 욕구를 차단하고 고요한 상태를 유지하는 데 힘을 기울인다.

이상의 논의에 의거해보면, 불교의 마음은 외부 대상의 자극으로부터 반응하는 것이 아니라 외부대상의 자극으로부터 흔들리지 않고 자신의 본래 모습을 유지하는 것이라고 할 수 있다. 또한 불교의 마음은 리와 기의 구도로부터 벗어나 있는 초월적인 것이라고 할 수 있다.

불교의 고요한 마음은 선악의 준거로서 리를 필요로 하지 않는다. 리

---

14 『삼봉집』 권6, 「심리기」: "爾, 指氣而言, 四大, 亦用釋氏語, 所謂地水火風也. 圓覺云, 我今此身, 四大和合. 又曰, 六塵緣影, 爲自心性. ○此承上章而言心體本自寂然而已. 但由爾四大之氣假托凝合, 以成有相之形, 於是有目而欲見美色, 有耳而欲聞善聲, 鼻舌身意, 亦各有欲, 順則以之爲善, 逆則以之爲惡, 是皆幻出, 非有眞實, 乃攀緣外境之影, 相續而生. 凡此皆以戕賊我寂然之體, 紛擾錯亂, 使我不得而寧靜也."

는 오히려 마음의 본래 상태를 흔들어놓는 알음알이에 지나지 않는다. 그리고 기는 몸에 국한된 것으로 욕망에 불과하다. 이는 '불교는 오로지 마음만을 중시하고 리와 기를 도외시한다.'라는 「심기리」편의 불교 이해 를 보여주는 단면이라고 할 수 있다.

3. 양기는 마음의 지각작용을 통제할 수 있는가?

이 편은 표면상 도교의 양기養氣를 가지고 불교를 비판한다고 천명하 고 있다. 다만 이는 실상 기를 만물의 근원으로 설정하는 도교의 맹점을 지적하는 것이다.

이 편은 주로 노씨의 기를 기르는 방법을 말하여 석씨를 비난한 것이다. 그러 므로 편 가운데 노씨의 말을 많이 인용했다. 기라는 것은 하늘이 음양과 오행 으로써 만물을 변화시키고 생육하는 데 사람도 이를 얻어 생기는 것이다. 그 러나 기는 형이하로, 반드시 형이상의 리가 있은 후에 이 기가 있는 것이니, 기를 말하면서 리를 말하지 않으면, 이는 그 말엽만 알고 그 근본은 알지 못 하는 것이다.[15]

이 편에서는 천지만물이 모두 기로 이루어져 있음을 인정한다. 여기 서 기는 음양오행으로 만물이 변화하고 생육하는 데 작용한다. 다만 유

---

15 『삼봉집』 권6, 「심리기」: "此篇, 主言老氏養氣之法, 以非釋氏. 故篇中多用老氏語. 氣者, 天 以陰陽五行化生萬物, 而人得之以生者也. 然氣, 形而下者, 必有形而上之理, 然後有是氣, 言氣而不言理, 是知有其末而不知有其本也."

교[理]의 관점에서 보면, 기는 현상의 차원[형이하]을 다루는 것이지 그 이면 혹은 그 너머 본원의 차원[형이상]을 설명하는 데 한계가 있다. 예컨대 누군가 '하늘은 왜 둥근지?', '땅은 왜 네모난지?', 그리고 '사람의 본성은 왜 선한지?'에 대해서 물어보면, 기만 가지고 설명하기 힘들다.

기의 차원에서 보면, 하늘이 둥글고 땅이 네모나고 사람의 본성이 선함은 우리가 감각지각으로 대상의 외연만 포착하는 것일 뿐이다. 이는 '기를 말하면서 리를 말하지 않으면 말단만 알고 근본을 알지 못하는 것이다.'라고 주장한 데서 잘 드러난다.

그렇다면 유교의 시각에서 도교는 만물의 근본과 말단을 기의 차원에서 다룬다고 할 수 있다. 그리고 도교는 기의 차원에서 불교를 비판한다고 할 수 있다.

> 만물의 시초에는 무엇을 밑천으로 삼아서 생겨났는가? 내가 엉기고 내가 모여서 형상이 되고 정기가 되었다. 내가 없었다면 마음이 어찌 혼자 지극히 허령할 수 있겠는가?[16]
>
> 장자가 말했다. "사람이 생긴 것은 기가 모인 것이다."[17] 이를 또 근본으로 삼아서 '만물이 생기는 그 시초에는 어떤 것을 밑천으로 삼아서 생성되었는가?'라고 말했다. 밑천으로 삼아서 만물을 생성시킨 것은 기氣가 아니겠는가? 오직 기가 묘하게 합하고 엉겨서 모인 연후에 그 형체가 이루어지고 그 정기가 생긴다. 기가 모이지 않으면 마음이 비록 지극히 허령하다고 하더라도 붙을 곳이 어디에 있겠는가?[18]

---

16 『삼봉집』 권6, 「심리기」: "萬物之始, 資孰以生. 我凝我聚, 乃形乃精. 我若無有, 心何獨靈."

17 『장자』 「지북유」: "人之生, 氣之聚也. 聚則爲生, 散則爲死."

18 『삼봉집』 권6, 「심리기」: "莊子曰, 人之生, 氣之聚也. 此又本之, 以言萬物之生, 其始也是資何物以生成乎. 其所資以有生者, 非氣乎. 惟氣妙合而凝聚, 然後其形成而其精生. 氣若不

「심기리」편에서는 도교의 구절을 인용함으로써 마음이 기의 영역에 속하는 것임을 제시하고 있다. 우선 도교에서는 만물의 근원을 묻는다. 만물의 근원은 바로 기이다. 그리고 이 기가 모여서 형상이 이루어질 뿐 아니라 정기가 된다. 또 형상은 만물 각 개체의 모습이고, 정기는 그 가운데서 일어나는 정밀한 작용을 일으키는 것이다.

예컨대 인용문에서 '내가 없다면 마음이 어찌 혼자 지극히 허령할 수 있겠는가?'라고 말한 것이 하나의 예증이라고 할 수 있다. 여기서 '내가 없다면'의 '내가'는 기이다. 이로써 미루어보면, 마음의 허령은 결국 기로 이루어진 것이다. 도교의 시각에서 보면, 허령의 본질은 기이다. 이 때문에 기가 본래 상태를 유지해야만 마음의 작용도 제대로 이루어지는 것이다.

그런데 도교에서 말하는 기의 본래 상태는 무엇일까? 「심기리」편에서는 도교의 구절을 인용하여 기의 본래 상태를 설명한다.

내가 망령되이 작용하지 않으면 내면은 고요하고 전일專一하여 마치 마른 장작 같고 타버린 재와 같아서 생각함도 없고 작위함도 없어 도의 온전함을 체득하게 된다. 너의 지각이 아무리 천착하여도 나의 천성을 어찌 해치겠는가?[19]

이는 양기의 공효를 말한 것이다. 장자가 말했다. "형체는 참으로 마른 장작과 같아야 하고, 마음은 참으로 타버린 재와 같아야 한다."[20] 또 말했다. "생

聚, 則心雖至靈, 亦將何所附着乎."

19 『삼봉집』 권6, 「심리기」: "我不妄動, 內斯靜專, 如木斯槁, 如灰不燃, 無慮無爲, 體道之全, 爾知雖鑿, 豈害吾天."

20 『장자』 「제물론」: "顔成子游立侍乎前, 曰, 何居乎? 形固可使如槁木, 而心固可使如死灰乎?"

각함이 없고 꾀함이 없어야 비로소 도를 안다."[21] 노자가 말했다. "도는 항상 작위함이 없으면서도 해내지 않음이 없다."[22] 이 장은 이를 근본으로 삼아 말한 것이다. ○앞 장을 이어 "마음의 이욕이 아무리 분잡하여도 기가 그 기르는 바를 얻어 망령되이 작용하지 아니하여 외면을 제어하면, 그 내면도 안정되고 전일하여 나무가 말라 다시 꽃피지 않음과 같고, 재가 식어버려 다시 불붙지 않음과 같이 마음이 생각하는 바가 없고 몸이 일을 꾸미는 바가 없어, 그 도의 충막하고 순전한 묘한 도리를 본받으니, 마음의 지각이 비록 천착한다고 하나 나의 천성을 어찌 해치겠는가?"라고 말하니, 여기서 말한 도는 기를 가리킨 것이요, "생각함도 없고 작위함도 없어 도의 온전함을 체득하게 된다."[無慮無爲體道之全]이라는 여덟 글자는 또한 노자 학문의 가장 긴요한 뜻이다.[23]

인용문서 '내가 망령되이 작용하지 않으면 내면은 고요하고 전일하다.'라고 주장한다. 여기서 '내가'는 기를 가리킨다. 그렇다면 기가 망령되이 작용하는 원인은 어디에 있을까?

예컨대 불교의 주장처럼 몸이 외부대상의 자극으로부터 반응하는 것일까? 아니면 마음이 외부대상의 자극으로부터 반응하는 것일까? 인용

21 『장자』「지북유」: "知不得問, 反於帝宮, 見黃帝而問焉. 黃帝曰, 无思无慮始知道, 无處无服始安道, 无從无道始得道."

22 『노자』 37장: "道常無爲而無不爲, 侯王若能守之, 萬物將自化, 化而欲作, 吾將鎭之以無名之樸, 無名之樸, 夫亦將無欲, 不欲以靜, 天下將自定."

23 『삼봉집』권6, 「심리기」: "此言養氣之功. 莊子曰, 形固可使如槁木, 心固可使如死灰. 又曰, 無思無慮, 始知道. 老子曰, 道常無爲而無不爲. 此章本此以立言也. ○承上章言心之利欲, 雖甚紛挐, 氣得其養而不妄動, 以制於外, 則其內亦有以靜定而專一, 如木之槁, 不復有春華之繁, 如灰之死, 不復有火燃之熾, 心無所思慮, 身無所營爲, 以體其道沖漠純全之妙, 則心之知覺, 雖曰鑽鑿, 豈能害我自然之天哉. 此所謂道, 指氣而言也. 無慮無爲, 體道之全八字, 亦老氏之學最要旨也."

문서 '너의 지각이 아무리 천착하여도 나의 천성을 어찌 해치겠는가?'라고 말한다. 여기서 '너의 지각'은 마음의 지각을 나타낸다. 따라서 기가 망령되이 작용하는 원인은 마음의 지각에 있는 것이다.

도교에서는 '생각함도 없고 작위함도 없으면 도의 온전함을 체득한다.'라고 주장한다. 이로써 보건대 기가 본래 모습을 찾는 데 관건은 마음의 지각 작용을 멈추는 것이다. 그렇다면 마음의 지각 작용은 어떻게 멈출 수 있는가? 인용문서 '이욕이 아무리 분잡하게 일어나도 기를 길러서 외면을 제어하면 내면이 안정된다.'라고 주장한다.

여기서 이욕은 개인과 관련된 것일 수도 있고, 또 사회와 관련된 것일 수도 있다. 개인의 측면에서 보면 마음이 추구하는 이욕은 불교의 깨달음과 같은 것이고, 또 사회의 측면에서 보면 마음이 추구하는 이욕은 예법과 같은 인위적 수단으로 질서를 만들어내려는 것이다.

다만 이 편이 도교의 불교 비판이라고 하는 측면에서 생각해보면, 마음의 지각 작용은 불교를 겨냥하는 것이라고 할 수 있다. 즉 도교의 관점에서 보면, 마음의 지각 작용이 기를 해치는 것이다. 그렇다면 도교에서 말하는 양기는 무엇일까? 양기는 외부대상의 자극으로부터 벗어날 뿐 아니라 내면으로부터 발생하는 의식까지 없애는 것이다.

불교가 감각 기관의 작용을 통제함으로써 자신의 내면에 침잠했다면, 도교는 자신의 내면에 집중하는 것조차도 망념을 일으키는 것이다. 그리고 이 망념은 내 몸과 마음을 해치는 것이다. 따라서 양기는 내 몸과 마음이 식은 재와 마른 나무처럼 아무런 작용을 일으키지 않는 데 이르러야 하는 것이다.

이상의 논의에 의거해보면, 도교의 기는 몸과 마음을 포함한 현상의 본원이자 본래 상태이다. 만물의 생성이라는 측면에서 보면, 기는 생명의 근원으로서 존재한다. 그리고 만물의 본래 상태라는 측면에서 보면,

기는 몸과 마음이 외부 대상의 자극이든 내면의 의식이든 어떤 것에도 흔들리지 않는 안정된 상태라고 할 수 있다.

이 상태에 이르러야만 기는 도와 합일되는 것이다. 그리고 도는 기와 별도의 공간에 존재하는 것이 아니라 만물의 본래 모습인 것이다. 이는 불교에서 현상을 환상이라고 주장하는 것과 구별되는 도교의 특징이다. 도교는 현상을 환상이라고 보지 않는다.

그들은 오히려 몸의 욕망 뿐 아니라 마음의 지각 작용이 도의 온전함을 체득하는 데 아무런 도움이 되지 않는다고 비판한다. 이 같은 논의는 도교의 기를 불교의 마음보다 상위에 두고 있음을 보여주는 것이고, 또 양기를 잘 하기만 하면 마음의 작용은 자연히 도를 따르게 됨을 나타낸다.

4. 형이상의 리가 형이하의 세계를 어떻게 주재하는가?

「심기리」편의 저작 목적은 불교와 도교의 잘못된 이론 체계를 비판하는 데 있다. 이는 리, 기, 마음의 관계를 설명하는 데서 잘 드러난다.

이 편은 주로 유가 의리의 바른 것을 말하여 노 · 불을 타일러서 그들의 잘못을 알게 한 것이다. 리라는 것은 마음이 품수한 덕이고, 기는 리로 말미암아 생기는 것이다.[24]

여기서 리는 마음이 품수한 덕이다. 마음속에 있는 덕이라는 측면에

---

24 『삼봉집』 권6, 「심리기」: "此篇, 主言儒家義理之正, 以曉諭二氏, 使知其非也. 理者, 心之所稟之德而氣之所由生也."

서 보면, 기의 본원으로서 리는 어떻게 해석할 수 있을까? 마음은 분명 기의 영역에 속하는 것이다. 그리고 외부 대상의 자극에 대한 반응은 마음의 지각작용이다. 그렇다면 마음속에 있는 덕으로서 리는 선악의 준거라고 할 수 있다.

마음속에 있는 리, 즉 선악의 준거가 없다면 마음의 작용이 올바로 일어났는지를 판정할 수 없기 때문이다. 이는 불교에서 마음만을 깨달음의 주체로 설정하는 것에 대해서 비판하는 것이다.

그리고 도교와 같이 기의 측면에서 보면 만물의 다양성이나 변화가능성에 대한 논의를 하기에는 용이하지만 불변성이나 항구성과 같은 리[법도]를 설명하기 어려워진다. 이 때문에 이 리가 하나의 준거로서 마음속에 존재하지 않는다면 도덕적 판단이나 행위의 객관성을 확보하기 힘들어진다.

또 「심기리」편에서 "리는 기의 본원이다."고 주장한다. 그리고 그 근거로 『시경』구절을 제시한다.

아! 목목한 그 리[理]여![25] 하늘과 땅보다 먼저 존재하며, 기는 나[理]로 말미암아 생기고 마음도 나를 품수하였다.[26]

'오'는 탄미하는 말이고, '목'은 지극히 맑음이다. 이 리가 순수하게 지극히 선하여 본래 잡된 바가 없으므로 탄미하여 '오목'이라 한 것이고, 나[我]라는 것은 리가 자기를 일컬은 것이다. 앞서 마음과 기를 말하는 데 나[我]·나[予]라 이르고, 이곳에는 리를 표적하여 탄미한 후에 나[我]라 일컬었으니, 그것

---

25 『시경』「주송 유천지명」: "維天之命, 於穆不已, 於乎不顯, 文王之德之純. 假以溢我, 我其收之. 駿惠我文王, 曾孫篤之."

26 『삼봉집』권6, 「심리기」: "於穆厥理, 在天地先, 氣由我生, 心亦稟焉."

은 리가 공정한 도로 그 존귀함이 상대가 없어서, 두 사람[二氏]이 각각 편벽된 소견을 지켜 서로 피아彼我를 구별하는 것과 같지 않다. ㅇ이것은 리가 마음과 기의 본원이 되는 것을 말한 것이니, 이 리가 존재한 후에 이 기가 있고, 이 기가 있은 후에 양기 가운데 가볍고 맑은 것은 위로 올라가 하늘이 되고, 음기 가운데 무겁고 탁한 것은 아래로 엉겨 땅이 된다. 사시四時가 이에 유행하고 만물이 이에 화생하니, 사람이 그 가운데 있어 하늘과 땅의 이를 온전히 얻고 또 하늘과 땅의 기를 온전히 얻어, 만물 가운데서 가장 존귀하므로 하늘, 땅과 함께 하늘·땅·사람 삼재三才에 참여하게 된 것이다. 하늘과 땅의 리가 사람에게 있어서는 성품[性]이 되고, 하늘과 땅의 기가 사람에게 있어서는 형체[形]가 되며, 마음은 또 리와 기를 겸하여 얻어 한 몸의 주재가 되었다. 그러므로 리가 하늘과 땅보다 앞서 존재하여 기가 이로 말미암아 생기고 마음도 또한 품수하여 덕이 된 것이다.[27]

여기서 '오목'은 '리'의 모습을 형언하는 말이다. '오'는 감탄사로 이를 탄미하는 것이다. 이를 탄미의 대상으로 처리한 까닭은, 리가 모든 존재의 근원으로 우뚝 서있기 때문이다. 리는 상대를 갖고 있지 않은 것이다.

이 점은 기 혹은 마음과 같이 상대를 포함하는 개념과 구별되는 것이다. 예컨대 기는 선과 악을, 마음은 깨침과 미혹됨을 그 속에 함축하고

---

27 『삼봉집』 권6, 「심리기」: "於, 嘆美之辭. 穆, 淸之至也. 此理純粹至善, 本無所雜, 故嘆而美之曰於穆. 我者, 理之自稱也. 前言心氣, 直稱我與予, 而此標理字以嘆美之, 然後稱我者, 以見理爲公共之道, 其尊無對, 非如二氏各守所見之偏而自相彼我也. ㅇ此言理爲心氣之本原, 有是理然後有是氣, 有是氣然後陽之輕淸者上而爲天, 陰之重濁者下而爲地. 四時於是而流行, 萬物於是而化生, 人於其間, 全得天地之理, 亦全得天地之氣, 以貴於萬物而與天地參焉. 天地之理在人而爲性, 天地之氣在人而爲形, 心則又兼得理氣而爲一身之主宰也. 故理在天地之先, 而氣由是生, 心亦稟之以爲德也."

있기 때문이다. 따라서 이 상대성이 질서를 얻으려면 리가 반드시 그 가운데 존재해야 한다.

태초의 경우를 상정해보면, 리가 하늘과 땅을 생성한 후에는 도리어 그 가운데 들어가게 된다. 그리고 그 리는 기와 함께 질서를 형성한다. 사람의 경우도 마찬가지이다. 기로부터 몸과 마음이 생성된다. 그리고 그 마음속에 리가 존재하게 된다. 이로써 보자면, 마음은 기와 리를 겸하고 있다. 그리고 마음은 리를 가지고 몸을 통제할 수 있다. 이는 마음이 한 몸의 주재자임을 보여주는 것이다.

본 편에서는 리의 중요성을 다시 한 번 강조한다. 리의 중요성은 바로 '사람의 본질이 무엇인가?'라는 문제와 긴밀하게 연결되어 있다.

마음이 있고 내[理]가 없으면 이익과 손해에만 달려갈 것이요, 기만 있고 내[理]가 없으면 혈육만의 몸으로 꿈틀거리는 금수와 동일한 것으로 귀결되니, 아아! 그 가운데 조금 다를 자가 몇 사람이나 되겠는가?[28]

준연蠢然은 지각이 없는 모양이다. 기희幾希는 적다는 것이다. 주자가 말했다. "지각과 운동의 꿈틀거린 것은 사람이 동물과 같으나 인의예지의 순수한 것은 사람이 동물과 다르다."[29] ○이는 사람이 금수와 다른 바는 그 의리가 있기 때문이니, 사람이고서 의리가 없으면 그 지각하는 바가 정욕과 이해의 사사로움에 지나지 않을 뿐이다. 그 움직임 또한 꿈틀꿈틀 한갓 살아 있을 따름이다. 비록 사람이라고 하더라도 금수와 얼마나 다르겠는가? 이는 유학자

---

28 『삼봉집』, 권6, 「심리기」: "有心無我, 利害之趨, 有氣無我, 血肉之軀, 蠢然以動, 禽獸同歸, 其與異者, 嗚呼幾希."

29 『주희집』 46-18: "孟子集注(生之謂性章), 以氣言之, 則知覺運動人與物若不異也. 以理言之, 則仁義禮智之稟, 豈物之所得而全哉? 告子徒知智覺運動之蠢然者, 人與物同, 而不知仁義禮智之粹然者, 人與物異."

가 존심·양기하는 데 반드시 의리를 중심으로 삼는 까닭이다. 저 두 사람(노老·석釋)의 학문은 적멸과 청정을 숭상하여 비록 이륜彛倫의 중대함과 예악의 아름다움도 반드시 제거하여 멸절하고자 한다. 그 흉중에 욕심이 없는 자는 이해에 달려가는 자와 다른 것 같지만, 천리天理의 공정함을 주장하여 인욕人欲의 삿됨을 제재할 줄을 알지 못하므로, 그 일상 언행이 매양 이익과 손해에 빠지면서도 깨닫지 못하는 것이다. 또 사람의 욕구하는 바가 삶보다 더한 것이 없고, 싫어하는 바가 죽음보다 심한 것이 없다. 그런데 이제 그들의 학설을 보건대, 석씨는 반드시 죽음과 삶에서 벗어나려 하니 이는 죽음을 두려워하는 것이요, 노씨는 반드시 장생을 구하고자 하니 이는 삶을 탐하는 것이니, 이익과 손해가 아니고 무엇이겠는가? 또 그 가운데 의리의 주장함이 없으니, 텅 비어 얻음이 없고 어둑히 알지 못할 뿐이니 이는 몸통에 존재된 것이 혈육에 불과할 따름이다. 이 네 구절은 비록 범범하게 보통 사람을 가리켜 말한 것이나, 이가二家(노자와 부처)의 실지 병통에 절실하게 맞는 것이니, 독자는 상세히 살펴야 한다.[30]

여기서 '리理가 없는 마음은 손익관계를 계산하는 것에 지나지 않는다. 또 리가 없는 기는 지각과 운동을 가진 금수와 거의 다를 것이 없다.'라고 주장한다. 또 본 편에서는 주희의 말을 인용하여 사람과 동물의 동

---

30 『삼봉집』 권6, 「심리기」: "蠢然, 無知貌. 幾希, 少也. 朱子曰, 知覺運動之蠢然者, 人與物同. 仁義禮智之粹然者, 人與物異. ○此言人之所以異於禽獸者, 以其有義理也. 人而無義理則其所知覺者, 不過情欲利害之私而已矣. 其所運動者, 亦蠢然徒生而已矣. 雖曰爲人, 去禽獸何遠哉. 此儒者所以存心養氣, 必以義理爲之主也. 若夫釋老之學, 以淸淨寂滅爲尙, 雖彛倫之大, 禮樂之懿, 亦必欲屛除而滅絶之. 是其胸中無欲, 與趨於利害者, 疑若不同矣. 然不知主天理之公, 以裁制人欲之私. 故其日用云爲, 每陷於利害而不自知也. 且人之所欲無甚於生, 所惡無甚於死. 今以兩家之說觀之, 釋氏必欲免死生, 是畏死也, 老氏必欲求長生, 是貪生也, 非利害而何哉. 又其中無義理之主, 則枵然無得, 冥然不知, 是軀殼所存, 亦不過血肉而止耳. 此四句雖泛指衆人而言, 切中二家之實病, 讀者詳之."

이同異에 대해서 논한다.

주희는 '지각과 운동의 측면에서 사람과 동물은 같지만, 인의예지의 측면에서 사람과 동물은 다르다.'라고 주장했다. 이는 기의 차원에서 사람은 동물과 동일하지만 본성의 측면에서 사람이 동물과 다르다는 것이다. 여기서 본성은 리가 마음속에 들어있는 것을 가리킨다. 이 때문에 사람과 동물의 차이는 리와 마음의 관계 속에서 다루어져야 한다.

본 편은 이 같은 점을 명확하게 인식하고 있다. 예컨대 '마음속에 리가 없다고 한다면 마음이 지각하는 바는 정욕과 이해의 사사로움에 지나지 않는다.'라고 비판한 것을 보면, 유교는 분명 리를 준거로 하지 않는 마음의 작용은 사사로울 수밖에 없다고 규정하는 것이다. 사사로운 마음의 작용은 도교와 불교를 비판하는 공통된 지점이다.

불교든 도교든 적멸과 청정을 숭상했다. 유교의 시각에서 보면, 마음이든 몸이든 모두 기에 속한다. 이 때문에 마음의 적멸이든 몸의 청정이든 기의 상태이지 그 가운데 리를 필요로 하지 않는다. 오히려 리는 마음의 적멸과 청정을 해치는 요소이다. 「심기리」편은 불교와 도교에서 중시하는 기의 본질에 대해서 정의한다. 기의 본질은 이익을 좋아하고 손해를 싫어하는 것이다. 그리고 손익관계에서 가장 중요한 점은 어떤 사람이든 삶을 좋아하고 죽음을 싫어한다는 실정이다.

본 편에서 기를 이 같이 정의하는 까닭은 무엇일까? 유교의 시각에서 볼 때, 불교와 도교의 궁극적 목적은 모두 죽음으로부터 벗어나려는 것이다. 그리고 이 목적은 실현할 수 없는 것으로 탐욕에 지나지 않는다. 어떤 존재이든 기를 품수한 존재는 생사의 법칙을 벗어날 수 없기 때문이다.

그럼에도 불구하고 불교가 삶과 죽음의 굴레를 벗어나려고 한 까닭은 무엇인가? 유교의 관점에서 볼 때, 불교는 죽음을 두려워했다. 그리고 도교가 장생을 추구하는 까닭은 삶을 탐하는 데 있다. 삶을 탐함은 자연의 법칙을 거스르는 것일 뿐 아니라 사욕에 사로잡힌 것에 불과하다.

유교의 시각에서 보면, 불교든 도교든 해탈이나 무위를 논하지만 이는 진리에 대한 탐구가 아니라 자신의 탐욕을 성취하는 데 골몰하는 것이다. 따라서 불교와 도교의 공통된 문제는 마음속에 부여된 천리를 전제하지 않은 데서 발단된 것이다.

이상의 논의에 의거해보면, 「심기리」편의 불교와 도교 비판은 리를 유학의 최상위 개념으로 설정하는 데 목적이 있다. 다만 본 편에서 리·기·마음이라는 구도로 불교와 도교를 해석한다는 점을 고려해보면, 본편의 관점이 다소 유학중심으로 기울어졌다고 할 수 있다. 그렇다고 하더라도 본 편에서 불교와 도교를 비판하면서 삶과 죽음이라는 구도를 끌어들인 것은 상당한 의미가 있다.

불교이든 도교이든 삶과 죽음의 자연스런 질서로부터 벗어나려고 했다는 것은 부인할 수 없다. 불교에서는 윤회의 사슬로부터 벗어나는 것을 깨달음의 본질로 삼았다. 그리고 도교에서는 불로장생을 궁극의 목적으로 설정하고 있다. 불교든 도교든 모두 만물의 자연법칙과 맞지 않는다. 그리고 이 같은 지향은 윤리적으로 큰 문제를 일으킬 수 있다. 천리는 삶과 죽음의 생리보다 중하기 때문이다.

삶과 죽음의 문제에만 골몰하게 되면 천리는 후순위가 된다. 그리고 공공의 천리가 개인의 욕구[人欲]보다 덜 중요한 것이 된다. 정도전이 이성계와 함께 개국을 이끌었다는 측면에서 보면 국가 기강을 바로잡는 것은 굉장히 중요한 일이다. 그리고 이 국가 기강은 개인이든 집단이든 일부가 공유하는 이해관계를 초월해 있어야 한다. 따라서 「심기리」편은 리를 기의 욕망과 마음의 지각에 구애되지 않는, 그리고 욕망이든 지각이든 모두 따라야하는 법도로 유학의 최상위 개념에 두었다.

5. 나오는 글

나는 세 가지 질문을 던지면서 본 연구를 진행하였다. 첫째, 마음은 외부 대상의 자극으로부터 어떻게 반응하는가? 이는 불교 비판과 관련된 것이다. 「심기리」편에서는 불교의 핵심 개념을 마음이라고 주장한다. 마음은 몸, 즉 기와 대비된 개념으로 인연으로부터 생성되는 모든 현상이 환영임을 깨닫는 주체이다. 즉 모든 존재의 본질은 실체가 없는 공空이다.

그리고 마음은 공을 깨우침으로써 윤회의 사슬로부터 벗어나 자유를 얻게 된다. 이 때문에 마음은 외부대상의 자극에 대해서 철저히 무시해야 한다. 외부대상의 자극은 애초에 거짓된 것으로 나를 괴롭게 하는 고통의 원인일 뿐이다. 이 같은 논리대로라면, 마음은 윤리적 판단을 내려야 하는 사태에 직면하더라도 그 속에서 선악의 가치를 단정할 수 없다.

선과 악은 인연의 조합으로, 경우에 따라서 얼마든지 변할 수 있기 때문이다. 즉 절대불변의 영원한 리理는 없다. 오히려 리가 영원불변하다고 생각하는 순간, 나는 윤회의 굴레에 다시 빠지게 된다. 따라서 마음은 자신의 본래 모습[공空]을 깨닫는 데 집중해야 한다.

둘째, 양기는 마음의 지각작용을 통제할 수 있는가? 이는 도교 비판과 관련된 것이다. 「심기리」편은 도교의 핵심개념을 기라고 규정한다. 기는 모든 현상의 근원일 뿐 아니라 현상 그 자체이다. 기로부터 만물이 생겨난다. 그리고 만물은 기의 자기 현현이라고 할 수 있다. 만물이 자신의 모습을 있는 그대로 드러냄이 바로 도의 체득이라고 할 수 있다.

이 같은 도식에 의거해보면, 마음도 만물 가운데 하나로 기에 속한다. 여기서 마음은 몸 가운데 존재한다. 그렇기 때문에 마음은 우선 몸으로부터 외부대상의 자극을 받아들인다. 그리고 외부대상의 자극에 대한 모종의 반응은 마음의 허령으로부터 발생한다. 이 같은 논리대로 라면, 현상과 무관한 마음의 작용은 존재할 수 없을 뿐 아니라 모종의 반응은 몸으로부터 받아들인 자극에 영향을 받게 된다.

이 때문에 도교에서 몸, 즉 기를 잘 기르는 것은 매우 중요한 일이다. 기를 잘 길러야만 마음의 허령은 제대로 된 지각작용을 하게 된다. 그리고 제대로 된 지각작용은 도의 체현이라고 할 수 있다. 따라서 양기는 몸이 도를 체득한 상태로 마음의 지각작용까지 통제할 수 있게 하는 것이다.

셋째, 형이상의 리가 형이하의 기를 어떻게 주재하는가? 이는 불교와 도교를 비판함으로써 유교의 입장을 천명하는 것이다. 불교의 마음이든 도교의 기이든 모두 형이하에 속하는 것이다. 형이하는 현상의 세계로, 윤리적인 측면에서 보면 선과 악이 공존하는 공간이다. 즉 기는 선과 악을 낳을 수 있는 이론적 토대이다.

그런데 「심기리」편의 관점에서 보면, 불교와 도교는 선악의 가능성을 자기 이론체계의 핵심개념으로 채택한 것이다. 불교의 마음은 현상을 부정한다. 현상은 모두 거짓된 모습으로 마음의 지각작용을 어지럽히는 것이다. 이 같은 논리라면 현상[기]의 차원을 부정하는 것일 뿐 아니라 영원불변한 가치[리]마저 거부하는 것이다.

도교의 양기는 자신의 몸에 이로운 것을 기르고, 또 이를 선으로 여긴다. 그렇지 않은 것은 악으로 여기고 제거한다. 이 같은 도식대로 라면 도교에서 선과 악의 가치는 여전히 존재한다. 그렇지만 내 몸에 이로운 것 가운데 무엇이 가장 귀한가? 이론의 여지없이 누구나 목숨이라고 할 것이다.

진정 목숨보다 소중한 가치는 없을까? 아니다. 비근한 일상 가운데서

도 자신의 목숨을 버리며 가치를 지키는 사람들을 얼마든지 목도할 수 있다. 그렇다면 내 몸보다 소중한 가치는 어디에 있는가? 그리고 그 가치는 시대나 상황에 따라서 변하는가? 본 편의 시각에서 보면, 예로부터 지금까지 인륜의 가치는 영원불변하다.

이 영원불변성은 시간이나 공간의 제약을 받지 않는다. 이 때문에 현상의 가치보다 앞서 존재하는 본원이 필요하다. 이 본원이 바로 형이상이고, 그 형이상의 실체가 바로 리이다. 「심기리」편은 이 영원불변의 가치 개념인 리를 최우선으로 설정함으로써 유교를 조선개국 사상으로 자리매김 한 것이다.

서학의 욕구론과 위정척사파의 비판:
김평묵의『벽사변증기의』를 중심으로

이원석(전남대학교 교수)

1. 들어가며

『칠극』은 디에고 데 판토하(Diegode Pantoja, 1571~1618)가 1641년 북경에서 출판했던 저술이다. 그는 마테오 리치(Matteo Ricci, 1552~1610)를 1601~1610년까지 보좌했던 인물이다.[1]『칠극』의 핵심 내용은 칠추덕으로써 칠죄종을 극복해야 한다는 것이다.

여기서 칠죄종七罪宗은 교만 · 질투 · 인색 · 분노 · 탐욕 · 음란 · 게으름을 가리키며, 칠추덕七樞德은 이 일곱 가지 악한 덕을 극복할 선한 일곱 가지 덕이다. 칠죄종과 칠추덕은 모두 사막의 수도자들이 덕(virtue)과 사악(vice)을 구분한 데서 유래되었으며, 그 후 토마스 아퀴나스가 그의

---

1 徐宗澤,『明淸間耶穌會士譯著提要』, 上海: 上海世紀出版集團, 2010, 38쪽.『칠극』은 국내에서 박유리와 박완식 · 김진소에 의해서 각각 번역되었다. 박완식 · 김진소 역,『七克: 일곱 가지 승리의 길』, 전주: 전주대학교 출판부, 1996. 박유리 역,『칠극』, 서울: 일조각, 1998.

『신학대전』에서 이 두 개념을 발전시켰다고 한다.[2]

『칠극』은 당대 중국의 지식인들에게 큰 영향을 끼쳤다. 서광계徐光啓 · 양정균楊廷筠 · 정이위鄭以偉 · 조우변曹于汴 · 진량채陳亮采 · 웅명우熊明遇 · 왕여순汪汝淳 등 당대의 저명한 지식인들이 『칠극』을 위해 서序 · 발跋 · 찬贊을 썼고, 특히 왕정王征은 『칠극』의 영향을 받아 천주교를 믿게 되었으며, 한림韓霖은 『칠극』의 계발을 통해 『탁서鐸書』를 짓기도 했다.

이 때문에 『칠극』은 나중에 다시 복간되었고 사고전서에도 포함되기에 이르렀다. 한편, 반反천주교 유학자는 『칠극』이 매우 위해한 사교邪敎의 저서 중 하나라고 간주하여, 유종주의 스승인 허부원許孚遠의 아들 허대수許大受는 『성조좌벽聖朝佐闢』을 지어서 『칠극』을 비판했고, 황문도黃問道는 『벽사해闢邪解』를 지어 비판을 가했다고 한다.[3]

『칠극』은 조선의 천주교 신자들에게 읽혔음 물론이요, 지어진지 거의 200여 년이 지난 후인 19세기 중엽에 조선의 이른바 위정척사파 학자들에 의해 다시금 주목을 받는데, 그들은 『칠극』의 수양법을 상대적으로 긍정했던 남인 학자들을 비판하기 위해서 『칠극』을 논의 선상에 올려놓았다.

여기서 위정척사파 학자란 이항로李恒老(1792~1868)와 그의 제자 김평묵金平黙(1819~1891) · 유중교柳重敎(1832~1893)를 가리킨다. 이항로는 「벽사록변闢邪錄辨」에서 한 항목을 할애하여 『칠극』을 비판하였고[4], 김평묵

2 김승혜, 「『七克』에 대한 연구: 그리스도교와 신유학의 초기접촉에서 형성된 수양론」(판토하 저, 박유리 역, 『七克』, 455~471쪽에 부록으로 수록됨), 455쪽.

3 韓思藝, 『從罪過之辯到克罪改過之道―以『七克』與『人譜』爲中心』, 北京: 中國社會科學出版社, 2012, 6~7쪽.

4 李恒老, 『華西集』卷25, 「闢邪錄辨」. 이원석, 「이항로의 천주교 비판과 그 존재론적 기초」, 『대

은 이항로의 논지를 이어받아 그의 「벽사변증기의闢邪辨證起疑」에서 더 집중적으로 비판하였으며, 유중교는 김평묵의 비판 논지를 수정하고자 「중암 선생에게 올리는 글[上重菴先生]」(1881)을 지었다.[5]

그런데 『칠극』의 인성론을 어떻게 규정할지에 대해 현대의 연구자들 사이에서 다소 엇갈린 견해가 제시되었다. 김승혜는, 판토하가 그리스 도교적 인간론을 제시하면서도 원죄나 인간의 죄악에 비중을 두기보다 는 본래의 인간본성이 선하다는 점을 강조했다고 한다.

그러면서 그는 그 근거로 "절제하면서 먹고 마시면 세 가지 축복을 받을 것이니, 유익하고, 바르고, 기쁠 것이다"라는 구절과 "성욕은 태어날 때부터 우리에게 주어진 것이다. 천주는 후손을 키워서 인류를 지속시키라고 이것을 주신 것이다. 천주께서 하시는 일은 절제가 있다.

따라서 우리가 이런 절도를 따르면 욕망도 좋고, 절도에 어긋날 때 욕망은 사악하게 된다."는 구절을 들었다.[6] 아마도 천주가 인간에게 절제의 능력을 부여하여 축복을 주고자 했다는 데 초점을 맞추어 해석하였기 때문에 김승혜는 판토하의 인성론이 성선설과 부합한다고 본 듯하다.

하지만 중국의 연구자 한스이韓思藝는 그와 다른 견해를 제시했다. 그는 판토하에게 다대한 영향을 끼쳤을 마테오 리치의 인성론을 먼저 분석한다. 그에 따르면 마테오 리치는 비록 인성人性이 본래 선하다고는 말했지만, 그 선은 결코 원만자족한 것이 아니어서 인간의 "성性의 선善"은 성인이 도달한 "덕德의 선"과 같지 않다고 주장했다고 한다.

그러므로 천주에게 부단히 가까워짐을 통해 무한한 천주의 선이 나를

동철학』 제79집, 2017은 『闢邪錄辨』의 저술경위와 그것에 담긴 성리학적 존재론의 변화 양상을 서술하였다.

5 柳重教, 『省齋集』 卷6, 「上重菴先生」.

6 김승혜, 위의 글, 464쪽.

가득 채우도록 해야 한다는 것, 다시 말해 우주에 가득 찬 도덕적 역량에 접촉함으로써 인간 자신의 도덕생명에 돌파구가 있게끔 촉진하여야만, 인간에게 내재적 선과 인仁이 부단히 증가하고 성장하며 확충될 수 있다는 것이 마테오리치의 인성론이라고 한다.[7] 판토하가 마테오 리치의 견해를 따랐다고 한다면 그의 인성론은 성악설에 가까워질 것이다.

이 글은 『칠극』에 대한 위정척사파 학자들의 비판을 통해 그 인성론이 과연 어떤 성격을 갖고 있었는지 규명해 보려 한다.

2. 『칠극』의 지평과 유가 비판

『칠극』의 인성론에 바로 들어가기에 앞서 그 사상적 배경이 되었을 토마스 아퀴나스의 견해부터 검토해 보기로 한다. 우리는 한스이의 요약을 중심으로 그것을 살펴볼 것이다.[8] 토마스 아퀴나스가 보기에 죄과는 완미完美한 본성의 결핍이었다. 질료의 관점에서 보자면 죄과는 과도한 욕념欲念 및 언행이되, 형식의 관점에서 보자면 죄과는 원의原義(original righteousness)의 결여태라는 것이다.(Thomas Aquinas, Summa Thelogica, I-II, 71,1.)

그에 따르면, 사람은 천주로부터 천주의 형상, 즉 이성, 자유의지, 영혼, 그리고 원의(선한 본성, 덕성으로의 경향성)를 부여받았다. 하지만 뱀의 유혹에 의해 '원의'를 잃어버리게 되었다. '원의'를 잃어버리면서 덕성을

---

7 韓思藝, 『從罪過之歸到克罪改過之道: 以『七克』與『人譜』爲中心』, 北京: 中國社會科學出版社, 2012. 이 중 羅秉祥의 서문 2쪽 참조.

8 韓思藝, 『從罪過之歸到克罪改過之道: 以『七克』與『人譜』爲中心』, 北京: 中國社會科學出版社, 2012, 93~104쪽.

지향하던 영혼의 능력도 차례로 방향을 잃어버린다. 영혼에는 이성·의지·분노·감정이 있다.

그런데 영혼이 방향을 잃어버림에 따라 이성은 우매가 되고, 의지는 악의가 되며, 분노는 나약이 되고, 감정은 탐욕이 된다고 한다. 이렇듯 인간은 본래 '원의'를 부여받았으되 그것을 상실함에 의해 과도한 욕구를 추구하게 되었다는 것이 토마스 아퀴나스가 제시한 구도의 대강이다.

이에 비해『칠극』은 그 서문에서 '원의'를 얘기하기보다 욕구의 문제를 먼저 제기하였다. 이익李瀷(1681~1763)의 요약을 중심으로『칠극』의 욕구 개념에 접근해 보자.

『칠극』은 서양西洋 사람 판토하[龐迪我]의 저술로서 곧 우리 유교의 극기克己의 설이다. 그 말에 "인생의 백 가지 일은 악을 사르고 선을 쌓는 두 가지 일에서 벗어나지 않는 것이므로, 성현의 훈계는 모두 악을 사르고 선을 쌓는 데 도움이 된다. 대체로 악이 욕구에서 생겨나기는 하나 욕구가 곧 악은 아니다. 이 몸을 보호하고 영신靈神을 도와주는 것이 바로 욕구인데, 사람이 오직 사私에만 빠지므로 비로소 허물이 생겨나고 여러 가지 악이 뿌리박았다."고 한다.[9]

욕구는 악의 근원이지만 악 그 자체는 아니며, 오히려 몸을 보호해 주고 영신靈神 즉 정신을 도와준다는 점에서 인간에게 유익할 수도 있다고 판토하는 말한다. 식욕은 인간으로 하여금 영양분을 섭취케 하여 육체

---

9 李瀷,『星湖先生僿說』卷11,「人事門」,「七克」: "七克者, 西洋龐迪我所著, 卽吾儒克己之說也. 其言曰, 人生百務, 不離消積兩端, 聖賢規訓, 總爲消惡積德之藉. 凡惡乘乎欲, 欲本非惡, 存護此身, 輔佐靈神, 人惟汩之以私, 始乃罪釁, 諸惡根焉."

를 유지하게 하며, 육체의 유지는 거기에 깃든 정신의 활동을 위한 필수적 조건이 된다.

그래서 판토하는 욕구가 "공평한 의리와 정당한 도리를 가진 밀사"라고 말하기도 했다.[10] 욕구를 "밀사"로 본 까닭은, 욕구는 흔히 부정적 존재로 여겨지지만 사실은 신으로부터 주어진 것으로서 인간에게 이로운 역할을 한다는 점을 부각하기 위해서였을 것이다.

이렇게 보았을 때 판토하는 욕구에 대해 오히려 긍정적 평가를 내렸다는 사실을 알 수 있다. 그럼에도 불구하고 욕구가 악의 근원이라는 점은 부인할 수 없는 상식이며, 여기에서 모순이 생긴다. 욕구는 공의·공리公理의 존재인데 그로부터 어떻게 악이 생겨나는가 하는 문제이다. 판토하는 이 문제에 대해, 욕구로 하여금 악을 산출하게끔 하는 것은 '사私'라고 위에서 대답했다.

그렇다면 진정으로 악한 존재는 "사"이지 욕구는 아니게 된다. 욕구는 선한 것이 될 수도 있고 악한 것이 될 수도 있는 무규정적·질료적 존재이며, '사'는 이 무규정적·질료적 존재인 욕구를 악한 존재로 변화시키는 규정적·형상적 역할을 담당하게 된다. '사'는 규정적·형상적 역할을 담당한다는 점에서 기독교 최고신과 더불어 어깨를 나란히 하는 초월적 지위를 차지하려 할 터이다. 그런 의미에서 '사'는 독신적瀆神的이며 오만한 존재로 여겨질 것이다.

이러한 구도는, 일곱 가지 죄악이 생겨나는 과정에 대한 판토하의 분석 속에서 찾아볼 수 있다.

이 악의 뿌리가 마음속에 도사려, 부유하고자 하고, 귀하고자 하며, 일탈하여

---

10 판토하 저, 박유리 역, 『칠극』, 서울: 일조각, 1998, 13쪽.

즐기고자[逸樂] 하는 이 세 가지의 큰 줄기가 밖에 나타난다. 줄기에서 또 가지가 생겨, 부유하고자 하면 탐욕이 생기고, 귀하고자 하면 오만이 생기며, 일탈하여 즐기고자 하면 욕심[饕]과 음탕과 태만이 생기고, 혹 부・귀와 일탈하여 즐김이 나보다 나은 자가 있으면 곧 질투심이 생기고, 내 것을 탈취당하면 곧 분노가 생긴다. …… 이것이 바로 일곱 가지 가지[七枝]이다. …[11]

위 인용문에서 "악의 뿌리"는 바로 "사"를 가리킨다. 이 "사"는 욕구를 추동하여, 그것으로 하여금 부유하게 되려는 욕구, 귀하고자 하는 욕구, 일탈하여 즐기고자 하는 욕구로 변화되게 한다. 그리고 세 가지 욕구가 차례로 탐욕・오만・욕심・음탕・태만・질투・분노라는 일곱 가지 죄악을 낳는다. 하지만 부유하게 되려는 욕구, 귀하게 되려는 욕구, 쾌락을 즐기려는 욕구 자체가 악하다고 볼 수는 없지 않을까?

아마도 판토하는 이 세 가지 욕구가 "사"에 기반을 두기 때문에 죄악의 씨앗이 된다고 보았을 것이다. 그 점은 "부・귀와 일탈하려 즐김이 나보다 나은 자가 있다면 곧 질투심이 생기고, 내 것을 탈취당하면 곧 분노가 생긴다"는 구절로부터 미루어 짐작할 수 있다.

판토하는 일곱 가지 죄악이 일곱 가지 덕에 의해 극복된다고 말한다.

탐욕이 돌과 같이 굳다면 은혜로써 풀고, 오만함이 사자와 같이 사납다면 겸손으로써 억제하며, 욕심이 구렁과 같이 크다면 절제로써 막고, 음탕함이 물과 같이 넘친다면 정절로써 제지하며, 게으름이 지친 말과 같다면 부지런함으로써 채찍질하고, 질투심이 파도와 같이 일어난다면 너그러움으로써 평정

---

11 李瀷, 『星湖先生僿說』 卷11, 「人事門」, 「七克」: "根伏于心, 而欲富欲貴欲逸樂此三鉅幹, 勃發于外, 幹又生枝, 欲富生貪, 欲貴生傲, 欲逸樂生饕生淫生怠. 其或以富貴逸樂勝我, 卽生妬, 奪我卽生忿, 此七枝也."

> 시키고, 분노가 불과 같이 일어난다면 참는 것으로써 그치게 한다.[12]

여기서 우리는 신플라톤주의적 면모를 엿볼 수 있다. 탐욕, 오만, 욕심, 음탕, 게으름, 질투, 분노는 각각 은혜, 겸손, 절제, 정절, 부지런함, 너그러움, 참음의 결여태이기 때문이다. 그런데 중요한 점은 다음과 같은 판토하의 문제제기이다.

> 욕구를 극복하고 덕을 닦는 것에 대해 종일 논하고 평생 힘쓰지만, 오만 · 질투 · 분노 · 음란 등 여러 욕구는 결국 소멸되지 않고, 겸허 · 어짊 · 정숙 · 인내의 여러 덕은 결국 쌓이지 않으니 그 이유는 무엇인가? 세 가지 폐단이 있다. 첫째, 본원을 생각하지 않고, 둘째, 지향을 깨끗하게 하지 않으며, 셋째, 절차를 따르지 않는다.[13]

"본원을 생각하지 않음"에 대해 판토하는 다음과 같이 말한다.[14]

> 세상에서 오만하게도 스스로를 옳다고 여기는 사람들은 모두들 "덕을 닦고 욕구를 극복하는 역량力量을 나 스스로 발휘할 수 있다"고 말하니 본래 그 근

---

12 上同: "貪如握固, 以惠鮮之, 傲如獅猛, 以謙伏之, 饕如壑受, 以節塞之, 淫如水溢, 以貞防之, 怠如駑疲, 以勤策之, 妬如濤起, 以恕平之, 忿如火熾, 以忍熄之."

13 판토하 저, 박완식 · 김진소 역, 『칠극: 일곱 가지 승리의 길』, 전주: 전주대학교 출판부, 33쪽: "凡惡乘乎欲, 然欲本非惡, 乃上帝賜人, 存護此身, 輔佐靈神, 公義公理之密伻. 人惟汨之以私, 乃始罪釁, 萬狀諸惡根焉. …… 然而克欲修德終日論之, 擧世務之, 而傲妬忿淫諸欲, 卒不見消, 謙仁貞忍諸德, 卒不見積. 其故云何. 有三蔽焉. 一曰不念本原, 二曰不淸志嚮, 三曰不循節次." 원문은 龐迪我, 『七克』, 李之藻 編, 『天學初函(二)』, 臺北: 臺灣學生書局, 1965, 709쪽을 볼 것.

14 이하 이 절의 내용은 한정길 외, 『사회사상과 동서접변(근현대총서 5)』, 고양: 동과서, 32~35쪽 부분을 일부 수정한 것임.

원이 따로 있음을 모른다. 그러나 단 한 번의 깨달음도 천주상제가 내게 베풀어준 것 아님이 없고, 부·귀·장수·안온, 그리고 미미하고 일시적인 복도 모두 상제로부터 나왔음을 알아야 한다. 그런데도 욕구를 극복하고 덕을 닦는 등 가장 힘든 일을 망령되이 스스로 할 수 있다고 인식하니 그보다 더한 잘못이 어디 있는가? 만약 역량이 상제로부터 나온다는 점을 안다면 경건히 섬기고 기도로 정함이 그치지 않을 것이며, 덕을 완성하고 욕구를 극복함이 모두 상제의 베풂 때문임을 인정하리라. 그러나 저들은 "내가 할 수 있지 상제의 힘 때문이 아니다."라고 말하니 오만한 악마에 사로잡혀 본원을 망각하고, 사리에 어둡게도 스스로를 옳다고 여기는 짓이다. 그들은 아부를 들으면 만족하여 기뻐하고, 조금이라도 거슬리면 "응대할 자가 아니다"라고 말하여 원한은 더욱 더 그치지 않는다. 이들이 닦는 것은 무슨 덕인가?[15]

판토하에 따르면, 죄악을 없애기 위해 평생 노력을 하더라도 실패로 끝나고 마는 근본적 이유는 "스스로를 옳다고 여기고" "덕을 닦고 욕구를 극복하는 역량을 나 스스로 발휘할 수 있다"고 여기는 "오만" 때문이다. 도덕 역량이 내 안에 있기 때문에 나는 본래 올바르다고 생각한다면 내 선행의 공로는 내게 돌아오며, 그 공로에 대한 자임으로 인해 스스로를 높이는 마음을 갖게 될 것이다.

열심히 죄악을 제거하고 덕을 닦은 결과가 자부심의 형성 또는 오만한 마음가짐이 될 터이니, 아무리 죄악을 열심히 제거하더라도, 아니 죄

---

15 上同, 34~35쪽: "夫世之傲然自是者, 咸謂修德克欲之力量, 我自能之, 不知自有生來, 但有一念提醒, 莫非天主上帝賜我者, 富貴壽安微暫之福, 有一隙之明者, 皆知出于上帝, 而克欲修德最難劇務, 忘自忍爲已能, 謬孰甚歟, 如知力量悉從上帝而出, 其于欽事祈驚自不容已, 迨德性欲克皆認帝賜也, 彼謂我自能之, 不緣帝力, 乃由傲魔所中, 忘却本原, 冥悖自是, 聞諛則沾沾自喜, 稍拂則謂非所應遇而怨尤不已, 此其所修何德哉." 龐迪我, 「七克」, 李之藻 編, 「天學初函(二)」, 臺北: 臺灣學生書局, 1965, 710~711쪽.

악을 열심히 제거하면 할수록 오만한 마음이 더더욱 확고해지는 역설이 생겨난다. 이 역설을 해소할 유일한 방법은 '내가 비록 열심히 노력하여 죄악을 제거했다 하더라도 다른 존재로부터 절대적 도움을 얻어 그렇게 할 수 있었다.'는 생각을 갖는 것이다.

다시 말해 죄악을 제거하려 했던 나의 노력, 즉 도덕 역량 자체가 나를 초월한 절대 존재인 신으로부터 왔다고 생각해야 한다. 인간은 그 힘에 의지하여 자기 죄악을 제거했을 뿐이므로 스스로 자부심을 가질 이유가 전혀 없다.

기독교 신학은 이런 사유를 존재론으로 뒷받침하기 위해 아리스토텔레스적 힘의 관념을 빌려 왔다. 판토하가 말한 "역량"은 그리스어 '뒤나미스'의 한역漢譯이다. 뒤나미스는 '무엇으로 되게 한다'는 뜻을 갖는다. 그런데 어떤 것이 무엇으로 되려면 거기에 가해지는 힘이 있어야 할 텐데, 이 힘의 근원은 현상계의 만물 안에 있지 않고 제1질료나 순수 형상(신神)에 있다고 간주된다. 특히 어떤 사람이 선한 존재로 '되기' 위한 힘은 순수 형상, 즉 신에게서 찾아야 한다. 그러므로 그러한 힘은 개별 인간을 넘어 있다.

하지만 "역량", 곧 힘의 근원이 인간을 넘어선 초월자에게 있다는 생각은 동아시아인들에게 낯설다. 동아시아 존재론적 사유의 견지에서, 어떤 개체의 변화를 가능케 하는 힘은 그 개체 외부에 있지 않고 내부에 있다. 왜냐하면 동아시아의 유기적·전체적 세계관에서 '힘'은 세계 곳곳에 편재하는 것으로 여겨져, 그 세계의 일부인 개체들 내부에도 힘이 내재하는 것으로 여겨지기 때문이다.

같은 맥락에서, 힘의 단일한 근원도 상정되지 않는다. 도덕 역량의 근원이 자신에게 있다는 것은 선善의 근원이 자신에게 있다는 성선론적 사유와 상통한다. 그런데 이러한 성선론은 인간의 도덕적 자신감을 앙양하는 데에는 도움이 되겠으나 일곱 가지 죄악 중 하나인 오만을 야기한다는 것이 판토하의 판단이다. 그리고 오만은 궁극적으로 인간이 신과 같이 되려는 욕구에서 생겨난다고 판토하는 여겼을 것이다.

앞서, 판토하는 고귀하게 되려는 욕구로부터 오만의 죄가 생겨난다고 했다. 그렇다면 도덕적 노력 끝에 오히려 오만한 마음이 생겨났다는 것은 이미 고귀하게 되려는 욕구가 그 가운데 게재했다는 것을 가리킨다. 아울러 부유하게 되려는 욕구와 일탈적 쾌락을 누리려는 욕구도 그로부터 생겨나게 될 것이다.

> 만약 덕을 닦는 데에 부귀·명예·세속적 복에 대한 기대가 끼어들게 한다면 닦는 것은 덕이 아니게 되고, 다른 욕구를 닦으면서 덕 있는 모습만 본 딸 뿐이다. [그것은] 덕으로써 욕구를 공격하는 것이 아니라 욕구로써 욕구를 공격하는 것일 뿐이다. [그러니] 옛 욕구는 아직 제거되지 않았는데 새로운 욕구가 증가하게 된다.[16]

자신이 욕구의 존재임을 자각하지 못한 상태에서 스스로 욕구를 극복할 역량을 갖는다고 착각할 경우, 겉으로는 덕을 닦으면서도 부귀·명예·세속적 복에 대한 기대를 은연 중 갖게 된다는 것이 판토하의 지적이다.

다시 말해서 부귀·명예에 대한 욕구를 충족시키기 위해서 덕을 닦는 일이 발생할 수 있다. 이는 새로운 욕구를 충족시키기 위해서 기존의 욕

---

16 판토하 저, 박완식·김진소 역, 『칠극: 일곱 가지 승리의 길』, 전주: 전주대학교 출판부, 34~35쪽: "若修德而雜之以富貴榮名世福之望, 則所修非德, 乃修他欲而襲德貌耳. 非以德攻欲, 乃以欲攻欲耳. 舊欲未去, 新欲且增塾焉." 龐迪我, 「七克」, 李之藻 編, 『天學初函(二)』, 臺北: 臺灣學生書局, 1965, 711~712쪽.

구를 억제한다는 악순환을 초래한다. 결국 남는 것은 새로운 욕구의 증가이기 때문이다.

3. 김평묵의 『칠극』비판

　김평묵의 『벽사변증기의闢邪辨證記疑』는 이정관李正觀의 『벽사변증闢邪辨證』의 각 조목에 대해 의문을 제기하면서 자신의 주장을 논증적으로 개진한 글이다. 그런데 이정관은 『벽사변증』에서 허균(1569~1618)의 인성론을 들고 거기에 비판을 가했다. 이정관이 서학을 비판하면서 허균의 인성론을 들었던 까닭은, 허균이 서학을 최초로 조선에 갖고 들어왔다는 당시 일부 인사들의 주장이 있었기 때문이다.

　최석우의 조사에 따르면, 그런 주장을 최초로 편 사람은 유몽인柳夢寅(1559~1623)이었으며 후대에 박지원이 그것을 이어받아 허균의 서학 전래설을 다시 제기했다고 한다. 특히 최석우는 홍시제洪時濟(1758~?)의 발언을 소개하는데, 홍시제는 허균이 북경에서 바로 우리의 연구 대상인 『칠극』을 갖고 들어왔다고 한다.

　물론 허균 자신의 관련 발언이 없기 때문에 이들 주장의 사실성을 검증할 수는 없다.[17] 하지만 이정관 당시 허균에 관한 그런 주장이 이미 유포되어, 그는 자신의 『벽사변증』에서 허균의 인성론을 갖고 와서 비판 대상으로 삼았을 것이다.

　허균은 "남녀의 정욕은 하늘이고 의리를 분별해 내는 것은 성인의 가르침이

17　최석우, 「조선 후기의 서학사상」, 국사편찬위원회, 『국사관논총』 제22집, 1991, 192~193쪽.

다. 하늘이 성인보다 높으니 차라리 성인을 거스를지언정 감히 하늘을 거스르지 못하겠다."라고 말했다. 하늘이 실로 성인보다 높지만 하늘을 섬기는 것은 성인을 배우는 것부터 시작한다. 예를 들어 『시』는 "하늘의 일은 소리도 없고 냄새도 없으니, 반드시 문왕을 본받아야 만방으로부터 신뢰를 얻을 수 있다"라고 하였다.[18]

이정관의 위 글은 이식李植(1584~1647)의 『택당집』 「시아대필示兒代筆」[19]로부터 재인용한 것으로 보인다. 허균이 위와 같은 말을 실제로 했는지 여부는 현재 확증할 수 없으나, 이식과 허균의 특별한 관계를 고려해 보면 그런 발언을 했을 개연성이 충분하다.[20]

특히 허균이 이지(1527~1602)의 『분서』를 접하고 그에 관한 감상을 시詩로 남긴 것을 보면[21] 여러 연구자들이 지적하다시피 그가 이지로부터 사상적 영향을 받았을 가능성이 매우 높으며, 한편 이지는 "베고프면 반드시 먹을 것을 그리워하고 목마르면 꼭 마실 것을 그리워하니, 먹지도 않고 마시지도 않는 사람이 언제 천하에 있었던 적이 있는가?"[22]라고 하여 식색食色의 본성이 인간의 보편성을 이룬다고 하였으므로, "남녀의 정욕은 하늘"이라는 허균의 주장은 이지의 그것과 상통한다고 볼 수 있

---

18 金平默, 『重奄先生別集』 卷5, 「闢邪辨證記疑」: "許筠謂男女情欲, 天也, 分別義理, 聖人敎也. 天尊於聖人, 則寧違聖人而不敢違天云云. 天固尊於聖人矣. 然事天自學聖人始. 如詩所謂上天之載, 無聲無臭, 必須儀刑文王, 可以作孚萬邦云云."

19 李植, 『澤堂先生別集』 卷15.

20 신향림, 「許筠의 陽明左派 수용에 대한 再論: 『乙丙朝天錄』을 중심으로」, 한국한문학회, 『한국한문학연구』 제68집, 2017, 363~402쪽.

21 곽미선, 「허균의 중국 서적 입수와 역사적 의미」, 한국고전연구학회, 『한국고전연구』 32집, 2015, 375~376쪽.

22 『焚書』 卷2, 「答劉方伯書」: "饑必思食, 渴定思飮, 夫天下曷嘗有不飮食之人哉." 이상호, 「이지의 사욕 긍정과 다욕 부정의 논리」, 중국철학회, 『중국철학』 13권, 2005, 166쪽에서 재인용.

다.

"남녀의 정욕은 하늘"이라는 허균의 말은, 가까이는 욕구와 본성을 분리해서 보면 안 된다고 한 소식蘇軾의 인성론[23]과 연결되고, 멀리는 욕구가 하늘로부터 온 것이라고 했던 순자로까지 거슬러 올라간다.[24] 특히 순자는 "본성이란 하늘이 부여한 것이니 배울 수 있는 것도 아니고 인위적으로 해서 되는 것도 아니다."라고 말한 바 있다. 다만 순자에게서 "하늘"은 인격적·초자연적 존재가 아니라 물리적·자연적 존재로 여겨졌다.[25]

반면 허균에게서 하늘은 "감히 거스를 수" 없으며 성인聖人보다도 상위에 있는 절대적 존재로 여겨진다. 그러므로 "남녀의 정욕은 하늘"이라는 구절은 그 표현만큼은 순자의 그것과 거의 동일하지만, 순자가 "하늘"을 물리적·자연적 존재로 본 반면, 허균은 그것을 초월적 존재로 바꿔 버린 것이다.

결국, 허균의 이런 전환은 판토하의 인성론 구도와 매우 유사하다. 왜냐하면 판토하 역시 인간의 욕구가 하느님으로부터 왔다고 얘기했기 때문이다. 그러므로 이정관이 서학을 비판하기 위해 허균의 인성론을 인용하여 그것을 비판대상으로 삼은 것은 적절했다고 할 수 있다.

허균은 하늘과 성인 사이에 내적 연관 관계가 없다는 것을 전제로 삼고 있다. 만일 그러한 연관 관계가 있음을 전제로 두었다면 "남녀의

---

23 이원석, 「북송대 인성론 연구」, 서울대학교 대학원 박사학위논문, 2011, 145쪽.

24 "충족가능성을 묻지 않고 일어나는 욕망은 天으로부터 얻은 것이고, 가능성을 좇아 그 실현을 추구하는 능력은 마음에서 얻은 것이다."(『荀子』「正名」) "본성이란 하늘이 부여한 것이니 배울 수 있는 것도 아니고 인위적으로 해서 되는 것도 아니다."(『荀子』「性惡」) "태어나면서부터 눈과 귀의 욕구가 있어 아름다운 외모와 소리를 좋아한다. 이것을 따르기 때문에 음란이 생기고 예의와 文理가 사라진다."(『荀子』「性惡」)

25 內山俊彦 저, 석하고전연구회 역, 『순자 교양강의』, 파주: 돌베개, 2013, 84쪽.

정욕은 하늘이고 의리를 분별해 내는 것은 성인의 가르침이다"라고 하여, 하늘과 성인을 이분법적 대립 구도 속에 자리매김하지 않았을 것이다.

허균은 "하늘이 성인보다 높으니 차라리 성인을 거스를지언정 감히 하늘을 거스르지 못하겠다."고 하여, 마치 하늘과 성인 사이에 내적 연관 관계가 있는 것처럼 말하고 있지만 이는 수사적 표현에 지나지 않는다.

이정관은 허균이 구사한 논리를 꿰뚫어 보지 못했다. 그는 "하늘이 실로 성인보다 높지만 하늘을 섬기는 것은 성인을 배우는 것으로부터 시작한다."고 하면서, "성인을 거스를지언정 감히 하늘을 거스르지 못하겠다."는 허균의 말을 논박하고 있다.

하지만 이정관은 그렇게 말하기에 앞서 "남녀의 정욕이 하늘이다."라는 주장 자체와, 하늘과 성인을 분리해서 보는 허균의 전제를 먼저 문제삼아야 했다. 그것을 문제 삼지 않고 "하늘을 섬기는 것은 성인을 배우는 것부터 시작한다."고 말한다면, 상대방의 주장에 대한 논박 없이 단지 자기 주장을 개진하는 것에 불과하여 양자 간 논의의 진전이 일어나기 힘든 것은 물론이요, 상대방의 주장도 논파할 수 없을 것이다.

김평묵은 이정관의 허균 비판이 미흡하다고 보아 보완적 논의를 제시한다.

허균의 설은 실로 미친 소리이고 패륜적인 것이므로 말할 만한 것이 못된다. 잠실(인용자 주: 이정관)의 논변은 심각한 혼란을 면치 못하고 있다. 어째서인가? 형체의 관점에서 말한다면 저 위에 있는 광활한 하늘은 본래 아래에 있는 작은 성인보다 높다. 하늘이 하늘인 까닭과 성인이 성인인 까닭이 과연 형체 때문인가? 이치[理]의 관점에서 말하자면 원형이정元亨利貞은 성인의 도이며, [원형이정의 표현인] 사계절이 운행하여 만물이 각각 본성을 바르게 한다. [그리고] 인의예지는 성인의 덕이며 [네 가지 덕의] 네 가지 단서[四端]가 발용하고 만사가 각각 제 이치를 얻는다. 하늘은 이로써 조화造化하고 발육하며, 성인은 이로써 만물을 이루어주고 도와준다. 그 이치는 하나이다. 어찌 [하늘과 성인에 대해] 존비尊卑로써 말할 수 있겠는가?[26]

앞서 보았다시피, 이정관은 "하늘이 실로 성인보다 높지만 하늘을 섬기는 것은 성인을 배우는 것부터 시작한다."고 말했는데, 그는 비록 허균처럼 하늘과 성인을 서로 별개의 존재로 보지는 않았지만, 하늘이 성인보다 높다고 하여 하늘과 성인 사이에 마치 차등이 있는 것처럼 말하고 있다. 김평묵이 보기에 이정관의 이러한 논증은 이미 허균이 쳐 놓은 덫에 끌려 들어갈 가능성이 있다.

김평묵은 허균이 암묵적 전제로 상정해 놓은 바 하늘과 성인의 차별성 자체를 문제 삼아야 한다는 생각을 했던 듯하다. 그래서 그는 "형체"의 측면에서 하늘과 성인의 차이를 볼 것이 아니라, '이치'의 측면에서 하늘과 성인의 동일성을 바라보아야 한다고 주장했다. 성리학 체계에서 그런 동일성은 바로 "원형이정"을 통해 보증된다.

"원형이정"의 원리가 현실화되어 하늘에서는 사계절이 나타나며, 성인에게서는 네 가지 선한 감정, 즉 '사단'이 발한다. 따라서 하늘과 성인은 '이치'에 의해 동일성을 확보하며, 어느 하나가 다른 하나보다 상위에

---

26 金平黙, 『重奄先生別集』 卷5, 「闢邪辨證記疑」: "筠說直是狂悖, 不足道也. 潛室之辨, 不免大故胡亂. 何也. 夫以形體言之, 則穹然在上之天, 固尊於藐然在下之聖人矣. 若夫天之所以爲天, 聖人之所以爲聖人, 果形體之謂哉. 以理言也. 以理言則元亨利貞, 天之道也, 而四時運行, 萬物各正其性, 仁義禮智, 聖人之德也, 而四端發用, 萬事各得其理. 天以是造化發育, 聖人以是財成輔相, 其理一也, 豈復有尊卑之可言哉."

있는 '존비尊卑' 관계를 형성하는 것은 아니다. 그렇다면 허균처럼 "성인을 거스를지언정 하늘을 거스르지 못하겠다."는 말을 할 수 없게 될 것이고, 의리의 변별이 남녀의 정욕보다 덜 중요하다는 말 역시 할 수 없게 될 것이다.

그럼에도 불구하고 이정관 측에서는 김평묵에 대해, "하늘의 일은 소리도 없고 냄새도 없으니 반드시 문왕을 본받아야 만방으로부터 신뢰를 얻을 수 있다"는『시』「문왕文王」편의 한 구절은 어떻게 설명할 것이냐고 되물을 수 있다. 이에 대해 김평묵은 다음과 같이 대답한다.

[『시』의] 「문왕」이 "하늘의 일은 소리도 없고 냄새도 없다"고 말했던 까닭은 [하늘이] 형체가 없어서 알기 어려웠기 때문이다. 성인의 일은 자취가 있고 쉽게 볼 수 있다. 다만 볼 수 있는 자취에 나아가 그것을 본받을 때 저 "형체가 없어 알기 어려운 것"도 그 바깥에 있지는 않을 것이다. 그러니 어찌 '천도는 심원하고 고원하여 도달할 수 없는 것이니, 임시로 한 층 낮추어 성인의 비근한 일을 배운다.'라고 말할 수 있겠는가? 저 성인은 바로 천리天理로서 사람이 금수와 다른 까닭을 온전히 다 밝힌 사람이다.[27]

『시』「문왕」에 따르면 문왕은 하늘의 의지의 체현자이므로, 문왕을 따르는 것은 곧 하늘을 따르는 것이 될 터이다. 그러니 문왕이 하늘의 체현자라고 해서 문왕이 하늘보다 격이 떨어지는 존재로 여겨지면 안 된다는 것이 김평묵의 주장이다. 김평묵에 따르면 문왕을 초월하여 따로 하

---

27 金平黙,『重菴先生別集』卷5,「闢邪辨證記疑」: "文王詩所云, 則不過曰上天之載無形而難知. 聖人之事有迹而易見, 但就有迹可見者而儀刑焉, 則彼無形而難知者, 不外是矣, 豈謂天道窈冥高遠, 不可冀及而姑落下一層, 學爲聖人之卑近云乎哉. 且夫聖人, 卽一天理也, 盡夫人所以異於禽獸者也."

늘이 존재하지 않고 문왕의 일거수일투족이 곧 하늘의 행위이다.

만일 이렇게 생각하지 않는다면 "천도는 심원하고 고원하여 도달할 수 없는 것이니, 임시로 한층 낮추어 성인의 비근한 일을 배운다."는 불가지不可知적 결론에 도달할 가능성이 있고, 이런 결론은 당연하게도 유가儒家보다는 오히려 도가道家로 나아갈 수 있으며, 심지어 서학西學으로 나아갈 가능성마저 품는다.

더 나아가 김평묵은 허균이 말한 "하늘"은 성인보다 존귀한 존재가 아니라 실은 "인욕의 사적 찌꺼기이자 금수도 할 수 있는 것"이라고 단정한다. 그렇다 하더라도 만인이 "남녀의 정욕"을 타고나는 것은 상식이다.

다시 말해 "남녀의 정욕"은 만인이 타고나는 선천先天의 것이며, 그런 만큼 그것은 인간의 보편적 본성으로 여겨질 자격을 지닐 수 있다. 김평묵은 이런 견해에 대해 다음과 같은 의견을 내 놓았다.

그렇다면, 허균의 설을 논박하려 할 때 어떻게 해야 할까? 어찌 남녀 [간 정욕]만이 하늘이겠는가? 사람의 정욕은 천리의 자연自然에 뿌리를 두지 않음이 없고 사람에게 없을 수 없지만, 그 가운데에는 '선'과 '악'의 조짐이 있고 '합당한 것'과 '그렇지 않은 것'이 있어서 두 갈래로 갈라진다. '선'하면서 '합당한 것'을 허균은 의리義理로 불렀는데 성인의 가르침이란 천리로부터 곧바로 나온 것이다. '악'하면서 '그렇지 않은 것'은 허균이 말했던 하늘인데, "차라리 성인을 거스를지언정 하늘을 감히 거스르지 못하겠다."고 할 때의 [하늘은] 천리가 형기에 의해 가려지고 물욕에 의해 덮여서 멋대로 나온 것이다. '곧바로 나온' 것은 하늘이 부여한 바른 이치를 온전히 한 것이기 때문에 천리라고 한다. '멋대로 나온' 것은 하늘이 부여한 바른 이치에 뿌리를 두면서도 반대로 그것을 해치는 것이다. 예를 들어 구더기가 소금에서 생겨났으면서도 반대로

소금에 해를 끼치는 것과 같다. 그러므로 인욕人欲이라고 이름 붙이고 다시는 천리라고 부르지 못한다.[28]

김평묵은 남녀 간 정욕뿐만 아니라 인간 일반의 정욕이 모두 "천리의 자연"에 뿌리를 둔다고 말하여, 언뜻 보기에 허균의 명제를 그대로 수용하는 모습을 보인다. 하지만 이하의 논변을 보면 그렇지 않다. 앞서 허균은 "남녀의 정욕은 하늘이고, 의리를 분별해 내는 것은 성인의 가르침"이라고 말한 바 있다.

이에 대해 김평묵은 먼저 사람의 정욕은 "천리의 자연"에 뿌리를 두지만, 그렇다고 해서 정욕이 그 자체로 선하지 않고, 정욕에는 "선·악의 조짐"이 있고 "합당한 것"과 "그렇지 않은 것"이 있다고 한다. 정욕 가운데에서 선하고 합당한 것이 바로 "의리"이며, 이는 "성인의 가르침"의 실제 내용이었다.

한편, 정욕 가운데에서 "악"하면서 "그렇지 않은 것"이 바로 "하늘"인데, 오해하면 안 될 것은 이 하늘은 "의리"의 하늘이 아니라, 기氣가 이理를 덮어버린 하늘이라고 한다. 요컨대, 정욕에는 선과 악의 가능성이 있는데, 선한 것으로 현실화한 것이 의리이고, 악한 것으로 현실화한 것이 허균의 "하늘"이라는 것이다. 이런 의미에서 허균의 하늘은 실질적으로 "인욕"에 불과하다고 김평묵은 앞에서 비판한 것이다.

김평묵의 이러한 논변에서 재검토되어야 할 부분은 없을까? 그는 위

---

28 金平默, 『重奄先生別集』 卷5, 「闢邪辨證記疑」: "然則欲辨筠說, 何如斯可矣. 曰, 豈惟男女爲天, 凡人之情欲, 莫不本於天理之自然, 而人之所不能無者也. 但其中幾之善惡, 事之當否, 判爲兩歧. 善而當者, 筠所謂義理也, 聖人之敎也, 是乃天理之直出者也. 惡而否者, 筠所謂天也, 寧違聖人, 而不敢違之者也, 是乃天理之掩於形氣, 蔽於物欲而橫出者也. 直出者, 全其天賦之正理, 故亦名曰天理. 橫出者, 本於天理之正理, 而反以害之. 如蟲蛆之生於塩而反害塩也. 故名以人欲, 而不復以天理名."

인용문 전반부에서 남녀의 정욕뿐만 아니라 심지어 정욕 일반이 "천리의 자연에 뿌리를 둔다."고 말하였다. 그렇다면 악의 가능성을 지닌 정욕이 어찌하여 선한 천리로부터 나올 수 있는지 우리는 김평묵에게 물어야 할 것이다.

이에 대한 그의 대답은 충분히 예상될 수 있다시피 기의 요소를 도입하는 것이었다. 즉, 정욕은 본래 천리로부터 발원하는 것이지만, 중간에 '기'에 의해 왜곡되어 사욕의 악한 요소를 갖게 되었다는 것이다. 그래서 그는 정욕 중 '기'의 방해를 뚫고 "곧바로" 천리로부터 나오는 것과, "멋대로" 나오는 것을 구별했다. "멋대로" 나온 것은 "인욕"이라고 칭해진다.

이처럼 정욕에는 천리로부터 곧바로 나온 것과 멋대로 나온 것이 있으므로, 김평묵은 정욕에 선과 악의 조짐이 내재해 있다고 앞서 말한 것이다.

다른 한 편으로, 이처럼 정욕은 선이나 악으로 현실화될 가능성을 지닌 존재이기 때문에 김평묵은 그것을 일방적으로 부정하지 않았다.

음란을 싫어하는 까닭은 인륜을 더럽혀 금수의 추악한 상태에 빠지기 때문이다. 그러니 불결하다고만 여겨 금지하는 것은 아니다. 만약 인륜을 더럽히느냐 여부를 묻지 않고 오직 순결만을 절실히 귀하다고 여길 경우, 한 번만 뒤집으면 어찌 인륜을 끊어버린 불교로 들어가지 않겠는가?[29]

---

29 金平默, 『重庵先生別集』卷5, 「闢邪辨證起疑」: "所惡於淫者, 爲其瀆人倫而陷於禽犢之醜也, 非專以爲不潔而禁之也. 若不問人倫之瀆, 而惟切切然以潔爲貴, 則一番轉輾, 豈不入於竺敎之絶倫乎. 所惡於貪者, 爲其喪廉恥而起夫爭奪之禍也, 非專以爲不淡而禁之也. 若不問廉恥之喪否, 而惟切切然以淡爲貴, 則無乃類道流之淸爭無爲者乎."

김평묵은 음란이 나쁜 까닭은 불결해서가 아니고 인륜을 더럽히기 때문이라고 보았다. 그에게 중요한 기준은 그것이 불결하냐 그렇지 않느냐가 아니라, 인륜을 더럽히느냐 그렇지 않느냐 였다. 그러므로 정욕이라 할지라도 그것이 인륜을 더럽히지 않는다면 인정받을 수 있는 것이다.

그가 보기에 『칠극』은 순결로써 음란을 이긴다고만 말함으로써 남녀의 정욕 그 자체를 부정해 버릴 가능성을 지니고 있었으며, 남녀의 정욕 자체가 부정된다면 인륜으로 대변되는 사회적 제반 관계 자체가 붕괴될 수 있다고 본다.

정욕은 곧 칠정七情으로 바꾸어 써도 무방할 것이다. 김평묵은 노여움 감정을 얘기할 때도 위와 동일한 논법을 보여주었다.

노여움을 말하자면 그것은 칠정七情 중 하나로서 사람에게 없을 수 없는 것이니 어찌 이겨낼 수 있겠는가? 만약 "이길 수 있다"고 한다면 순舜이 사흉四凶을 노여워한 것이나 무왕武王이 한 번 노하여 천하를 안정시켰던 것이 잘못이라는 말인가? 만일 단지 "노여워하지 말아야 하는 데도 노여워했다"고 말한다면 그 이겨냄에는 도道가 있는 것이다. 정자程子가 말한 대로 "노여움이 일어났을 때 일거에 노여움을 잊고 이치상의 시비를 꼼꼼히 본다"는 것을 모범으로 삼고서 마음을 비워 대처한다면, 노여움은 이겨낼 필요도 없이 저절로 평정하게 될 것이다. 지금 이理의 시비是非를 묻지 않고 일률적으로 참을 수 있는 능력을 갖고서 노여움을 이기는 기술로 여긴다면, 순 임금과 무왕의 노여움도 이겨내야 할 대상에 포함될 것이다. 어찌 이런 이치가 있겠는가?[30]

---

30 金平黙, 『重奄先生別集』 卷5, 「闢邪辨證記疑」: "至於怒則七情之一也, 人之所不能無者也,

김평묵은 노여움이 일곱 가지 감정[七情] 중 하나로서 매우 자연스러운 것이므로 그것을 완전히 없앤다는 것은 어불성설이라고 본다. 만일 노여움을 소거시킬 수 있다고 한다면 나머지 여섯 가지 감정에 대해서도 그렇게 말할 수 있으므로 결국 '감정 없는 인간'을 상정하게 될 텐데, '감정 없는 인간'이란 마치 '네모난 동그라미'처럼 언어도단이 된다는 인식이 김평묵에게는 있었을 것이다.

따라서 노여움의 완전 소멸을 목표로 삼을 것이 아니라, 언제 노여워하고 언제 노여워하지 말아야 할지 판단함이 중요하다. 정자程子에 따르면, 노여움이 일어났을 때 노여움을 잠시 가라앉히고 그것이 정당한 노여움인지 그렇지 않은지 따져 보아야 한다.

이렇게 이성에 의해 시비를 따지는 과정에서 노여움은 저절로 수그러들리라고 김평묵은 말한다. 여기서 정당함과 시비의 기준은 리理, 인륜, 예가 될 것이다. 결국 노여움을 참는 인내라는 덕목 자체가 궁극적인 것으로 여겨지면 안 되며, 인륜과 예가 상위의 규제 원리로서 중시되어야 한다는 것이다.

4. 결론

판토하는 『칠극』에서 인간의 욕구가 신의 선물로서 선하게 될 수도 있고 악하게 될 수도 있는 것인데, 그것은 인간의 사私에 의해서 악으로 화

豈是可克之物耶. 若曰可克, 則舜之怒四凶, 文武之一怒而安天下, 爲非耶. 若曰只言其不當怒而怒者, 則其克之有道焉, 以程子所謂當其怒時, 遽忘其怒而觀理之是非者爲法, 而虛心以處之, 則怒不待克而自平矣. 今不問理之是非, 而一以能忍, 爲克怒之術, 則是雖大舜文武之怒, 亦在所當克也, 此豈理也耶.”

하게 되는 질료적 · 수동적 존재라고 보았다. 욕구는 사에 의해 죄의 씨앗으로 변하여 일곱 가지 죄를 낳고, 이 죄는 일곱 가지 덕에 의해 제거되어야 했다.

한편 김평묵은 정욕이 천리의 자연에서 말미암는데, 정욕에는 선과 악의 조짐이 있다고 말했다. 정욕 중 선한 것은 천리로부터 "곧바로" 나온 것이며, 악한 것은 형기形氣 곧 사에 의해 왜곡되어 "멋대로" 나온 것이라고 한다. 후자는 인욕으로 칭해진다. 이와 같이 보았을 때 판토하와 김평묵 사이에는 큰 차이가 없는 것처럼 보인다.

그렇다면 김평묵은 비판에 실패한 것이 아닐까? 왜냐하면 김평묵의 주장은 판토하가 『칠극』에서 제시했던 인성론으로 귀결되는 것처럼 보이기 때문이다. 하지만 앞의 인용문에서 김평묵은 하늘과 성인의 공통 본질을 리理라고 보았으며 이 리가 성인에게서 네 가지 덕이 된다고 하였다.

따라서 김평묵이 생각한 인간의 진정한 본성은 정욕이 아니라 인의예지의 덕이다. 판토하와 김평묵 모두 정욕이 도덕적 천天으로부터 유래한다고 보았다는 점에서 공통이지만, 판토하는 정욕을 인간 본성으로 본데 비해 김평묵은 인의예지를 본성으로 보았으며 정욕도 기본으로는 선하다고 보았다는 차이가 있다.

정욕은 선악과 무관한 존재이므로 그것에 대해 선악의 가능성을 가졌다고 말하는 것으로 족하며, 그래야만 장차 신神과 같은 존재가 사라졌을 때 정욕은 자율성을 확보할 기반을 마련할 것이다. 기독교 이후 서구의 휴머니즘, 특히 낭만주의는 이 궤적을 밟아 나간 것으로 보인다. 그렇지만 김평묵의 입론대로라면 정욕은 그 뿌리를 천리에 두는 것으로서 본래 선한 존재라고까지 말할 수 있게 된다.

언뜻 보기에 김평묵은 정욕에 대해 관용적 태도를 보인 듯하지만, 사실은 정욕을 끝내 인륜이라는 국가적·사회적 규범의 테두리 내에 두려고 했던 것이다. 그런 국가적·사회적 규범은 관습으로서 현대에도 쉽게 소멸되는 것은 아니므로, 정욕은 통제를 통해서 순치되어야 할 타율적 대상으로 여전히 남아있을 가능성이 크다.

과욕寡欲에서 양욕養欲으로

권오향(인문예술연구소 선임연구원)

1. 들어가며

근래 학계에서는 유학을 재해석하여 유학의 현대화를 모색하려는 붐이 일고 있다. 그 흐름에 발맞추어 인간의 미래에 대한 도전과 행복한 삶의 관점에서, 선진 유가 사상에서 논하는 양욕관養欲觀에 대해 새롭게 검토해보려고 한다.

천을 숭배한 유가 사상가들은 인간의 성性에 지닌 욕欲을 부정하여 하늘이 부여한 본성은 선善하다고 보았다. 하지만 인간은 본성이 선하든 악하든, 또 본성에 욕이 있든 없든 간에 태어나서 외적 사물에 감응하면 욕이 생겨나기 때문에 성에 지닌 욕의 강도가 덕德의 기준이고 선의 잣대가 되었다.

특히 신유학은 고대 유학보다 욕을 더 많이 배제하고자 했다. 주희는 인간이 악惡한 것은 욕망 때문이라고 보아서 '존천리存天理 거인욕去人欲'을 인간이 선을 이루기 위한 수양 방법이라고 하였고, 왕양명은 인간이 본래 심에 지닌 선한 양지가 욕망 때문에 세상에 분명하게 드러내지 못한다고 '존천리存天理 알인욕遏人欲'의 수양을 주장하였다. 그들의 주장에서처럼 인간의 욕은 반드시 없애거나(거욕去欲, 알욕遏欲) 줄여야만(과욕寡欲) 하는 것인가?

공자가 부귀는 누구나 갖고 싶은 것이라 했고, 순자는 인간은 누구나 욕망과 욕구를 가지고 태어난다고 했다. 맹자 역시 칠정은 사람이 본디 가지고 있는 것으로 가장 훌륭한 성인이나 어리석은 사람이나 차이가 없다고 했다.

이 본래 지닌 욕망을 제거하는 것은 도덕의 한 영역이고 욕망을 키우는 것은 바로 자라나는 어린이들이 키워야 하는 꿈이며 미래에 대한 도전이다. 아이들은 자라면서 자신이 지닌 욕망으로 꿈을 키우며 이득을 얻기 위해 노력하는 것을 그들의 삶의 목표로 삼게 되는데, 이는 자신의 권리이기도 하다.

유학에서 거욕과 양욕養欲의 경계는 가치관의 관점에서 볼 때, 의리義利의 문제에서 갈라지고 윤리의 관점에서 볼 때, 의도[意]에 의해 갈라진다고 본다. 욕은 물질들 사이에서 이익의 문제를 발생하기 때문에 도덕 가치만을 중시하면 욕은 거욕, 과욕의 대상이 된다. 다만 이익을 얻더라도 공리가 되거나 의도에 사사로움이 없으면 욕망은 반드시 길러져야 한다. 양욕은 행복 가치를 높여주는 방법 가운데 하나가 된다.

유학자들은 인간이라면 누구나 이익과 이로움을 바라고 좋아하는 것이라고 하면서도 이익을 바람은 도덕적 관점에서 선을 저해하는 요소로 보았다. 후기의 묵자나 후대 공리주의 사상가들은 다수의 이익이 우선시 되는 사회가 가장 바람직하다고 주장하였다.

공자가 이익이 생기면 의로움에 맞는가를 견주어봐야 한다[見利思義]고 했다. 이익이 공공의 이로움[公利]에 해당하더라도 의로움에 맞지 않는다면 이는 사사로운 이익[私利]과 같다는 견해이다. 의리의 문제는 행위에서 선악으로 드러나는데, 이미 『서경』에 순임금이 인간의 마음에는 인심과 도심이 함께 있는데, 인심은 욕심이니 세상의 외물과 만나면 위태롭게 되고, 도심은 선이나, 선은 극히 적어서 삶에 정성을 다하고 중도를 잘 잡지 않으면 악으로 빠지기 쉽다고 하여 '인심은 위태하고 도심은 미미하다.'라고 했다.

인간의 본성에 지닌 미미한 선이 전국시대 두 사상가의 이론을 양분하게 하였다. 맹자가 인간은 선의 실마리[端]를 지니고 태어났다고 하여 그 실마리만 잡고 성선을 주장하였다. 송대 주돈이는 맹자가 주시한 미미한 선을 기氣의 선이라 하며, 아주 적다는 뜻으로 기희幾希하다고 표현하였다.

순자는 본성에 내재한 자연적 욕망을 논하며 성악설의 대표자가 되었다. 이들은 모두 도덕 가치를 중시하였지만 완전한 도덕적 인간은 결국 성인뿐이었다. 성인을 제외한 일반 백성들은 황종의가 '서민금수론'을 주장했듯이 모두 금수가 되어버렸다. 하지만 인간에게 도덕 가치는 하나의 가치로 필요한 것이고, 인간이 지니고 타고난 욕망은 공리를 가져다줄 수 있는 역할을 한다.

맹자와 순자는 둘 다 도덕실천 상에서는 의義를 중시하여 도덕 가치라는 관점에서 벗어나지 않으나, 순자는 도의를 지키는 원칙 안에서 이利를 중시하였으니 이 점에 있어 상반된 견해를 지니는 것이다. 이들은 둘 다 공자의 심성론을 이은 것이니 공자에게서 욕망의 형성에 대한 시원을 찾아볼 필요가 있다.

인간은 본성적이고 유전적인 요소에 환경이라는 사회적 새로운 요소를 가미하여 다른 나를 형성하게 되지만, 언제나 개인은 '나'라는 특유성을 지니고 있다. '나'라는 것은 공자가 말한 습성習性, 맹자가 주장한 선한 본성, 순자가 바라본 욕망을 동시에 지닌 하나의 개체이다.

인간이 지닌 본성은 언제나 숨어 있다가 미묘한 암시, 직관, 갑작스러운 충동, 기이한 일 등과 함께 밖으로 실체를 드러낸다. 습성이 본성을 완전히 바꿀 수 없다는 뜻이다. 이것이 제임스 힐먼이 말하는 운명의 도토리 이론이다. 우리 자신을 보호해 주는 것, 본능, 자기보존, 육감, 잠재의식이 개인의 이미지로 지니고 타고난 것이며 이것이 운명이며 도토리이다.

아동 교육관에서 볼 때, 자라나는 어린이들은 반드시 꿈을 가져야 하고 그 꿈을 키워야 한다고 가르친다. 꿈은 바로 무無에서 유有를 만들어 가는 것이고, 그 유는 누구나 인간이라면 가지고 싶은 부귀와 명예를 동반하게 된다. 심리학에서는, 본능적으로 우월하게 타고난 아이들은 작고 병약하고 열등 의식을 지닌 아이들보다 꿈이 적다고 한다.

세상에 태어나면 자신이 지닌 도토리가 떡갈나무로 자라날 기본 요소이기 때문에 어떤 경우라도 떡갈나무로 자란다. 비옥한 토양에서 자라게 하거나 누가 관리를 해주면 더 풍성해지듯이 인간도 본성대로 자라지만 그 본성에 좋은 습성을 보태어 더 윤택한 삶을 사는 인간이 되게 할 수 있다.

좋은 습성은 바로 교육이며 꿈의 양성이다. 꿈을 키우는 아동은 더 행복을 누리고, 그렇지 않은 아동은 그냥 본성대로 커간다. 꿈을 키우는 일은 욕망을 키우는 것[養欲]이며 양욕은 인간을 평범과 비범의 차이로 드러나게 하고, 특수와 보편으로 갈라지게 한다. 양욕은 개인이 꿈꾸는 이상에 대한 도전이고 행복을 추구할 권리이다. 왜 천을 숭상하는 유학자들은 인간의 꿈을 적게 하거나 없애라는 것일까?

2. 욕欲의 의미와 가치

1) 욕의 의미

욕欲은 욕망欲望과 욕구欲求로 번역된다. 사전에 욕구는 '인간이 부족한 것을 채우고 싶은 감정이나 심리 상태'라고 적고 있다. 배고플 때 먹고 싶고, 추울 때 입고 싶고, 피곤할 때 쉬고 싶은 것 등의 기본적 요구가 인간의 욕구라고 할 수 있다.

욕구는 사람의 신체가 지니는 원하는 것과 상응하는 개념이다. 식욕이나 성욕과 같이 인간뿐만 아니라 모든 생명체가 생명 유지와 개체 보존을 위해 가지는 선천적인 욕구도 있지만, 인간은 주린 배를 채우고 난 다음에도 더 바라는 것이 있다.

이익을 좋아하고 부귀를 좋아하는 것 역시 욕구이다. 더 높은 지위를 바라고 더 부유해지고 싶은 것도 욕구라 할 수 있다. 특정한 물건이나 서비스 등에 대한 요구와 같이 인간의 삶이 사회화·경제화가 되면서 다른 사람에게서 새롭게 학습된 욕구도 있다.

욕망이 욕구와 다른 점은 사람의 마음속에서 채워질 수 없는 근본적 결여를 강조한다는 점이다. 욕망은 배가 부른데 맛있는 음식 앞에서 수저를 놓지 못하는 것처럼 욕구를 채운 다음 더 채우고자 하는 마음이다. 한나라 광무제가 '농隴 땅을 정복하고 촉蜀 땅을 갖고 싶다[得隴望蜀]'고 하였고, '말 타면 종 부리고 싶다[騎馬欲率奴]'는 속담에서 보여주듯이 인간의 욕심은 끝이 없다. 하나를 얻으면 또 다른 하나를 바라는 것은 우리가 일상에서 흔히 볼 수 있다.

욕구가 충족되어도 또 다른 욕구를 부른다. 그 단계로 살펴보면 첫째는 생리적 욕구의 단계이고, 두 번째는 부귀와 명예를 좋아하는 호오의 감정이 드러나는 단계이며 세 번째는 애정이나 사랑을 바라는 욕망의 단계이다. 단 가족 간의 사랑이나 벗이나 애인 간의 사랑은 욕구가 될 수도 있으나 상대방과 비교하여 나 자신에게 특별한 애정을 요구하면 욕심이며 욕망으로 발전하게 된다.

이러한 욕구가 심화되면 결핍 욕구로 나타나는데, 어린아이들이 자기가 가지고 놀던 장난감을 놓아 버리고 다른 장난감을 요구하고, 더 좋은 것과 더 많은 것을 요구하며 어떤 자리에서 자신을 인정받고 싶고 존경받고 싶은 등의 모습이 그것이다.

이러한 욕망은 악으로 흐르지 않을 안전 장치만 마련해주면 자아의 실현과 자기 개발을 위해 필요한 원동력이 될 수 있다. 이 욕망을 공자가 의義와 이利로 구분하여 이익을 지니더라도 의에 견주어보라고 했고, 맹자는 의만을 중시하여 욕망은 과욕寡欲해야 할 대상으로 여겼고 순자는 의와 이를 각각 하나의 다른 일로 여겨 욕망은 양욕養欲해야 할 대상으로 보았다.

2) 도덕 가치에 상대되는 욕

욕은 인간의 심心에 지닌 칠정七情 중의 하나이다. 유학에서 인간은 사단四端과 칠정을 지니고 태어났으며 그것들은 배우지 않아도 지니게 되는 능력이다. 사단은 인仁·의義·예禮·지智이고, 칠정은 희喜·노怒·애哀·락樂·애愛·오惡·욕欲인데, 이들은 모두 정감이다.

하지만 맹자가 사단은 도덕 정감으로, 행위가 선善이 되게 하는 근원이 되고, 칠정은 자연 정감으로 인간의 행위를 악惡이 될 수 있게 하는 근원이라고 했다. 특히 욕은 악이 되게 하는 근원이 된다.

유가 사상은 공자가 만들었으나, 맹자에 의해 도덕철학으로 변했다.

이를 받아들이는가 아닌가에 따라 사상가마다 심성의 이론이 나뉘었고 우주를 바라보는 관점이 달라졌다. 송대宋代 주희의 유학은 맹자 철학을 중심으로 하여서 도덕을 형이상으로 승화시키고, 정감을 형이하로 전락시켰다.

형이상 개념은 우주를 완전한 도체道體의 태극太極이라 논하며 태극에는 천리天理가 있고 그 천리가 인간에게 있어서는 본성이라는 것이다. 이 천리는 천天과 인人을 이어주며, 우주가 생성과 변화하는 과정에서 인간의 본성에 도덕 가치를 내재하게 하였다. 그래서 인간이 내재하고 있는 본성은 형이상의 도체이며 도덕 완전체가 된다.

맹자는 천을 형이상의 도체로 여겼지만, 인간을 도덕 완전체라고 보지는 않았다. 그는 주희처럼 성과 심을 따로 분리하지 않았고, 인간의 심에는 사단과 칠정이 같이 존재한다고 보았기 때문이다. 사단은 실마리에 그칠 뿐 그 실마리를 확충해주지 않으면 욕이 침범하여 행위를 악으로 이끌게 된다. 도덕적으로, 욕은 마음이 선으로 향하는 길을 차단하기 때문에 욕이 쌓이면 악인이 될 수 있다는 것이다.

욕은 인간을 선인과 악인으로 나뉘게 한다. 도덕 정감보다 자연 정감에 더 가치를 두는 명대 실학의 태두 왕정상도 행위가 악으로 흐르지 못하게 하는 안전장치가 필요함을 다음과 같이 주장한다.

사람의 마음은 궤짝과 같아서 비어있으면 많은 것을 받아들일 수 있지만, 가득 차 있으면 받아들일 수 없다. 도의道義는 마음의 천리이나, 아는 것은 반드시 실천하고 보배로 삼아서 보관해야 한다. 도의에 어긋나는 것은 마음의 사욕인데 그것을 안다면 장차 금지해야 하고 돌멩이로 여기고 버려야 한다. 궤짝에는 도의가 가득 차 있어야 하는데, 궤짝이 차 있지 않으면 오히려 들일 수 있다. 때문에, 사욕의 감정이 간혹 틈을 타고 들어온다. 천리가 충만하여 조금도 빈 곳이 없다면 궤짝이 가득 찬 것처럼 탈 수 있는 틈이 없을 것이니 어찌 받아들일 수 있겠는가? 그래서 학자는 마땅히 덕을 축적하여 그 마음을 채워야 한다.[1]

그는 천리를 도의道義로 해석하고 행위가 악이 되지 않으려면 도의를 마음에 지녀야 한다고 주장한다. 마음은 궤짝과 같아 비워두고 그곳에 도의를 채워야 하는데, 그렇지 못하면 내 안의 욕망이 그 틈새를 타고 들어와 악이 될 수 있음을 염려하였다.

마음에 있는 욕망은 마치 풍선을 부는 것과 같아서 조금만 불어도 풍선이 되지만, 다른 사람과 같이 풍선을 불게 되면 남보다 더 크게 불고 싶어서 그쳐야 할 곳에서 그치지 못하고 더 크게 불다가 결국 터뜨리고 만다. 도의는 반드시 머물러야 할 지점에서 그치게 하는 안전 장치이다.

공자는 욕 때문에 잘못됨을 사전에 방지하기 위해 이익과 의로움을 함께 논하여 풍선의 크기가 적당한지 살피는 것이 군자가 반드시 지켜야 할 덕목임을 피력하였다.

3) 욕망과 의리義利의 상관성

의리義利에 대한 논변은 공자에게서부터 시원하였다. 공자는 도덕의 중시를 가치 기준으로 세워 인간을 군자와 소인의 두 부류로 나누었다. 공자가 분류한 군자와 소인은 의로움과 이익 중에 어느 것을 중시하느냐

---

1 왕정상, 『신언』: "人心如匱, 虛則容, 實則否, 道義者心之天理也, 知之必踐之, 以爲寶而匱之. 戾乎道義者, 心之私欲也, 知之且禁之, 以爲砂礫而棄之, 匱之未盈, 猶足容也; 故私欲之惑, 或可以乘隙而入, 至於天理充滿, 無少虧欠, 匱盈而無隙可乘矣, 夫安能容, 故學者當蓄德以實其心."

에 초점을 맞추어, "군자는 의리에 밝고, 소인은 이익에 밝다."[2]고 하였다.

공자는 인간이 바라는 이익[利]을 부정한 것이 아니고 인仁을 중시하여 인간의 도덕성을 강조하였을 뿐이다. 그래서 인의仁義를 해치지 않는 범위 안에서 이익을 취해야 한다고 강조하였다. 인간에게 의義가 필요한 까닭은 본성적으로 인간이 이익[利]을 좋아하고 빈천을 싫어하고 부귀를 좋아하는 욕구를 가지고 타고 났기 때문이다. 『논어』에서 다음과 같이 말한다.

> 부富와 귀貴는 사람들이 하고자 하는 것이니 그 도가 아닌 것으로 얻으면 처하지 않으며, 빈貧과 천賤은 사람들이 싫어하는 것이지만 그 도가 아닌 것으로 얻어도 버리지 않는다.[3]

공자의 제자들은 스승에게 "본성과 천도에 대해서는 특별히 들은 적이 없다."[4]고 말하고 있지만, 공자는 본성에 욕망을 지니고 타고난 것으로 이미 말한 바 있다. 인간은 부귀를 좋아하여 부자가 되고 싶고 높은 지위를 갖고 싶은 것은 누구나 본래 지녔다고 하니, 공자는 인간의 본성에 욕망과 욕구를 지니고 있다고 본 것이다. 다만 "의롭지 않게 얻은 부와 명예는 나에게는 뜬구름이나 마찬가지다."[5] 라고 하여 의로움이 동반된 부귀만을 중시했다.

---

2 『논어』「이인」: "君子喩於義, 小人喩於利."

3 『논어』「이인」: "富與貴是人之所欲也, 不以其道, 得之不處也. 貧與賤是人之所惡也, 不以其道, 得之不去也."

4 『논어』「공야장」: "夫子之言性與天道, 不可得而聞也."

5 『논어』「학이」: "不義以富且貴, 于我如浮雲."

공자가 도로서 부귀를 얻어야 한다는 말은 부귀를 얻음에 있어, 도와 어긋난 행위를 하지 말아야 한다는 것이고, 이 도는 바로 도의道義이다. 도의는 이익을 좋아하는 본성에 악의 개입을 통제하는 안전장치이지만, 부귀보다 더 큰 일 앞에서는 목숨과 대적할 만한 높은 의미를 지닌다. 공자는 또 다음과 같이 말하고 있다.

> 이익에 직면하면 의로움을 생각하고, 위험에 직면하여도 자기가 마땅히 해야 할 일이 있으면 목숨을 내던질 각오를 한다. 오랫동안 평생 지키고자 한 말을 잊지 않아야 성인이 될 수 있다.[6]

공자는 의로움을 이익보다 더 중시한다. 안중근과 같은 영웅들이 본성인 삶에 대한 욕망은 뒤로하고 나라를 구하는 의로움 앞에 당당히 목숨을 바쳤다. 공자가 이를 견위수명見危授命이라 했다. 삶이 아무리 중요하더라도 의로움 앞에서 삶은 욕망일 뿐이고 죽음을 택하는 것이 욕망보다 우선시 된다.

공자가 이익됨이 보이면 반드시 의로움에 맞는가를 생각하라[見利思義]고 했듯이 욕심이나 욕망이 본성에 없다면 의로움을 강조할 필요가 없다. 의로움과 이익됨의 상관성에서는 맹자의 생각도 공자의 생각에서 벗어나지 않는다.

범부는 공자에 의해 군자와 소인으로 구분되나. 타고나면서 성인은 범부와 다르다. 성인은 이익에 마음을 두지 않는다. 설령 죽음에 임하거나 부와 명예를 버린다 하더라도 의로움을 지킨다. 공자가 성인은 태어날 때부터 능력이 범부와 다르다고 다음과 같이 말한다.

---

6 『논어』「헌문」: "見利思義, 見危授命. 久要不忘, 平生之言, 可以爲成人矣."

태어나면서부터 아는 사람이 상등이고, 배워서 아는 사람은 그다음이며, 어려움에 부딪혀 배우는 사람은 그다음이고, 어려움에 부딪혀서도 배우지 않는 백성은 하등이 된다.[7]

공자가 인간은 태어날 때 이미 차등적 능력을 지닌다고 하였다. 상등의 인간은 '생이지지자生而知之者'라 하는데, 타고나며 옳고 그름을 판단할 능력을 지닌 자이며 성인의 부류이고, 그다음은 '학이지지자學而知之者'나 '곤이학지자困而學之者'로 타고난 능력과는 상관없이 노력하는 계층으로, 노력하면 군자가 될 수 있다.

가장 하등의 인간은 '곤이불학자困而不學者'인데, 잘 알지 못하면서 알려고 하지 않는 자들이다. 이런 자들은 소인배의 성향을 벗어나지 못한다. 가장 하등의 인간은 의로움을 행하여 본성적 이익을 추구하는 것을 막기에 부족하다.

그래서 공자는 뛰어나게 지혜로운 자와 어리석고 못난 자는 변화시킬 수 없다.[8]고 하였고 맹자는 이런 자를 자포자기자自暴自棄者로 불렀다. 이들은 본성에 있는 욕망대로 살아가게 되니 소인의 부류에서 벗어나지 못한다. 그래서 공자는 의로움을 다음과 같이 더욱 강조한다.

군자는 천하의 일에 대해 해야 할 것도 없고, 해서는 안 되는 것도 없다. 오로지 의로움을 따르고 그것과 함께할 뿐이다.[9]

---

7 『논어』「계씨」: "生而知之者, 上也. 學而知之者, 次也. 困而學之, 又其次也. 困而不學, 民斯 爲下矣."

8 『논어』「양화」: "唯上知與下愚不移."

9 『논어』「이인」: "君子之於天下也, 無適也, 無莫也, 義之與比."

공자가 이익됨이 눈앞에 있어도 의로움을 잘 행할 수 있으면 군자가 될 수 있다고 한 것은 도덕적 입장에서 의로움을 높이고 이익을 가볍게 여긴 것[重義輕利]이다. 이 의로움은 적어도 배불리 먹을 수 있을 때 실천이 가능하다.

자공이 스승에게 정치에 관해 물으니, 공자는 정치의 요건으로 식량이 충분해야 하고[足食] 군사가 많아야 하며[足兵] 백성들이 군주를 믿어야[民信之]야 한다.[10]고 하였다. 당시 농경사회에서는 나라에 백성이 많이 모여야 하고, 백성이 많아지면 충분히 먹을 수 있게 해주는 것이 정치의 근본이다.

그다음에 집단화 현상에서 나타나는 갈등문제를 해결하기 위해 백성들에게 도덕적 교화를 해야 했다. 족식足食은 백성들의 기본적 욕구를 충족하는 것이니 족식이 안 되면 백성이 군주를 믿지 못하게 되는 것은 당연하다.

또 염유가 공자의 수레를 끌고 가는데 공자가 백성이 많구나! 라고 하여 공자에게 '스승님 백성이 많으면 무엇을 더 해야 합니까?' 하고 묻는다. 공자는 부유하게 해야 한다[富之]고 대답한다.

이는 부富의 소중함을 피력한 것인데 부는 족식이 가능한 후에 따르는 것이기에 이익을 피력하신 것이다. 백성들이 부를 좋아하고 이익을 좋아하는 것은 공자가 보기에도 자연적 현상이었다. 그것을 다음과 같이 말한다.

백성이 이롭다고 하는 것에 근거하여 이롭게 해주니 은혜롭게 여기고 낭비하지 않는 것이 아니겠는가? 부릴만한 일을 택하여 백성을 부리니, 누가 원망

---

10 『논어』「안연」: "足食, 足兵, 民信之矣."

하겠는가?[11]

공자는 백성을 아끼고[愛民] 백성들을 즐겁게 하는[樂民] 것을 정치의 근본으로 삼았다. 공자가 이익에 대해 의로움을 생각하도록 강조한 대상은 위정자들이다. 위정자가 백성이 원하는 것을 찾아 도와준다면 백성들이 마음대로 사치하며 쓰지 않는다.

오히려 그들이 백성들의 욕망을 인정해주고 욕망을 이룰 수 있게 도와주면, 백성들은 재물을 아끼고 귀하게 여긴다. 만약 위정자가 서로 자기의 이익을 구하게 되면 백성들과 이익을 다투는 결과를 초래하니 백성들의 부 또한 잠식된다. 이는 정치인의 애민 정신에 어긋난다.

제자 염유가 '이미 부유하면 또 무엇을 더하면 되겠습니까?' 하고 묻자 공자가 "가르쳐야 한다."[12] 라고 대답하였으니, 백성들이 잘살게 되고 난 다음에 백성들이 이익[利]보다는 의義를 중시하도록 교화시켜야 한다고 한 것이다.

공자가 교육의 중요성을 주장한 것은 인간이 욕망을 지녔다는 근거 위에 성립할 수 있다. 백성에게 가르쳐야 할 것은 실로 많다. 농사짓는 법을 가르치고 전쟁하는 법을 가르치는 것은 부민을 실행하기 위한 기초적 교육이지만 의로움의 중요성을 가르치는 것은 한 차원 높은 교육이다.

백성들도 먹는 것이 만족스럽게 되면 욕심을 부리게 되고, 그로 인해 사회질서가 혼란스럽게 되기 때문이다. 그래서 "이익에 따라 행동하면

---

11 『논어』「요왈」: "因民之所利而利之, 斯不亦惠而不費乎. 擇可勞而勞之, 又誰怨?"
12 『논어』「자로」: "冉有曰, 旣庶矣, 又何加焉. 曰富之, 曰旣富矣, 又何加焉. 曰敎之."

원망함이 많다."¹³라고 하였다. 이를 정자程子는 "자기에게 이롭게 하자면 반드시 다른 사람에게 해를 끼치기 때문에 많은 원망을 받게 된다."¹⁴라고 설명했다. 공자는 도의를 가장 잘 실천한 제자는 안회顏回이라 밝히고 다음과 같이 말했다.

군자는 도道를 추구하지, 밥을 추구하지 않는다. 농사를 지어도 굶주림에 대한 걱정은 그 안에 있지만, 공부하면 녹봉이 그 안에 있다. 그러므로 군자는 도를 걱정하지, 가난을 걱정하지 않는다.¹⁵

가난함을 싫어하는 것은 본성이지만 도를 버려가며 부를 추구하지는 않는 것이 군자의 자세이다. 공부하는 사람이 처음부터 벼슬을 생각하고 명성을 생각하면 군자의 자세가 아니다. 공부하다 보면 녹봉은 저절로 따라오게 된다. 그래서 공자가 "아침에 도를 들을 수 있다면 저녁에 죽어도 좋다."¹⁶라고 하였으니 세상의 바른 이치는 실행하지 못하더라도 들어서 알기만 해도 성공적인 삶을 살았다고 한다.

공자는 "군자라면 천하에 따라감도 없으며 하지 말 것도 없어서 다만 의리와 더불어 친해야 한다."¹⁷라고 하였다. 이러한 공자의 심성론에서 욕의 문제에 대해, 도덕적 가치로서 의만을 따른 유학자는 맹자이지만 본성에 있는 이利를 따른 유학자는 순자이다.

---

13 『논어』「이인」: "放於利而行, 多怨."
14 『논어집주』「이인」: "程子曰, 欲利於己, 必害於人, 故多怨."
15 『논어』「위령공」: "君子, 謀道不謀食, 耕也, 餒在其中矣, 學也, 祿在其中矣. 君子, 憂道不憂貧."
16 『논어』「이인」: "朝聞道, 夕死可矣."
17 『논어』「이인」: "君子之於天下也, 無適也, 無莫也, 義之與比."

3. 욕欲은 왜 억눌려 왔는가?

맹자에 의해 욕은 도덕 가치에 어긋난다고 하여 오랜 세월 억눌려 왔는데 송대에 와서 주희와 왕수인은 그것을 완전히 내다 버렸다. 천리를 중시하는 신유학자들이 인욕은 천리와 상반된다고 여겼기 때문이다. 이 장에서 욕이 억눌려온 원인은 어디서 유래하는지 살펴보기로 한다.

1) 맹자의 천天과 성性

맹자 사상에서 천은 자연적 천이 아니고 인격이 부여된 인격천이다. 의지를 지녀 의지천이 되고 의리義理가 그 안에 있어 의리천이라고도 부른다. 맹자가 말한 '진심盡心 · 지성知性 · 지천知天'과 '존심存心 · 양성養性 · 사천事天'의 사상은 생명의 선천성을 드러내 보인 것이며 양성養性은 자기 천성의 선을 따르고 해치지 않는다는 뜻으로 천명을 받들고 하늘을 어기지 않는다는 의미를 지닌다.

맹자가 이렇듯 천에 인격을 부여한 이유는 인간 행위의 도덕 가치를 중시하기 위함이고, 천이 순선純善함으로 인해, 인간이 선천적 선을 부여받았음을 증명하기 위함이었다.

맹자는 공자의 인仁을 계승하여 심을 논하였다. 그래서 맹자는 "인은 사람이 남에게 차마 하지 못하는 마음[不忍人之心]이다."[18]라고 하였으며 심에는 측은惻隱 · 수오羞惡 · 사양辭讓 · 시비是非의 사단四端을 지녔다고 말하였다.

---

18 『맹자』「공손추상」: "人皆有不忍人之心. …… 惻隱之心, 仁之端也."

이 사단은 "인간이 본래 지니고 태어났다[我固有之]"[19]고 하여 맹자 성선설의 단서가 되었다. 또 이 사단의 심은 사람이면 누구나 지니고 있으며[人人皆有] 그 심은 다 같다[同然]고 하고, 천이 나에게 부여한 것이라 하였으니 천은 순수하여 인간의 성이 선한 초월적 근거가 된다.

「악기」에서 "인간의 본성은 하늘의 성性이기 때문에 고요한 것인데 인간이 지닌 욕 때문에 외물에 감응한다."[20]고 하여 성性 · 욕欲을 정靜 · 동動과 내內 · 외外의 상대적 관점으로 구분하였다. 이는 성리학에서 존천리存天理와 거인욕去人欲을 주장하는 바탕이 되게 하였다. 하지만 맹자는 성과 욕을 대립시키지 않는다. 맹자는 성을 식색食色과 동일 선상에 두고 욕구와 욕망을 수용하였다.

선善은 성에서 나와 성선이 되었으나 성은 심에 내재하여 밖으로 드러나지 않는다. 성의 선은 심을 통해 알 수 있다. 예를 들면, 인의 본성은 측은지심을 통해 알 수 있는데, 어린아이가 물에 빠지려는 순간[孺子入井] 누구라도 놀라며 측은한 마음을 가지는 것에서 알 수 있다. 성선은 생명에 관한 논의일 뿐 지식에 관계하지 않는다. 맹자가 성선을 주장한 것은 인간이 금수와 다름을 설명하려고 한 것으로 여겨진다. 맹자가 다음과 같이 말한다.

사람이 짐승과 다른 것은 단지 조그만 차이인데, 일반 백성들은 그것을 내다 버리고, 군자는 그것을 보존한다. 순임금은 모든 사물의 이치에 밝았고, 사람의 도리를 잘 살폈는데, 인의의 길을 따라 행하였으며, 인의를 수단과 도구로

---

19 『맹자』「고자상」: "仁義禮智, 非由外鑠我也, 我固有之也."
20 『예기』「악기」: "人心之動, 物使之然也, 感於物而動, 故形於聲."

사용하지 않았다.[21]

인의는 인간과 금수를 구별해주는 작은 도구이다. 천이 인간의 본성에 인의를 부여해 주었기 때문에 그것을 잘 보존하면, 인간이 인간답게 살게 되나 보존하지 못하면 금수와 다름이 없다. 인간과 금수는 별 차이가 없고 다만 도덕 가치의 중시에 따라 달라질 따름이다.

성리학에서 근본으로 삼는 성즉리性卽理에서 이理는 천리天理인데, 우주 생성 변화와 만물을 창조하는 근원일 뿐만 아니라 도덕 가치를 창조하는 근원이다. 천리는 인간에게 도덕 가치를 잘 지니게 하는 당위성을 준다. 이 당위에 대해 인과因果는 당연히 복종이다. 때문에, 당위의 인과로 맹자는 과욕을, 주희는 거욕을 주장하였다.

2) 맹자의 도덕 가치론

맹자는 인간의 성에 있는 네 가지 선한 실마리[四端] 중 의義를 가장 중시하여 의를 동반하지 않는 이익의 추구는 불선不善으로 치부했다. 인간에게 생명은 무엇보다 귀중한 것이지만, 도덕을 중시하는 한 어떤 상황에서도 인의가 생명을 앞선다.

공자가 인을 중시하여 '목숨을 바쳐서 인을 구한다[殺身成仁]'고 하였듯이 맹자는 의를 중시하여 '목숨을 버리고 의를 취한다[捨生取義]'고 다음과 같이 강조하였다.

---

21 『맹자』「이루상」: "人之所以異於禽獸者幾希. 庶民去之, 君子存之. 舜明於庶物, 察於人倫, 由人義行, 非行仁義也."

사는 것 또한 내가 원하는 것이고, 의 또한 내가 원하는 것이지만, 두 가지를 겸할 수 없다고 하면, 사는 것을 버리고 의를 취하겠다. 사는 것 또한 내가 원하는 것이지만, 진정으로 원하는 것이 사는 것보다 심한 것이 있다. 그 때문에 구차하게 삶을 얻으려 하지 않겠다. 죽는 것 또한 내가 미워하는 것이지만, 진정으로 미워하는 것이 죽는 것보다 심한 것이 있다. 그 때문에 환란이라 해서 무조건 피하려 하지 않겠다. 만약 사람이 원하는 것이 사는 것보다 심한 것이 없다면, 살 수만 있으면 어떠한 방법인들 쓰지 않겠는가? 만약 사람이 미워하는 것이 죽는 것보다 심한 게 없다면, 환란을 피할 수만 있다면 무엇인들 하지 않겠는가?[22]

맹자의 가르침은 생명과 의로움이 병행할 수 없을 때는 생명을 버리고 의로움을 택하라 하였다. 공자와 맹자는 삶에 있어 도덕 가치를 매우 중시하여 백성들을 인의로써 교화하기 위해 생명과 인의가 부딪치게 되면 생명을 버리라 했던 것일 뿐 죽음을 쉽게 생각하라고 한 것은 아니다.

맹자는 인의에 대한 도덕적 가치를 중히 여겨 "인과 의가 막히면 짐승을 거느리고 와서 사람을 먹다가 나중에는 사람이 사람을 먹게 될 것이다."[23]라고 하였다. 백성들에게 인의를 가르쳐 적어도 사람이 사람을 잡아먹는 일은 없도록 하려고 한 것이다. 맹자에게 인의는 사람이 지켜야 할 마지막 단계의 도덕인 것이다.

---

22 『맹자』「고자상」: "生, 亦我所欲也; 義, 亦我所欲也, 二者不可得兼, 舍生而取義者也. 生亦我所欲, 所欲有甚於生者, 故不爲苟得也; 死亦我所惡, 所惡有甚於死者, 故患有所不辟也. 如使人之所欲莫甚於生, 則凡可以得生者, 何不用也? 使人之所惡莫甚於死者, 則凡可以辟患者, 何不爲也?"

23 『맹자』「등문공하」: "仁義充塞, 則率獸食人, 人將相食."

맹자는 "사람이 짐승과 다른 까닭이 거의 없으나 서민은 인의를 버렸고 군자는 인의를 보존했다."[24]고 하여, 인의를 버리는 것이 짐승과 구별되는 이유인데 서민이 인의를 버린 것은 짐승과 다름이 없다는 의미이다. 이 말은 후에 청나라 초기 황종의가 '서민금수론'을 펴는데 기반이 된다.

맹자 사상의 의는 소유권과 관계가 있다. "어떤 이득이든 내 것이 아닌데 취하면 의가 아니다."[25]라고 하였다. 내 것을 취하는 것은 마땅한 일이 되지만 내 것이 아닌 것을 취하는 것은 사사로운 이득이 되는 것이고 남의 것인데 취하는 것은 도적질이다. 내 것을 취하는 것에서 욕심이나 부귀에 대한 욕망은 불선이 되지 않는다.

내 것은 노력하여 열심히 취하는 것이 옳은 것이며, 이러한 욕망은 반드시 길러져야 한다는 것 또한 맹자의 사유이다. 맹자는 의롭지 못한 이익을 서슴거리지 않고 가로채는 도적들을 교화하기 위해 과욕寡欲을 주장했던 것이며, 이는 인간다움 때문에 도덕만을 앞세웠다고 할 수 없고, 집단 사회 생활에서 필요한 마지막 단계의 도덕성을 말한 것이다. 맹자는 양욕을 말하지 않았을 뿐 자기가 취하고자 하는 욕 자체를 부정하지는 않았다.

의로움의 문제에서는 맹자는 공자의 사상을 계승했으며 순자와도 특별히 다른 점이 없다. 그들은 모두 심에 내재한 욕망에 대해 알았고, 삶에서는 이익이 중요하다는 것을 알고 있었기 때문에 의로움을 앞세웠다. 맹자의 의로움과 이익에 대한 논의는 양혜왕과의 대화에서 볼 수 있다.

---

24 『맹자』「이루하」: "人之所以異於禽獸者幾希, 庶民去之, 君子存之."
25 『맹자』「진심상」: "非其有而取之, 非義也."

맹자가 양 혜왕을 뵈었다. 양 혜왕이 말하였다. "어르신께서 천 리 길을 마다하지 않고 오셨으니 이는 장차 우리나라에 이익이 있지 않겠습니까?" 맹자께서 대답하셨다. "왕께서는 하필 이익을 말씀하십니까? 다만 인의가 있을 뿐입니다. 왕께서 만일 어찌해야 우리나라에 이익이 있을까? 라고 말하면 대부도 어찌해야 나의 가家에 이익이 있을까? 라고 말하고, 일반 관리와 백성들도 어찌해야 나 자신에게 이익이 있을까? 하고 말할 것이니, 이처럼 위아래가 서로 사사로운 이익을 추구하면 나라에는 위험이 생길 것입니다. …… 만약 의를 경시하고 이익을 중시한다면 그 대부는 임금의 소유를 빼앗지 않고는 만족할 수 없을 것입니다. 이제껏 인을 말하는 사람이 그의 부모를 버린 예가 없었으며 의를 말하는 사람이 그의 군주에게 태만한 적도 없었습니다. 왕께서도 단지 인의를 말씀하시면 그만이지 하필이면 이익을 말씀하십니까?"라고 하였다.[26]

양혜왕이 맹자에게 국익에 도움이 되는 말을 해달라고 한 것에 대해 맹자가 왜 하필 이익을 말씀하십니까? 라고 말했는데 이는 국익을 경시한 것이 아니다. 군대를 길러 국력을 기르는 것은 마땅한 일이지만, 왕이 이익을 논하면, 아래 사람들도 자기 이익을 중시하니 결국 국가는 바로 설 수 없게 된다. 국익에 있어 병법의 문제도 중요하지만 우선 나라 안을 단단하게 해야 한다. 그 때문에 이익보다 선행해야 할 것이 의로움의 실천이다. 의로움과 이익에 대한 맹자의 생각은 제 선왕과 대화에서도 볼 수 있다.

---

26 『맹자』「양혜왕상」: "孟子見梁惠王. 王曰, '叟不遠千里而來, 亦將有以利吾國乎?' 孟子對曰, '王何必曰利? 亦有仁義而已矣. 王曰, 何以利吾國? 大夫曰, 何以利吾家? 士庶人曰, 何以利吾身? 上下交征利, 而國危矣. …… 苟爲後義而先利, 不奪不饜. 未有仁而遺其親者也, 未有義而後其君者也. 王亦曰仁義而已矣, 何必曰利.'"

맹자가 말했다. "그렇다면 왕의 큰 욕심을 둔 바를 알만 합니다. 토지를 넓히고 진나라 초나라의 조회를 받아 중국에 다다르고 사방의 오랑캐를 어루만지기를 바라는 것입니다.

행하는 것으로써 원하는 바를 구하는 것은 오히려 나무에 연유하여 고기를 구함입니다." 하였다. 왕이 "이처럼 그것이 심합니까?"라고 하니, 맹자가 "아마도 심함[甚]이 있습니다. 나무에서 고기를 구함은 비록 고기를 얻지 못해도 뒤에 재앙이 없습니다. 행하는 것과 같은 것으로써 바라는 것과 같은 것을 구함은 마음과 힘을 다하고 그것을 해도 뒤에 반드시 재앙이 있습니다."라고 하였다.[27]

맹자는 왕이 행하려는 바는 싸우는 것이고, 얻으려는 바가 천하라면 의로움을 저버린 것이 되니 결국 얻지 못하게 된다는 것을 연목구어緣木求魚의 고사를 들어 알려주었다.

이는 왕과 국가의 관계에서만 그러한 것이 아니고 군신과 부모 형제 관계에서도 그러하다. 군신과 부자와 형제의 관계에서는 사사로운 이익을 우선시해서는 안 되는데, 특히 부모 형제와 같이 인仁으로 맺어진 관계와 군신과 같이 의義로 맺어진 관계에서는 사리사욕을 앞세우면 가정과 국가의 존립에 영향을 미친다고 하였다.

맹자가 대인은 말함에 믿음을 기필期必하지 않고, 행함에 결과를 기필하지 않고, 오직 의가 있는 곳으로 한다.[28]고 하였는데, 대인이란 공자가 말하는 군자와 같다. 맹자는 의와 도道로서 언행하는 자를 대인이라 하

---

27 『맹자』「양혜왕상」: "然則王之所大欲可知已. 欲辟土地, 朝秦楚, 莅中國而撫四夷. 以若所爲, 求若所欲, 猶緣木而求魚也. 王曰, 若是其甚與. 曰, 殆有甚焉. 緣木求魚, 雖不得魚, 無後災. 以若所爲, 求若所欲, 盡心力而爲之, 後必有災."
28 『맹자』「이루하」: "大人者, 言不必信, 行不必果, 惟義所在."

였으나 말에 의가 있으면 누구라도 그가 한 말을 믿게 되고 행동에 의가 있으면 결과가 좋지 않더라도 남들이 책망하지 않는다.

이 때문에 시작할 때 의도가 의로워야 한다는 것이다. 이 때문에 양명학에서는 본성인 심은 선도 없고 악도 없는데[無善無惡是心之體] 의도에서 선과 악이 생긴다[有善有惡是意之動]고 하였다. 욕망은 반드시 의도意圖에서 선해야 결과가 선으로 될 수 있다.

맹자가 본성에 욕망이 있음을 말하지 않았는데도 의로움을 중시해야 하는 이유는 본성이 지닌 선善의 단서가 외물에서 생기는 이익됨을 상대하기에 너무 허약하기 때문이다. 맹자도 본성의 선의 단서가 미비하여 외물을 보고 욕심이 생길까[見物生心] 걱정하여 의로움을 길러[集義] 기가 단단해져야 호연지기浩然之氣가 될 수 있다고 가르치고 있다. 맹자는 의로움을 실천하기 위한 호연지기를 기르는 방법으로 평소에 집의集義해야 함을 다음과 같이 말한다.

맹자가 "나는 말을 잘 이해하며, 나는 나의 호연지기를 잘 기른다."라고 말했다. 제자가 그렇다면 다시 한 번 더 감히 묻겠습니다. 호연지기란 무엇입니까? …… 그 기운 됨이 지극히 크고 굳세어 올바름으로 길러 해를 당하지 않으면 천지 사이에 꽉 찬다. 그 기운 됨이 의와 도를 짝하지만 이렇게 하지 못한다면, 굶주리게 된다. 이에 의를 모아[集義] 생성되는 것이니, 의란 갑작스레 취해지는 게 아니다. 행하여 마음에 만족함이 없으면 굶주리게 된다.[29]

---

29 『맹자』 「공손추상」: "敢問何謂浩然之氣? 我知言, 我善養吾浩然之氣. …… 其爲氣也, 至大至剛, 以直養而無害, 則塞于天地之間. 其爲氣也, 配義與道; 無是, 餒也. 是集義所生者, 非義襲而取之也. 行有不慊於心, 則餒矣."

맹자는 인간의 본성은 선하나 살아가면서 인성에 불선이 섞이는 것은 외물에 대한 욕망이 원인이라고 하여 기를 확충하여 내 마음에서 도망간 본성을 구하는 것[求放心]이라고 했다. 방심을 구하는 방법은 호연지기를 기르는 것이며 평소에 의를 행하여[集義] 그것이 모여야 호연지기가 될 수 있다. 기를 크게 기르더라도 의와 도가 짝하지 않으면 기가 튼튼하지 못하고 굶주린 듯 부족함을 느끼게 된다. 그래서 그 기를 튼튼히 하려면 집의를 해야 한다.

맹자가 이렇듯 인의를 중시하며 도덕적 이상주의를 실천하려는 의도는 개인의 욕망이라는 문제에 봉착하면서 어려움을 겪게 되었기 때문으로 보인다. 그는 본성의 선이 외물에 대한 욕과 맞서기에는 많이 부족함을 염려하였고, 본성의 선이 너무 약하기 때문에 의로움을 많이 행하여 본성에 자리 잡아야 당당하게 외물을 상대할 수 있다고 여긴 것이다.

이 때문에 맹자의 성선과 순자의 성악은 거의 다름이 없어 보인다. 순자는 인간이 지니고 태어난 자연적인 성 자체를 그대로 피력하였고 맹자는 인간이 태어나면서 지닌 조그만 장점을 피력하여 인간이 마지막으로 지켜야 할 도덕 가치를 말했을 따름이다.

3) 욕欲과 권리權利

맹자는 잘 살고 싶은 욕망을 인간의 권리로 여겼다. 개인의 생업을 위한 터전은 국가가 준비해주어야 하고, 각자는 생업에 참여하여 이익을 추구하고 가족이 행복하게 살 권리를 지님에 대해 다음과 같이 말한다.

일정한 생업이 없이 일정한 마음이 있는 것은 오직 선비만이 할 수 있습니다. 백성의 경우 일정한 생업이 없으면 일정한 마음이 없어집니다. 참으로 일정한 마음이 없으면 맘대로 행동함과 간사함과 사치함을 하지 않을 수 없습니다. 범죄를 저지른 후에 이들을 쫓아다니며 형벌한다면, 이것이야말로 백성을 그물질하는 거라 할 수 있습니다. 어찌 어진 임금이 자리에 있으면서 백성을 그물질하는 것을 할 수 있겠습니까? 이러하기에 현명한 임금은 백성들의 재산을 정해 주어, 반드시 위로는 넉넉하게 부모를 섬길 수 있고, 아래로는 넉넉하게 처자를 기를 수 있어 풍년엔 종신토록 배부르고 흉년엔 죽음을 면하게 합니다.[30]

맹자는 민본民本과 민부民富를 정치철학으로 논했다. 그는 백성들이 원하고 갖고 싶은 것을 가질 수 있도록 하면서 백성에게 악이 되는 것은 시행하지 못하게 하는 것이 정치가의 할 일임을 주장한다. 이것은 공자가 주장한 백성들을 잘살게 해주고 그 후에 교육시킨다[先富後敎][31]고 하는 원칙과 같다.

공자 정치의 근본은 많은 백성[民庶]·민부·가르침[敎民]이다. 이것은 맹자가 백성들이 먹고살 수 있으면서 또 즐거워할 수 있을 만큼의 재산을 얻도록 토지를 마련해주는 것[制民之産]을 우선으로 삼은 후에 백성들이 선을 행하도록 이끌어주는[驅而之善] 사상과 다르지 않다. 이렇듯 국가가 백성을 위해 잘 살 수 있는 터전을 마련해 주어야 하고 백성은 국가로부터 그것을 누릴 권리를 가진다.

국가가 마련해준 토지에서 열심히 노력하여 잘살게 되는 것은 백성이

30 『맹자』「양혜왕상」: "無恆産而有恆心者, 惟士爲能. 若民, 則無恆産, 因無恆心. 苟無恆心, 放辟, 邪侈, 無不爲已. 及陷於罪, 然後從而刑之, 是罔民也. 焉有仁人在位, 罔民而可爲也? 是故明君制民之産, 必使仰足以事父母, 俯足以畜妻子, 樂歲終身飽, 凶年免於死亡."
31 『논어』「자로」: "子適衛, 冉有僕. 子曰, 庶矣哉! 冉有曰, 旣庶矣, 又何加焉? 曰, 富之. 旣富矣, 又何加焉? 曰, 敎之."

누릴 수 있는 삶의 권리이다. 그뿐만 아니라 공부하여 관리가 되어 녹을 받는 것 역시 백성이 누릴 수 있는 행복 추구의 권리이다. 권리는 마냥 누릴 수만 있는 것이 아니고 제약을 받는데 그것이 공의公義이다. 공의에 어긋나지 않는 권리라면 마음껏 지켜낼 수 있고 누릴 수 있다.

공자, 맹자, 순자의 도덕 수양론은 모두 '선의후리先義後利'이다. 이익을 추구하지 말라고 하는 것이 아니고 의로움에 맞는 이익은 추구하여 행복을 누리며 살기를 바랐다. 이는 백성이 이익을 추구하여 행복해질 수 있는 권리이다. 막연히 이익만을 좇는 사람은 소인이 된다. 순자 역시 소인을 다음과 같이 정의하는데, 공자·맹자의 생각과 다르지 않다.

말은 항상 믿음이 없고 행동은 항상 바름이 없다. 오직 이익이 있는 곳이면 기웃거리지 않는 곳이 없다. 만약 이러한 사람이라면 소인이라 할만하다.[32]

욕망을 향해 나아가 이익을 추구하되 군자의 길을 가려면 말을 믿게 하고 행동을 바르게 하여 작은 이익에 기웃거리지 말고 떳떳하게 자리를 얻어 그에 합당한 권리를 주장하는 것이다. 이것이 바로 도의道義이다.

맹자는 이익의 중요성을 긍정하면서도 의로움을 강조하여 인간 행위의 도덕 가치를 높이려고 했다. 맹자는 공자를 계승하여 '중의경리重義輕利'를 도덕 가치로 내세우며 도의의 필요성을 주장하였다. "궁하다고 하여 의를 저버리지 말고 뜻을 이루었다고 하여 도에서 벗어나지 말라.[33]"라고 하였고 또 "선비는 곤궁해도 도를 떠나지 않기에 자신을 잃지 않으

---

32 『순자』「不苟」: "言無常信, 行無常貞, 唯利所在, 無所不傾, 若是則可謂小人矣."
33 『맹자』「盡心上」: "窮不失矣, 達不利道."

며 영달해도 도를 떠나지 않기에 백성들에게 신망을 잃지 않는다."[34]라
고 하였다.

도는 바로 하늘의 이치이며 곧 인의仁義인데 인의는 생명과는 상반된
다. 인仁 때문에 목숨을 버릴 수 있고 의義때문에 궁달하게 지낼지라도
녹을 받지 않는다고 한 것은 인의로 인해 목숨과 행복하게 살 권리를 버
려야 한다는 것이고, 인의가 권리보다 소중함을 일깨워 준 것이다.

4) 공公과 사私로 본 의리관義利觀

외물에 의해 욕이 생기는 원인은 누구나 본성에 이익을 좋아하는 것
이 내재 되어있기 때문이다. 맹자도 공자와 같이 인간은 누구나 이익을
좋아하니 순임금처럼 선한 사람도 열심히 일하여 이익됨을 좋아하고 도
척과 같은 도적들도 이익을 좋아한다고 하였다. 이 모두 인간의 본성이
다. 맹자가 다음과 같이 말했다.

닭이 울면 일어나 부지런히 선을 행하는 사람은 순의 무리다. 닭이 울면 일어
나 부지런히 이익을 위하는 사람은 도척의 무리다. 순과 도척의 나누어짐을
알고자 한다면 다름이 아니라 이익과 선함의 사이인 것이다.[35]

이익됨과 선함이 갈라지는 것은 이익에 대한 호오의 문제가 아니다.
인간은 모두 선과 이익을 같이 좋아하나 이익에 공리公利나 사리私利가

---

34 『맹자』「진심상」: "士窮不失義, 達不離道."
35 『맹자』「진심상」: "雞鳴而起, 孳孳爲善者, 舜之徒也. 雞鳴而起, 孳孳爲利者, 蹠之徒也. 欲
知舜與蹠之分, 無他, 利與善之閒也."

끼어들어 둘로 갈라질 따름이다. 공리를 추구하면 선함이 되고 사리가 끼어들면 이익됨이 있게 된다. 둘로 갈라지는 지점을 맹자는 사이[間]라고 하였는데, 정명도가 "사이라는 말은 서로의 거리가 멀지 않아 다투는 것이 털끝만 할 뿐이고 선함과 이익됨은 공과 사일 뿐이다. 조금이라도 선에서 벗어나면 곧 이利라고 할 수 있다."[36]라고 설명하였다.

선함과 이익됨이 털끝만큼 적은 사이라는 것은 적은 차이로 이익이 공公이 될 수 있고 사私가 될 수 있다는 의미를 지녔다. 선함을 택하면 공이 되고 이익됨을 중시하면 사가 되니, 순이 행한 선은 공리公利이고 도척이 행한 악은 사리私利인 것이다. 공리가 선이 되는 것은 의로움과 합치되는 것이 관건이 된다. 사사로이 욕을 지녀도 의로움에 합치하면 공리가 되고 합치되지 않으면 사리가 된다.

의義와 이利의 관계를 새롭게 이해하는 것은 인간의 욕망에서 생겨난 이익에 대한 새로운 인식 태도와 친밀한 관계에 있다. 과거에 공의와 이익[利]은 함께 할 수 없는 대상으로 인식되고 있었다. 『서경』에 "사욕私慾과 공의는 서로 사라지게 하고 자란다. 그러므로 세력을 믿어 사치하면 반드시 공의를 멸한다."[37]라고 하였다.

사욕은 자신의 욕망이 시키는 대로 하는 것이고 공의를 따르는 것은 공공을 위한 의로움을 행하는 것이다. 순자 역시 군자는 반드시 욕망을 따르되 공리가 되는 이익을 따르기 때문에 사사로운 이익이 끼어들 수가 없게 된다고 하였다.

---

36 『맹자집주』「진심상」: "程子曰, 言間者, 謂相去不遠, 所爭毫末耳. 善與利, 公私而已矣. 纔出於善, 便以利言也."
37 『서경』「周書 畢命」: "私欲公義, 相爲消長. 故侈必至滅義."

4. 욕欲이 왜 현대에 권리로 부상하는가?

유학은 우환의식을 바탕으로 생겨났고, 유학의 경전들은 도덕 가치를 중심으로 해석되어 수정 확립하였다. 특히 선을 중시하여 상대적인 욕은 악으로 떨어져서 거욕의 대상이 되었다. 하지만 급격히 과학 기술이 발달하여 산업화·도시화·정보화·세계화의 특징을 지니게 된 현대사회에서, 욕을 기르는 것은 격동하는 사회에서 미래를 보장하고 행복한 삶을 보장하는 기원이 된다.

1) 순자의 천天과 성性

순자는 천을 천지만물인 자연으로 보아 자연천이라 부른다. 순자가 말한 천은 사계절이 운행하고 만물이 끊임없이 생성하는 천이며 천도로 공자 사상에서 거론된 천과 다르지 않다. 순자가 천을 자연이라 한 것은 실재적이고, 객관적이며 형이상적이지 않기 때문이다. 그래서 천에는 의지나 의리, 이성이나 감정이 없어 인격적이지 않고 선이라는 도덕 가치를 지니지도 않으며 자연스러운 현상일 따름이다.

순자는 만물이 기氣의 작용으로 형성되며, 우주의 기에는 청탁이 있으니 품수 받은 본성에 선을 받았다고 하지 않는다. 그리고 하늘은 하늘의 직분이 있고 인간은 인간의 직분이 있다고 하는 천인지분天人之分 사상을 다음과 같이 말한다.

하늘에는 변함없는 자연의 법칙이 있다. 요순 같은 성군聖君을 위하여 존재하는 것도 아니며, 반대로 걸주桀紂와 같은 폭군暴君 때문에 없어지는 것도 아니다. 바르게 응하면 이롭고 어지럽게 응하면 흉할 뿐이다. 농사를 부지런히 하고, 아껴 쓰면 하늘이 가난하게 할 수 없고, 기르고 비축하고 때맞추어 움직이면 하늘이 병들게 할 수가 없으며, 도를 닦고 마음이 흩어지지 않으면 하늘이 재앙을 줄 수 없다.[38]

하늘의 직분은 사계절이 자연적 운행을 하는 것이고 인간의 직분은 부지런히 농사짓고 아껴서 행복하게 잘 사는 것이다. 하늘이 인간에게 길흉화복을 주는 것이 아니고 인간이 만드는 것이며, 나라가 다스려지고 난이 일어나는[治亂] 것 역시 인간이 만드는 것이다. 순자는 하늘의 직분으로 인해 인간이 지니는 욕을 다음과 같이 말한다.

이것과 같이 자신이 해야 할 것을 알고 하지 말아야 할 것을 안다면, 천지가 관리되고 만물이 부려진다. 그 행함이 곡진히 다스려지고 그 양생함이 곡진하게 적합하여 그 삶이 상처 입는 일이 없으니 이것을 일러 하늘을 안다고 하는 것이다.[39]

인간이 해야 할 일은 인간의 직분이고 하지 말아야 할 일은 천의 직분과 다투지 않는 것이다. 천의 운행 법칙을 알아서 천지 만물을 잘 이용할 수 있으면 천을 아는 것이다. 순자는 "천은 만물을 낳고, 성인이 그것을 완성한다."[40]고 하며 하늘과 인간의 직분이 분명하게 나누어져 있음을 밝혔다.

---

38 『순자』「천론」: "天行有常, 不爲堯存, 不爲桀亡, 應之以治則吉, 應之以亂則凶, 彊本而節用, 則天不爲貧, 養備而動時, 則天不能病, 修道以不貳, 則天不能禍."

39 『순자』「천론」: "如是, 則知其所爲, 知其所不爲矣, 則天地官而萬物役矣. 其行曲治, 其養曲適, 其生不傷, 夫是之謂知天."

40 『순자』「부국」: "天地生之, 聖人成之."

자연천에 대한 사유는 자연성의 개념을 낳았다. 순자는 "나면서부터 그러한 것을 성이라고 한다."[41]라고 하였으며 또 "아무 일도 하지 않았는데 자연적으로 그러한 것을 성이라고 한다."[42]라고 하였다.

성이 자연적이라는 것은 성에 선이나 악이 없고 도덕 이성도 선의 근거도 없다는 뜻이다. 다만 순자는 성에 욕구와 욕망이 들어있다고 하였다. 순자는 자연천에 대해 다음과 같이 말한다.

성이란 천이 준 것이고, 정은 성의 본바탕이며, 욕은 정이 응한 것이다. 욕망하는 바를 얻고자 노력하는 것은 정에서 피할 수 없는 일이다.[43]

성性의 본바탕이 정情이고 욕은 정이 응한 것이라면 결국 성은 바로 정이고 또 욕이 된다. 순자의 본성은 욕망과 같다는 의미를 지닌다 하며 "이익을 좋아하여 그것을 얻으려고 하는 것이 바로 성이다."[44]라고 하였다.

호오好惡의 감정이 바로 성의 본질이라는 의미이다. 순자의 성의 특징은 욕망을 성으로 본 것[以欲爲性]이다. 본성의 욕망이 행위에서 선이 되려면 인위人僞로서 가능하다고 다음과 같이 말하였다.

성은 천이 준 것으로 배울 수 없고 일삼을 수 없다. 예의는 성인이 만든 것이고 인간이 배워서 행할 수 있으며 일삼아서 이루어지게 할 수 있다. 배울 수

---

41 『순자』「정명」: "生之所以然者, 謂之性."
42 『순자』「정명」: "不事而自然, 謂之性."
43 『순자』「정명」: "性者, 天之就也, 情者, 性之質也, 欲者, 情之應也. 以所欲爲可得而求之, 情之所必不免也."
44 『순자』「성악」: "夫好利而欲得者, 此人之情性也."

없고 일삼을 수 없는데 인간에게 있는 것을 성이라 하고 배우고 일삼는 것을 인위라 한다.[45]

위의 글은 성의 자연성을 설명하고 있다. 욕망은 배움을 통해 인위를 가해서 본성의 욕을 선으로 변화[化性起僞]시켜 완성해 가야 한다. 하늘은 만물을 낳고 땅은 인간을 싣고 있을 뿐, 만물에 대해 지닌 욕망은 인간에게 자연적 사실이다. 그래서 예의를 배우지 않고 본성대로 살면 욕망이 그쳐야 할 곳을 모른다.

2) 순자의 공의公義와 이익

인간이 자연적 성을 가지고 태어난다는 사유는 맹자의 사유에 비해 한층 공리公利의 합리성을 견지하고 있다. 인간의 본성인 욕망은 행복을 가치의 기준으로 볼 때 필연적이다. 하지만 인간에게 도덕은 욕망의 추구를 견제하기 위한 제어장치를 장착하는 것이며 공·맹·순 모두 이 부분에 주력하여 이익을 추구하되 의로움에 맞는지 생각할 것을 말하였다.

어린 시절 꿈을 키워 훗날 자기 만족에 이르게 되고 결국에는 사회에도 이바지하게 된다. 다만 꿈을 실천하는 과정에서 인간의 본성에 있는 욕망은 외물을 만나 사사로운 이익을 구할 수 있다. 하지만 인간이 사회화되는 과정에서 합리적 공리가 요구되어 유학자들이 사회적 갈등을 조정하기 위해서 의義와 함께 하기를 강조하였다.

---

45 『순자』「성악」: "凡性者, 天之就也. 不可學, 不可事, 禮義者, 聖人之所生也, 人之所學而能, 所事而成者也. 不可學, 不可事, 而在人者, 謂之性, 可學而能, 可事而成之在人者, 謂之僞. 是性僞之分也."

맹자도 욕망을 부정하거나 공리를 반대하는 것은 아니다. 이를 긍정했을 때 생기는 문제점을 보완하기 위해 과욕을 주장하고 의를 중시한 것이다. 즉, 의는 이利와 대립하거나 긴장되는 관계가 아니고, 이익을 추구하며 생기게 되는 문제점을 사전에 제거하기 위해서 상생하는 관계이다.

순자의 의로움[義]와 이로움[利]에 대한 견해 역시 공의公義를 중시하였으니 공자와 맹자의 사상과 조금도 다르지 않다. 순자는 본성에 이로움을 좋아하는 욕망이 있다고 하였고, 맹자는 본성에 이로움을 좋아하는 욕망은 언급하지 않고 도덕적 가치만을 중시하여 욕망은 제거해야 할 대상으로만 여겼을 뿐이고, 순자는 본성에 지닌 욕망을 부정하지 않았으며 과욕이나 거욕의 대상으로 삼지도 않았다. 순자도 의로움을 중시해야 한다고 다음과 같이 말한다.

> 의로움을 중시하고 이득을 가볍게 하는 사람은 영화롭고, 이득을 중시하고 의로움을 가볍게 하는 사람은 치욕을 당한다."[46]

순자는 의로움을 강조하나 이익을 부정하지 않는다. 본성에 주어진 욕망을 길러서 자신을 키워나가야 한다[養欲]고 주장하였다. 다만 양욕을 하되 "먼저 의로움의 안전장치를 설치해두고 후에 이익을 따르고 이익은 공리가 되도록 하라."[47]라고 권고한다. 이러한 순자의 양욕에 대한 사상은 현대에 이르러 권리로 부상하게 되었다. 순자 선의후리 사상을 또 다음과 같이 말한다.

---

46 『순자』「영욕」: "先義而後利者榮, 先利而後義者辱."
47 『순자』「정명」: "先義後利, 以義制利."

의로움이 이익 됨을 이기면 치세治世가 되고 이익 됨이 의로움을 이기면 난세亂世가 된다. 임금이 의로움을 중히 여기면 의로움이 이익 됨을 이기고 임금이 이익 됨을 중히 여기면 이익 됨이 의로움을 이긴다.[48]

이익과 의로움은 같은 도로를 달리는 두 대의 차와 같다. 같이 서로 다른 길을 달리기도 하고 가끔은 부딪치기도 한다. 달리는 목표가 다르기에 그들의 방향은 상반된다. 때문에, 운전자는 항상 충돌하지 않도록 조심해야 한다.

의로움과 이익이 충돌하면 하나를 택해야 하는 상황이 되는데, 이때 의로움을 선택하면 선이 되지만 이익을 선택하면 악이 된다. 선악의 문제는 충돌을 피할 수만 있다면 함께 나란히 자기 갈 길을 가는 것이다.

이익이 같은 목적을 향해 주행하는 자동차라면 의로움은 목적을 향해 달리는 차에서 브레이크 역할을 한다. 다른 차와 부딪치지 않도록 하는 제어장치이며 부딪치기 직전에 세우고 바른 방향으로 새롭게 향하게 하는 장치이다. 도로상에서 차는 반드시 달리는 것이고 달리는 차에 브레이크는 반드시 있어야 하니 어느 쪽도 없을 수 없고 없앨 수 없다.

의로움을 택하는 것은 도덕의 문제에 봉착했을 때이고 이익의 문제에 부딪힌 경우는 욕망이 악으로 변하지 않고 떳떳하게 세상에 맞서는 것으로, 욕망을 키우는 것은 사회에 대한 개인의 권리이다.

3) 욕망과 이익의 새로운 인식

순자가 욕은 인간이 본성에 지닌 것으로 인위人爲를 행하여 욕망을 가

---

48 『순자』「대략」: "義勝利者, 爲治世. 利克義者, 爲亂世. 上重利, 則利克義."

구어야 할 책임과 권리가 있음을 표명하였다. 인위란 작위로서 자율적 의지를 의미한다. 욕망은 인위를 통해 인간을 진일보하게 하는 것이다. 인간의 삶의 궁극적 목적은 행복에 있으며, 행복의 추구는 욕망을 키우면서 가능해진다.

마음에 욕망의 양이 많아져 마음에 보존할 도의가 적어지는 것을 안타깝게 여겨 욕을 적게 해야 한다고 하지만 이는 욕심 때문에 순수한 공공의 이익을 보지 못하고 사리에 막혀버리게 됨을 안타깝게 여긴 것이다. 맹자가 도덕을 중시하여 과욕을 주장하였으나 공리의 중요함은 인식하고 있었던 것이며 사욕에 대해 경계하였을 뿐이다. 이를 순자는 다음과 같이 말한다.

다스림을 말하면서 욕망을 없애야 한다[去欲]고 기대하는 사람은 욕망을 이끌어주려고 하지 않고 욕망을 가진 것에 곤혹스럽게 여기는 사람이다. 다스림을 말하면서 욕망을 적게 할 것을 기대[寡欲]하는 사람은 욕망을 조절하려고 하지 않고 욕망이 많은 것에 곤혹스럽게 여기는 사람이다. 욕망이 있음과 없음은 다른 종류이다. 생사와 같으며 치란과는 관계가 없다. 욕망의 많고 적음은 다른 종류이다. 정욕이 많고 적음이지 치란과는 관계가 없다.[49]

욕망이 있느냐 없느냐가 생사의 문제라는 것은 누구나 살아있으면 욕망이 있다는 의미이다. 단지 욕망이 많고 적음은 정욕의 문제일 뿐 나라에 다스려지고 난이 일어나는 것과는 아무런 관계가 없다고 하였다. 정

---

49 『순자』「정명」: "凡語治而待去欲者, 無以道欲而困於有欲者也. 凡語治而待寡欲者, 無以節欲而困於多欲者也. 有欲無欲, 異類也, 生死也, 非治亂也. 欲之多寡, 異類也, 情之數也, 非治亂也."

욕은 본성에 있으니 마음이 이치에 맞지 않는 일을 할 때 치란이 일어난다.

개인의 욕망이 비록 많더라도 마음에서 의로움에 합당한가 비교하여 공공의 이익이 된다면 나라는 잘 다스려지고 난이 생기지 않는다. 욕망은 사리私利만 제거한다면 오히려 행복의 도구가 된다는 것이 순자의 양욕 이론이다.

순자는 욕이 많고 적음은 심에 관련된 것이 아니고 본성에 욕망을 지녔기 때문에 욕망으로 인해 의義와 불의, 선과 불선이 생겨나는 것이 아니라고 하였다. 인간은 본성의 욕망을 자유롭게 키워나갈 수 있는데, 욕망이 지나칠 때 행동이 더 이상 미치지 않는 것은 마음이 저지하는 것이라 했다. 과욕하도록 지시하는 곳도 마음일 뿐이다.

치란治亂 역시 필연적 관계가 아니라 그 원인이 욕에 있지 않고 심에 있다고 보았다. 심에 의가 있으면 욕망을 이루려고 하더라도 선이 될 수 있으며 다스려질 수 있다. 반대로 마음에 의를 잃으면 비록 욕망이 적더라도 악이 되고 환란이 되고 불의가 되는 것을 피하기 어렵다고 하였다.

순자가 주장하는 양욕의 특징을 몇 가지로 보면, 그 하나는 욕은 절대로 적게 할 수 없고 없앨 수 없으며 욕을 더 얻어 길러주어야 한다는 점이다. 맹자의 사상에서 악은 욕을 원인으로 삼지만, 순자 사상에서 자연스러운 정욕은 악이 될 수 없다. 또 하나는 순자의 천의 개념은 단순히 그냥 하늘일 뿐 천리나 신神적인 개념을 가지지 않으며 의리義理의 개념을 지니지 않는다.

또 다른 하나는 순자가 천이 존재하고 작용하는 것은 사람의 의지에 따라 바뀔 수 있는 것이 아니며, 천 자체에는 선악이 없다는 점이다. 이점에 대해 순자가 다음과 같이 말하였다.

욕망은 얻기를 기다리는 것이 아니며, 구하는 것이 가능할 때 생긴다. 욕망이 얻어지기를 기다리지 않는 것은 천으로부터 받을 때이고, 구하는 것이 가능할 때 생기는 것은 마음으로부터 받을 때이다.[50]

욕망은 본래 선악이라고 할 것이 없다. 욕망은 하늘에 속하는 것이고 인간은 자연적으로 본성에 부여받은 것이다. 그래서 하늘로부터 얻기를 기다리는 것이 아니다. 욕망을 구하려고 힘쓰면 욕망은 이루어진다. 순자는 욕망으로 구하여 얻은 이익은 선악의 문제와는 별개의 것으로, 욕망은 함부로 버리거나 적게 할 수 없으며 이것은 백성들 누구나 지닐 수 있는 권리이다. 순자의 언어로 이 권리를 다시 살펴보면 아래와 같다.

비록 문지기가 되어도 욕망을 제거할 수 없는데 본성이 갖춘 것이다. 비록 천자라 하더라도 욕망을 모두 채울 수 없다.[51]

욕망과 악은 같은 부류의 감정이 아니다. 인간이 이익을 좋아하고 손해를 싫어하는 것과 욕망을 추구하여 만족하는 것은 인간이라면 누구든지 선천적으로 지닌 자연적 권리이다. 순자는 요순이라도 백성들의 욕망과 이익을 제거할 수 없다[52]고 하였다.

이익과 욕망은 인간이 사는 이유가 되며 권리가 된다. 그래서 인간은 욕망을 길러야 하고 의로움에 위배되지 않는 이익은 삶에 있어 행복을

---

50 『순자』「정명」: "欲不待可得, 而求者從所可. 欲不待可得, 所受乎天也, 求者從所可, 所受乎心也."
51 『순자』「정명」: "雖爲守門, 欲不可去, 性之具也. 雖爲天子, 欲不可盡. 欲雖不可盡."
52 『순자』「대략」: "雖堯舜不能去民之欲利."

가져다준다. 순자는 금수와 비교당하지 않기 위하여 이익과 욕망이 반드시 의로움에 맞아야 한다는 점을 강조하였을 뿐이고 근본적으로는 양욕養欲을 주장하고 있다.

하지만 이러한 욕망이 만족할 줄 모르고 다른 이상향을 찾아 헤매게 되면 '욕망이라는 이름의 전차'에 나오는 주인공들 마냥 욕망을 향해 마구 달려 부와 가난, 사랑과 믿음, 육체적 유혹과 거짓으로 가득한 세상 한가운데에서 떨어져 결국 묘지행 기차를 타게 된다. 욕망은 누구나 키우려 노력하지만 만족할 만큼 채울 수 없는 것이 욕망이다.

그래서 순자가 요순이라도 욕망은 다 채울 수 없다고 하였다. 양욕을 하되 그치는 지점을 알아야 하고, 예와 의에 어긋나지 않게 양욕을 해야 한다는 것이 순자의 생각이다. 인간은 양욕으로 인해 자칫 금수와 비교되는데 이는 선악과의 연결성 때문이다. 양욕이 끝이 없이 내달리면 결국 악이 되고 나라에 난을 일으키는 결과를 초래한다.

욕망을 추구하며 생기는 자신에 대한 만족은 자연적 권리이다. 맹자의 과욕과 순자의 양욕은 크게 다른 것으로 보이나 하나이다. 맹자도 양욕이 필요한 것을 알지만 마음에 욕이 생기면 과욕寡欲의 방법을 써서 양욕으로 가는 길목에 다시 의로써 다져 사욕으로 인한 잘못됨을 미연에 막으려 했던 것으로 상황에 따른 적절한 계책이었을 뿐이다. 이는 마치 곤이 황하의 치수를 할 때 물이 넘치면 흙더미를 쌓아 막으려고 했던 수래토엄水來土掩의 방법과 같다.

잘못된 곳을 막으려고만 하는 맹자의 수양 방법[寡欲]은 본성을 거스른 것이다. 순자는 양욕을 행함에 있어 이도어욕以道御欲의 방법으로 실행하였는데 이는 우임금이 쓴 소천도체疏川導滯의 방법과 같다. 물 흐름에 따라[疏] 지류를 만들고 물길을 터주는[導] 방식이다.

순자가 양욕을 주장함은 물이 잘 흐를 수 있도록 지류를 터주고 욕을 기르도록 하는 것이니 이는 본성을 거슬리지 않는 방식이다. 즉, 세에 따라 이익이 이끄는 대로 따르는 것이다. 맹자는 막는 것이고 순자는 자연스럽게 터주는 것이니 맹자가 전제주의 방식을 택한 것이라면 순자는 민주 사회의 방식이며 자연적 방식을 택한 것이 된다. 그래서 순자의 의리義利관은 현대의 시대정신과 부합한다.

4) 현대사회의 특징과 욕망의 필요성

현대사회는 지성 주체가 지도자가 된다. 지성 주체는 덕성과 능력을 지닌 자이다. 능력은 각 분야의 전문적 지식을 공부하여 일을 잘 처리할 수 있는 사람이다. 순자도 노력하는 사람에게 지도자가 될 기회가 있고, 군주는 백성이 노력하여 기회를 누릴 수 있도록 사회 분위기를 조성해주어야 한다고 다음과 같이 말하였다.

군주란 무엇인가? 사회의 조직 구성을 잘하는 사람이다. 조직 구성을 잘한다는 것[能群]이 무엇인가? 백성을 잘 살 수 있도록 하는 것[生養]이며 백성에게 직분을 나누어 주어 잘 다스리는 것[班治]이다. 백성을 적재적소에 잘 기용하는 것[顯設]이며 등급에 맞추어 복식 등을 잘 갖추어 주는 것[藩飾]이다. 생양生養을 잘 하는 자는 백성들이 그를 친애하고 반치班治를 잘하는 자는 백성들이 그를 편안하게 해주며 현설顯設을 잘 하는 자는 백성들이 그를 즐겁게 해주고 번식藩飾을 잘 하는 자는 백성들이 그를 영광스럽게 한다. 네 가지의 법이 갖추어지면 천하가 그에게 돌아오니 이러한 사람을 능군能群이라고 한다.[53]

---

53 『순자』「군도」: "君者, 何也? 曰, 能群也. 能群也者, 何也? 曰, 善生養人者也, 善班治人者

순자가 군주는 능군能群이라야 한다고 하며 군群의 개념을 도입하였다. 군은 무리를 지어 사는 집단사회를 의미하고 그 집단을 잘 리더 할 수 있는 자를 능군이라 하였다. 현대사회에서도 지도자가 되려면 국민이 각자 자기가 잘 할 수 있는 것을 가지고 일할 수 있는 자리를 만들어주고, 그 자리에 적합한 사람을 뽑아 기용하고, 거기에 합당한 보수를 지급하여, 사회적 신분에 어울리게 살게 하는 것이다. 순자가 능군이 되려면 생양生養·반치班治·현설顯設·번식藩飾을 잘 해야 가능하다고 한 것은 사회를 잘 이끄는 현대적 방식과 전혀 어긋나지 않는다.

공자의 사유에서는 사회의 개념이 들어있지 않았으나, 순자는 인간의 사회화·집단화에 관심을 가졌다. 집단에는 지도자가 있어야 하고, 지도자가 되려면 먼저 덕을 지녀야 하고 각 분야에 전문 지식을 지녀야 한다고 다음과 같이 말한다.

왕이 된 자는, 덕이 없으면 귀하게 삼지 말고 능력이 없으면 관리로 등용하지 않으며 공덕이 없으면 상을 주지 않으며 죄가 없으면 벌을 주지 않는다. 조정에는 요행으로 지위를 가진 신하가 없고 백성은 요행으로 살아가는 사람이 없게 하여 어진 이를 숭상하고, 능력이 있는 이를 부리며 능력의 등급과 자리는 잃지 않게 한다.[54]

순자는 인재를 등용하는 요건으로 덕행과 능력을 들고 있다. 사회라는 집단은 무리가 서로 소통이 되고 어울려 살아야 하니 덕이 있는 사람

也, 善顯設人者也, 善藩飾人者也. 善生養人者人親之, 善班治人者人安之, 善顯設人者人樂之. 善藩飾人者人榮之. 四統者俱而天下歸之, 夫是之謂能群."

54 『순자』「왕제」: "王者之論, 無德不貴, 無能不官, 無功不賞, 無罪不罰. 朝無幸位, 民無幸生, 尙賢使能, 而等位不遺."

이 지도자가 되지 않으면 혼란에 빠진다. 그 때문에 예의가 중시되고 법이 통용되어야 했다. 이는 북송대에 신진 사대부들이 정치에 나서려면 이 조건이 필요했는데 현대에는 오히려 덕행이라는 부분은 빠지고 능력만이 중심이 되어 아쉬운 부분이다. 순자는 인재 등용에 있어 신분이나 계급적인 것은 고려하지 말아야 한다고 하며 다음과 같이 말한다.

비록 왕공과 사대부의 자손이라도 예의에 부합하지 않으면 서인에 귀속시킨다. 비록 서인의 자손이더라도 학문을 쌓고 품행을 바르게 하여 예의에 부합하면 경상이나 사대부에 귀속시킨다.[55]

당시는 봉건사회였고 신분이 정해진 계급사회였다. 신분은 5등급의 작위가 주어졌는데 공公·후侯·백伯·자子·남男이 있었고, 군君·경卿·대부大夫·상사上士·중사中士·하사下士의 6등급으로 작위가 내려지기도 했다. 이들의 계급이 세습되었고, 서민은 관리로 등용될 길이 없었다.

다만 전쟁에 나가거나 나라의 일에 큰 공을 세운 공신들에게만 특별히 작위를 내려주었다. 순자는 덕이 있고 능력만 갖추어지면 서민도 정치에 나갈 수 있도록 길을 열어주게 하였으나 안타깝게도 그 당대의 지도자들이 받아들이지 않았다.

순자는 서민들에게 사회 지도자가 되는 꿈을 키우게 한 것이다. 당시의 사유로 서민으로 태어나 학문을 하여 정치에 나서는 것은 욕망일 뿐 현실과는 엄청난 괴리가 있었다. 순자는 이 욕망을 키워 당당하게 자기

---

55 『순자』「왕제」: "不能屬於禮義, 則歸之庶人. 雖庶人之子孫也, 積文學, 正身行, 能屬於禮義, 則歸之卿相士大夫."

가 할 수 있는 일을 찾고 그 길로 나아가게 했다. 순자도 자기 성취를 위해 욕망을 키우다 보면 공동체의 평화에 해를 끼치는 사사로움이 깃들어 자칫 잘못될 수도 있음을 고려하여 공리의 개념을 등장시킨다. 이는 서양 철학의 공리주의와 유사하다.

서양에서 공리주의가 탄생한 배경 역시 사사로운 이익과 공공의 이익이 충돌하는 것을 피하고 그 충돌로 인한 사회적 갈등을 조정하기 위한 기준 마련의 필요성에서 대두되었다. 공리주의는 영국의 벤담과 밀이 주장한 학설이다. 공리주의는 인간이 행복을 추구할 권리를 강조하였는데, 순자 역시 도덕 가치보다 행복 가치를 더 인정하여 덕을 갖춘 관리를 등용하되 열심히 노력하여 능력을 갖춘 인재를 등용해야 한다고 주장한 것이다.

이렇듯 순자의 공리에는 도덕 가치를 무시하지 않는다. 욕망이라는 달리는 차에 도의道義라는 제동 장치를 달아주고 달리게 한다. 도의는 바로 인간이 예의를 익혀 덕성을 길러 생겨난다.

> 의지가 닦이면 부귀에 당당하고, 도의가 두터우면 왕공을 가볍게 여기며, 안을 성찰함으로써 외물을 가볍게 본다.[56]

현대사회는 도덕 가치가 배제되고 행복 가치 추구를 지나치게 강조하여 지나친 양욕으로 사회적 갈등을 초래할 때가 많다. 순자는 자신이 욕망을 기르더라도 분명한 의지가 있고 그 의도가 선에서 벗어나지 않아야 한다고 했다. 의도가 선善하면 욕망을 키워 당당하게 부귀를 누릴 수 있다. 도척의 부富는 의도가 악惡으로부터 시작했기 때문에 당당하지 못

---

56 『순자』「수신」: "志意修則驕富貴, 道義重則輕王公, 內省而外物輕矣."

한 것이다. 또 덕을 길러 도의가 분명하면 비록 상대가 왕공王公이더라도 그를 가볍게 여기지 않고 공경으로 대하게 되니 누구의 뇌물도 물리칠 수 있고, 왕공이 불러도 내가 있을 자리가 아니면 당당히 거절할 수 있다.

공리주의도 현대사회도 순자의 사유에 못 미치는 수준이다. 미래사회는 경제가 우선시 되어 국민의 부를 보장하되, 어려서부터 도의道義에 대한 교육을 병행하여 도덕 가치를 내재한 욕망을 키워나가게 하여야 사회와 국가가 발전하고 그 국민은 행복 추구 권리를 당당히 누릴 수 있다.

5. 결론

공·맹·순 모두 인간은 부귀와 명예를 가지고 싶고 삶을 좋아하고 죽음을 싫어하는 정욕을 본성에 지니고 있음을 알고 있었다. 공자는 구체적으로 본성을 언급하지 않았고, 맹자는 욕망보다 선의 실마리를 잡고 인간이 선천적으로 선하다는 명제 위에 그의 이론을 펼쳤다.

그러기 위해서 하늘에 의리義理와 인격을 부여하여 성선설을 주장했다. 하지만 순자는 하늘을 그대로 자연으로 보았으며 성에 욕망이 있을 수밖에 없는 점을 그대로 수용하여 성악설의 태두가 되었다.

그들은 모두 욕망이 자칫 사사로운 이익을 바라서 악으로 흘러가게 될까 염려하여 특히 위정자에게 '선의후리先義後利'할 것을 외쳤다. 이익은 무조건 배척해야 하는 것이 아니고 삶에 있어 꼭 필요한 것이다.

공자는 위정자들에게 백성들이 먼저 부자가 되게 하고, 그다음에 가르치라고 했고, 맹자는 백성들이 안정될 만큼의 부를 이루게 해주어야

[民富] 그들의 마음이 정치가 잘하든지 상관하지 않고 그들의 즐거움을 중시하며 살아간다고 하였으며, 순자도 '선부후교先富後敎'를 주장했다.

맹자가 의리로 금수와 인간을 구별한다고 했듯이, 순자도 성정性情만을 따르고 그 방자한 짓을 하며 편안하게 여기는 것은 금수의 행위이다.[57]라고 하였다. 이는 성정만을 따라 욕망을 키우다가 의로움에 반하는 사리를 좇게 될 것을 염려한 것이다.

순자가 욕망을 키우되 반드시 도의道義라는 제어장치를 장착해야 한다는 것은 현대사회를 살아가는 우리가 명심해야 할 덕목이다. 현대 위정자들은 더 높은 곳을 향해 욕망을 키우고 자신이 그 자리에 있음을 이용하여 도의에 어긋나는 부와 명예를 쌓고자 한다.

이들은 욕망을 향해 도덕 가치를 내 버린 채 달려갈 뿐이며 그쳐야 하는 지점을 몰라 결국 몇몇 지도자는 유배행, 자살행, 감옥행 열차를 타고 말았다. 풍부한 물질문명 안에 살아가고 있는 우리에게 욕망을 키우고 이익을 추구하는 것은 미래에 행복 가치를 안겨 주지만, 도덕 가치를 동반하지 않으면 잘못될 수 있음을 일찍이 순자가 경고하였다.

---

57 『순자』「비십이자」: "縱情性, 安恣睢, 禽獸行."

유학에서 경(經)의 수렴성으로부터 예(藝)의 확산성까지:
규범 원리와 심미 의식의 연속성을 중심으로

엄연석(한림대학교 교수)

1. 머리말

이 글은 시비선악是非善惡을 도출하는 규범 판단의 원리로서 경經과 심미 의식의 발현으로서 예藝 사이의 연속성을 '수렴성'과 '확산성' 개념을 중심으로 해명하고자 한다. 또한 불변의 보편성을 갖는 경을 표현하는 형식으로서 예藝는 문文으로 치환될 수 있는 만큼 문 개념도 검토하고자 한다. 경과 예, 문은 다시 경과 권權, 질質과 문, 선善과 미美 사이의 관계로 이어진다. 따라서 이 글은 이들 사이의 의미 연관성을 해명함으로써, 수렴적인 규범 원리를 포함하는 경이 심미 의식의 발현으로서 예로 표현되고 확산되는 양상을 검토하고자 한다.

경과 예 사이의 관계[1]는 도道와 문으로 치환할 수 있고, 경에 상대적

---

1 經은 '常' 또는 '常道'로서 만세토록 변치 않은 보편적 도리이며, 불변의 법칙 또는 규범이다. 또 '경'은 일상적으로 써서 항상 행하는 도리를 뜻하기도 한다. 반면 藝는 禮樂의 문장, 射御

으로 대응하는 것으로 '예' 이외에 '권'이 있다. 권도權道는 경상經常의 도가 구체적인 상황에서 불변의 보편적 규칙을 벗어나 특수하게 드러나는 양상을 뜻한다. 경과 예에 대응하는 개념으로서 도와 문의 관계를 나타내는 말이 '문이재도文以載道'이다. 문을 꾸밈, 또는 문식으로 이해할 때, 바탕을 뜻하는 질은 이에 대한 대칭 개념이 된다.

이 글은 경과 예, 도와 문, 경과 권, 질과 문 사이의 의미 연관성을 해명함으로써, 수렴적인 규범 원리로서 경이 심미 의식의 발로로서 예로 표현되고 확산되는 양상을 검토하고자 한다. 변치 않는 보편적인 법칙이나 규범 원리로서 경은 심미 의식의 발로로 다양한 형식의 예藝 또는 문文으로 확산된다. 반대로 심미 의식에 따른 다양한 현상으로 발로되는 예(문)는 불변의 법칙을 내포하는 통일적인 근원으로서 경으로 수렴된다. 요컨대, 이 글은 불변의 보편적 원칙으로서 경과 변화하는 다양한 양태로서 예가 연속성을 가지고 한편으로 통일적으로 수렴되고 다른 한편으로 다양성으로 확산되는 규범 원리와 심미 의식의 상관적 체계를 고찰하고자 한다.

그러면 본 논문과 연관된 선행연구 성과를 살펴보고자 한다. 선행 연구 중에 이 글과 밀접한 연관성을 가지는 주제로 경과 권 사이의 관계에 대한 연구가 있다. 이들 연구는 경과 권, 예와 권 사이의 연속성 또는 대립성을 둘러싼 한유漢儒와 정이程頤를 위시한 송유 사이의 상반된 견해를 중심으로 전개된다. 한유가 경 및 예禮와 권을 대립적으로 보는 반면, 송유는 대체로 경과 권을 합일하는 것으로 본다는 것이다.

書數의 법칙에 모두 지극한 이치가 깃들어 있어서 일상으로 활용하여 빠뜨릴 수 없는 것이며, '재능이 많다'는 의미를 갖는다. 經이 통일성, 질서, 규범, 보편, 수렴, 불변의 항구성 등의 함의를 가진다면, 藝는 다양성, 개성, 자율, 특수, 확산, 변화의 무상성 등의 의미를 갖는다.

오종일은 선진 시대 공맹孔孟의 정신에 따르면 경권經權이 대칭적으로 해석되지 않고 권도를 인도人道를 실현하기 위한 방법으로서 합도合道로 해석된다[2]고 보았다. 차미란은 경은 도의 정상적 표현에 한정된 것이 아니라 그 이전의 도덕의 표준이며, 권은 현실의 사태에서의 실천적 표현이라고 해석함으로써 경과 권의 연속성을 논증하고자 하였다.[3]

이 밖에 인예仁藝, 문질文質과 예악을 중심으로 하는 선진 유학의 이론들을 심미 의식의 관점에서 탐구하는 논문들이 발표되었다. 안용선은 감각적 예술에의 탐닉에 따른 예술적 피로를 해소하는 방안으로 도덕과 예술을 일체화하고 인예를 토대로 한 공자의 유미적 예술 정신을 고찰하고 있다.[4]

심영옥은 공자의 문질빈빈文質彬彬의 심미관을 조선시대 문인화론에 적용하여 그 영향 관계를 해명하였다.[5] 김동수는 선진유가의 심미 의식의 토대로서 예와 악樂의 분별과 조화의 의미와 사회적 기능에 대한 분석에 기초하여 음악을 통하여 '즐거움', '조화', '도덕성'을 동시에 지향하

---

2   오종일, 「유학사상의 '經'과 '權'」, 『東洋哲學研究』 24, 2001, 115~116쪽. 오종일은 첫째, 공맹 시대에 경권의 논리를 대칭적으로 사용하지 않았고, 둘째, 經은 教의 내용이었고, 교는 得中을 통한 권도로 실현되며, 셋째, 권도는 인도를 통하여 이룩되는 세계라는 점에서 合道라고 보았다.

3   차미란, 「유학의 경권론과 현대 도덕교육의 방향」, 『道德教育研究』 20, 2009, 199~200쪽. 차미란은 유학의 경권론을 현대 도덕교육이 올바른 방향으로 나아가는 데 적용할 수 있는 이론이라고 보았다. 그는 "성리학의 관점에서 도덕교육은 미발의 표준으로서의 심성을 함양함으로써, '경'과 일관된 '권'이 자연적으로 실천되도록 하는 데 목적이 있다."라고 하여 도덕원리의 보편성과 현실적 상황의 특수성이 통합된다고 보았다.

4   안용선, 「孔子의 遺美的 藝術哲學 研究」, 『인문과학연구』 41, 2014, 245~246쪽.

5   심영옥, 「공자의 문질빈빈 심미관과 조선시대 문인화론의 관계성 연구」, 『동양예술』 25, 2014, 255쪽. 심영옥은 조선시대 문인화의 화풍과 조형성의 근간에는 공자의 문질빈빈의 심미관이 내포되어 있는 것으로 보면서, "조선후기 문인화는 문과 질이 서로 조화를 이루어야 그 뜻을 표현할 수 있기 때문에 그림 속에 공자의 '문질빈빈' 사상이 스며들 수밖에 없다"고 해석하였다.

는 공자, 맹자, 순자의 미학사상을 고찰하였다.[6]

김문주는 맹자 사상을 검토함으로써 그 미학적 자질을 검토하였다. 그는 맹자에 이르러 본격적으로 등장한 인격미는 예술 표현을 예술가의 인격 표상으로 보는 미학적 관점을 정초하는 것으로 보았다.[7]

최미숙은 맹자의 호연지기를 인격미학적으로 해석하여, '배의여도配義與道'한 인격의 심미감지審美感知는 '지언知言'을 통해 내 마음속에도, 의가 들어있음을 직각하고 '호연지기'를 통해 의, 도를 모으고 기르는 체험과정에서 이루어지는 것으로 보았다.[8]

이들 선행 연구들은 유학에서의 경과 권, 예와 권의 관계, 문질론, 예악론, 인예론, 심미 의식, 호연지기론, 도덕성과 미의식의 표현 양태를 둘러싼 주제를 중심으로 이루어졌다.

이러한 선행연구 성과를 기반으로 다음 제2장에서는 유학에서 경의 일반적 의미와 상관개념을 역사적 형성 과정에 유의하여 그 보편적 의미와 수렴성을 살펴보고, 이어서 경과 권의 연속성과 불연속성을 해명하고자 한다. 이어서 제3장에서는 '문'의 의미와 예의 확산적 특성을 중심으로 한 양자 사이의 유기적 연속성을 중점적으로 해명하고자 한다. 다음 제4장에서는 문과 질, 예와 악 각각의 상관적 연속성과 균형조화의 문제를 검토하고자 한다. 결론에서는 규범 원리와 심미 의식으로 경과

---

6 김동수,「先秦儒家의 審美境界: 孔·孟·荀의 미학사상을 中心으로」,『유교사상문화연구』16, 2002, 131~132쪽. 정병섭은 선진 유가의 「악론」이 성립되는 과정을 고찰하였다. 그는 선진 문헌 속에서 악에 대한 독립된 논의를 찾아보기 힘든 반면, 순자 악론은 악 개념을 예와 구분하여 논의한 최초의 문헌이라고 주장하였다.(정병섭,「순자와 先秦儒家 樂論의 성립에 대한 연구」,『東洋哲學硏究』64, 2010, 349~350쪽.)

7 김문주,「동아시아 전통사상의 미학적 자질 연구3: 『맹자』를 중심으로」,『한국학연구』24, 2006, 157쪽.

8 최미숙,「『孟子』'浩然之氣'의 인격미학적 해석」,『서예학연구』31, 2017, 299쪽.

예의 수렴성과 확산성을 이어주는 연속성을 요약하고자 한다.

2. 유학에서 경經의 일반적 의미와 상관개념

1) 경經의 보편적 의미와 수렴성

이 장에서는 유학에서 말하는 '경經'의 원형적 의미와 그 의미가 확장되는 외연적 역사적 형성과정을 검토하고자 한다. 그러면 '경'이 하나의 불변하는 법칙이자 원칙이며, 통일적인 수렴성과 보편적인 특성을 가진다는 점을 여러 고전의 구절들을 통하여 살펴보고자 한다.

'경'은 『설문해자說文解字』 「사부糸部」에 "직물에서 세로로 배치한 실이다"고 하여, 직물의 세로 선을 가리키는 것으로 '위緯'와 대립한다. 중국 초기의 고대 문헌 중에 경으로 일컬어지는 저작은 강기 혹은 법규의 뜻을 취한 것이다. 예컨대 『국어』 「오어吳語」에서 "정기를 세우고 북을 이끌며, 경을 끼고 북채를 잡는다"[9]고 한 데 대해, 위소韋昭는 '경은 병서兵書이다'고 하여 '경'을 고대 병서로 보았다.

『장자』 「천도天道」에 공자가 "이에 12경을 거듭 풀이하여 해설하였다"[10]고 한 것이나, 순자가 『순자』 「권학勸學」에서 "학문하는 방법은 경을 암송하는 데서 시작한다"[11]고 할 때의 경은 모두 중요한 경전을 가리킨다. 이밖에 지금까지 전해진 선진시대 전적 중에는 몇몇 경을 편명 또는 서명

---

9 『國語』 「吳語」: "建旌提鼓, 挾經秉枹."
10 『莊子』 「天道」: "孔子曰, '善', 往見老聃, 而老聃不許, 於是繙六經以說."
11 『荀子』 「勸學」: "學惡乎始, 惡乎終. 曰, 其數則始乎誦經, 終乎讀禮."

으로 삼은 것이 있는데, 『묵자墨子』의 「경상經上」, 「경하經下」, 『황제사경黃帝四經』, 『산해경山海經』, 『황제내경黃帝內經』 등이 그렇다. 이들은 선진과 진한 시대에 통상 말하는 경을 뜻하는 것으로, 때로 규범적이고 강령의 성격을 가진 전시대 전적, 혹은 선현先賢, 선사先師의 저작을 가리키며 추숭과 존중의 뜻을 가지고 있다.[12]

이런 서적 들이 경으로 일컬어지는 이유에는 두 가지 설이 있다. 하나는 경을 관공서의 책으로 보는 경우이고, 다른 설은 경을 성인이 지은 것으로 영원불변하는 상도常道를 언급한 것으로 보는 것이다. 『육경六經』은 주공의 구전舊典인데 후대에 오히려 어찬흠정서御纂欽定書가 되어 사인私人이 저술한 것과 같지 않기 때문에 관서가 된 것이다.[13]

다른 한편으로 『석명釋名』 「석전예釋典藝」에는 "경은 곧은 것이고, 상도를 담은 전적으로 마치 곧은 길이 통하지 않는 곳이 없어 항상 쓸 수 있는 것과 같다"라 하였다. 『문심조룡文心雕龍』 「종경宗經」에는 "경이라는 것은 항구적인 지극한 도이며, 깎아낼 수 없는 커다란 가르침[鴻教]이다"라 하였다. 『효경孝經』 「서소序疏」에서 황간皇侃의 말을 인용하여 "경은 상도이고 법칙이다"고 하였다.

대체로 『육경六經』은 공자가 지은 것으로 만세에 교화를 내린 것으로 여겨서, 공자의 도는 만세 동안 변하지 않고, 육경의 가르침 또한 만세에 걸쳐 변치 않는다고 하였다.[14] 여기에서 경은 역사적 과정을 거치면

---

12 鄭杰文·傳永軍, 『經學十二講』, 北京: 中華書局, 2007, 3쪽.

13 「논어집해서」에서 "『六經』의 책은 길이 2척 4촌이고, 『孝經』은 줄여서 그것의 반이고, 『論語』는 8척이다"고 하였는데, 『육경』의 간책簡策은 특대로서 지금의 특대판본이니, 그것으로 관서로 삼은 것이다.

14 장백잠, 위의 책, 3쪽. 중국은 고대의 도서부를 나누어 목록학을 두었는데 西漢 말의 劉歆으로부터 시작하였다. 그는 哀帝의 명령을 계승하고 부친 劉向을 이어서 秘府의 서적을 교감하여 七略을 상주했다. 이 중에 「六藝略」이 포함되어 있었는데, 이것이 六經이다. 그러나 「육예

서 관부에서 편찬한 책이라는 의미로부터 만세 동안 변치 않는 법칙 또는 상도의 뜻이 경의 기본적 의미로 형성되었음을 알 수 있다.

그러나 한대 경학經學에서 일컫는 '경'은 전적으로 유가 전적을 일컫거나 특별히 말하는 것이다. 전한 전기에 "효무제가 처음 즉위하면서 뛰어나게 백가를 배척하고 육경을 드러낸 것에 말미암아 유가의 지위는 전에 없이 높아졌으며, 유가에서 높이는 『역』『시』『서』『예』『악』『춘추』 등의 저작은 마침내 유가의 경으로부터 왕조에서 나라를 다스리는 중요 전적으로 바뀌면서 천하의 경이 되었으며, 또한 정식으로 '경'이란 명칭이 부여되었다. 여기에서 '경'은 몇 가지 종류의 특정한 유가 전적만을 특별히 가리키게 되어 이 밖의 일반 서적과는 확연히 구별되었다.

그러면 『육경』과 공자는 어떤 관계에 있는가? 육경은 원래 고대 문헌이었다.[15] 공자가 춘추 시대 후기에 이들 고대 문헌을 수집 정리하여 편수 첨삭 과정을 거쳐 학생들에게 전수하는 데서 유학의 기본 경전이 되었다. '육경'이란 명칭은 『장자莊子』「천운天運」에서 공자가 노담老聃을 만났을 때 처음 한 말이다. "저는 『역』『시』『서』『예』『악』『춘추』를 공부한 지가 스스로 오래되었다고 생각한다"고 하였다.

『장자』「천하天下」에는 육경의 의미를 보다 구체적으로 해석하고 있다. "『시』는 뜻을 말하였고, 『서』는 일을 말하였으며, 『예』는 행동을 말하였고, 『악』은 조화를 말하였고, 『역』은 음양을 말하였고, 『춘추』는 명분을 말하였다. 그 가르침은 천하에 흩어지면서 중국에 베풀어졌고, 백가의

략」에는 육경 이외에 방계로 『論語』『孝經』『小學』 등의 여러 서적에 미쳐서, 육경의 傳記는 각각 그 경에 붙였다. 「육예략」에 저록한 것은 육경 본서만이 아니라 여러 經의 전기 또한 그 안에 배열되어 있음을 알 수 있다.(蔣伯潛, 『十三經概論』, 上海: 上海古籍出版社, 1983, 1쪽.)

15 『시』는 주나라의 시가 총집이고, 『서』는 삼대와 상고사를 기술한 자료이며, 『예』는 서주와 춘추 시대의 각 국의 의례의 기록이다. 『악』은 악보로서 사람을 교화시키던 음률, 무용 방면의 지식이고, 『역』은 고대의 점서이고, 『춘추』는 노나라의 편년사이다.

학문에서는 종종 그것을 일컬어 언급하였다"고 하였다.『육경』의 용도는 각각 다른 범위를 가지는 것으로서, 유가뿐만 아니라 제자백가에서도 늘 이것을 끌어들여 일컫게 되면서, 당시 영향이 상당히 컸음을 보여주는 것이다.

사마천司馬遷은 당시에 수집한 자료를 근거로 공자가『육경』을 정리한 정황에 대하여 기술하여, 예악이 붕괴되고 전적이 빠지고 일실되는 상황에서『육경』을 편수 정리하였다고 보았다. 그는『사기』「유림열전서」에서 "공자는 왕도의 길이 막히고 사특한 도가 일어나는 것을 걱정하여 이에『시』『서』를 차례 지우고, 예악을 편수하여 세웠다. …… 서쪽으로 사냥을 나가 기린을 잡고서 '나의 도가 궁색하구나!'라고 말하였다. 그래서 역사 기록에 근거하여『춘추』를 지어 왕법을 담았다"[16]고 하였다.

공자는 이렇게 하여 중국 고대에 뛰어난 사상가인 동시에 문헌 정리자가 되었으며, 그의 사상을 세우고 전파하며 교학을 실천하는 중에 그의 사상에 근거하여 수집한 많은 고대 문헌을 정리 수정하여『육경』을 편찬함으로써 이것을 가르침으로 삼았다. 이렇게 공자가 정리한『육경』이 유가의 경전이 되면서 이런 경전에 대한 연구가 곧 경학을 형성시켰다.[17]

경은 고대 중국의 왕조의 역사적 사건과 과정과 내용을 담고 있다. 이 점에서 경은 '사史'와 불가분의 밀접한 연관성을 갖는다. 명대 왕양명은『전습록』에서 "일[事]로써 말하면 사史라고 하고, 도道로써 말하면 경이라고 한다. 일이 바로 도이고, 도가 바로 일이다.『춘추』또한 경이고,

---

16 『史記』「儒林列傳序」: "孔子閔王路廢而邪道興, 于是論次詩書, 修起禮樂, …… 西狩獲麟曰, 吾道窮矣. 故因史記作春秋, 以寓王法."

17 蔡方鹿,『中國經學與宋明理學研究(上)』, 人民出版社, 2011, 12쪽.

『오경』 또한 사이다. 『역』은 복희의 역사이고, 『서』는 요순 이래의 역사이며, 『예악禮樂』은 삼대三代의 역사이다"고 말하였다.

청대 장학성章學誠은 『문사통의文史通義』에서 "육경은 모두 역사이니, 고인들이 책을 쓰지 않았으나, 고인들은 일을 떠나 이理를 말한 적이 없으며 육경은 모두 선왕의 정전政典이다"고 하였다. 이것은 육경은 원래는 역사서이고, 이들이 담고 있는 내용은 확실히 모두 역사적 사실성을 가지고 있다는 것이다. 여기에서 경은 가치 판단을 중시하는 반면, 사는 사실 판단을 중시한다.

공자가 볼 때, 이전 성현들이 전승을 기록한 이런 문헌들은 결코 순수하게 역사를 서술할 목적으로 나온 것이 아니고, 자손 후대를 교육하기 위한 것이었다. 이 때문에 공자가 교화를 위해 논리를 세운 방법은 바로 그 스스로가 말한 '조술하되 짓지 않고 신뢰를 가지고 고전古典을 좋아한다"[18]고 하였다.

공자 이전에 『시』 『서』 『예』 『악』은 문화 유산에 전해진 것으로서 역사를 서술하는 뜻을 가진 동시에 세자世子를 교육하는 교재였다. 공자는 그 교재로서의 의미를 더욱 강화하여 '역사를 근거로 경을 짓고' 일에 의탁하여 뜻을 밝히니, 바로 이러한 문헌 사료를 도덕 교화를 위한 교재로 삼았으며, 아울러 가치 방향에 따라서 이런 문헌 사료에 대하여 취사선택과 수정을 하고 그 가운데 포폄襃貶을 붙였는데, '사'는 이런 과정을 통하여 '경'이 되었다.[19]

역사 문헌이 일단 경으로 되면 하나의 특수한 영역으로 들어가게 되어 일반적인 경과 견줄 수 없다. 경과 사의 중요한 차이는 "사는 진실을

---

18 『論語』 「述而」: "述而不作, 信而好古"

19 姜廣輝 主編, 『中國經學思想史』 第1卷, 中國社會科學出版社, 2010, 11쪽.

중시하여 역사적 진실을 보존하는 것을 가장 중요한 목표로 삼는 데 비해, 경은 의리를 중시하여 비록 역사를 서술하더라도 그 목적은 선을 드러내고 악을 징계하는 데 있다.

경학가에서 가치 판단은 사실판단보다 중요하다. 경학의 근본 입장은 주로 결코 역사적 진실을 추구하는 것이 아니고, 가치상의 진실과 의리상의 진실을 추구한다. 비록 당대唐代 이후 학계는 '의고疑古'와 '혹경惑經'의 풍조가 출현하고 또한 이를 허용할 수 있었으나, 개별적인 회의가 결코 가치이념에 대한 신앙을 흔들 수 없었으며, '의고'와 '혹경'의 결과는 종종 육경에 대하여 새로운 의미 해석을 이끌어내기도 하였다.[20]

요컨대, 경은 불변하는 보편적 법칙과 상도를 뜻하는 것으로 사실 판단을 중시하는 '사'와 달리 가치 판단을 통하여 선을 드러내는 목표를 가진다는 점에 그 의미의 본질이 있다. 사 또한 사실에 대한 평가 이후에 가치 평가를 거치고 나서 경으로 전환되는 경우가 있다는 것이다.

이런 점에서 경은 가치판단에 따라서 선으로 수렴되고 이것은 보편적인 원칙으로서 실천 강령이 된다. 구체적으로 말하면, 경은 '박문약례博文約禮'의 방법론에 따라 사실에 대한 여러 정보에 대한 이해를 가치 평가를 통하여 불변의 보편적 원칙으로 요약하고 이를 실천하는 강령이 되는 것으로 예로 구체화된다고 할 수 있다.

2) 경經과 권權의 연속성과 불연속성

이 절에서는 경經과 권權을 이전 학자들이 어떻게 이해해 왔는가를 두 가지 사이의 연속성과 불연속성, 통일성과 다양성의 측면에서 살펴보고

---

20 강광휘, 위의 책, 12쪽.

자 한다. 한대漢代 이래 경과 권의 관계에 대해서는 학자들의 여러 가지 해석이 있었다. 이들이 경經과 연관하여 권을 어떻게 이해하는가를 중점적으로 검토하고자 한다.

『논어』와 『맹자』에는 '권'에 대하여 언급하는 구절이 몇 군데 있다. 이들 구절에 근거할 때 권은 크게 두 가지 상반된 의미가 대립된다. 한 가지는 권이 경에 반하지만 도道에 부합한다는 것이고, 다른 한 가지는 권이 경과 다르지 않다는 것이다. 또한 권은 사물의 장단을 재는 '탁度'과 비교하여 동사로서 '사물의 경중을 헤아린다'는 의미로 해석된다.[21]

『맹자』에는 남녀 사이에는 평상시 물건을 주고받을 때 손을 잡지 않는 것이 예禮이다는 말이 나오는데, 이때 '예'와 상대하여 '권'을 언급하고 있다.

> 순우곤이 질문하였다. "남녀가 물건을 주고받을 때, 손을 잡지 않는 것이 예이겠지요?" 맹자가 대답하기를 "예입니다"라 하였다. 순우곤이 "형수가 물에 빠졌다면 손을 잡아 구해야 하지 않습니까?"라 하였다. 맹자가 "형수가 물에 빠졌을 때 구해주지 않으면, 이는 승냥이나 이리입니다. 남녀가 물건을 주고받을 때 손을 잡지 않는 것은 예이고, 형수가 물에 빠졌을 때 손을 잡아 구하는 것은 권입니다."라 하였다. 순우곤이 "천하가 도탄에 빠졌는데 선생님은 어찌하여 구제하지 않습니까?"라 하자, 맹자가 "도탄에 빠진 세상은 도로 구하지만, 물에 빠진 형수는 손으로 구합니다. 그대는 세상을 손으로 구하려는 것입니까?"라 하였다.[22]

---

21 『孟子』「梁惠王上」: "權, 然後知輕重, 度, 然後知長短."

22 『孟子』「離婁上」: "淳于髡曰, 男女授受不親, 禮與. 孟子曰, 禮也. 曰, 嫂溺則援之以手乎? 曰, 嫂溺不援, 是豺狼也. 男女授受不親, 禮也. 嫂溺援之以手者, 權也. 曰, 今天下溺矣, 夫子之不援, 何也. 曰, 天下溺, 援之以道. 嫂溺, 援之以手, 子欲手援天下乎."

맹자는 순우곤과 대화에서 일반적 상황과 '형수가 물에 빠졌을 때'라는 특수한 상황을 각각 '예'와 '권'에 대응시키고 있다. 그가 말한 권은 예의 규칙을 어기고 행동해야 하는 어쩔 수 없는 특수한 상황에서 행하는 고도의 판단작용을 뜻한다. 예는 기본적으로 인의仁義와 같은 도덕적 이념으로 경에 근거한 것이다. 따라서 이 구절에서 권은 '경'에 의거한 것으로서 예를 벗어난 것이므로, 바로 경을 벗어난 것이 된다.

이러한 관점에 따라서 한대 학자들은 권을 경이나 예와 대립되는 것으로 이해하였다. 공양수公羊壽와 동중서가 이렇게 해석한 대표적인 인물이다. 공양수는 『춘추공양전春秋公羊傳』에서 "권은 경에 배치되는 것이지만 그리고 나서 좋은 결과가 있는 것이다."[23]라고 하였고, 동중서는 『춘추번로』에서 "먼저는 굽히면서도 뒤에는 의로운 것으로 이것을 일러 권에 맞다."[24]라고 하였다.[25]

이들은 권을 경에 대립되거나 굽히는 것임에도 불구하고 결과가 좋고[善] 의로운 것[義]으로 해석하였다. 이러한 관점은 일반적인 상황에서 보편타당한 행위 양식으로 행하는 것이 예라고 한다면, 특수한 상황에서 경이나 예를 벗어나지만, 결과적으로는 선하거나 의로움을 낳는 행동 양식을 '권'이라고 본 것이다.

『논어』 「자한」에는 붕우와 공부를 할 때 함께 공감하면서 같은 방향으로 나아가는 공부의 단계를 말하는 구절에서 '권'을 최고의 단계로 언급하고 있다. 곧 '권'의 의미와 관련하여 "공자가 말하기를 '함께 배울 수 있다고 해도 아직 함께 도에 나아갈 수 없고, 함께 도에 나아갈 수 있어

---

23 『春秋公羊傳』 桓公 11년: "權者, 反於經, 然後有善者也."
24 『春秋繁露』 「竹林」: "前枉而後義者, 謂之中權."
25 차미란, 「유학의 경권론과 현대 도덕교육의 방향」, 『道德敎育硏究』 20, 2009, 205쪽.

도 함께 도를 세울 수 없고, 함께 도를 세울 수 있다고 해도 권을 함께 할 수 없다"[26]라고 하였다. 여기에서 공자는 함께 공부하는 학우와 정신적으로 통하면서 '권'을 행하는 것이 매우 어렵다는 취지를 말하였다.

주희의 권도론權道論은 『주자어류』에서 『논어』 「자한」에 관한 해석을 다룬 '가여공학장(可與共學章)'에서 자세히 다루고 있다. '권'에 대하여 정이程頤는 『논어집주』에서 "권은 저울추로서, 사물을 달아 그 경중의 무게를 아는 것이다.

'가여권可與權'이라는 것은 경중을 저울질하여 의에 부합할 수 있도록 하는 것을 말한다."[27]라고 하였다. 정이는 '권'을 본래 의미대로 무겁고 가벼움을 저울질하여 균형을 잡는다는 의미를 넘어서 '의'에 합치되도록 한다는 조건을 충족해야 하는 것으로 해석하였다.[28]

정이는 이러한 관점에 따라 한대 유학자들이 권을 '반경합도反經合道'로 해석하는 것이 잘못된 것으로 비판하였다. 그는 다음과 같이 한대 학자들의 권도론이 파생하는 문제점을 지적하였다.

한대 유학자들은 경에 반하지만 도에 합하는 것을 권이라고 한다. 그래서 임기응변과 권모술수의 의론이 생겼으니, 모두 잘못된 것이다. 권은 단지 경일 뿐이다. 한대 이래 권 자를 인식한 사람이 없다.[29]

---

26 『論語』「子罕」: "子曰, 可與共學, 未可與適道, 可與適道, 未可與立, 可與立, 未可與權."

27 『論語』「子罕」: 程子注, "權, 稱錘也, 所以稱物而知輕重者也. 可與權, 謂能權輕重, 使合義也." 洪興祖(1090~1155)는 권을 성인의 커다란 쓰임이라고 하였다. 이것은 '權'을 보편적인 원칙에 기준을 두고 구체적인 상황에 적용하는 것을 뜻하는 것으로 성인이 마음에 가지고 있는 보편적인 기준으로서 經과 權을 체용의 관점에서 보는 것이다.

28 차미란, 앞의 논문, 203쪽.

29 『論語』「子罕」: 程子注, "漢儒, 以反經合道爲權, 故有權變權術之論, 皆非也. 權只是經也. 自漢以來, 無人識權字."

정이는 한대 유학자들이 권이 불변의 원칙으로서 경을 벗어나 임시로 변칙을 행하고 술수를 행하는 것을 의미하는 것으로 잘못 이해한 것은 권을 경에 배치되는 것으로 본 데서 말미암는다고 보았다.

이에 비하여 그는 권은 경에 다른 것이 아니라고 하여 경과 권을 체용體用 관계와 같이 연속적인 일관성을 가지는 것으로 이해하였다. 정이의 견해에 대하여 주희는 정이의 한유에 대한 비판을 옳다고 하면서도, 다른 한편 『맹자』에 나오는 남녀 사이의 '수수불친授受不親'에 관한 논의에 근거하여 경과 권이 구별되는 것으로 보았다.[30]

그러나 주희는 이 구절을 해석하면서 권을 경에서 벗어나는 임시방편적인 것으로 해석하지 않고 '헤아린다'는 의미로 해석하였다. 그는 "권은 저울추이다. 사물의 경중을 달아서 좌우로 이동하여 균형을 취하는 것이다. 달아 헤아려서 중을 얻으면 바로 예禮가 된다."[31]라고 하였다.

권은 바로 사물의 무게를 달아서 어느 한쪽으로도 치우치지 않게 균형[中]을 유지시키는 것으로, 이것이 예가 된다고 하였다. 이는 권을 예와 대립하는 것이 아니라 무수히 다양한 상황을 헤아려서 예에 맞게 하는 정신 작용으로 보는 것이다.

『논어』「미자微子」에 어지러운 세상을 피하여 은거한 일민逸民을 언급한 구절이 있다. 공자는 "우중虞仲과 이일夷逸은 은거하면서 말을 멋대로 하였으나, 몸가짐이 청렴한데 맞았고, 자신을 버린 것은 권도에 맞았다"[32]고 하였다. 공자가 자기 몸을 방기한 것이 '권'에 맞았다고 한 것은 그들의 은거가 상황에 합당했다는 것이다.

---

30 『論語』「子罕」: 朱子注, "有反經合道之說, 程子非之, 是矣. 然以孟子嫂溺援之以手之義, 推之, 則權與經, 亦當有辨."

31 『孟子』「離婁上」: 朱子注, "權, 稱錘也. 稱物輕重而往來以取中者也. 權而得中, 是乃禮也."

32 『論語』「微子」: "虞仲夷逸, 隱居放言, 身中淸, 廢中權."

이에 대해 주희는 도의 융통성에 부합하는 것이라고 하여 '권'을 도의 일정한 작용으로 해석함으로써, 권을 도의 기준에 따르는 것으로 보았다. 사량좌는 헤아려서 시의에 맞는 것[適宜]이라고 해석하였다.[33] 그에 따르면 권은 시의時宜에 맞는 것 또는 상황에 적합함을 뜻한다는 것이다.

정이는 『맹자』「이루상」에 "선함만 가지고는 정치를 행할 수 없고, 법만 가지고는 정치가 저절로 행해질 수 없다"고 하는 구절에 대하여 해석하면서 '권'을 삼가야 한다고 하였다. 그에 따르면 "정치를 행하는 데는 반드시 기강을 세우는 문장이 있어야 하고, 권을 조심스럽게 하고, 도량형을 살피며, 법규를 읽고, 가격을 고르게 하는 것을 모두 빠뜨려서는 안 된다"[34]고 하였다.

여기에서 권은 긍정적 의미로 사물의 경중을 잘 살피는 것을 말한다. 또 권은 통치에 중요한 요소로서 기강을 세우는 문장文章과 함께 도량형·법규·가격 등을 균형감 있게 헤아리는 것을 의미하는 것으로 해석된다. 특히 객관적인 법규[法]와 선한 마음[善]이 결합되어야 통치의 필요충분조건이 이루어지는 상황에서 권은 선한 마음으로 법규의 타당성을 현실적 여건에 맞게 헤아린다는 의미를 가지고 있음을 알 수 있다.

---

33 『論語』「微子」: "放言自廢, 合乎道之權."; 謝氏曰, "權而適宜也."
34 『孟子』「離婁上」: "徒善不足以爲政, 徒法不能以自行." "程子嘗言, 爲政須要有綱紀文章, 謹權, 審量, 讀法, 平價, 皆不可闕."

3. '문文'의 의미와 예藝의 확산적 특성

이 장에서는 유학에서 제시하는 '문文'이 어떻게 이해되는가를 해명하기 위하여 여러 경전상의 원형적 의미를 검토해 보고자 한다. 유가 경전에서 '문'은 『논어』『주역』『예기』『순자』 등에서 종종 제시된다. 먼저 『논어』『맹자』에서 언급되는 '문'이 주희와 정이 등 성리학자들에 의해 어떻게 해석되는가를 살펴보기로 한다.

이들 경전에서 나오는 '문'은 기본적으로 '무늬', '글자'나 '문장', '문식' 또는 '꾸밈', 예악 제도, 배우기를 좋아함 등과 같은 의미로 쓰이고 있다. 여기에서 글자나 문장으로 이해되는 '문'은 도道, 리理 또는 덕德을 겉으로 드러내 표상하는 의미를 가진다.[35]

유가 경전에서 '문'은 일차적으로 무늬를 뜻하는 의미로 사용되었다. 『맹자』는 『예기』의 구절을 인용하여 부인이 누에고치를 양잠하여 의복을 만들어서 제사를 지내는 것에 대하여 언급하였다. 주희는 이 구절에 대해 "누에고치를 쳐서 보불문장黼黻文章을 수놓아 의복을 만들어 가지고 선왕과 선공을 제사 지낸다"[36]고 하였다. 여기에서 '문'은 보불과 같은 무늬를 뜻한다.

이어서 문이 글자 또는 문장의 의미로 쓰인 경우는 『논어』와 『맹자』에

---

35 임헌규는 문 개념의 자전적 의미를 제시하면서, 그 의미를 종합하여 다음과 같이 언급하였다. "문이란 무엇을 빛나게 드러내 보이다[文彩, 文飾], 현상, 법도[節文, 繁文], 결이나 길[文理, 物理], 선이나 미[文德, 崇文] 등을 의미하는데, 총괄하면 '어떤 것이 그것의 본성이 지니는 법과 이치에 따라 드러나는 것'을 의미하며, 또한 '그 본성에 따라 드러나는 것이 빛나고, 아름답고, 선하다'는 뜻이다."라고 하였다. 임헌규, 『유교 인문학의 이념과 방법』, 파라아카데미, 2019, 20쪽.

36 『孟子』「滕文公下」: "禮曰, 諸侯耕助, 以供粢盛, 夫人蠶繰, 以爲衣服. 犧牲不成, 粢盛不潔, 衣服不備, 不敢以祭."; 朱注, "使世婦蠶于公桑蠶室, 奉繭以示于君, 遂獻于夫人, 夫人副褘受之, 繰三盆手, 遂布于三宮世婦, 使繰以爲黼黻文章, 而服以祀先王先公."

서 살펴볼 수 있다. 『논어』에서 '문'은 효제와 인의를 실천하고 나서 여유가 있을 때 배우는 것으로 언급된다.[37] 여기에서 문은 시서육예詩書六藝의 문장을 뜻한다.[38] 다시 말하면 문은 도덕적 이념이나 법규, 제도 등을 포괄적으로 언급하는 시서예악의 문장인 것이다. 효제와 같은 실천적 덕목과 함께 문은 이런 도덕적 실천을 객관적으로 규정하는 성현聖賢의 성문법 또는 사리의 당연한 법칙을 이해하는 수단으로 이해되기도 한다.

『맹자』「만장」에는 "시를 해설하는 사람은 글자로 문장의 뜻을 해쳐서는 안 되고, 문장으로 시인의 의도를 해치지 않으며, 마음으로 시인의 의도를 받아들이는데, 이렇게 할 때 시의 취지를 이해하게 된다"[39]고 하였다. 여기에서 주희는 '문'을 글자로 해석하였고, '사辭'를 어구로 이해하였다. 또 왕도가 무너진 후에 시詩가 없어지고 이어서 『춘추』가 지어졌다고 하면서, 『춘추』에 기록한 사건은 제환공과 진문공 등에 관한 일이고 그 문장은 역사이다[40]라고 하는 구절도 있다.

윤씨는 "공자가 지은 『춘추』는 또한 역사를 기록한 문장으로, 당시의 일을 기록한 것인데 그 뜻은 천하의 비뚤어지고 바른 것을 결정하여 백왕百王의 근본법으로 삼고자 한 것이라[41]고 주석하였다. 곧 『춘추』의 문을 바로 역사를 기록한 문장이라고 본 것이다.

'문'이 문장으로 해석될 때 이것은 덕이 밖으로 드러난 것으로서 몸가

---

37 『論語』「學而」: "弟子入則孝, 出則弟, 謹而信, 汎愛衆, 而親仁, 行有餘力, 則以學文."

38 『論語』「學而」: '朱注', "文, 謂詩書六藝之文"

39 『孟子』「萬章」: "說詩者, 不以文害, 不以辭害志. 以意逆, 是爲得之."

40 『孟子』「離婁」: "孟子曰, 王者之跡熄而詩, 詩亡然後春秋作. …… 其事則齊桓晉文, 其文則史."

41 『孟子』「離婁」: '尹注', "尹氏曰, 言孔子作春秋, 亦以史之文載當時之事也, 而其義則定天下之邪正, 爲百王之大法."

짐과 문장의 글 등이 모두 여기에 해당한다. 다시 말하면 문장은 윤리적 덕을 포함하는 것으로서 시·서·예·악의 문장뿐만 아니라, 이를 드러내는 행위상의 구체적인 거동이나 태도를 뜻하기도 한다. 이처럼 행동이나 태도의 꾸밈을 뜻하는 '문'을 포함하는 구절이 『논어』에는 인간 마음의 본바탕이나 자질을 뜻하는 '질質'과 연관하여 제시되기도 한다.

공자는 질박함이 꾸밈보다 우세하면 촌스럽고, 꾸밈이 질박함보다 우세하면 사관史官의 세련미가 있다. 질박함과 꾸밈이 서로 적절하게 어울리고 나서 군자답게 된다[42]고 하였다. 질박함보다 '문'에 뛰어난 사람을 '사관'으로 표상하는 것은 다음과 같은 이유가 있다. 사관의 직책은 문서를 관장하는 자리이므로 많은 것을 들어서 일에는 익숙하지만, 진실함이 때로 부족할 수 있기 때문이다.[43] 사관은 많은 정보와 사실을 들어서 알고 있기 때문에 특정한 사건을 다양한 관점에서 해석할 수 있다. 여기에서 사관은 때로 진실하지 못하게 사건을 꾸밀 수 있기 때문이다.

여기에서 문이 진실되지 못하게 꾸민다는 것으로 가식, 변명, 구실 등의 의미가 나온다. 『논어』「자장」에는 "자하가 소인이 과실을 범하면 반드시 꾸민다"고 하는 구절이 나온다. 주희는 이 구절에 대해 "문은 꾸미는 것이다. 소인은 허물을 고치는 것을 꺼려하여 스스로를 속이는 것에 거리낌이 없기 때문에 반드시 꾸며서 그 과실을 반복한다"[44]라고 해석하였다.

한자는 구체적인 실제를 상형象形과 지사指事, 회의會意 등에 따라 개념적으로 추상화하여 표현하는 표의적 매개체인 만큼 하나의 실제를 있

---

42 『論語』「雍也」: "質勝文則野, 文勝質則史. 文質彬彬, 然後君子."

43 『論語』「雍也」: '朱注', "史, 掌文書, 多聞習事, 而誠或不足也."

44 『論語』「子張」: "子夏曰, 小人之過也必文."; '朱注', "文, 飾之也. 小人憚於改過, 而不憚於自欺, 故必文以重其過."

는 그대로 드러내지 못한다. 따라서 하나의 실제 사물이 문자로 표현될 때는 여러 가지 의미로 해석될 수 있다. 이러한 이유로 문자는 실제를 드러내는 측면과 가리는 측면으로 나뉠 수 있는데, 실제를 가릴 때가 속이거나 변명하고 가식적으로 꾸미는 것과 연결된다.

그러나 유학에서 말하는 '문'은 그러한 문자나 문장에 내포되어 있는 도덕적 이념 또는 규범과 제도가 가장 핵심적인 의미가 된다. 『논어』에 유자는 '예禮'의 쓰임은 조화가 중요하여 선왕들의 도는 이것을 아름답게 여겨 크고 작은 일들을 그에 말미암아 시행했다[45]고 하는 구절이 나온다. 이 구절에 대해 주희는 '천리를 마디 지워 꾸민 것이 바로 예이다'라고 하였다. 이것은 사회문화적으로 꾸며진 '문'이 예의 규범이라는 것을 분명하게 말하는 것으로, 예가 바로 문이라고 하여 도덕적 규범을 문으로 해석하는 것이다.

도덕적 규범으로서 예를 문이라고 해석하면서도, 주희는 시대에 따라 바뀔 수 있는 문장제도와 바뀔 수 없는 대체로서의 예를 구별하였다. 그에 따르면, 삼강오상三綱五常은 예의 중요한 본체로서, 하은주夏殷周 삼대가 서로 계승하여 이어받아 변할 수 없다. 그 더하거나 덜어내는 것은 문장文章과 제도制度의 지나치거나 미치지 못하는 것들에 지나지 않는다.[46]

유학에서 삼강三綱과 오상五常이 시대적 변화와 무관한 불변의 초시대적 인륜 규범이라면, 구체적 예의 규범을 표현하는 문장이나 절차, 제도는 시대 변화에 따라 수정할 수 있다. 요컨대 '문장'은 시대적 변화에

---

45 『論語』「學而」: "有子曰, 禮之用, 和爲貴. 先王之道斯爲美, 小大由之. 有所不行, 知和而和, 不以禮節之, 亦不可行也."

46 『論語』「爲政」: "三綱五常, 禮之大體, 三代相繼, 皆因之而不能變. 其所損益, 不過文章制度 小過不及之間, 而其已然之迹, 今皆可見."

따라 그 시대에 적합하고 특수한 규정의 문으로 수정할 수 있다. 여기에서 유학의 '문'이 시대와 공간적 차이에 따른 특수하고 다원적인 가치를 포괄하는 개념임을 알 수 있다.

그러면 유학에서 '문'과 관련하여 예藝는 어떤 의미를 가지는가? 예는 사전적으로 몇 가지 기본 의미를 가진다. '예'는 '씨를 뿌리고 식물을 심어서 가꾼다'는 것으로 종식種植 또는 수예樹藝를 뜻한다. 이로부터 '식물 또는 곡식을 기르고 가꾸는 기술'이라는 의미가 나왔다.

『논어』「자한」에서 공자는 "나는 등용되지 못했기 때문에 기예를 익혔다"고 하였다. 이는 세상의 제후들이 그를 등용하지 않았기 때문에 기예를 익힐 수 있는 시간적 여유가 있었음을 말한다. 여기에서 '예'는 기예技藝 또는 재능才能의 의미를 포함한다.

주희는 '군자불기君子不器'를 설명하면서 "그릇은 각각의 용도에만 적합하여 서로 통용할 수 없다. 덕을 이룬 선비는 그 몸에 모든 것이 갖추어져 있어서, 그 응용이 두루 미치지 않음이 없다. 그래서 한 가지 재주와 한 가지 기예에만 국한되지 않는다"[47]라고 하였다. 곧 '기예'는 도덕적 이상을 추구하는 선비가 갖추고 있는 덕과 달리, 특정한 쓰임에 제한되는 일을 실행하는 재능을 뜻한다.

공자가 "비록 주공과 같은 아름다운 재능을 갖고 있다고 해도 교만하고 인색하다면 나머지는 볼 것도 없다"고 하는 구절을 설명하면서 주희는 '아름다운 재능[才美]'을 지능과 기예의 아름다움이라고 하였다.[48] 여기에서 '지능'과 '기예'는 도덕적 품성이 배제된 것으로서 단순한 재능을

---

47 『論語』「爲政」: "器者, 各適其用而不能相通. 成德之士, 體無不具, 故用無不周, 非特爲一才
一藝而已."
48 『論語集注』「述而」: "子曰, 如有周公之才之美, 使驕且吝, 其餘不足觀也已."; 朱注, "才美,
謂智能技藝之美."

가능케 하는 지능과 기술적 의미의 기예를 뜻한다. 이로부터 예는 일차적으로 도덕적 품성과는 구별되고 분리되는 의미에서 인간의 삶에 수단적이고 실용적인 필요를 충족시키는 재능 또는 기능을 뜻한다.[49]

'예'는 또한 기예와 재능을 발휘하는 사어射御와 같은 대상 또는 유학에서 도덕적 이상을 표현하기 위한 문장으로서 예악禮樂 서수書數 같은 육예六藝를 의미하기도 한다. 공자가 『논어』에서 "행동을 하고 나서 힘이 남으면 바로 문을 배운다"고 하였는데, 이때 '문'을 주희는 시서詩書와 육예의 문장이라고 하였고, 윤돈尹惇은 "덕행德行이 근본이고, 문예文藝는 말단이다"[50]라고 하였다. 내면적인 덕과 이에 따른 실천이 근본이 된다면, 이러한 덕행을 외적으로 표현하는 수단적인 것이 말단末端이 된다는 것이다. 따라서 『논어』 구절은 근본이 되는 덕행의 실천을 우선하고 말단적인 문예는 그 외적인 문식이라는 의미를 가진다.

주희는 「술이述而」의 '예에서 노닌다'는 구절에서 '예'를 예·악·사·어·서·수의 육예를 가리키는 것으로 해석하였다.

예는 예악의 문장이고, 사·어·서·수의 법규로 모두 지극한 이치가 의지해 있으면서 날로 써서 빠뜨릴 수 없는 것이다. 아침저녁으로 그것에 노닐어 그 의리의 취지를 넓히면 업무를 처리할 때 여유를 가지면서 마음 또한 방만함

---

49 순자는 '藝'와 관련하여 "군자는 천지만물에 대하여 그것이 왜 그러한지를 말하는 데 힘쓰지 않고 그 재용을 선용하는 데 힘썼다. 그가 백관의 일이나 기예를 가진 사람과도 재능을 다투지 않고 그들의 기능을 선용하는 데 힘썼다(『荀子』「君道」: 其於天地萬物也, 不務說其所以然而致善用其材, 其於百官之事技藝之人也, 不與之爭能而致善用其功,)."라고 하여 특수한 기예를 가진 사람들의 재능을 실용적 차원에서 잘 이용하는 것이 중요함을 강조하고 있다.

50 『論語集注』「學而」: "文, 謂詩書六藝之文. 尹氏曰, 德行, 本也. 文藝, 末也. 窮其本末, 知所先後, 可以入德矣."

이 없을 것이다.[51]

예의 구성 요소는 통치 규범이자 조화의 원리인 예악과 활쏘기, 말타기, 서예, 그리고 수리계산과 같은 재능을 아우른다. 이들 예에는 모두 지극한 이치가 내포되어 있기 때문에 이들을 익히는 것은 기술적인 재능만이 아니라, 마음을 단속하고 함양하는 의미까지 포함한다는 것이다. 이러한 기예의 습득을 정치적인 측면에서 보면, 도덕적 이상을 실현하는 데 필요한 기능적인 수단과 목적적인 규범을 체득하여 마음을 함양하는 것을 뜻한다. 요컨대, 예·악·사·어·서·수의 기예는 도덕적 이상을 실현하는 데 필요한 통치의 기능적인 수단이 되고 다른 한편으로는 목적적인 매개체가 된다.

『논어』「헌문憲問」에는 '성인成人'에 대하여 질문하자, 공자는 "장무중臧武仲의 지혜나 공작公綽의 무욕, 변장자卞莊子의 용기, 그리고 염구冉求의 기예를 예악으로 문식하면 또한 성인이라고 할 수 있다"[52]라는 구절이 있다. 주희는 네 명의 재능에 대하여 예악을 통하여 중정中正하고 화락할 때 성인이 될 수 있다고 평가하였다.

이 네 사람의 장점을 겸하면 지혜는 이치를 궁구할 수 있고, 청렴은 마음을 기를 수 있으며, 용기는 행동에 힘쓸 수 있고, 기예는 널리 대처할 수 있다. 여기에 다시 예禮로써 조절하고 악樂으로 조화시켜서 안으로 덕을 이루게 하고, 밖으로 문식을 드러나게 하면 재능은 온전하고 덕은 갖추어져서 혼연하

---

51 『論語集注』「爲政」: "藝, 則禮樂之文, 射御書數之法, 皆至理所寓, 而日用之不可闕者也. 朝夕游焉, 以博其義理之趣, 則應務有餘, 而心亦無所放矣."

52 『論語』「憲問」: "子路問成人. 子曰, 若臧武仲之知, 公綽之不欲, 卞莊子之勇, 冉求之藝, 文之以禮樂, 亦可以爲成人矣."

여 하나의 선만으로 이루어진 이름의 흔적을 드러내지 않고 중정하고 화락하여 순수하여 더 이상의 복잡하고 치우친 폐단이 없어서 그 인격이 또한 이루어질 것이다.[53]

그는 염구의 기예를 비롯하여 장무중의 지혜, 공작의 무욕, 변장자의 용기와 같은 재능이 있더라도 예악으로 덕을 갖추고 문식을 드러낼 때 비로소 중정하고 화락하여 온전한 사람[成人]이 될 수 있다고 보았다.

염구가 갖추고 있는 기예는 선한 것들 중 한 가지에 불과하므로, 예악을 통하여 덕을 기르고 문식을 더할 때 제한된 선善을 넘어 중정하고 화락하여 치우침 없는 성인이 될 수 있다는 것이다. 이렇게 볼 때, 예가 육예를 뜻할 때는 예악이 포함되기도 하지만, 기예의 의미로 이해될 때는 예악과 구별된다.

'예'가 기능이나 재능의 의미가 아니라 준칙, 한도, 또는 표준이라는 의미로 해석되는 때도 있다. 『좌전』 소공昭公 20년 조에는 제나라 군주가 피부병과 부스럼이 생겨 1년 동안 낫지 않자 양구거梁丘據와 예관裔款이 하늘을 공경하지 않아서 그렇다고 하면서 축관과 제사관을 처형해야 된다고 하는 데 대해, 안자晏子가 만류하면서 "세습 대부들이 강제로 뇌물을 바꾸고, 일상의 정치 포고는 규범이 없으며 세금을 거두는 것도 일정한 법칙이 없으며, 궁실은 시도 때도 없이 바뀌고 음란한 음악이 떠나지를 않습니다."[54]라고 하는 기록이 있다. 이때 '일상의 포고에 규범이 없다[布常無藝]'에서 '예'는 준칙, 한도의 뜻을 가진다.

---

53 『論語集注』「憲問」: 朱注, "兼此四子之長, 則知足以窮理, 廉足以養心, 勇足以力行, 藝足以泛應, 而又節之以禮, 和之以樂, 使德成於內, 而文見乎外. 則材全德備, 渾然不見一善成名之迹. 中正和樂, 粹然無復偏倚駁雜之蔽, 而其爲人也亦成矣."

54 『左傳』昭公 20年: "承嗣大夫, 强易其賄, 布常無藝, 徵斂無度, 宮室日更, 淫樂不違."

『논어』「안연顔淵」에는 애공哀公이 가뭄이 들어 발생한 재정의 부족을 어떻게 해결해야 하는가를 유약有若에게 묻자 철법徹法을 시행하라고 하자 애공이 2할을 거두어도 부족한 상황에서 철법을 어떻게 시행하겠는가라고 대답하였다. 그러자 유약은 백성이 풍족하면 임금이 어찌 부족하며, 백성이 부족하면 임금이 어찌 풍족하겠는가?[55]라고 하였다. 여기에 대하여 양시楊時는 "10분의 1 세법은 천하에 가장 공정한 법이다. 그보다 많으면 폭군이고 그보다 적으면 오랑캐이니 고칠 수 없다. 후세에 그 근본을 살피지 않고 말단만 도모하였기 때문에, 세금 징수에 기준이 없고 비용지출에 법도가 없어져서 위아래가 모두 곤궁해졌다."[56]라 하여, 유약이 제시한 철법의 타당성을 강조하였다. 여기서 '정렴무예征斂無藝'의 '예' 또한 『좌전』의 예와 같이 준칙, 기준의 의미를 가진다.

4. 문文과 질質, 인의와 예악의 연속성과 균형 조화

유학에서 말하는 문과 질, 인의와 예악은 상호간에 긴밀한 연속성과 균형조화의 관계를 갖는다. 이들 사이의 관계를 구체적으로 정리하면 질이 바탕이라면, 문은 형식 또는 꾸밈이므로 인의가 질이라면, 예악은 문이 된다. 이 장에서는 문과 질, 인의와 예악이 어떤 의미에서 연속성과 균형조화 관계를 이루고 있는가를 검토하고자 한다.

『논어』에는 문文과 질質을 함께 언급한 문장이 두 군데 있다. 한 곳은

---

55 『論語』「顏淵」: "哀公問於有若曰, 年饑, 用不足, 如之何. 有若對曰, 盍徹乎. 曰, 二, 吾猶不足, 如之何其徹也. 對曰, 百姓足, 君孰與不足, 百姓不足, 君孰與足."

56 『論語』「顏淵」: "然什一, 天下之中正. 多則桀, 寡則貉, 不可改也. 後世不究其本而惟末之圖, 故征斂無藝, 費出無經, 而上下困矣."

문과 질이 구별되지 않을 때의 문제점을 언급하였고, 다른 한 곳에서는 문과 질이 적절하게 어우러져야 이상적이라고 하였다. 『논어』「안연」에서 극자성棘子成이 군자를 문질로 평가할 때 '질박함[質]'만 있으면 군자라는 취지로 말하자 자공이 다음과 같이 언급하였다.

> 극자성이 "군자는 바탕만 있으면 되니, 어찌 문식으로 하겠는가?"라고 하자, 자공이 "선생님께서 군자를 말하는 것은 애석하군요. 시마駟馬도 한번 뱉은 말을 따르지 못합니다. 바탕은 문채와 같이 중요하고, 문채는 바탕과 같이 중요하니, 호랑이와 표범의 털 없는 가죽이 개와 양의 털 없는 가죽과 마찬가지입니다."라 하였다.[57]

극자성이 군자는 도덕적 바탕만 있으면 되지 문식이 무엇이 중요한가라는 취지로 말하자, 자공은 바탕과 문채는 똑같이 중요하다고 하였다. 만약 바탕이 문채와 같고 문채가 바탕과 같다는 것은 털이 없으면 호랑이와 표범의 가죽과 개와 양의 가죽을 구별할 수 없는 것처럼 군자와 소인을 구분할 수 없다는 것이다. 이 구절에 대해 주희는 바탕과 문식이 어느 것 하나 없어서는 안 된다는 것으로, 만약 그 무늬를 모두 없애고 바탕만 남겨놓으면 군자와 소인을 구별할 수 없을 것이라[58]고 하였다.

한임덕韓林德은 문과 질을 설명하면서 "여기에서 바탕[質]은 실질로서 도덕적 품성을 가리키는 것으로 인의仁義의 도이고, 문은 꽃무늬의 본 글자이다. 원시인은 몸에 항상 꽃무늬를 새겨 넣어 문신하는 풍속이 있

---

57 『論語』「顏淵」: "棘子成曰, 君子質而已矣, 何以文爲. 子貢曰惜乎. 夫子之說君子也, 駟不及舌. 文猶質也, 質猶文也, 虎豹之鞟, 猶犬羊之鞟."

58 『論語集注』「顏淵」: 朱注, "文質等耳, 不可相無, 若必盡去其文, 而獨存其質, 則君子小人, 無以辨矣."

었다. 여기에 이미 심미 의식의 맹아가 포함되어 있으며, 이는 주로 원시무술原始巫術 의례의 토테미즘(totemism)의 표지이다. 이것으로 인하여 선진시대에 '문'에는 이미 미적美的 의식이 내포되어 있고, 예악 수양의 의미가 함유되어 있었다. 여기에서 문은 곧 예악 수양의 외재적 형식미를 가리켜 말하는 것이다."[59]고 하였다. 이러한 입장은 인의의 도덕적 본질을 바탕[質]으로, 예악 수양의 형식적 미의식을 문으로 이해하는 것이다.

여기에서 도덕적 본질로서 인의의 바탕은 문으로서 예악의 형식을 통해서 비로소 외적 수양으로 표현되고, 외적 형식으로서 예악은 인의의 내용을 표현함으로써 그 실질적 의미를 채운다고 할 수 있다. 이처럼 문과 질은 어느 하나도 없어서는 안 되는 유기적인 연속성을 가지는 것이다. 이러한 이유로 공자는 바탕이 우세하면 촌스럽고, 문식이 우세하면 사관 같으니, 문식과 바탕이 어울리고 나서야 군자답다[60]고 하였다.

하지만 공자는 인의와 예악이 각각 바탕과 문식을 이루는 것이지만, 우선 순위에 있어서는 바탕이 먼저 있어야 한다는 것을 강조하였다. 그는 "사람으로서 어질지 않으면 예가 무슨 소용이 있으며, 사람으로 어질지 않으면 악이 무슨 소용이 있겠는가?"[61]라 하였다. 사람이 어짊이라는 바탕을 갖추지 않으면 예악을 형식적으로 행한다고 하더라도 아무런 의미가 없다는 것이다. 여기에서 인의를 내적 바탕으로서 선善에 대응시킨다면, 예악은 외적 형식으로서 미美에 대응시킬 수 있다.

공자가 인과 예악이 결합되어야 비로소 의미를 가진다고 하는 것은

---

59 韓林德,「孔子美學觀淺探」,『中國古代美學史研究』, 上海: 復旦大學出版社, 1983, 121쪽.

60 주석42) 참조.

61 『論語』「八佾」: "人而不仁, 如禮何, 人而不仁, 如樂何."

미와 선의 통일을 강조하는 것이며, 예술이 도덕적 내용을 포함할 때 그의 사상 본래의 논리에 부합하는 것임을 강조하는 것이다. 미와 선의 통일은 이런 의미에서 형식과 내용의 통일이다. 이때 미는 형식이고, 선은 내용이다. 예술의 형식은 미가 되는 것이고, 내용은 선이 되는 것이다.[62] 이것은 인의를 내용이자 바탕으로 삼는 내적인 선이 외적인 예악의 형식으로서 미로 표현된다는 것이다.

그러면 유학에서 내적인 인의와 같은 선을 외적 심미적 형식으로 표현하는 예악은 어떻게 설명되는가? 예악은 주대초기 주공周公이 천하를 다스리기 위하여 제시한 통치의 기본 원리였다. 『예기』에서는 "예는 바뀔 수 없는 이理이다"[63]라고 하였고, 『순자』 「예론」에서는 "천지가 그에 따라 합하고, 일월이 그로 인하여 밝으며, 네 계절이 이것으로 질서 잡히고, 별들이 그에 따라 운행한다."[64]라고 하였으니, 모두 사물의 객관적인 규율이나 규율의 체현을 가리킨다.

그렇다면 음악은 어떻게 설명되는가? 「악기」에서는 악樂이 생겨난 근원을 다음과 같이 설명하고 있다.

음音이 생겨난 것은 인심人心으로부터 나온다. 인심이 움직이는 것은 사물이 그렇게 하도록 시킨다. 사물이 감촉하여 움직이기 때문에 소리로 드러난다. 소리가 서로 감응하기 때문에 변화가 생기고, 변화가 문식을 이룰 때 음이라고 한다. 음에 견주어서 연주를 하면서, 간척干戚과 우모羽旄에 미칠 때, 이

---

62 叶郎, 『中國美學史大綱』, 上海人民出版社, 1987, 46쪽.

63 『禮記』 「樂記」: "樂也者, 情之不可變者也. 禮也者, 理之不可易者也."

64 『荀子』 「禮論」: "凡禮, 始乎梲, 成乎文, 終乎悅校. 故至備, 情文俱盡, 其次, 情文代勝, 其下, 復情以歸大一也. 天地以合, 日月以明, 四時以序, 星辰以行."

를 악이라고 한다.[65]

「악기」에 따르면 음은 사람의 마음이 사물에 정서적으로 감응할 때 일어나는 것이다. 소리가 감응하여 변하면서 일정한 꾸밈과 형식을 이룰 때 이것을 음이라고 하고, 음을 연주하면서 형상을 가진 방패와 도끼, 깃털로 춤을 함께 출 때 이것을 악이라고 한다는 것이다. 이처럼 주관적인 악과 객관적인 예는 모두 천지, 우주 혹은 자연적 존재나 발전에 근거를 둔다. 그래서 「악기」는 "대락大樂은 천지와 조화를 함께 하고, 대례大禮는 천지와 절기를 함께 한다"[66]고 하였다.

그러면 이러한 예악의 작용은 그 상관관계의 측면에서 어떻게 설명되는가? 예와 악은 무엇보다 예가 마디를 구별하고자 하는 것이 원리라고 한다면, 악은 통일성을 부여하려는 것이다. 「악기」에는 "악은 같은 것으로 통일하고, 예는 다른 것을 구별한다"[67]고 하였다. 계속하여 악기는 예와 악의 상관관계를 다음과 같이 언급하였다.

예는 백성들의 뜻을 이끌고, 음악은 그 소리를 조화롭게 한다. 정치로 그 행동을 통일하고 형벌로 그 사악함을 예방한다. 예악형정 네 가지는 그 목표가 동일하니, 그것으로 민심을 하나로 화합시키고 다스리는 도를 내는 것이다.[68]

---

65 『禮記』「樂記」: "凡音之起, 由人心生, 人心之動, 物使之然也. 感于物而動, 故形于聲, 聲相應, 故生變, 變成方, 謂之音. 比音而樂之, 及干戚羽旄, 謂之樂."
66 『禮記』「樂記」: "大樂與天地同和, 大禮與天地同節."
67 『禮記』「樂記」: "樂統同, 禮辨異."
68 『禮記』「樂記」: "禮以道其志, 樂以和其聲, 政以一其行, 刑以防其姦. 禮樂刑政, 其極一也. 所以同民心而出治道也."

예악형정은 바로 민심을 통일하고 다스리는 도리를 낸다는 목표의 측면에서 동일한 기능을 한다는 것이다. 이러한 기본적인 공통점을 가지면서도 예악은 각각 맡는 기능이 다음과 같이 구별된다.

"음악은 같게 하는 것이고, 예는 구별하는 것이다. 동일하면 서로 친하게 되고, 다르면 서로 공경한다. 악이 우세하면 방만함에 흐르고, 예가 우세하면 이반된다. 정을 합하고 외모를 꾸미는 것이 예악의 일이다. 예의가 세워지면 귀천이 차등 지워지고, 악의 문장이 같으면 위아래가 화합한다."[69]

이렇게 음악과 예의는 한쪽은 통일적인 수렴성을 가지게 하는 반면, 다른 쪽은 위계적인 질서를 추구한다. 이 점에서 예의는 구체적인 사태에 따라 곡례曲禮로 확산되는 측면이 있는 반면, 음악은 하나의 통일적인 것으로 수렴시키는 특성을 가진다.

5. 맺음말

이 글에서는 경經과 예藝, 도道와 문文, 경經과 권權, 질質과 문文 사이의 의미 연관성을 해명함으로써, 수렴적인 규범 원리를 포함하는 경經 또는 도道가 심미 의식을 내포하는 예藝나 문文으로 표현되고 확산되는 양상을 검토하였다.

변치 않는 보편적인 법칙이나 규범 원리의 의미를 가지는 경은 심미 의식으로부터 다양한 형식의 예로 확산된다. 반대로 심미 의식에 따른

---

69 『禮記』「樂記」: "樂者爲同, 禮者爲異, 同則相親, 異則相敬, 樂勝則流, 禮勝則離, 合情飾貌者, 禮樂之事也. 禮義立, 則貴賤等矣. 樂文同則上下和矣."

다양한 현상으로 발로되는 예는 불변의 법칙을 내포하는 통일적인 근원으로서 경으로 수렴된다. 경은 항구적인 법칙과 상도를 뜻하는 것으로 가치 판단을 통하여 선을 드러내는 목표를 가진다는 점에 그 의미의 본질이 있다. 이런 점에서 경은 가치 판단에 따라서 선으로 수렴되고 이것은 보편적인 원칙으로서 실천 강령이 된다. 구체적으로 경은 '박문약례博文約禮'의 방법론에 따라 사실에 대한 여러 정보에 대한 이해를 가치 평가를 통하여 불변의 보편적 원칙으로 요약하고 이를 실천하는 강령이 되는 것으로 예로 구체화된다고 할 수 있다.

권은 예와 대립되는 것이 아니라 무수히 다양한 상황을 헤아려서 예禮에 맞게 하는 정신 작용을 뜻한다. 또한 권은 시의時宜에 맞는 것 또는 상황에 적합함을 뜻한다. 권은 통치에 중요한 요소로서 기강문장과 함께 도량형, 법규, 가격 등을 균형감 있게 헤아리는 것을 의미하는 것으로 해석된다. 특히 객관적인 법규[法]와 선한 마음[善]이 결합되어야 통치의 필요충분조건이 이루어지는 상황에서 권은 선한 마음으로 법규의 타당성을 현실적 여건에 맞게 헤아린다는 의미를 가지고 있다.

유학에서 근본이 되는 군신·부자·부부 사이의 삼강三綱과 인·의·예·지·신의 오상五常은 시대적 변화에도 불구하고 바뀌지 않는 초시대적이고 보편적인 인륜규범이라면, 구체적 예의 범을 표현하는 문장이나, 절차로서 제도 같은 것은 시대적 특수성에 따라 수정하여 바꿀 수 있는 것으로 간주한다.

여기에서 '문장'은 시대적 변화에 따라 그 시대에 적합하고 특수한 규정의 문으로 수정할 수 있다. 이것은 유학의 문 개념이 시대와 공간적 차이에 따른 특수하고 다원적인 가치를 포괄하는 개념임을 알 수 있다.

반면 예는 모두 지극한 이치가 내포되어 있기 때문에 이들을 익히는 것은 기술적인 재능만이 아니라, 마음을 단속하고 함양하는 의미까지 포함한다. 이러한 기예의 습득을 정치적인 측면에서 보면, 바로 이들을 통하여 도덕적 이상을 실현하는 데 필요한 기능적인 수단과 목적적인 규범을 체득하여 마음을 함양하는 것을 뜻한다. 다시 말하면 예·악·사·어·서·수의 기예技藝는 도덕적 이상을 실현하는 데 필요한 한편으로 통치의 기능적인 수단이 되고 다른 한편으로 목적적인 매개체가 된다.

결론적으로 유학에서 불변의 보편적 원칙으로서 경과 변화하는 다양한 양태로서 예는 연속성을 가지고 한편으로 통일적으로 수렴되고 다른 한편으로 다양성으로 확산된다. 이것은 규범 원리와 심미 의식은 상호 연관성을 가지면서도 한쪽은 수렴성을 한쪽은 확산성을 지향한다. 하지만 이러한 수렴성과 확산성은 유기적인 일관성과 연속성을 가지고 도와 문, 경과 권, 질과 문, 예와 악 사이의 관계에도 그대로 연속된다.

천리天理의 '공공성'과 '현실성':
일관된 충서忠恕의 리理가 개인 및 사회에 가지는 의미에 관한 소고

정도원(성균관대학교 초빙교수)

1. 서론: '리理'라는 '말'의 의미

　서양철학에서 말하는 진리는 '보편성'이나 '정합성'에 초점을 맞추는 경우가 많다. 그러므로 우리는 서양철학의 진리 혹은 진리값을 떠올릴 때면, 어떤 시간이나 공간 속 그 어떤 조건에서라도 '값'이 바뀌지 않는 형식적이면서도 실제적인 것, 그리고 각 존재의 궁극적 의미이자 가치인 그 어떤 "존재"를 생각한다. 연역과 경험의 조건을 모두 충족시키는, 개체의 정체성에 궁극적인 답을 하는 "그 무엇(Thing itself)"을 떠올리는 것이다. 절대선이자 시공을 넘어 있는 유일신은, 아마도 이러한 '실재'의 '상징'이 아닐까 한다.

　우리 전통에서 말하는 진리는 좀 다르다. 우선 우리가 '원하는' 진리는 무엇보다도 "나의 현실"이어야 한다. 입장 바뀐다고 달라지는 것이어서는 안 되지만, 그렇다고 시간과 공간을 벗어나서도 안 된다. 또한 시간과 공간이 바뀐다고 그 값이 바뀌는 것은 아니지만, "시간과 공간 속 개체"에게 '언제나' "바로 그 자리"에 맞는 답을 주어야 한다.

그래서인지 '영원(eternity)'이라는 말보다 '상常'이라는 표현을 쓴다. 지속되는 현실 속 "늘 그러한 것", 변화하되 변하지 않는 '것'을 지칭하는 것이다. 그러므로 이 '것'은 '존재'라기 보다는 존재를 존재하게 하는 것, 그러므로 현실적이면서도 당위적인 것을 가리킨다. 'The Principle'이라고 번역되곤 하는 '이치[理]'가 바로 그것이다.

이런 맥락에서라면 공자가 말한 '일관一貫'이 서양의 '보편'이라는 말보다 더 어울리는 표현이 아닐까 한다. 이 일관은 두 가지 조건을 충족해야 한다. 하나는, 변화의 현장 그 자체일 것. 단, 이때의 변화는 죽음을 향한 변화가 아니라 끝없이 살리는 쪽으로의 변화이다.

또 하나는, 실재한 것들 사이의 공감이 시간과 공간, 개체를 넘어 가능할 것. 약육강식의 현실이라도 당하는 자나 가하는 자나 똑같이 납득할 수 있는 것이어야 한다는 말이다. 변화의 현장 그 자체라는 말을 전통적인 용어에서 찾는다면 '천天'이라는 말이 가장 근접할 것이다.

낳고 낳는 수많은 삶의 변화는, 그 자체로 "하늘의 큰 덕德"이라고 하기 때문이다. 피해자나 가해자 모두 인정할 수 있는 공감은, 자신을 있게 하는 이 천덕天德과 하나됨을 통해 가능하므로, 전통적인 표현으로라면 충忠과 서恕의 '인仁'이 이에 상응할 것이다. 이 개인적이면서도 보편적인 공감으로서의 인이 가지는, 개인적인 아픔을 딛고서라도 추구해야할 가치라는 면은 '공公'이라는 말로 많이 표현된다.[1]

---

1   주자의 「仁說」을 보면 仁을 愛의 理라고 하면서 "天地가 萬物을 낳는 마음"이라고 하고 있다. 또한 公을 사람이 "仁을 할 수 있는 까닭[公者 人之所以能仁也]"이라고 하고 있다. 비록 公이라는 표현으로 仁의 정체성을 포착할 수는 없지만[指公以爲仁 則失其眞], 克己하여 廓然大公하는 '주체'와 연결되어 있는 것이다. 이런 식의 접근은 明道가 仁을 萬物一體의 입장에서 설명한 이래 일반적인 모습이라고 할 수 있는데, 이런 사고의 근거가 孔子의 天德과 仁의 忠恕, 斯文 등을 연결하여 조직한 것이므로 그 유래가 깊고 멀다고 하겠다.

도道 또는 리理는 이 '천'과 '공' 두 표현의 접점에 있다. 그런데 리理는 일상에서 "~할 리가 없어"라는 식으로 다양하게 쓰이지만, 막상 리에 1:1로 상응하는 우리말 번역어는 없다. 보통 옮기는 '원리原理'라는 말은 엄밀히 말하면 동어반복일 뿐이다. "이치理致"라는 말 역시 마찬가지다.

어느 쪽이든 제대로 된 의미 전달이 불가능하므로, 보통은 성誠, 인仁, 중中 등등의 형용적 개념을 종합하여 그 이미지를 그리곤 한다. 하지만 이것은 단순히 '논리論理'나 '문맥', '사물의 결'과 같은 이미지가 아니라 절대적이고, 하나이면서, 실재[形]²를 넘어선 것이고, 존재의 영역과 가치의 영역, 심지어 감성의 영역까지를 다 일관하는 것이다.

문헌 속 리는 사실, 다양한 맥락과 의미를 가지고 있어 이런 식으로 일괄하기 어렵지만, 북송시대 도학道學의 출현 이후 도학자를 자처하는 유학자들이 사용한 리의 의미는 분명 이런 맥락에서였다. 그리고 이때의 리는 다음과 같은 특징을 가진다.

첫째, '기氣'라고 하는 '실재'에 대비되어 사용된다.³ 둘째, 기에 대비되어 존재론'적'으로 다루어지는 경우가 많지만, 언제나 그 이전에 윤리적

---

2 實在(reality)에 대한 서양철학에서의 정의가 어떠하든 유학 전통에서 實在 내지 實存이라고 할 수 있는 것은 오로지 氣의 所産이다. 이 氣는 動靜과 정신-물질을 일관하는 단일자이다. 氣가 이러하므로 정신이든 물질이든 모든 존재 내지 현상을 실재나 실제로 구분할 필요가 없다. 따라서 모든 존재 내지 현상을 뭉뚱그려 物 또는 形이라고 한다. 우리말로 하자면 '것'이라고 할 것이다. 이를 이루는 재료가 氣 또는 器이므로 '形而下'란 '形, 그 이하'라는 의미가 되고, 이러한 존재 형성의 원리를 理 또는 道라고 하므로 '形而上'은 '形, 그 而上'이라는 의미가 된다.

3 서양철학의 실재에 상응하는 동양철학적 개념은 理가 아니라 氣이다. 존재론적으로 보자면 동양은 氣一元論이라고 할 수 있다. 理는 존재가 아니기 때문이다. Aristoteles의 제1동인 혹은 神이라고 해도 존재인 한, 理에 상응할 수 없다. 理는 理일 뿐이다. 퇴계만 해도 이 理를 일단 "此箇物事"라고 하면서도 "至虛而至實 至無而至有 動而無動 靜而無靜 潔潔淨淨地 一毫添不得 一毫減不得 能爲陰陽五行萬物萬事之本 而不囿於陰陽五行萬物萬事之中."이라고 묘사하고 있다. 그러면서 "安有雜氣而認爲一體 看作一物耶?"라고 하고 있다. 이는 존재[一物]가 아니다.(『학봉집』 권5, 잡저 『퇴계선생언행록』)

실체이자 현실적 규범이라는 점이 전제된다. 셋째 일이분수一而分殊와 같은 형식의, 현실적 직관 가능성과 초월적 인식 가능성을 모두 가진다. 즉 누구나 알 수 있는 당위當爲'들'인 동시에 누구도 알기 어려운 궁극적 '단일자'이다.[4]

물론 이런 특징들이 처음부터 있었던 것은 아니고 후대에 차츰 더해진 것이라 이후로도 더 많은 규정이 붙을 수 있기는 하다. 하지만 이것이 논리나 사고로 추론되어 종합되는 것이 아니라 직관적으로 '일관'된 또는 되어야 하는 것이라는 점은 분명하다. 주자가 말하는 "일단一旦 활연관통豁然貫通"이 바로 이를 지적한다. 이제 이상의 내용, 즉 '리'라는 개념이 가지는 '의미'와 '의의'에 대하여 사상사적인 맥락에서 좀 더 살펴보고자 한다.

2. 사람 사는 이치로서의 천리天理와 공리公理

리理에 '천天'이라는 말을 덧붙인 최초의 학자는 정명도程明道로 보인다. 그는 "내 학문이야 전수받은 바가 있지만, '천리天理'라는 두 글자만은 내 안에서 가져온 것이다[吾學 雖有所受, 天理二字, 却是自家體貼出來]"라고 하였다. 이 말의 의미는 그의 천리에 관한 또다른 언급을 통해서

---

4 이와 관련한 가장 유명한 언설은 퇴계의 "理字 難知"일 것이다. 이 말은 그가 고봉 기대승과의 논변에서 한 것인데, 그는 이에 대해 "所謂理字難知者 非略知之爲難, 眞知妙解 到十分處爲難耳."라고 하여 인식의 두 층차를 시사한 바 있다.(『퇴계집』 권16, 「答奇明彦(論四端七情第2書)」「별지」) 그의 『언행록』을 보면 학봉이 理에 대해서 묻자 "知之似難而實易, 若從先儒造舟行水·造車行陸之說 仔細思量 則餘皆可推也. …… 君當仁·臣當敬 父當慈·子當孝, 此理也. …… 凡天下所當行者 理也, 所不當行者, 非理也, 此而推之, 則理之實處, 可知也."라고 하고 있다. 이를 토대로 "無方所無形體, 隨處充足, 各具一極, 未見有欠剩處."로 따져 올라가서 "若能窮究衆理, 到得十分透徹, 洞見得此簡物事."이라는 것이다.

확인할 수 있다.

그는 "세상 모든 것의 이치는 홀로인 것 없이 반드시 짝이 있으니, 다 저절로 그런 것이지 억지로 맞춘 것이 아니다. 언제나 한밤에 이런 생각을 하노라면 나도 모르게 손발이 춤춘다[『이정유서』 권11, 「사훈師訓: 天地萬物之理, 無獨, 必有對, 皆自然而然, 非有安排也. 每中夜以思, 不知手之舞之足之蹈之也]."라고 하였다. 세상 모든 것이 홀로일 수 없다거나 홀로일 리없다는 것이 아니라 그냥 홀로가 아니라는 것이다. 이는 형식논리의 기본 원칙, 특히 동일률과 일치하지 않는다.

하지만 그는 이것이 저절로 그런 것[自然而然]이라고 하였다. 인간의 논리적 설정이 아니라는 것이다. 그리고 이것이 내 안에서 발견되고, 세상 모든 것이 그러하다는 생각에 벅찬 기쁨이 일어 손발이 저도 모르게 춤추었다고 한다.

그렇다면 이것은 자연自然이면서 자신이라는 것이다. 그럼에도 존재의 형식은 벗어나 있다. 자신의 존재 자체와 연관된 것이고 벅찬 기쁨을 주는 억제하기 힘든 그 무엇이지만, 서양철학에서 말하는 것과 같은 존재적인 그 무엇(thing)은 아닌 것이다.

자신의 안에서 발견된 이것이 어떻게 천지만물의 이치인가 하는 문제는 일단 접어두자. 중요한 것은 이런 '깨달음'의 방향이 그 동생 정이천程伊川에 의하여 인간의 문제로 완전히 전환되었다는 것이기 때문이다. 이천은 "성性이 무엇인가?"하는 질문에 다음과 같이 답하였다.

인성人性이 바로 천리天理이니, 리理라는 것은 성性이 이것이다. 세상의 이치를 온 곳까지 거슬러 가보면 착하지 않음이 없다. 희로애락이 일어나지도 않았는데, 착하지 않을 것이 무엇이겠는가? 일어나도 절도에 맞는다면 어딜 가도 착하지 않을 것이 없다. 선악善惡이라고들 하지만 다 선善이 있고난 뒤의 악惡이고, 길흉吉凶이라고들 하지만 다 길吉이 먼저고 흉凶이 나중이며, 시비是非라고들 하지만 다 옳은 것이 먼저고 그른 것은 뒤이다.[5]

성선性善과 연결된 이 "인성人性=천리天理"의 공식은 이후 유학의 기본 공식이 되었다.

이를 충서忠恕의 인仁과 연결하여 공리公理로 확장한 것도 정자程子였다.

어진 사람이라야 사람을 좋아할 수도, 미워할 수도 있다고 한다. 어진 사람은 공公하게 마음을 쓰므로 사람을 좋아할 수도 있고 미워할 수도 있는 것이다. 공은 인仁과 가장 비슷한데, 사람이 사욕私欲을 좇으면 충忠이 아니고 공리를 따르면 충이다. 공리에 따라 다른 사람에게 베푸는 것이 서恕하는 것이다.[6]

'사물에서 일관된 어떤 것'을 보되 그것이 '정체正體를 지닌 어떤 것'이 아니라고 결론지었으면서도, 그 어떤 것이 선善의 기원 혹은 바탕을 가지고 있어 예외가 없다고 본다. 그러면서 이것이 충서忠恕의 인仁으로서 타인과 관계에서도 일관된다고 하는 것이다. 보편적인 어떤 존재성을 찾는 것이 아니라 대대待對로 존재하는 현실 속에서 개체의 '원리'를 찾

---

5 『이정유서』 권22상, 「이천어록」: "性卽理也, 所謂理 性是也. 天下之理 原其所自 未有不善. 喜怒哀樂未發 何嘗不善? 發而中節 則無往而不善. 凡言善惡 皆先善而後惡, 言吉凶 皆先吉而後凶, 言是非 皆先是而後非."(『근사록』에는 "性卽理也. 天下之理 原其所來 未有不善. 喜怒哀樂未發 何嘗不善? 發而中節 則無往而不善, 發不中節 然後爲不善, 故凡言善惡 皆先善而後惡, 言吉凶 皆先吉而後凶, 言是非 皆先是而後非."라고 되어 있다.

6 『정씨외서』 권4, 「정씨학습유」: "唯仁者 能好人能惡人, 仁者 用心以公 故能好惡人. 公最近仁 人循私欲則不忠 公理則忠矣, 以公理施於人 所以恕也."

아 그 원리가 선善이며 인간 관계에서도 일관된다고 하는 것이다.

이를 '천리'라고 한 것은 모든 것을 '낳고 낳음'의 산물로 보는『주역』의 세계관이 반영된 것이다.『중용』에서는 자연의 이런 모습을 성誠으로 묘사하고 인간의 당위에 연결하였는데, 이러한 사고 방식이 리와 인을 연결하는 매개점이 된다.

하늘과 사람의 원리가 일관되고, 인간은 이 원리를 따라 살며, 인간의 삶은 이에 근거하여 자연의 낳고 낳음을 돕는 주체로서의 가치를 가진다는 생각이다.『주역』에서『중용』까지 이어지는 이러한 생각을 당시의 지성에 맞게 표현한 것이 주렴계와 주자의「태극도설」이라고 할 수 있다.

우리는 이러한 논리를 일상에서 매우 다양하게 겪어볼 수 있다. 흔히 하는 "사람이라고 다 사람이냐? 사람다워야 사람이지."라는 말이나 "저거 사람아냐!"라는 비난이 대표적인 예이다. 둘 다 똑같은 논리인데, 사람이라는 존재를 '사람다움'이라는 측면에서 "바람직함" 혹은 "당위"로서 규정하고, 그렇지 못하면 비난받아 마땅하다는 생각을 담고 있기 때문이다.

"사람이라고 다 사람이냐?"라고 할 때, 뒤의 '사람'이 정상적인 사람을 가리킨다고 보면 그렇지 못한 사람은 정상이 아니라는 말이 된다. 뒤를 기준으로 보면 사람이 사람인 까닭은 사람답기 때문이다. 이는 주자가 소이연지고所以然之故와 소당연지칙所當然之則으로 리理를 설명하는 것[7]

---

7   『대학혹문』권2,「或問知本」: "吾聞之也 天道流行 造化發育 凡有聲色貌象而盈於天地之間
    者 皆物也. 旣有是物 則其所以爲是物者 莫不各有當然之則 而自不容已 是皆得於天之所
    賦 而非人之所能爲也. …… 是皆必有當然之則 而自不容已 所謂理也. 外而至於人 則人之
    理不異於己也, 遠而至於物 則物之理不異於人也. …… 使於身心性情之德 · 人倫日用之常
    以至天地鬼神之變 · 鳥獸草木之宜 自其一物之中 莫不有以見其所當然而不容已與其所以
    然而不可易者." 퇴계의 언행을 기록한『계산기선록』을 보면 퇴계 역시 이 문장을 들어 理를
    다음과 같이 설명하였다. "又問理字. 曰, 朱子曰, '凡事物之當然而不容已, 所以然而不可易
    者是理.' 蓋所當然 卽君當仁 · 子當孝之類, 其所以然 卽所以仁 · 所以孝者 便是. 所當然

과 같은 방식의 인간 규정이다.

이 때의 리는 일종의 "결"이라고 할 수 있는데, 이 결대로 살아가는 것이 "길"이므로, 둘을 합쳐 도리道理라는 식으로 조어造語할 수 있다. 특정 사태의 당위가 일관된 원칙에 따라야 한다고 할 때 쓰이는 의리義理역시 같은 방식으로 만들어진 말이다.

그러므로 천리라고 하든 공리라고 하든 리理는 "사람 사는 이치"라는 말 이상의 의미를 가지지 않으며, 이 "사람 사는"이라는 말은 "사람이 사는 까닭", "사람이 살 수 있는 길", "사람이 가야 할 길" 등으로 부연될 수 있고, 결국은 자연 및 타인과 "더불어 함께 하는 것"으로서의 가치를 가진다고 할 수 있다.

더불어 함께 하는 길이 충서의 인이고 오륜五倫의 길이므로, 리의 내용은 결국 '답게'라고 할 수 있다. 정리하자면 모든 존재가 그 존재'답게' 살고 죽고 나누고 다투고 하는 것에서 리라는 말이 성립한다는 것이다.

3. '일관一貫'된 '천天'리理의 인식과 의미

그렇다면 이제 잠시 접어놓았던 "자신의 안에서 발견된 것을 가지고 어떻게 천지만물의 이치라고 할 수 있는가?" 라는 문제를 따져 보자. 천리가 자기 속에서 발견된다는 이야기나 사람의 본성이 천리라는 말은, 이에 대한 지식을 대상 세계를 인식함으로써 쌓아갈 필요가 없다는 의미이다.

내 속에 천리가 있고, 천리가 모든 것을 일관하는 원리라면, 내 속에

如水之流, 所以然 如水之源頭處."

있는 천리를 아는 것만으로도 세상 모든 것의 원리를 알 수 있기 때문이다. 대상 세계를 궁구함으로써 세계에 대한 인식 혹은 자신에 대한 인식을 완성하려는 것은, 때문에 매우 비효율적인 것으로 간주된다. 자칫 이 원리가 자신 속에 있다는 사실을 망각하고 있기 때문이라면, 그 망각이 나와 세계를 다른 원리로 보기 때문은 아닌지 되짚어 봐야 할 정도로 위험한 생각으로 치부되기도 한다.

이 원리가 긍정되어야만 '완전한 삶'의 가능성, 즉 성인이 될 가능성이 긍정될 수 있기 때문이다. 이는 매우 중요한 문제이다. 맹자가 의외설義外說이나 자포자기自暴自棄를 비판하면서 "유위자역약시有爲者亦若是"의 입지立志를 강조하는 이유도 여기에 있었다. 하늘과 사람을 둘로 가르거나 절대적 그 무엇이 나를 넘어 있다고 상정하는 것도 같은 이유에서 비판된다.

내재한 하나의 원리에 대한 생각은 공자부터 있었다. 공자가 하늘을 말할 때, 그 하늘은 공자 내면의 덕德이자 일체를 일관하는 것으로서 세상 누구나 인정할 수 있는 인仁이며 예禮였다. 이를 인간 성숙의 단계로 표현하면 지학志學부터 종심從心까지로 일관될 것이고, 인식의 문제로 말하면 진심盡心 – 지성知性 – 지어명至於命으로 깊어질 것이다.

이러한 삶 속, 내면적 성숙과 심화는 명도의 수지무지족지도지手之舞之足之蹈之처럼 벅찬 감동으로 드러나거나 안연의 욕파불능欲罷不能처럼 벗어나거나 그만 둘 수 없는 절대성을 동반한다. 단순한 인식의 심화나 확장과는 다른 것이다.

그럼에도 주자의 「격물치지 보망장」을 보면, 이러한 인식의 완성이 사태의 당위 하나하나를 궁구하여 어느 순간 그 모든 사태 속 당위를 일관하는 하나의 원리에 이르는 것으로 설명되고 있다. 그저 자신의 속을 잘 들여다보거나 본마음을 제대로 발현하기만 하면, 혹은 왜곡을 시정하기만 하면 될 수도 있다.

주자가 받아들인 성찰법도 원래 그런 맥락에 서 있었다. 그러므로 육상산이나 왕양명 같은 학자들은 대체大體를 먼저 세우라고 하거나 격물格物을 정심正心으로 해석하였다. 이는 맹자의 진심盡心을 이해하는 이들의 방식일 것이다. 이들은 주자의 격물론을 비판하였다.

육상산이나 왕양명의 의외義外라거나 이본二本이라는 비판에도 불구하고 주자가 격물格物을 주장하는 것은, 우리의 인식이 현재 완전한 상태가 아니며 인식과 실천이 반드시 일치하는 것은 아니라고 보기 때문이다. 완전치 못한 인식을 파고든다면 완전치 못한 이치 인식을 가질 수밖에 없고, 인식과 실천이 일치하지 않는다면 이 인식마저도 왜곡되거나 제대로 실천되지 못할 수 있다.

개인의 망상이나 제멋대로인 행동으로 끝날 가능성을 극복할 수 없는 것이다. 심지어 '너의 생각'과 '나의 생각'이 다른 까닭을 이해할 수도 없다. 주자가 대상 및 사태 속에서 이치를 찾는 것은 그러므로 이러한 위험에 대한 최소한의 보험이라고 할 수 있다. 사실 '나의 이치'가 곧 '너의 이치'일 수밖에 없지 않은가?

결국 이치는 '하나'일 뿐이므로, "지리支離"하더라도 안전한 길을 택하려 했다고 할 수 있다. 주자는 완전한 인간을 재발견하려는 것이 아니라 인간이 가진 완전성을 성숙시켜야 한다고 본다.

주자는—외부의 자극에 반응하는 감각이 아닌—주체의 의식이 단일하다고 본다. 따라서 내면 속 이치라도 이를 담지한 자신이 자신을 대상화하여 궁구할 수는 없다.[8] 또한 이치는 하나일 뿐이므로, 남의 이치가

---

8 이러한 문제를 다룬 것이 주자의 「觀心說」이다. 주자는 이 논설에서 특히 불교의 觀心과 유사한 여러 신유학의 개념들—存心, 持敬, 省察, 涵養 등등—을 검토하며 이러한 방법들이 마음

곧 나의 이치이다.

따라서 한 이치 아래 있는 대상이나 사태 속 당위를 궁구하여 이를 일관하는 한 이치로 소급해가려할 뿐이다.[9] 이를 육왕심학에 견주어 말한다면 결국 자신 속 이치를 일체 속에서 직관하여 일체에 대한 일관된 인식을 구현하고자 했다고 할 것이다. 그러므로 '관통貫通'을 목표로 한다.

주자는 리를 모든 존재가 그런 존재인 까닭이라고 본다. 그러므로 모든 존재가 자신의 존재성에 충실하게 산다는 것은 곧 그 존재의 최선이자 당위이다. 이 최선의 당위가 다른 모든 것과 일관되므로, 비록 지금 이 자리에 나타나고 있는 대상 혹은 사태에 맞춘 리라도 개체의 특수성을 반영한 당위를 넘어 일체를 일관하는 리로 소급될 수 있다.

따라서 실천적 당위부터 시작한다는 것 역시 나름의 안전장치라고 할 수 있다. 즉 전체를 조망하고 실천으로 간극을 메꿔가는 선지후행先知後行의 한편에 일상 속 실천을 통해 얻게 되는 직관을 일리一理로 소급해가는 선행후지先行後知를 병행시키는 지행병진知行竝進의 논리를 제시하는 것이다. 삶의 길은 각각의 존재와 사태 앞에 놓인 당연한 길이다.

이 길은 수많은 모습으로 드러나지만, 결국은 한 '결'이다. 그러므로 각자가 살아가지만 한 길에서 만날 수 있고, 이는 내 삶에서 체득되는 그것이다. 그러므로 내 속에 있는 것을 찾아가는 길과 내 길을 걸어가는 것이 같은 것은 아니지만 서로를 자극하며 궁극에서 만나게 된다. 현실적으로 하나는 아니었지만 결국은 하나로 만나는 것이다.

결국 주자는 '현실'적으로 불완전한 인간을 전제로, 하나의 원리가 모

이 마음을 혹은 자신이 자신을 대상화하여 이루어지는 것이 아님을 논증하고 있다.

9　『대학혹문』권2, 「或問知本」: "或問, '觀物察己者 豈因見物而反求諸己乎?' 曰, '不必然也. 物我一理 纔明彼 卽曉此. 此合內外之道也.'"

든 것의 원리가 된다는 일이분수一而分殊의 '필연적'이면서도 '당위적'인 구조를 가지고 말하는 격물이므로, 얼핏 경험적 인식의 축적을 통한 '통합 원리' 혹은 'pattern'이나 'mechanism'을 '추론'하는 것처럼 보이지만, 실상은 전혀 다른 본체인식법이라고 할 수 있다.

하나하나를 궁구하므로 경험을 축적하는 것 같지만, 실제로는 하나하나 속 당위 또는 실재의 원리를 궁구하는 것이고, 축적하는 것이 아니라 그 안의 일관성을 찾아 특수성을 제거해가는 길이기 때문이다. 그리고 이는 곧 삶의 바른 길을 모색하는 것이기도 하다.

리와 도道, 지知와 행行이 하나가 되며, 소욕所欲과 구矩가 어긋나지 않는다. 이는 결국 인간이 자신의 존재성에 충실해지는 과정이자 삶의 의미를 이해하고 충족된 행복감을 찾는 길이기도 하다. 이것이 모두와 소통되는 원리에 따른 것이므로 이 행복은 타인의 모범이자 자신의 즐거움이 된다.

내면 속 원리를 알아가는 문제는 천리天理가 무엇인가를 적확하게 이해하고, 그것이 결국은 공리公理의 삶으로 이어져 하늘과 사람을 일관하는 원리에 따른 삶을 추구하는 것이고, 이는 천리가 내 안에 있다는 믿음 혹은 가정에서 시작하여 실존적으로 이를 확인해가는 작업이라고 할 수 있다.

이는 논리적인 가정과 정합적 설명을 통해 보증되는 것이 아니라 앞선 삶의 궤적을 통해 믿음을 가지고, 결의를 다져 실제로 살아가는 과정에서 확증된다. 이는 또한 스스로의 매순간에 충실한 삶이기도 하다. 이는 명도나 안자의 경우에서 보듯이 단순한 관능의 충족 이상의 기쁨을 준다. 그렇기에 '천리에 따르는 사람의 길'을 알고자 하고 그에 따라 '살아가고자 하는 것'이다.

4. '공公'리理의 실현과 개인의 행복

우리가 일상에서 느끼는 행복감의 상당 부분은 "남다름"이나 "이전과 다른" 욕구 충족에서 온다. 남이 가지지 못한 것을 가짐으로써 자랑스러워하고 이전에 느끼지 못했던 것을 느끼며, 행복해 하는 것이다. 이런 남다름 또는 이전과 다름을 느끼며 행복해 하는 것들은 대부분 감성적이고 관능적인 것들이다. 심지어 가정을 이루거나 자식을 안음으로써 행복을 느끼는 것 또한 그러하다.

이런 느낌은 개인의 특수성에 기반한다. 그러므로 누구의 행복이 다른 이의 불행일 수도 있고, 타인의 행불행에 무감각할 수도 있으며, 오로지 개인의 육체와 정신 상태에 따라 결정되기도 한다. 이런 개인의 특수성에 대하여 천리天理는 어떠한 의미를 가지는가?

리가 모든 존재의 소이연所以然이라고 해도 리 자체는 충막무짐沖漠無朕하다. 즉 존재는 시간과 공간 속에 있고, 시공간 자체는 리가 아닌 기氣의 영역이다. 따라서 리가 이러한 개체의 특수에 직접 답을 할 수는 없다.

하지만 리는 본디 존재의 소이연所以然을 가리키는 말이다. 즉 리가 존재의 소이연인 한, 존재의 특수성을 전제하지 않을 수 없는 것이다. 소이연이라는 것 차제가 소연所然을 전제로 하는 것이다. 애초에 리가 왜 분수分殊되겠는가? 개체는 리를 벗어나지 않고 리 또한 개체를 전제로 한다.

여기서 앞서 살펴본 이천의 말을 다시 떠올릴 필요가 있을 듯하다. 이천은 이렇게 말했다.

선악善惡이라고들 하지만 다 선善이 있고난 뒤 악惡이고, 길흉吉凶이라고들 하지만 다 길吉이 먼저고 흉凶이 나중이며, 시비是非라고들 하지만 다 옳은 것이 먼저고 그른 것은 뒤이다.

우리는 자신의 개체성 혹은 특수성을 타인과의 교집합을 제외한 여집합으로 보려는 경향이 있다. 하지만 이 개체성은 존재성을 넘어 있지 않다. 그러므로 여집합 같아도 여집합이 아니다. 남다름은 보편 위의 개성이지, 보편을 벗어난 나머지가 아닌 것이다.

개체가 시공간에 제한된다는 사실이 분명한 한, 그 특수성에 따른 충돌, 즉 사私와 사의 충돌은 충분히 예상할 수 있다. 개체성을 여집합으로 보려는 것도 이 경험에서 축적된 선입견일 가능성이 크다. 하지만 그렇더라도 이는 어디까지나 존재를 전제한 뒤에 가능한 것, 즉 정상의 왜곡이라는 점을 잊어서는 안 된다.

존재는 선善, 길吉, 시是로 발현되는 것이 정상이다. 악惡, 흉凶, 비非는 이것의 왜곡이다.(애초에 '낳고 낳는' 리가 상정되었음을 생각해보라.) 그러므로 "리유선악理有善惡"이라고 하더라도 선후先後가 있는 것이고, 사私의 충돌 속에서도 질서와 양보의 더불어 사는 이치, 즉 낳고 낳음에 근거한 윤리倫理가 상정될 수 있다. 특수의 배제가 아닌 윤리적, 상황적 조절이 논의되는 까닭이다.

희로애락이 일어나지도 않았는데, 착하지 않을 것이 무엇이겠는가? 일어나도 절도에 맞는다면 어딜 가도 착하지 않을 것이 없다.

주자학에서는 이 점에서 인간의 개체성이 드러난 마음과 이를 배타적, 이기적으로 충족하려는 욕구를 구분한다. 인심人心과 인욕人欲이 이에 해당한다. 인욕은 '배타적'으로 자신만의 이익이나 욕망을 채우려는 마음 혹은 행동의 뿌리를 가리킨다.[10] 이것은 몸을 가진 인간의 본질적 한계[氣稟所拘]이자 자원배분이 왜곡된 현실 사회 속 경험의 소산[人欲所蔽]이라서 사실상 누구나 가질 수 있는 것이기는 하다.

하지만 이는 타인을 해치고, 결국엔 자신까지 해치게 된다. 리라는 자기 존재의 원리를 부정하기 때문이다. 앞서 언급한 행복감이 이러한 인욕에 근거한다면 천리가 해줄 수 있는 것은 없다. 이는 부정되어야 할 것이다. 이를 극복하여 타인과 더불어 살고자 하는 극기복례克己復禮(혹은 기질氣質의 변화)는, 그러므로 주자학의 중요 과제 가운데 하나이다.

반면 타인을 해치지 않는 개인의 행복 추구, 즉 절도에 맞는 개체성의 추구는 부정되지 않는다. 그리고 이는 타인에 대한 공감을 전제로 서로 양보하며 추구될 수 있기 때문이다. 『주역』에서는 이를 "이자利者, 의지 화야義之和也"라고 표현하였다.

천은 이利가 의義에서 화합하는 데서 생기기 때문[11]이라고 보았고, 주자 역시 모든 존재가 각자의 삶을 이루면서도 서로를 해치지 않는, '분分의 화和'라고 해석했다.[12] 소당연所當然(개체, 개별 사안의)을 일관하는 소이연所以然의 공公[일一]이, 결코 개체의 말살이나 억제가 아닌, 더불어 함께 사는 '한' 길로서 이해되는 것이다.

---

10 명도 역시 천지만물과 하나 되는 마음으로서의 仁과 함께 이를 왜곡하는 개인의 영리함이나 이기적인 마음[自私用智]을 거론한 바 있다. 현대 비판철학에서 거론하는 "도구적 합리성" 역시 이 범주를 벗어나지 않을 것이다. 이 마음은 사회적 손실(Social Loss)을 가져오는 지역 이기주의나 집단 이기주의 등을 초래하고, 타인의 노력에 무임 승차(easy riding)하려는 행동들을 만들어 수많은 사회적 갈등의 온상이 된다. 이러한 갈등의 치유에는 많은 사회적 비용이 들고, 이를 해결하지 못하는 사회는 붕괴될 위험에 처할 수 있다. 기질의 변화는 개인의 문제만이 아니라 궁극적으로는 사회의 문제이기도 하다.

11 『주역』,「건괘 문언」; "利者, 和合於義也."

12 『주역』,「건괘 문언」; "利者, 生物之遂, 物各得宜, 不相妨害. 故於時爲秋, 於人則爲義, 而得其分之和."

명도의 다음과 같은 일화는 이런 맥락에서, 공리公理가 현실에서 가지는 의미와 관련하여 시사하는 바가 있다.

백순이 오사례를 가까이 하여 개보의 학문이 잘못된 부분에 대해 말하고, 사례에게 이르기를 "나를 위해 개보에게 다 말해 달라. 나도 스스로 옳다할 자신은 없으니, 할 말이 있으면 오가기를 바란다. 이는 온 세상의 공공연한 이치[公理]이니 저와 내가 없다. 분명하게 따질 수만 있다면 개보에게만 이로운 것이 아니라 나에게도 분명 이익이 될 것이다." 하였다.[13]

내가 옳다는 생각이야 있겠지만 나만 옳다는 생각은 없다. 아무리 리라도 개인의 위치에서 보고 듣고 말하는 것이기 때문에, 탁 트인 마음으로 매순간의 당위를 생각할 뿐이다. 즉 자신의 특수성에 얽매이지 않고 보편의 공리를 추구한다. 이는 현실의 충돌을 더 높은 차원에서 보거나 자신을 희생하는 것이 아니다.

평범한 존재로서 선입견 없이 어떤 것이 서로에게 가장 알맞은가를 찾아 대화하는 것일 뿐이다. 비록 각각의 자리가 있기는 하지만, 결국은 모두 '한' 이치 위에 있기 때문이다.

변화하는 사회에서 변치 않는 답을 찾는 것은 의미 없다. 그런 답은 누구의 답도, 어느 순간의 답도 되지 못한다. 매순간의 현실에 맞는 답, 그러면서도 더불어 함께 사는 모든 존재와 소통될 수 있는 답은 서로 대화하고 노력하는 가운데 찾아지는 것이지 주어진 것이 아니다.

---

13 『이정유서』 권1, 「端伯傳師說」: "伯淳近與吳師禮談介甫之學錯處, 謂師禮曰, '爲我盡達諸介甫. 我亦未敢自以爲是, 如有說, 願往復. 此天下公理, 無彼我. 果能明辨, 不有益於介甫, 則必有益於我.'"

현실은 사람이 만드는 것이다.("人能弘道, 非道弘人") 누구 하나를 희생시켜 전체를 살리는 것이 아니라 모두가 살아야 한다는 전제 속[14]에서 이렇게 대화하며 살아가는 것이다. 이렇게 할 때, 자본의 발전이나 의회 민주주의 체제, 다양성의 조화와 같은 오늘의 과제도 전체주의나 이기주의의 극단을 벗어날 수 있다고 생각한다.

공자가 찬양한 순 임금의 큰 지혜는 모든 문제에 답하는 솔로몬의 지혜가 아니었다. 묻기를 좋아하고 고원하지 않은 일상 속의 말을 살폈다. 그리고 잘못을 들추기보다 좋은 점을 알리며, 극단적인 이야기 속에서 맞춤한 것을 찾아 삶에 적용하였을 뿐이다.[15] 오늘을 살아가는 "우리"에게 필요한 것이 바로 이런 자세가 아니었던가?

5. 결론: 천리天理에 대한 도학 담론의 가치

철학은 자기 자신과 세계에 대한 이해이며, 그 주체는 자아이다. 사상을 넘어 철학으로 불리려 한다면, 이 이해를 스스로 납득하고 타인에게 설명하여 공감 또는 신뢰를 얻어야 할 것이다. 도학 혹은 유학은 이와 함께 이를 실현하고자 하는 의지 또한 강조하였다. 현실을 살아가는 힘이 이 의지에서 나오기 때문이다.

이러한 생각이 망상이나 개인적 소견과 갈리는 것은, 합리적 이해와 보편적 납득을 전제하기 때문이다. 막연히 모든 차이를 일관하는 원리

---

14 『맹자』「공손추상」: "行一不義, 殺一不辜而得天下, 皆不爲也."

15 『중용』 6장: "舜其大知也與! 舜好問而好察邇言, 隱惡而揚善, 執其兩端, 用其中於民, 其斯以爲舜乎!"

가 있으리라 생각하지만, 확인하지 않은 것을 진리라 강변하지 않고 이해할 수 없는 것을 믿으려 하지도 않는다.[16]

이런 생각 속에서 찾은 원리가 낳고 낳는 하늘의 덕德이자 더불어 사는 인仁의 도리였다. 그러므로 천天과 공公이라는 수식을 가지게 되었다. 이는 자신과 세계를 일관하는 시공時空 속 원리로서 모든 개체 속에 있지만 그 모두를 일관한다. 또한 각각의 것이면서도 그 모두를 넘는 하나이다. 이는 논리적으로 추론된 '말'이 아니라 스스로의 존재 속에서 직관된 '실체'이다. 다만 실체라고 해도 '존재'는 아니다. 그러므로 이치라고 한다.

이렇게 볼 때 리理는 동양 철학만의 특수 개념이 아니다. 세계를 이해하기 위한 논리적 설정도 아니다. 형식적 개념도 아니다. 분명한 내용을 가지고 조금의 차이도 인정하지 않지만, 그렇다고 배타적이거나 절대성을 주장하지 않는다. 그 위격이 그럴 뿐, 강제되는 것이 아니기 때문이다. 오히려 누구나 결국은 이 원리에 서 있다는 전제와 결국에는 이러한 결론에 이를 것이라는 믿음 속에, 서로 트인 마음으로 대화하고 이해해야 함을 가르친다.

이 대화와 이해가 현실의 변화 속에서 이루어질 때, 사회는 최대의 행복과 효율을 누릴 수 있다. 서로 이해하고 양보하여 함께 하기 때문이다. '꼭 맞지는 않더라도 크게 틀리지 않는' 답을 내기 때문에, 개인들은 이 길[道]을 통해 보다 가치 있고 풍요로운 삶을 영위할 수 있다. 이는 개

---

16 예를 들어 맹자는 은주 혁명기에 일어난 유혈 사태를 기록한 『서경』의 기록을 불신했다. 聖王이 일으킨 전쟁이 그토록 참혹할 수 없다고 보았기 때문이다. 『서경』을 두고도 성왕에 대한 윤리적 신뢰나 不殺無辜에 대한 소신을 전제하여 판단하는 것이다. 종교적 신념 못지않은 신념이나 믿음이 있지만, 그것이 상식적, 윤리적이라는 점에서 종교적 맹신과는 다른 유교적 합리성을 확인할 수 있다고 하겠다.

인이 그 사회에서 거둘 수 있는 최대最大의 성과이며, 타인과의 충돌 없이 낼 수 있는 최고最高의 효율이다.

물론 사적인 욕구를 배타적으로라도 충족시키고자 하는 개인이 있는한, 이러한 바람이 쉽게 이루어질 수는 없을 것이다. 하지만 이러한 사적 추구가 자멸할 수밖에 없는 것은 필연이다.

당장 세상을 덮을 듯 세차게 쏟아지는 비라도 샘이 없으면 금방 말라버리는 것처럼, 존재 원리를 가지지 못하는 사적 이익 추구는 결국 스스로를 부정하며 소멸할 수밖에 없다. 이를 분명히 인식한다면, 개인의 행복에, 이를 대신할 어떠한 답도 없음을 알 수 있다. 도학의 천리天理에 대한 담론이 오늘날에 가지는 가치는 이러한 맥락에서도 생각해볼 수 있지 않을까 한다.

신유학의 불교 비판과 유학의 복원:
이정 형제를 중심으로

이현선(서울대학교 강사)

1. 들어가는 말

유학은 '현재(금今/Contemporary)'보다 '과거(고古/Ancient)'를 중시하는 학문으로 간주되어 왔다. 이 관념은 공자와 맹자는 물론 송대 신유학 그리고 조선 유학에 있어서도 마찬가지로 이어진다. 그러나 이는 유학이 변화하는 현재를 거부하고 과거로 회귀할 것을 주장했음을 의미하지 않는다.

유학자들은 시간적 과거가 현재보다 우월하다고 생각한 것이 아니라, '현재'에 대한 비판을 위해 '과거'를 소환한다. 그들에게 '과거'는 유학의 보편적 가치를 보존한 과거이며, '현재'는 이것이 훼손된 현실이다. 유학은 무차별적으로 과거를 옹호한 것이 아니라 그 보편적 가치의 '현재화'를 추구한 것이다.

송대 신유학자들은 사상적으로 이 훼손된 '현재'를 당시 불교가 주도하는 사회 · 문화적 현실로 파악한다. 그들이 복원하고자 한 유학의 '과거'는 불교에 의해 오염되지 않은 유학 본연의 도덕 가치가 담지된 시간이자, 자신들이 재확립해야 할 '미래'이기도 하였다.

신유학의 불교 비판과 유학의 복원은 당唐의 한유 이래로 지속된 사상사적 여정이라고 할 수 있는데, 여기에서 가장 중대한 변곡점은 이정 형제의 불교 비판이라 할 수 있다. 그들의 학문을 일컫는 '도학道學'이라 명칭은 이전 시기 불교 또는 불교와 병립한 유학을 배척하고 유학 독존의 사상 체계를 건립하고자 한 사상적 운동을 표현한다.

그것은 이정 형제의 비판이 불교의 사회적 폐해를 지적하는 데 그친 이전 시기 비판과 달리, 이론적으로 불교와 정면으로 대항할 수 있는 사상적 무기를 마련하는 한편 불교를 대신할 새로운 유학의 정립을 시도한 것이다. 그들은 불교적 '현재[今]'를 비판하고, 유학의 '과거[古]'를 복원하기 위한 본격적 사상 건립의 도화선을 제공하였다.

이 글에서는 우선, 이정 형제가 당면한 북송대 불교와 유학 간의 사상적 현실에 대해 살펴보고, 송대 신유학이 과거를 복원하는 이론적 모색을 검토하고자 한다. 이를 통해 송대 유학이 그들이 당면한 불교적 '현재'를 어떻게 극복하는지 논의하면서, 그들에 의해 재해석되고 새롭게 정립된 유학의 면모를 고찰하도록 할 것이다.

2. 불교 우위의 '현재[今]': 불교의 유학화와 유 · 불 융합론

송대 신유학자들의 현실[今]에 대한 비판은 대부분 당시의 불교 우위의 사상적 지형을 겨냥한 것이다. 그것은 한편으로 만연한 불교 사상과 그로 인한 사회 · 문화적 폐해를 겨냥하고 있지만, 보다 직접적으로는 불교에 경도된 사대부 지식인을 향한 것이었다.

북송 시기는 신유학 형성 이전에 선불교를 중심으로 한 '불교의 유학화'[1]가 본격화된 시기로, 지원智圓(976~1022)[2]과 계승契崇(1007~1072)을 중심으로 불교와 유학의 상호 보완적 융합이 시도되었고, 유학 장려 속에서 성장한 사대부 지식인들 역시 이에 적극 동조하는 분위기가 형성되었다.

지원은 스스로 중용자中庸子라고 호를 지을 만큼 유가 경전에 조예가 깊었다. 그의 유·불 융합론은『중용中庸』과 용수龍樹의『중론中論』을 회통하는 데에서 출발한다. 그는 "유학을 좋아하면서 불교를 싫어하고, 불교를 귀하게 여기면서 유학을 천시하는 것이 어찌 중용일 수 있겠는가?"라고 하면서 "중용이라 말하는 것은 용수가 말한 중도中道의 의미이다."[3]고 한다.

지원은 용수의『중론』에서 제시한 가假-공空-중中의 구분을 각각 성性-체體-중中으로 설명하면서 현상과 본체 한편에 치우치지 않는 중도의 관점이 곧 '중용'이라고 제시한다.[4] 이는 곧 유학은 현실 운영의 도道로서, 불교는 마음 본체 수양의 도로서 각각 의의를 가지고 있으므로 양자 가운데 하나를 소홀히 해서는 안 된다는 입장으로 나타난다.

유교와 불교는 말은 다르지만 이치는 일관된 것으로, 어느 것이든 민을 교화

---

1 余英時, 이원석 역,『주희의 역사세계』, 120~130쪽 참조.

2 智圓은 항주杭州 전당錢塘 사람으로, 天台宗 山外派로 알려진 源清이 智顗의 천태삼관을 전수할 때 그의 문하로 들어가 제자가 되었다고 한다.

3 『閑居編』第十九,「中庸子傳」上: "嗚呼! 好儒以惡釋, 貴釋以賤儒, 豈能庶中庸乎? …… 中庸子曰, 居吾語汝釋之, 言中庸者, 龍樹所謂中道義也."

4 『閑居編』第十九,「中庸子傳」上: "其義何邪? 曰, 夫諸法云云, 一心所變, 心無狀也, 法豈有哉? 亡之彌存, 性本具也, 存之彌亡, 體非有也, 非亡非存, 中義著也. 此三者, 派之而不可分, 混之而不可同, 充十方而非廣, 亘三世而非深, 渾渾爾, 灝灝爾." 이와 관련된 논의는 본 논문 주제의 범위를 넘어서는 것이므로 생략하도록 한다. 후속연구로 보완하도록 할 것이다. 漆俠,『宋學的發展和演變』, 河北人民出版社, 2004, 140~152쪽 참조.

하여 선으로 나아가고 악에서 멀어지도록 한다. 유교는 몸을 꾸미는 가르침이어서 외전外典이라고 한다. 불교는 마음을 닦는 가르침이어서 내전內典이라 한다. …… 아! 유교와 불교는 함께 표리가 되는구나! 이 세계 안에만 국한되어 있기 때문에 우리의 가르침을 헐뜯으면서 그것을 폐기해야 한다고 말하는 사람들이 세상에는 있다. 또한 불교에 정체되어 왕왕 유교를 희롱하는 사람들이 세상에 있다. 중니의 가르침이 없다면 나라를 다스릴 수 없고 집안을 안녕히 할 수 없으며 몸을 편안히 할 수 없음을 어찌 알겠는가? 불교의 도는 무엇을 통해 행해지겠는가?[5]

이같은 지원의 유·불 융합론은 '내성內聖'의 영역은 불교가, '외왕外王'의 영역은 유학이 담당할 것을 주장하는 것이다. 이러한 유·불의 역할 분담의 입장은 계승에 이르러 유·불이 사실상 동일한 도를 추구한다는 주장(동도론同道論)으로 이어진다. 그는 다음과 같이 말한다.

유·불은 성인은 가르침이다. 그 출처가 비록 다르지만 함께 다스림[治]에 귀결된다. 유학은 성인의 큰 유위有爲이고, 불학은 성인의 큰 무위無爲이다. 유위는 '세상을 다스림'[治世]으로써 하고, 무위는 '마음을 다스림'[治心]으로써 한다. 마음을 다스림은 일에 접하지 않은 것이다. 일에 접하지 않으면 선善을 선하게 여기고 악惡을 악하게 여기는 뜻을 얻어 쓸 수 없다. 세상을 다스림은 응당 일에 접하는 것이다. 응당 일에 접하면 선악에 상벌을 주는 예禮를 거행

---

5 『閑居編』第十九,「中庸子傳」上: "夫儒釋者, 言異而理貫也, 莫不化民, 俾遷善遠惡也. 儒者飾身之敎, 故謂之外典也, 釋者修心之敎, 故謂之內典也. 惟身與心則內外別矣, 蚩蚩生民, 豈越於身心哉? 非吾二敎何以化之乎? 嘻! 儒乎釋乎, 其共爲表裏乎! 故夷狄之邦, 周孔之道不行者, 亦不聞行釋氏之道也. 世有限於域內者, 見世籍之不書, 以人情之不測, 故厚誣於吾敎謂棄之可也. 世有滯於釋氏者, 自張大於已學, 往往以儒爲戲. 豈知夫非仲尼之敎, 則國無以治, 家無以寧, 身無以安, 國不治, 家不寧, 身不安, 釋氏之道何由而行哉?"

하지 않을 수 없다. 그 마음이 이미 다스려지면 성정性情이 참되고 올바르다고 한다. 성정이 참되고 올바르면 저 예의禮義로 인도되어 이르는 것과 또한 만나지 않겠는가? ... 그러므로 세상을 다스림은 유학이 아니면 할 수 없고, 세상을 벗어나 [마음을 다스림]은 불학이 아니면 또한 할 수 없다.[6]

계숭 역시 지원이 제기한 유·불융합론을 '중도中道'의 관점에서 제기한다. 유학과 불교가 모두 '중도'를 추구한다는 점에서 동도同道라는 것이다. 그에 따르면, 유학이 왕도王道로서 제시하는 '황극皇極'이란 곧 '중도'를 의미하며, 불교에서 추구하는 도 역시 '중도'이다.[7] 이는 유학과 불교가 모두 '중도'라는 동일한 성인의 가르침에 도달할 것을 추구하는데, 다만 방법론적으로 유학은 일상 현실의 예의와 통치를 통해, 불교는 마음과 성정의 수양을 통해 도달한다는 차이만 있을 뿐이라는 것이다. 계숭은 이 두 방법론이 대립적인 것이 아니라 상호 보완적인 것이라고 강조한다. 이러한 유·불 융합의 관점은 북송대 유학 지식인들에게도 만연한 것이었다. 다음의 왕안석과 神宗의 대화를 살펴보자.

왕안석이 말했다. "제가 불교 서적을 보니, 유가의 경전과 합치합니다. 이처럼 이理는 비록 서로 멀리 떨어져있다 하더라도 그 합치하는 것은 부절符節

---

6 『鐔津文集』권8,「寂子解」: "儒佛者聖人之教也. 其所出雖不同而同歸乎治. 儒者聖人之大有爲者也. 佛者聖人之大無爲者也. 有爲者以治世. 無爲者以治心. 治心者不接於事. 不接於事則善善惡惡之志不可得而用也. 治世者宜接於事. 宜接於事則賞善罰惡之禮不可不擧也. 其心旣治謂之情性眞正. 情性眞正則與夫禮義所導而至之者不亦會乎. …… 故治世者非儒不可也. 治出世非佛亦不可也."

7 『鐔津文集』권8,「萬言書·上仁宗皇帝」: "若今文者皆曰必拒佛故世不用. 而尊一王之道慕三代之政. 是安知佛之道與王道合也. 夫王道者皇極也. 皇極者中道之謂也. 而佛之道亦曰中道. 是豈不然哉. 然而適中與正不偏不邪. 雖大略與儒同."

과 같습니다." 임금이 말했다. "부처는 서역 사람으로 언어는 다르겠지만, 도리가 무엇 때문에 다르겠는가?" 왕안석이 말했다. "제가 생각하기에, 진실로 리가 합치한다면 비록 귀신이 향하는 곳이 다르더라도 핵심은 바뀔 것이 없습니다." 임금이 말했다. "진실로 그와 같다."[8]

유·불간의 사상적 일치를 강조하는 왕안석의 관점은 이른바 '삼교일치론'으로 대변되는 사상 간의 융화 분위기를 반영한 것으로, 남송대 효종孝宗이 "불교로써 마음을 닦고, 도교로써 양생하며, 유교로써 세상을 통치한다"[9]는 말 속에 집약되어 있다.

이는 유학과 불교, 나아가 도교를 포함해서, 각 사상 간의 역할 분담을 통해 공존을 모색하는 것이 당시의 주된 사상적 기조였음을 보여준다. 이에 따르면 당시 사대부 관료들의 현실적 행정 및 정치적 과정에 있어서는 유학적 질서를 따를 것을 요구하면서, 동시에 이에 필수적으로 수반되는 공평무사한 일처리를 위한 내면의 수양은 불교가 담당한다는 것이다.

송대에 부각된 이 같은 유학과 불교 간의 융합의 분위기는 유·불간의 사상적 유사성을 모색하는 가운데, 현실적 통치에 있어 각각의 역할 분담을 통해 공존을 시도하는 과정에서 나타난 것이라고 할 수 있다.

이는 비록 송대 사대부 계층의 급격한 성장으로 유학의 비중이 확대된 상황을 반영한 것이긴 하지만, 불교가 내면 수양의 '근본'으로서 '심心'을 담당하고, 유학은 현실적 제도 운용을 위한 외적인 '행적[迹]' 내지

---

8 『資治通鑑長編』卷二百三十三 熙寧五年壬子(1072)5월 甲午, "安石曰, 臣觀佛書, 乃與經合. 蓋理如此, 則雖相去遠, 其合猶符節也. 上曰, 佛, 西域人, 言語卽異, 道理何緣異? 安石曰, 臣愚以爲苟合於理, 雖鬼神異趣, 要無以易. 上曰, 誠如此."

9 志磐, 『佛祖統紀』 권47, 「淳熙八年」(1181): "以佛修心, 以道養生, 以儒治世."

실무[事]를 담당하는 구도에서 진행된 것으로, 여전히 불교가 주도하고 사상적 우위를 유지하는 바탕에서 이뤄진 것이다.

계승은 불교와 유교를 내/외, 본/말의 역할 분담 속에서 동도를 추구하는 것으로 보면서도, "무릇 행적[迹]은 가르침에 속하고, 근본은 도에 속한다. 도가 없다면 가르침에는 근본이 없고, 가르침이 없다면 도가 드러나지 않는다"라고 하여 불교를 근본에 해당하는 도에 위치지우고 있다.

다시 말해 불교는 마음의 수양을 통해 '근본'을 확립하는 학문이라면 유학은 이를 바탕으로 구체적인 사회적 실천, 근본에 기반한 현실 운용을 위한 것이다. 이는 불교가 존재하지 않는다면 유교는 일상의 질서를 제공할 수 없다는 불교 우위의 관점 하에서 유·불 융합론이 제시된 것임을 보여준다.

3. 이정 형제 이전 송대 유학의 불교 비판

이정 형제에 앞서 상당수 송대 유학자들 역시 불교에 대한 비판적 입장을 개진한다. 그러나 이러한 비판의 주요 내용은 대부분 한유韓愈가 제기한 불교의 사회·문화적 폐해에 집중된 것으로, 대부분 불교의 반윤리성 및 내세 중심의 세속 신앙 비판을 다루고 있다.

앞서 논의한 유·불 융합론이 만연한 상황에서, 이러한 불교 비판이 얼마나 실효성을 가지는가는 의문이다. 왜냐하면, 지원과 계승의 유·불 융합론은 한유의 불교 비판에 대응하여 제출된 것으로서, 현상적으로 드러난 불교의 폐해를 그들 역시 인정하면서 이 현실 방면에서 유학의 유용성을 오히려 적극 주장하고 있기 때문이다.

이와 관련해서, 우선 북송의 대표적인 불교 비판 학자인 구양수歐陽修
(1007~1072)의 불교 비판을 살펴보자. 그는 불교가 사회의 윤리적 체계를
거부함에도 대중들에게 본성론을 통해 접근하는 것을 지적하며 다음과
같이 말한다.

저 불교는 부자관계와 부부관계를 저버려 사람의 본성을 심하게 어그러뜨리
며 좀벌레처럼 갉아먹는 폐단이 있음에도, 사람들은 불교에 선을 실천하는
이론이 있다고 여기기 때문에 모두 서로 이끌고 귀의한다.[10]

구양수의 이 지적은, 불교의 고도화된 본성론이 사람들을 이끌어 가
는 현실을 한탄하면서 순자荀子의 성악설로는 이에 대적할 수 없다는 맥
락에서 제기된 것이다. 이 점은 간접적으로 송대 유학자들이 불교 비판
에 있어 본성론을 주된 주제로 삼고 있음을 보여주며, 맹자와 같은 성선
론이 부각된 이유를 드러내는 것이다.

하지만 구양수 자신은 성행하는 불교를 극복하는 방안으로 유교 자강
론을 제시하는 데 그치고 있다. 그는 사람이 병드는 것은 허약해진 기를
타고 들어온 것이므로, 훌륭한 의사는 그 증상을 고치려 하기 보다는 기
를 보양하여 병을 물리치는 자연적 효과에 힘을 쏟는다고 하면서, 불교
의 근심을 구제하는 방법도 이와 같다고 한다. 그는 다음과 같이 말한다.

요·순 삼대의 시절에는 왕정王政이 밝게 다스려지고 예의禮義의 교화가 천
하에 가득 찼다. 이 때에는 비록 불교가 있어도 들어오지 못했을 것이다. 삼

---

10 『居士集』권17, 「本論」下: "昔荀卿子之說, 以爲人性本惡, 著書一篇以持其論. 予始愛之, 及
見世人之歸佛者, 然後知荀卿之說繆焉. 甚矣, 人之性善也! 彼爲佛者, 棄其父子, 絶其夫
婦, 於人之性甚戾, 又有蠶食蟲蠹之弊, 然而民皆相率而歸焉者, 以佛有爲善之說故也."

대가 쇠퇴하고 왕정이 무너져 예의가 훼손되자, 이백 여년 지나 불교가 중국에 이르렀다. 이로부터 말하자면, 불교가 우리의 근심이 된 것은 그 무너지고 훼손된 때를 타고 들어온 것이니, 이것이 근심의 근본이다. 그 무너진 것을 보수하고 훼손된 것을 수리하여, 왕정이 밝아지고 예의가 가득하게 하면 비록 불교라 할지라도 우리 백성에게 시행되지 못할 것이다.[11]

구양수는 불교에 대한 유학의 극복이 이론적·사상적 논쟁이 아니라 현실적 정치와 예의의 실행을 통해 도덕 실천에 있어 우위를 확보함으로써 가능하다는 입장을 제시한다. 이른바 유학의 왕정과 예의를 온전히 실행함으로써 불교의 유행을 막을 수 있다는 것이다.

이것은 유학의 '과거'를 회복함으로써 불교적 '현재'를 극복하겠다는 이후 신유학의 기본 입장을 천명한 것이라는 점에서 의의를 가지지만, 그 이론적 투쟁과 구체적 방법론을 제시하지 않는다는 점에서 한계를 가진 것이기도 하다.

더구나 그는 불교의 인성론이 유학을 압도하고 있음을 인식하고 있음에도, 이렇게 유학의 외적 통치 차원에서 그 극복 방안을 제시한 것은 앞서 살펴본 불교 주도의 유·불 융합론에 대한 적절한 대응으로 보기 힘들다. 지원과 계숭의 입장에서도 유학이 왕정과 예의의 교화가 실현되는 '외왕外王'의 도라는 점은 십분 인정되는 것으로, '내성內聖' 중시의

---

11 『居士集』권17, 「本論」中: "夫醫者之於疾也, 必推其病之所自來, 而治其受病之處. 病之中人, 乘乎氣虛而入焉, 則善醫者, 不攻其疾, 而務養其氣, 氣實則病去, 此自然之效也. 故救天下之患者, 亦必推其患之所自來, 而治其受患之處. 佛爲夷狄, 去中國最遠, 而有佛固已久矣. 堯, 舜, 三代之際, 王政修明, 禮義之敎充於天下, 於此之時, 雖有佛無由而入. 及三代衰, 王政闕, 禮義廢, 後二百餘年而佛至乎中國. 由是言之, 佛所以爲吾患者, 乘其闕廢之時而來, 此其受患之本也. 補其闕, 修其廢, 使王政明而禮義充, 則雖有佛無所施於吾民矣, 此亦自然之勢也."

불교 입지에 전혀 위협이 되지 않기 때문이다.

4. 이정 형제의 불교 비판: 유·불 융합론의 모순

이정 형제의 철학은 유학의 불교 비판 맥락 속에서 중대한 전환점을 제시한 것으로 평가된다. 우선, 정이가 작성한 「명도선생행장明道先生行狀」에는 정호가 "이단의 사이비를 변척하여 백대百代 동안 밝혀지지 않은 미혹을 드러냈으니, 진秦·한漢 이후로 이 이치에 이른 자가 없었다. 그는 '맹자가 죽고 성학聖學이 전해지지 않았다'고 여겨 이 유학을 흥기시키는 것을 자신의 임무로 여겼다"[12]고 서술하고 있다. 이 관점은 이후 주희의 「중용장구서」에서도 그대로 이어진다.[13]

그러나 이정 형제의 불교 비판은 그 사상적·이론적 방면에 대한 직접적 논쟁과 반박의 내용보다는 불교적 현재[今]에 나타난 행적[迹]의 오류가 그 심心의 운용 나아가 불교가 추구하는 '도道'의 잘못에서 기인한다는 점을 폭로하는 방식으로 이뤄진다. 이것은 이정 형제의 비판이 직접적으로 불교도를 향한 것이라기보다는 불교에 경도된 유학 관료 및 지식인을 겨냥한 것이기 때문이다.[14]

그들은 "오늘날 근심스러운 것은 [불교가] 중인中人 이상의 사람들을 끌어당기는 데 있다. 그들의 힘은 자립할 수 있기 때문에 돌아올 수 없

---

12 「문집」 권11. 이밖에 「明道先生門人朋友敍述序」(「문집」 권11), 「門人朋友叙述」(「二程遺書」 「附錄」)에도 유사한 내용이 반복되는데, 이는 이정 형제를 위시한 당시 '도학파'의 정체성이 불교 배척과 도통의 재정립에 있음을 보여준다.

13 이에 대해서는 후술할 것.

14 여영시, 120쪽.

다. 중인 이하의 사람이라면 스스로 여기에 이르지 못하니 또 무엇을 잡아 지킬 게 있겠는가?"[15]라고 한다.

이정은 구양수와 달리, 당시 불교의 지배적 상황은 일반 대중의 맹목적 추종 때문이 아니라, 그것이 정교한 사상 체계를 갖추고 지식인과 관료에 침투한 데에서 비롯된다고 본다. 당시 불교의 막강한 영향력은 유학이 '외왕'을 소홀히 함으로써 대중에게 외면 받았기 때문이 아니라, 사회 주도 세력인 지식인과 관료 계층이 불교의 '내성' 중시 경향에 함몰된 데에서 기인한다는 것이다.

이것은 이정 형제 이후 불교 비판에 있어 관건은 유학의 '외왕' 측면에 대한 강조에 그치는 것이 아니라, 유학이 불교의 '내성' 중심의 이론 체계를 대체해야 함으로 암시한다. 다시 말해, 그들의 불교 비판은 '내성' 영역에서 불교에 대한 이론적 · 논리적 차원의 대응이 부재한 상황에서 지식인과 관료를 불교로부터 전향시킬 유효한 전략 구축의 맥락에서 제기된 것이다.

이 선禪의 이론이 이미 천하에 유행하고 있으니 어떻게 이러한 상황을 구제할 수 있을까? …… 지금의 상황은 비록 오랫동안 유학을 했더라도 한번 불교에 빠져 버리면 돌아오게 할 수가 없다. 이제는 단지 그대들에게 기대할 뿐이다. 아예 불교의 이론들을 놓아두고 논하지 말아야 한다. 더욱이 "우선 어떠한지 한번 보고자 합니다"라고 말해서도 안 된다. 만약 어떠한지 한번 본다면 자신은 이미 동화되어 스스로 그것을 할 것이다. 요컨대 결코 취할만한 것

---

15 『유서』 2上-84: "今日所患者, 患在引取了中人以上者, 其力有以自立, 故不可回. 若只中人以下, 自不至此, 亦有甚執持?"

이 없다.[16]

이러한 이정의 입장은 이론적 층위에서 불교를 비판·대응해 온 기존의 여타 유학자들과는 다른 방식에서 접근해야 한다는 것을 암시한다. 이정은 실천적 관점에서 불교 비판의 전략적 방식을 제시하고 있다. 정이는 다음과 같이 말한다.

만약 불교의 이론을 완전히 탐구하여 취사선택하고자 한다면, 그것을 끝마치기도 전에 분명히 불교도가 되고 말 것이다. 다만 그들의 행적[迹]에서 판단해야 한다. 그들의 가르침이 시행된 것이 이와 같다면, 그 마음[心]은 과연 어떠하겠는가? 본래 그 마음만 취하고, 그 행적을 취하지 않기란 매우 어려운 일이다. 이러한 마음이 있으면 이러한 행적이 있는 것이다. …… 우선 행적에서 그들이 성인과 합치하는가 여부를 판단하는 것이 가장 좋다. 그들의 말이 성인과 합치한다면 그것은 당연히 우리의 도에 이미 있는 것이다. 합치하지 않는다면 그것은 본래 취할 수 없는 것이다. 이렇게 입장을 정하는 것이 쉽다.[17]

우선 이 인용문은 정이가 일정정도 선불교에 경도된 문하생 및 학자에게 제시한 방법론이라는 점을 유의해야 한다. 이들은 당시 선불교가

---

16 『유서』2上-84: "此說天下已成風, 其何能救! 今雖故人有一爲此學而陷溺其中者, 則旣不可回. 今只有望於諸君爾. 直須置而不論, 更休曰且待嘗試. 若嘗試, 則已化而自爲之矣. 要之, 決無取."

17 『유서』15-97: "釋氏之說, 若欲窮其說, 而去取之, 則其說未能窮, 固已化而爲佛矣. 只且於迹上考之. 其設敎如是, 則其心果如何. 固難爲取其心, 不取其迹. 有是心則有是迹. …… 不若且於迹上斷定不與聖人合. 其言有合處, 則吾道固已有. 有不合者, 固所不取, 如是立定, 却省易."

유학을 포괄하려는 학문적 분위기, 유학과 불교의 역할분담론을 긍정하는 분위기 속에서 정이에게 그 공존 가능성을 문의하는 학자들이었다.

이에 대해 정이가 제기하는 전략적 방법론은 '행적[迹]'을 위주로 불교에서 말하는 '마음[心]'을 파악하는 것이다. 나아가 '행적'이 [유학의] 성인과 부합하는가의 여부로 불교를 판단하는 것이다. 이정에서 있어 마음과 행적은 별개로 삼을 수 없는 일관된 것이기 때문이다.[18]

요약하자면 이정 형제는 마음[心]을 위주로 한 불교의 이론과 수양의 내용은 자체로 완결성을 지니고 있어 이를 직접적으로 비판의 대상으로 삼는 것은 이미 불교에 경도된 사대부 지식인을 전향시키는 데 실효성을 가지지 못한다고 본다.

그러나 유학은 불교와 달리, 마음 위주의 '내면'에만 치중하는 학문이 아니라 '외적'으로 현실 세계의 행사行事 가운데 유효한 학문이며, 내면의 마음과 외부의 행위 간의 연속된 일관성을 제공한다는 점에서 내면에만 국한된 불교의 이론과 수양과는 차별된다는 것이다.

이러한 이정의 관점은 비록 불교 이론 자체를 반박하는 것이 아니지만, 앞서 살펴본 유·불의 융합론과 정면에서 배치되는 것이다. 앞서 논의한 계승의 입장은 결국 불교의 내면 수양을 근본으로 삼아야 일상 현실에서 유학이 추구하는 '외왕'의 실현이 가능하다는 불교 우위의 융합론이다.

---

18 이정은 王通을 높이 평가하면서도, 그가 마음[心]과 행적[迹]을 구별한다는 점을 격렬하게 비판한다. 『유서』 19-83: "如魏徵問: 聖人有憂乎? 曰, 天下皆憂, 吾獨得不憂? 問疑, 曰, 天下皆疑, 吾獨得不疑? 徵退, 謂董常曰, 樂天知命吾何憂? 窮理盡性吾何疑? 此言極好, 下半截却云: 徵所問者迹也, 吾告汝者心也, 心迹之判久矣, 便亂道." 『유서』 18-153도 참조할 것. 이와 같은 왕통에 대한 정이의 논의는 정호의 관점을 계승한 것이기도 하다. 『유서』 11-187: "天下皆憂, 吾獨得不憂? 天下皆疑, 吾獨得不疑?; 與樂天知命吾何憂? 窮理盡性吾何疑?, 皆心也. 自分'心'迹'以下一段皆非."

반면 이정 형제의 비판은 이렇게 유학과 불교를 '행적'과 '도'의 상보적 역할 분담 관계로 제시해서는 안 되며, 외적인 '행사' 즉 '행적'은 마음(또는 도)와 연속된 것으로서 하나의 과정일 뿐이라는 것이다.

마음과 행적의 구분은 불교 중심의 유학 포용 전략, 정확하게는 사회·정치적 영향력을 가진 사대부 포용 전략의 주 내용이다. 그것은 불교의 마음[心] 수양으로 근본을 확립하고, 유학의 사회·정치적 통치[迹]를 그 현실적 적용으로 삼음으로써 불교와 유학의 공존을 꾀하는 것이다.

이 맥락에서 당시 불교도들은 스스로 유학과 같은 현실 세계에서의 통치 능력이 없음을 인정하고 있다. 그런데 이정은 이러한 불교의 태도에 대해서도 문제를 제기한다. 이와 관련된『이정유서』의 내용은 다음과 같다.

① 선을 말하는 자들은 비록 스스로 깨달았다고 이야기하지만, 대개 아직 깨닫지 못한 것이다. 그 무리들 중 불교는 끝내 천하와 국가를 다스릴 수 없다고 수긍하는 자들도 있지만, 다시 '근본을 얻으면 두루 미칠 수 있다'고 말하기 마련이었다.[19]

② 어떤 사람이 물었다. "만약 천하 사람들이 모두 불교도가 된다면 괜찮겠습니까? 그 신도는 '그 도를 행하는 것은 옳지만, 그 행적[迹]은 옳지 않다'고 말합니다." 정호가 말했다. 만약 모두 불교도가 된다면 인륜이 없어져 천하에는 사람이 그 안에 없게 될 것이다. 그러나 그들 스스로 또 천하·국가는 다스리

---

19 『유서』2上-84: "談禪者雖説得, 蓋未之有得. 其徒亦有肯道仏卒不可以治天下国家者, 然又須道得本則可以周遍."

기 부족하다고 여겨 세상의 관계망[世網]에서 벗어나려한다. 그 이론이 궁구할 수 없는 데 이르면 그들은 또 귀신이 있다는 이론을 내세운다.[20]

위 두 인용문은 이정이 파악하는 한에서, 사회 · 정치의 통치 영역을 불교가 담당할 수 없음을 인정하는 불교도의 상반된 태도를 보여준다. 먼저, ① '근본을 얻으면 두루 미칠 수 있다'는 불교의 입장은 '근본'이 되는 마음 수양이 궁극적으로 현실 통치의 영역에 '두루 미쳐' 포괄할 수 있다는 것을 의미한다.

것은 유학의 통치 영역이 불교에 근본하고 있다는 유 · 불간 역할분담론을 고수하는 입장이다. 다른 하나는, ② 불교가 현실의 통치 영역에 간여할 수 없으므로, 인간 관계망을 떠나는 '출세간'을 표방하거나, '귀신'의 존재 즉 이른바 '신불멸'의 주장을 통해 내세를 지향하는 '탈현세'적 입장을 나타내는 것이다.

정리하자면 현실 통치 영역을 상실한 불교는 ① 유학과 공존을 모색하는 '입세간'의 입장을 표방하거나, 거꾸로 ② 현실 세계에서 초탈하는 '출세간'과 '탈현세'의 입장을 드러낸다. 이정의 불교 비판은 이러한 불교의 현실에 대한 이중적 · 모순적 태도를 겨냥하고 있다. 그들은 "불교에서 말하는 도가 형이상과 형이하가 일관되지 않은 것은 아니나, 그 작용처에서 보자면 곧 둘로 갈라진 것이다."[21]라고 힐난한다.

이정의 문인들은 이러한 불교의 양상을 '도(또는 심心)는 옳지만 행적은 옳지 않다'고 말하면서, 이에 대한 문의한다. 이정 형제는 다음과 같이

---

20 『유서』 2上-85: "有問: 若使天下盡爲佛, 可乎? 其徒言, 爲其道則可, 其迹則不可. 伯淳言, 若盡爲佛, 則是無倫類, 天下却都沒人去(裏)[理]; 然自亦以天下國家爲不足治, 要逃世網, 其說至於不可窮處, 佗又有一箇鬼神爲說."

21 『外書』 11-72: "釋氏談道, 非不上下一貫, 觀其用處, 便作兩截."

논의한다.

선생은 불교의 말을 좋아하지 않았다. 어떤 이가 "불교의 도는 옳지만 그 행적은 잘못이다"고 말했다. 선생이 말했다. "이른바 행적이란 도에서 나오는 것이 아니겠는가? 그러나 내가 공격하는 것은 그 행적일 뿐, 그 도에 대해는 나는 알지 못하겠다. 만약 그 도가 선왕先王[의 행적]에 부합하지 않는다면 진실로 배우기를 원치 않는다. 그것이 선왕에 부합한다면 육경六經에서 구하는 것으로 충분할 것이다. 어째서 불교가 필요하겠는가?[22]

사실 이러한 도와 행적의 불일치는 불교 이론 자체의 문제라기보다는 유·불 융합론에서 제기되는 문제이다. 불교의 이론에 따르더라도, 이러한 본체와 현상 간의 불일치는 용납되지 않는다. 하지만 불교와 유학의 양립을 위한 유·불 융합론의 입장에서 이러한 분리는 불가피하다.

계승은 이를 정당화하기 위해 왕통의 심心/적迹 구분을 옹호하며, 그가 유가의 도를 계승했다고 강조한다. 이것은 유·불의 역할 분담이 불교 측의 요구일 뿐이 아니라 유학에서도 필요로 하는 것임을 드러내고자 한 것이다. 위 인용문에 나타난 이정의 비판은, 이 점에서 불교 이론 자체를 공박한 것이 아니라, 유·불의 양립을 제기하는 당시 불교도와 이에 경도된 사대부를 겨냥한 것이라고 할 수 있다.

이정 형제는 이 유·불 융합론을 배척함으로써 도와 행적의 일치를 유학 내적으로 확보하고자 한다. 그들은 비록 유학이 이론과 마음 영역

---

22 『유서』 4-4: "先生不好佛語. 或曰, 佛之道是也, 其迹非也. 曰, 所謂迹者, 果不出於道乎? 然吾所攻, 其迹耳; 其道, 則吾不知也. 使其道不合於先王, 固不願學也. 如其合於先王, 則求之六經足矣, 奚必佛?"

에서 불교만큼 정밀한 논의 체계를 갖추고 있지 못하더라도, 그 행적의 정당성이 인정된다면 그에 부합하는 도는 유학 내적으로 이미 갖추어진 것이라고 본다.

다시 말해, 아직 드러나지 않은 유학의 정연한 이론과 마음공부의 체계는 이미 육경에 함축되어 있다는 것이다. 그것은 성왕의 행적에 부합하는 도가 그의 마음에 내재해 있으며, 이 일관성은 '이理'로 주어진 것이라고 주장한다. 정호는 이에 대해 다음과 같이 상세하게 논의하고 있다.

마음과 행적은 하나다. 어찌 행적이 잘못되었는데 마음은 옳을 수 있겠는가? 이는 마치 두 다리로 걸을 때, 자신의 생각을 가리켜 "나는 본래 가고자 하지 않았는데 내 두 다리가 저절로 간다"고 말하는 것과 같다. 어찌 이런 리가 있겠는가? 왜냐하면 상하上下, 본말本末, 내외內外가 모두 하나의 이理이며, 이러해야 도道인 것이다. …… 선禪을 배우는 자는 이렇게 말한다. "풀과 나무, 새나 짐승의 삶 또한 모두 환상이다." 나는 이렇게 말한다. "그대는 봄과 여름에 태어나 자라나고 가을과 겨울에는 변하여 쇠퇴하기 때문에 환상이라고 여긴다. 그래서 사람의 삶 또한 환상이라고 생각한다. 어째서 그것을 그대로 인정하지 않는가? 사물이 태어나 죽고 번성하고 쇠퇴하는 데에는 본래 이理가 있다. 무엇을 환상으로 여길 수 있겠는가?[23]

---

23 『유서』1-10: "心迹一也, 豈有迹非而心是者也? 正如兩脚方行, 指其心曰, 我本不欲行, 他兩脚自行, 豈有此理? 蓋上下・本末・內外, 都是一理也, 方是道, 莊子曰, 遊方之內・遊方之外者, 方何嘗有內外? 如此, 則是道有隔斷, 內面是一處, 外面又別是一處, 豈有此理? … 學禪者曰, 草木鳥獸之生, 亦皆是幻. 曰, 子以爲生息於春夏, 及至秋冬便却變壞, 便以爲幻, 故亦以人生爲幻, 何不付與他. 物生死成壞, 自有此理, 何者爲幻?"

마음과 행적은 도, 즉 이로 일관되는 것이다. 이정에게서 '이'는 형이 상과 형이하, 본체와 현상, 주관 내면과 외부를 관통하는 것이다. 그들 은 이러한 이 개념을 통해 세계의 실재성을 인정하지 않는 불교의 존재 론을 대체하고자 한다. 선불교의 잘못된 현상 인식은 결국 그 본체관의 오류에서 비롯된 것이기 때문이다.

다시 말해, 불교의 본체(즉 공空)에 입각한 세계 인식은 결국 현상 존 재를 환영[幻]으로 간주하고, 이 때문에 현상 세계에 관철된 도덕 질서를 부정하면서 잘못된 행적을 정당화하는 데 이른 것이다.

이정은 그들의 근본적 이론에 대한 논쟁을 거치지 않고서 현상 세계 와 일관되는 본체론을 구축하는 것으로 불교를 극복할 수 있다고 본 것 이다. 이를 통해 그들은 불교가 애당초 본체에 대한 이해, 즉 도 또는 이 를 제대로 인식하지 못하고 있다고 주장한다. 정이는 다음과 같이 말한 다.

물었다. "외부의 사물을 싫어하는 것은 어떻습니까?" 선생이 답했다. "이는 도를 알지 못하기 때문이다. 바깥의 사물을 어찌 싫어할 수 있겠는가? 그것 은 바로 불교의 이론이다. 불교는 일을 도외시하여 이 일이 있어야 하는 것인 지 없어야 하는 것인지를 묻지 않는다. 만약 있어야 한다면 또 어떻게 버릴 수 있겠는가? 만약 없어야 한다면 자연히 없어질 것이니 더 이상 버릴 것이 무엇이 있겠는가? 저 세속을 벗어나서 사는 사람은 구차하게 고요함[靜]에만 힘쓰면서 행적에서 멀리 떠난 산림 속에 있는데, 이理에 밝지 못한 사람들이 기 때문이다. 세상 사람들이 그들을 고상하다고 여기는 것은 잘못이다."[24]

---

24 『유서』 18-60: "問: 惡外物, 如何? 曰, 是不知道者也. 物安可惡? 釋氏之學便如此. 釋氏要 屏事不問. 這事是合有邪? 合無邪? 若是合有, 又安可屏? 若是合無, 自然無了, 更屏什麼? 彼方外者苟且務靜, 乃遠迹山林之間, 蓋非理明者也. 世方以爲高, 惑矣."

결론적으로, 이정은 불교의 이론 체계 전반을 공격의 대상으로 삼기보다는 당시 유학 지식인에게 지대한 영향을 미친 유·불 융합론의 오류를 비판함으로써 불교가 제시하는 '도', 즉 마음 이론과 이로부터 파생되는 수양론을 공박한다. 이를 통해 이정은 유학과 불교가 애당초 그 본체에 대한 인식을 달리한다는 점[25]을 명백히 하며, 양자의 융합과 양립의 불가능을 주장한다.

이정 형제 이후 주희로 이어지는 이른바 '도학道學'의 형성은 불교와 차별되는 유학의 '도'를 재확립한 과정이다. 그것은 유가적 성인의 '마음'과 '행적'의 일관성을 드러냄으로써 유·불 융합론을 혁파하는 동시에 현실 세계와 유리된 불교 이론에 대한 전면적 비판을 수행한다.

5. 「중용장구서」에 나타난 주희의 도통론과 이정二程 계승

신유학의 '과거[古]' 중시의 가치관은 유학의 '도道'를 보편적 진리로 상정하고, 그 연원과 계승을 밝히는 논의에서 가장 잘 부각된다. 유학이 제기하는 이른바 '도통론道統論'은 이 유학의 가치가 어떻게 계승되는지를 보여준다.

그것은 유학 사상의 어떤 측면을 중시하느냐에 따라 다양한 관점에서 서술되어 왔고, 이를 통해 유학이 당면한 '현재[今]'를 어떻게 인식하고 있는가를 보여주기도 한다. 주희의 「중용장구서」는 이러한 '도통론'의 가장 표준적인 예시이다. 이에 대한 분석적 접근을 통해, 송대 유학의 과

---

25 『外書』12-32: "吾曾歷擧佛說與吾儒同處, 問伊川先生. 曰, 恁地同處雖多, 只是本領不是, 一齊差却."

거와 현재에 대한 인식을 먼저 살펴보도록 하자.

주희는 「중용장구서」를 다음과 같이 시작한다. "『중용』은 무엇 때문에 지어졌는가? 자사子思가 도학道學의 전수를 잃을까 근심하여 지어진 것이다."[26] 『중용』이 '도학'의 전수라는 목적 하에서 이뤄졌다는 이 첫 문장은 송대 당시의 학술적 상황을 고려할 때 매우 의미심장한 것이다.

앞서 논의한 바와 같이, 『중용』은 불교 측에서 유·불 간의 융합의 근거로서 활용되어 온 것이다. 또한 '도학'이라는 용어는 이정 형제의 학문을 중심으로 불교와 노장과 같은 '이단'을 변척하고, 심성·수양론 방면에서 유학을 재정립하고자 한 송대 유학의 특징적 사상 경향을 나타낸다.

이는 기존의 유학과는 구별되는 송대 유학, 이른바 '정주학' 내지 '주자학'의 정체성을 드러내는 용어이기도 하다. 따라서 주희는 이 첫 구절을 통해 『중용』이 불교와 같은 이단 사상과 결코 융합되는 것이 아니라, 유학 본연의 심성·수양론을 전수해온 경전임을 선언한 것이다.

「중용장구서」의 이어지는 내용은 요堯에서 순舜, 우禹로 이어지는 이른바 '16자 심법(인심유위人心惟危, 도심유미道心惟微, 유정유일惟精惟一, 윤집궐중允執厥中)'이 『중용』의 핵심이자 전수되는 '도'의 내용임을 밝히면서, 그 의미를 상술한다. 그 이후 이 심법에 의거한 이 성왕들의 통치를 서술하고 있다. 다음의 내용을 보자.

저 요堯·순舜·우禹는 천하의 큰 성인[大聖]이다. 천하로써 서로 전한 것은 천하의 큰 일[大事]이다. 천하의 큰 성인으로써 천하의 큰 일을 행하였는데, 그 주고 받는 때에 정녕 고해주고 경계한 것이 이와 같은 데 불과하였다. 그

---

26 「中庸章句序」: "中庸何爲而作也? 子思子憂道學之失其傳而作也."

러한 즉 천하의 이理에 어찌 여기에 더할 것이 있겠는가?[27]

이 내용의 핵심은 '천하의 큰 일[大事]'을 전하고 시행하는 데 있어 이 '16자 심법'으로써 하였다는 것이다. 그것은 곧 요·순·우 간에 전수한 '심心'이 곧 천하의 '행行'을 다하는 데 부족함이 없다는 것으로, 유학의 '도'는 이 '심'의 전수로 이어진다는 것을 나타낸다. 주희는 이 전수가 성탕成湯, 문文·무武·고요皐陶·이윤伊尹·부열傅說과 같은 성현을 거쳐 공자孔子에게 이어진다고 서술하고 있다.

그리고 이를 안씨顏氏(안연顏淵)와 증씨曾氏(증삼曾參)가 그 핵심[宗]을 얻었는데 증씨의 전함에 다시 공자의 손자인 자사에 이른다고 한다. 여기에서 주희는 자사의 이『중용』의 집필 의도를 이단으로 인해 요·순으로부터 내려오는 유학의 '참됨[眞]'을 잃지 않고자 한 것이었다고 밝힌다.[28] 이는 성인에게서 이어진『중용』의 '심'이 타 학파와 혼용될 수 없는 것임을 나타낸다.

이어서 주희는 이러한 이단 변척의 전통이 맹자에게로 계승되었지만, 그 이후 불교와 도교로 인해 전수가 끊기게 되며 천 여 년이 지나서야 이정 형제가 등장해서야 다시 계승할 수 있었다고 한다.

이로부터 다시 전하여 맹씨孟氏를 얻어 이 책을 미루어 밝혀서 선성先聖의 전통을 이었는데, 그가 세상을 떠나 그 전해짐을 잃게 되니, 우리 도가 의탁

---

27 「中庸章句序」: "夫堯舜禹, 天下之大聖也, 以天下相傳, 天下之大事也, 以天下之大聖, 行天下之大事, 而其授受之際, 丁寧告戒, 不過如此, 則天下之理, 豈有以加於此哉?"

28 「中庸章句序」: "及曾氏之再傳, 而復得夫子之孫子思, 則去聖遠而異端起矣. 子思懼夫愈久而愈失其眞也, 於是推本堯舜以來相傳之意, 質以平日所聞父師之言, 更互演繹, 作爲此書, 以詔後之學者."

한 것은 다만 언어와 문자 사이에 지나지 않고, 이단의 이론이 날마다 새로워 지고 달마다 성대해져 도가와 불교의 무리들이 나오는데 이르러서는 더욱 이 치에 가까워 크게 참됨을 어지럽혔다. 그러나 다행히 이 책이 없어지지 않았 다. 그래서 정부자程夫子 형제가 나와 상고한 바를 얻어 저 천년동안 전해지 지 않던 단서를 이었고, 근거한 바를 얻어 저 두 학파의 옳은 듯한 잘못됨[似 是之非]을 배척하였다. 대개 자사의 공헌이 여기에 큰 것이지만, 정부자가 아 니었다면 또한 그 말에 근거하여 그 마음[心]을 얻지 못하였을 것이다.[29]

여기에 나타난 주희의 인식을 정리하면 다음과 같다: 고대 유학이 이 미 '심법'을 정립하여 이를 실제 행사行事에 적용함으로써 성왕의 '도'를 확립하였지만, 이후 이단의 등장으로 인해 그 참됨[眞]이 제대로 전수되 지 못하였다는 것이다.

이로 인해 유학은 단지 문자로만 남게 되었고, 그 틈을 타 불교와 도 교가 성대해져 유학의 '도'가 어그러졌는데, 이를 이정 형제가 그 '심'을 되살림으로써 다시 계승할 수 있게 되었다는 것이다. 하지만 주희는 이 정 이후의 문인들이 각자 이론을 세우면서 스승을 저버리고 불교와 도교 에 빠진 경우가 많았음을 탄식하고 있다.[30]

「중용장구서」를 통해 주희는, '심법'에 의거한 현실에서의 행사를 통해

---

29 「中庸章句序」: "自是而又再傳以得孟氏, 爲能推明是書, 以承先聖之統, 及其沒而遂失其傳 焉. 則吾道之所寄不越乎言語文字之間, 而異端之說日新月盛, 以至於老佛之徒出, 則彌近 理而大亂眞矣. 然而尙幸此書之不泯, 故程夫子兄弟者出, 得有所考, 以續夫千載不傳之 緒; 得有所據, 以斥夫二家似是之非. 蓋子思之功於是爲大, 而微程夫子, 則亦莫能因其語 而得其心也."

30 「中庸章句序」: "惜乎! 其所以爲說者不傳, 而凡石氏之所輯錄, 僅出於其門人之所記, 是以 大義雖明, 而微言未析. 至其門人所自爲說, 則雖頗詳盡而多所發明, 然倍其師說而淫於老 佛者, 亦有之矣."

'도'를 실현한 유학의 과거[古]를 긍정하고 이를 복원해야 한다는 당위적 입장을 제시하는 한편, 이를 위협하는 이단의 논의, 특히 불교와 도교에 대한 철저한 배척을 주장한다.

이것은 이정 형제가 성인의 '심'을 회복함으로써 일차적으로 달성한 것이지만, 그 문인들이 이를 제대로 계승하지 못한 채 불ㆍ도에 경도되어 있을 만큼 여전히 당시 현재[今]의 과제로 남아 있는 것이었다.

『중용』에 대한 주희의 이 같은 문제의식은 역으로 이 텍스트가 당시 가지고 있는 사상사적 의의와 위상을 짐작케 한다. 첫째로, 『중용』이 심성론 방면의 중요 저작으로서 당시 만연한 불교의 '심론'에 유학적 대응을 가능케 하는 전거로 활용되었다는 점이다. 이는 당시 불교 측에서도 『중용』 재해석을 통해 유ㆍ불 융합을 시도하였으며, 이에 반발하는 유학 측 역시 『중용』을 중심으로 대응해 왔다는 데에서 확인할 수 있다.

둘째로, 유학의 심성론 정립에 있어 『중용』이 제공하는 이론적 논거, 특히 정주학 계열에서 불교에 대항하는 유학의 논리 구조인 '심'과 '사'의 연속성을 통해, 이를 이분화시키는 불교의 논의를 이론적 차원에서 비판할 수 있게 되었다는 것이다. 이것은 유학이 단지 '외왕外王'에만 치중한 것이 아니라 이를 '내성內聖'의 수양과 연속된 학문 체계를 갖춘 것으로 재정립할 수 있도록 한다.

그리고 이를 통해 '내성'과 '외왕'의 영역을 분할하여 불교와 유학의 양립을 시도하는 당시 불교 주도 논의를 비판하는 근거로 제시된다. 이 점에서 앞서 살펴본 주희의 『중용장구서』는 '심' 중심의 도통론을 제시함으로써 유학의 '과거'를 새롭게 복원하고, 여기에 자사와 맹자孟子, 그리고 천여 년 간 끊긴 '도'의 전수자로 이정 형제를 부각시켜 이단 변척의 유학사를 재구성함으로써 도ㆍ불이 횡행하는 '현재'를 극복하고자 한 이론적 모색이라 할 수 있다.

6. 나가는 말

이정 형제의 불교 비판 인식에는 당시 만연한 유·불 융합의 사상적 경향을 극복하는 데 초점이 맞춰져 있다. 이는 곧 '내성'과 '외왕'을 양립 구도로 제시한 불교 측의 역할 분담론을 타파하는 한편, 불교에 대항하는 유학의 '내성' 영역, 즉 심성-수양론의 확립을 시도하면서 '외왕' 중심의 유학자들을 도통 바깥으로 배제하는 사상사의 재정립 과정이기도 하였다.

주희의 「중용장구서」는 이러한 이정 이후 도학파의 관점을 대변하는 것이다. 이러한 불교 비판과 새로운 도통의 구축은 불교 주도의 '현재'를 극복하고 유학의 '과거'를 복원하는 담론 형성에 필수적이다. 여기에서 제기된 유학의 과거는 유토피아적 태평성세가 아니라, 현재로 이어지는 성인의 '심'이다. 말하자면 그들이 복원하고자 한 과거는 시간적 과거에 있지 않고 현재의 마음에 간직된 것이다. 따라서 유학의 과거 존숭은 일반적인 복고주의와는 구별되어야 할 것이다.

주자의 『주역본의周易本義』 권수卷首 구도九圖는 어떻게 정正이 되었는가

임재규(서울대학교 강사)

1. 서언

주자의 『주역본의周易本義』의 권수卷首 구도九圖는 「하도河圖」·「낙서洛書」·「복희팔괘차서도伏羲八卦次序圖」·「복희팔괘방위도伏羲八卦方位圖」·「복희육십사괘차서도伏羲六十四卦次序圖」·「복희육십사괘방위도伏羲六十四卦方位圖」·「문왕팔괘차서도文王八卦次序圖」·「문왕팔괘방위도文王八卦方位圖」·「괘변도卦變圖」이다.

조선 역학사에서 주자의 『주역본의』는 거의 절대적인 위치를 점하고 있다. 이는 조선 학계가 주자학을 지배 이데올로기로 받아들인 것과 관련이 있다. 주자의 『주역본의』의 이러한 절대적인 영향에 따라 자연스럽게 주자의 『주역본의』의 권수에 실려 있는 구도도 조선 역학사에 상당한 영향을 끼쳤다. 조선 역학사에 있어서 도서학이 중국 역학사와 비교해서 상당한 비중을 차지하고 있음도 이러한 이유와 관련이 있다.

1177년 주자가 48세에 완성한 『주역본의』에는 이러한 구도가 실려 있지 않았다. 따라서『주역본의』의 권수 구도가 후에 주자 문인이『주역본의』을 간행하면서 추가한 것으로 보는 견해가 다수 존재하며, 나아가 이러한 권수 구도가 주자가 의도한 바가 아니며 특히 권수 구도 중의「괘변도」는『주역본의』의 주문注文과 서로 부합하지 않는다는 주장이 역학사에 여러 번 제기되었다.

황종희, 호위, 왕무횡 등이 이러한 설을 주장하는 대표적인 학자이다. 근래 중국 학계에서 이러한 논설을 반박하는 주장이 제기되고 있으며, 백수이白壽彝, 왕풍王風 등이 대표적인 학자이다.

본고는『주역본의』의 권수 구도가 어떻게 원본『주역본의』의 체제와 다르게 권수에 실리게 되었는지 그 과정을 고찰해보고자 한다. 그리고 이와 함께 선행 연구에 기반하여『주역본의』의 권수 구도와『주역본의』 주문의 부합 여부를 검증할 것이다. 이러한 연구를 통해『주역본의』의 권수 구도가 1177년 주자가 완성한『주역본의』의 원래 모습이 아니었음을 검토해보고자 한다.

2. 조선 역학에 있어서『주역전의대전』과『주역본의』의 권수卷首 구도九圖

『주역전의대전周易傳義大全』은 명나라 성조 영락 13년(1415)에 호광 등이 성조의 칙명을 받아 편찬한 것으로 정이천의『주역정씨전周易程氏傳』과 주희의『주역본의周易本義』를 중심으로 구성되어 있다.[1] 이러한 구성을 통해『주역전의대전』이 성리학을 대표하는 역학서임을 알 수 있다.

---

1   胡廣等 撰,『周易大全』,『(景印)文淵閣四庫全書(第28冊)』, 驪江出版社 影印本, 1988,「提要」1.

그리고『주역전의대전』은 조선 초기 세종 원년(1419) 12월에 처음으로 조선에 수입되었다.[2] 이후『주역전의대전』은 조선조 역학 연구의 표준으로 자리 잡았다. 이러한 점은 규장각 도서 중『주역전의대전』의 비중을 통해서도 확인할 수 있다.

『규장각도서한국본종합목록奎章閣圖書韓國本綜合目錄』(서울대학교규장각, 1994)에 따르면 규장각 소장 한국본 역류 도서는 약 89종이며, 이 중에서 여러 번 중복되는 도서는『주역전의대전』과『주역언해周易諺解』이다. 이 중『주역전의대전』은 조선시대 역학사를 설명하는 데 있어서 빼놓을 수 없는 중요한 서적이다.

조선시대의 지배적 이데올로기는 유교이었으며, 그 중에서 송대 성리학이 조선의 지배적 사상이었음은 주지의 사실이다. 따라서 송대 성리학의 역학을 대표하는『주역전의대전』이 조선 역학사에서 가장 영향력이 큰 역학서로 유행한 것은 너무도 자연스러운 현상이라 할 수 있다. 이를 반영하듯『규장각도서한국본종합목록』경부 역류에만 판본이 서로 다른『주역전의대전』이 무려 33종이나 수록되어 있다.

서명이『주역周易』으로 다르지만, 내용이 동일한 판본을 합치면 35종으로 늘어나고, 정이천의『주역정씨전』1종(서명은『주역』으로 되어 있음)과 주희의『주역본의』2종(서명은『주역』으로 되어 있음)을 포함하면 총 38종이나 된다. 경부 역류 전체 89종의 약 43%에 해당하는 상당한 비중을 차지하고 있다.

『주역전의대전』이 규장각 소장 한국본 역류 중에서 가장 큰 비중을 차지하고 있다면,『주역언해』는 그 다음으로 큰 비중을 차지하고 있는 역

---

2   정형우,「五經 四書大全'의 수입 및 그 刊板 廣布」, 연세대학교 국학연구원,『동방학지』63, 1989, 12쪽.

학서이다. 『주역언해』는 『규장각도서한국본종합목록』 경부 역류에 서로 다른 판본 약 12종(경부 역류 전체 89종의 약 13%)이 수록되어 있다.

『주역언해』는 선조 때 교정청에서 간행된 언해본 『주역』으로 조선시대 『주역』 해석의 표준으로 이해할 수 있다. 그런데 이 『주역언해』는 『주역전의대전』의 관점에 따라 편찬된 것이므로, 『주역전의대전』의 영향에 속하는 역서로 분류할 수 있다.

그리고 『규장각도서한국본종합목록』에는 주희의 『역학계몽易學啓蒙』과 이에 대해 주석을 덧붙인 도서도 8종(경부 역류 전체 89종의 약 9%)이 수록되어 있다. 즉 『역학계몽집전易學啓蒙集箋』(서명응徐命膺 편), 『계몽도설啓蒙圖說』(서명응 편), 『역학계몽복역易學啓蒙覆繹』(김해金楷 편), 『역학계몽요해易學啓蒙要解』(세조世祖 찬撰) 3종, 『역학계몽단석易學啓蒙段釋』(편자 미상) 등이다.

이렇게 보면, 『규장각도서한국본종합목록』 경부 역류에는 『주역전의대전』과 이와 관련된 서적이 경부 역류 전체 89종의 약 65%에 해당하는 58종이나 수록되어 있다. 이를 통해 『주역전의대전』이 조선 역학에 미친 영향이 얼마나 지대했었는지 짐작할 수 있다.

조선 역학에 있어서 『주역전의대전』의 이러한 절대적인 영향으로 인해 자연스럽게 『주역본의』의 권수 구도도 『주역전의대전』의 권위와 함께 조선 역학에 있어서 하나의 표준으로 자리하게 되었다고 볼 수 있다. 주지하듯이 『주역전의대전』은 『주역본의』의 권수 구도가 권두에 수록되어 있다.[3]

그러나 『주역본의』의 권수 구도가 주희가 48세인 1177년에 『주역본의』를 완성했을 때 처음부터 『주역본의』의 권수 구도가 수록된 것은 아니

---

3 胡廣等 撰, 『周易大全』, 『(景印)文淵閣四庫全書(第28冊)』, 驪江出版社 影印本, 1988, 「周易朱子圖說」 1~63쪽.

다. 즉 『주역본의』의 저작 당시 『주역본의』의 권수 구도가 주자의 의도된 저작이 아니라는 것이다.

만약 『주역본의』의 권수 구도가 주자의 의도가 아니라 훗날 주자의 문인이 부가한 것이라면 이는 『주역본의』의 권수 구도의 권위에 상당한 타격이 되리라는 것은 불문가지의 사실이다.

3. 『주역전의대전』 이전 중국 역학에 있어서 『사고전서』 본 『주역본의』 판본과 『주역본의』의 권수 구도九圖

『사고전서』에 수록된 『주역전의대전周易傳義大全』 발간 이전의 『주역본의』 관련 판본을 살펴보면, 대략 2종이 있다. 즉, 1) 『주역본의통석周易本義通釋』(十二卷, (元)胡炳文撰), 2) 『주역본의집성周易本義集成』(十二卷, (元)熊良輔撰) 이다. 이 2종의 『주역본의』 체재를 살펴보면 대략 다음과 같다.

1) 『주역본의통석周易本義通釋』(十二卷, (元)胡炳文撰)

① 『주역본의통석』의 저자: 호병문胡炳文

호병문胡炳文(1250~1333)은 자가 중호仲虎이고 호는 운봉雲峰이며 무원婺源 사람이다. 『신안문헌지新安文獻志』에 의하면 그는 주자의 학문에 돈독한 뜻을 두었다고 한다.[4] 일생을 연구에 힘썼고, 주자의 이학理學을 선양하였으며, 특히 역학 연구에 조예가 깊었다. 저서에 『운봉집雲峰集』

4　胡炳文 撰, 『周易本義通釋』, 『(景印)文淵閣四庫全書(第24冊)』, 驪江出版社 影印本, 1988, 「提要」1.

『사서통四書通』『주역본의통석』 등이 있다.

②『주역본의통석』의 체재[5]

提要

周易本義通釋例

卷一: 周易上經

卷二: 周易下經

卷三: 象上傳

卷四: 象下傳

卷五: 繫辭上傳

卷六: 繫辭下傳

卷七: 文言傳

卷八: 說卦傳

卷九: 序卦傳

卷十: 雜卦傳

卷十一: 象上傳

卷十二: 象下傳

2)『주역본의집성周易本義集成』(十二卷, (元)熊良輔撰)

①『주역본의집성』의 저자: 웅량보熊良輔

웅량보熊良輔(1310~1380)는 자가 임중任重이고 호는 매변梅邊이며, 남

---

5   胡炳文 撰,『周易本義通釋』,『(景印)文淵閣四庫全書(第24冊)』, 驪江出版社 影印本, 1988.

창南昌 사람이다. 원대의 문학가이자 학자이며, 특히 역경에 정통했다.[6]
저서에『주역본의집성周易本義集成』과『풍아유음風雅遺音』『소학입문小學
入門』등이 있다.「주역본의집성서周易本義集成序」에 의하면,『주역본의집
성』은 원나라 지치至治 2년(임술壬戌, 1322) 5월에 쓰인 저서이다.

②『주역본의집성』의 체재[7]

提要

周易本義集成序

卷一: 上經

卷二: 下經

卷三: 彖上傳

卷四: 彖下傳

卷五: 象上傳

卷六: 象下傳

卷七: 繫辭上傳

卷八: 繫辭下傳

卷九: 文言傳

卷十: 說卦傳

卷十一: 序卦傳

卷十二: 雜卦傳

6 　熊良輔 撰,『周易本義集成』,『(景印)文淵閣四庫全書(第24冊)』, 驪江出版社 影印本, 1988,
　　「提要」1.

7 　熊良輔 撰,『周易本義集成』,『(景印)文淵閣四庫全書(第24冊)』, 驪江出版社 影印本, 1988.

이상 1)『주역본의통석周易本義通釋』과 2)『주역본의집성』의 체재를 살펴보았을 때, 공통점과 차이점은 대략 다음과 같다. 공통점은 주자가 1177년 『주역본의』를 지었을 때의 체재를 충실히 따르려고 했다는 점이다. 주지하듯이 주자는 『주역본의』를 편찬했을 때, 『주역周易』의 고경 체재를 따르고자 했다.

그래서 『주역본의』의 체재는 먼저 『주역』의 경문을 먼저 싣고 후에 공자가 『주역』을 해석한 십익十翼을 실었다. 이와 마찬가지로 1)『주역본의통석』과 2)『주역본의집성』은 1177년 주자가 완성한 『주역본의』의 체재를 따르려고 했다. 차이점은 1)『주역본의통석』과 2)『주역본의집성』의 「십익」 부분에 있어서 그 순서가 약간 다르다는 점이다.

즉 1)『주역본의통석』은 권3: 상상전, 권4: 상하전, 권5: 계사상전, 권6: 계사하전, 권7: 문언전, 권8: 설괘전, 권9: 서괘전, 권10: 잡괘전, 권11: 단상전, 권12: 단하전의 순서로 되어 있는데 반해 2)『주역본의집성』은 권3: 단상전, 권4: 단하전, 권5: 상상전, 권6: 상하전, 권7: 계사상전, 권8: 계사하전, 권9: 문언전, 권10: 설괘전, 권11: 서괘전, 권12: 잡괘전의 순서로 되어 있다.

2)『주역본의집성』이 「십익」의 전통적인 순서에 따라 구성되어 있다면, 1)『주역본의통석』은 「십익」의 전통적인 순서와 다르게 상상전과 상하전을 먼저 배치하고, 단상전과 단하전을 제일 마지막에 배치했다. 물론 이러한 순서가 중요한 문제가 되는 것은 아니라고 판단된다. 「십익」의 구성 순서는 편찬자에 따라 바뀔 수 있는 문제이기 때문이다.

한편, 1)『주역본의통석』과 2)『주역본의집성』의 체재에서 중요하게 살펴봐야 할 것은 이 두 판본에 모두 『주역본의』의 권수卷首 구도九圖가 실려 있지 않다는 점이다. 이 점은 『주역전의대전』 발간 이전의 『주역본의』 주요한 판본에는 『주역본의』의 권수 구도가 『주역본의』의 체재에 포함되지 않았다는 것을 말해준다.

그렇다면 명대 호광이 편찬한『주역전의대전』에『주역본의』의 권수 구도가 포함된 것은 어떠한 경로를 통해서인가? 이와 관련해서는 우선『주역본의』의 권수 구도의 문제를 본격적으로 제기한 왕무횡王懋竑의「주역본의구도론周易本義九圖論」을 검토할 필요가 있다.

4. 왕무횡王懋竑의「주역본의구도론周易本義九圖論」

『사고전서총목제요四庫全書總目提要』에 의하면, 왕무횡王懋竑(1668~1741)의 자는 여중予中이고 호는 백전白田이며 강소 보응寶應 사람이다.[8] 경술에 뛰어났으며 특히 주희의 학설에 정통해서 당시 소주자小朱子라고 불렸다.[9] 강희康熙 57년(1718) 무술戊戌년에 진사가 되었으며, 안경부安慶府 교수敎授를 역임하였고, 옹정雍正 원년(1722) 계묘癸卯년에 한림원편수翰林院編修를 지냈다.

이후 병을 칭하여 사직하고 고향으로 돌아가 작고할 때까지 저술에 전념하였다. 저서에『주희연보朱熹年譜』『주희연보고이朱熹年譜考異』『백전잡저白田雜著』『백전초당존고白田草堂存稿』『주자문집주朱子文集注』『주자어록주朱子語錄注』『독경기의讀經記疑』『독사기의讀史記疑』등이 전한다.[10]

「주역본의구도론周易本義九圖論」은『주희연보고이』권2와『백전잡저』

---

8   王懋竑 撰, 何忠禮 點校,『朱熹年譜』, 北京: 中華書局, 1998, 561쪽.

9   王懋竑 撰, 何忠禮 點校,『朱熹年譜』, 北京: 中華書局, 1998, 5쪽.

10   王懋竑 撰, 何忠禮 點校,『朱熹年譜』, 北京: 中華書局, 1998, 5쪽.

권1에 수록되어 있다.[11] 「주역본의구도론」에 의하면, 『주역본의』의 권수卷首 구도九圖가 공식적으로 『주역본의』 체재로 인정된 것은 명나라 영락 연간에 발간된 『주역전의대전』으로 보고 있다.[12] 그리고 『주역전의대전』의 『주역본의』 권수 구도 체재는 마단림馬端臨(1254~1323)의 『문헌통고文獻通考』에 기록된 다음과 같은 기록에 의한 것으로 보고 있다.[13]

진씨가 말했다. "권수에 구도九圖를 배열했고, 권말에 설법揲法을 부기했다."[14]

『문헌통고』는 송말원초의 학자 마단림이 원나라 성종成宗 대덕大德 11년(1307)에 완성한 것으로 알려져 있다. 위의 인용은 『문헌통고』 권176 의 「경적고삼經籍考三」 중 『주역본의』에 관한 내용이다. 여기서 진씨는 남송의 학자 진진손陳振孫(약1186~약1262)을 가리키고, 진씨의 말은 『직재서록해제直齋書錄解題』를 인용한 것이다.[15]

「주역본의구도론」에 의하면, 『문헌통고』의 이러한 내용이 기록된 이후 학자들이 마침내 『주역본의』의 권수 구도를 원래부터 주자가 배열했다고 여겼다는 것이다. 그리고 이 이후 『주역본의』의 권수 구도가 원래부터 있지 않았음을 알지 못했다는 것이다.[16]

---

11 王懋竑 撰, 『朱熹年譜考異』, 『文淵閣四庫全書』(電子版), 史部七, 傳記類二; 王懋竑 撰, 『白田雜著』, 『文淵閣四庫全書』(電子版), 子部十, 雜家類二.

12 王懋竑 撰, 何忠禮 點校, 『朱熹年譜』, 北京: 中華書局, 1998, 339쪽.

13 王懋竑 撰, 何忠禮 點校, 『朱熹年譜』, 北京: 中華書局, 1998, 339쪽.

14 馬端臨, 『文獻通考』, 『文淵閣四庫全書』(電子版), 권176, 27a~27b: "晦庵易傳, 易本義, 易學啓蒙, 傳十一卷, 本義十二卷, 啓蒙一卷. …… 陳氏曰, 首列九圖, 末著揲法."

15 陳振孫, 『直齋書錄解題』, 『文淵閣四庫全書』(電子版), 권1, 26a.

16 王懋竑 撰, 何忠禮 點校, 『朱熹年譜』, 北京: 中華書局, 1998, 339쪽.

이상의 논의를 통해 보면, 『문헌통고』가 『직재서록해제』의 기록을 인용한 것이므로 『주역본의』 권수 구도 체재는 『직재서록해제』에서부터 이미 채택되었음을 알 수 있다.

그렇다면 『직재서록해제』는 어디에 근거해서 『주역본의』 권수 구도 체재를 기록하게 되었을까? 이 문제에 답하기 위해서는 송대의 동해董楷[17]의 『주역전의부록周易傳義附錄』를 살펴보아야 한다. 『주역전의부록』 「제요提要」에 의하면 동해는 정자의 『주역정씨전周易程氏傳』과 주자의 『주역본의』를 합편해서 이 책을 편찬했다고 기록되어 있다.[18] 그리고 『주역전의부록』, 「제요」는 정자의 『주역정씨전』과 주자의 『주역본의』를 합편한 체재가 바로 이 『주역전의부록』에서 시작되었다고 보고 있다.

『정자전程子傳』은 왕필본王弼本을 사용하였고, 『주자본의』는 여조겸呂祖謙의 고본古本을 사용하였다. 동해는 『정자전』을 앞에 배치하였고, 『주자본의』를 나누어 『정자전』 뒤에 덧붙였는데, 이러한 체재는 명나라 영락 기간 호광胡廣 등이 편찬한 『주역대전周易大全』에 이어졌고, 또한 그 오류가 명나라 성구成矩의 『본의本義』의 발간에까지 이어졌다. 이러한 이유로 향리의 선비들은 마침내 다시 고경古經이 있었는지 조차 몰랐으니, 이는 동해가 그 발단이다.[19]

---

17 董楷(1226~?)는 자가 正叔이고 호가 克齋이며 台州 臨海 사람이다. 寶祐 4년(1256)에 진사가 되었고, 관직은 吏部郎中에 이르렀다. 그의 학문은 陳器之에서 나왔으며, 진기지는 주자에서 나왔다. 그리고 그의 역설은 정자와 주자를 종으로 삼았다. (宋)董楷撰, 『周易傳義附錄』, 『(景印)文淵閣四庫全書(第20冊)』, 驪江出版社, 1988, 「提要」1.

18 (宋)董楷 撰, 『周易傳義附錄』, 『(景印)文淵閣四庫全書(第20冊)』, 驪江出版社, 1988, 「提要」1.

19 (宋)董楷 撰, 『周易傳義附錄』, 『(景印)文淵閣四庫全書(第20冊)』, 驪江出版社, 1988, 「提要」1: "惟程子傳用王弼本, 而朱子本義則用呂祖謙所定古本. 楷以程子在前, 遂割裂朱子本義附程傳之後, 沿及明永樂中胡廣等撰周易大全, 亦仍其誤至成矩專刻本義亦用程傳之次序. 鄉塾之士遂不復知有古經, 則楷肇其端也."

즉 『주역전의부록』, 「제요」는 정자의 『주역정씨전』과 주자의 『주역본의』를 합편한 체재가 동해에서 비롯되었다고 보고 있는 것이다. 그리고 『주역본의』 권수 구도도 이 『주역전의부록』 권수에 실려 있기 때문에 『주역본의』 권수 구도의 연원은 이 『주역전의부록』에까지 소급된다고 할 수 있다.

참고로 명나라 성구가 편찬한 『주역본의』에 『주역본의』 권수 구도가 수록되어 있는데, 명나라 성구의 『주역본의』는 남송의 함순咸淳 을축년 乙丑年에 오혁吳革이 간행한 판본을 저본으로 삼고 있다.[20]

이러한 점을 근거로 보면, 동해의 『주역전의부록』은 비슷한 시기에 간행된 오혁의 『주역본의』와 관련성을 추측할 수 있을 것 같다. 동해의 『주역전의부록』와 오혁의 『주역본의』의 관련성은 그 문헌적 근거가 아직 밝혀지지 않았으므로 본고에서는 다루지 않기로 한다.

한편, 왕무횡은 「주역본의구도론」에서 『주역본의』 권수 구도가 주자의 저작이 아님을 주장하는 근거로 다음을 제시하고 있다.

『역본의易本義』의 구도九圖는 주자의 저작이 아니다. 훗날 사람들이 『계몽啓蒙』에 근거해 모방하여 지었고 또 자신의 뜻을 섞었으니, 그 본지를 모두 잃어버린 것이다. 주자의 『역易』에 관한 저작으로 『본의本義』와 『계몽』이 있는데, 『문집文集』과 『어록語錄』에서 그것을 강론한 것이 매우 자세한데, 이 구도에 대해서는 일찍이 한 마디도 언급한 적이 없었다.[21]

---

20 (宋)朱熹 撰, (明)成矩 編, 『周易本義』, 『(景印)文淵閣四庫全書(第12冊)』, 驪江出版社, 1988, 「提要」.

21 王懋竑 撰, 何忠禮 點校, 『朱熹年譜』, 北京: 中華書局, 1998, 337쪽: "易本義, 九圖非朱子之作也. 後之人以啓蒙依放爲之, 又雜以已意, 而盡失其本指者也. 朱子於易有本義有啓蒙, 其見於文集語錄講論者甚詳, 而此九圖未嘗有一語及之."

즉 왕무횡은『주역본의』권수 구도가 주자의 저작이 아님을 주장하는 근거로『주자문집朱子文集』과『주자어록朱子語錄』에서『주역본의』의 권수 구도에 대해서 기록한 것이 없다는 점을 들었다.

이러한 논거를 볼 때, 왕무횡의 주장에는 합리적인 근거가 제시되었다고 판단된다. 특히『주자문집』과『주자어록』에서 주자의 역학 저작인『주역본의』와『역학계몽易學啓蒙』에 대해서는 상세한 기록을 남기고 있다는 점에서 이러한 왕무횡의 주장은 설득력이 있다고 볼 수 있다.

그리고 왕무횡은 내용적인 측면에서도『주역본의』권수 구도가 주자의 저작이 아님을 논증하고 있다. 그 중 대표적인 것이 괘변도에 관한 것이다. 왕무횡은 다음과 같이 논하고 있다.

괘변도는『계몽』에서 자세하게 설명했다. 즉 한 괘는 64괘로 변할 수 있다는 것이다. 그러나『단전彖傳』의 괘변卦變은 단지 19괘만을 들어서 설명하고 있을 뿐이다. 지금의 9도 중 괘변은 모두 복괘復卦・구괘姤卦・임괘臨卦・둔괘遯卦 등 12벽괘辟卦에서 유래한다. 그러나『본의』를 고찰해보면, 오직 송괘訟卦와 진괘晉卦 2괘만 부합하고, 나머지 17괘는 모두 부합하지 않아 그 터무니없음이 더욱 뚜렷하니 반드시 주자의 원래 뜻이 아님은 분명하다. 이 때문에 일찍이 구도九圖를 반복해서 참구하니 결단코 주자의 저작이 아님을 알 수 있었다. 그러나 수백 년 이래 그 잘못을 깨달은 자가 있지 않은 것은 주자가 돌아가신 후 여러 유자들이 자신의 뜻으로『역본의易本義』을 고친 것이 오래도록 유전하여 찬입簒入한 바가 있음을 또한 다시 분별하지 못했기 때문이다.[22]

22　王懋竑 撰, 何忠禮 點校,『朱熹年譜』, 北京: 中華書局, 1998, 339쪽: "卦變圖, 啓蒙詳之, 蓋

왕무횡에 의하면, 『주역본의』의 주문에 '송괘는 둔괘에서 왔다.'라고 되어 있고, '진괘는 관괘觀卦에서 왔다.'라고 되어 있어, 『주역본의』 권수 구도 중의 하나인 괘변도의 체계와 일치하지만, 나머지 17괘는 괘변도의 체계와 일치하지 않는다는 주장이다. 즉 '송괘는 둔괘에서 왔다.'는 주문의 경우 송괘는 이음이양지괘二陰二陽之卦와 사음사양지괘四陰四陽之卦에 속하므로 벽괘인 둔괘와 대장괘大壯卦에서 추이해오는 것이 『주역본의』 권수의 「괘변도卦變圖」 체계와 일치한다.

그리고 '진괘는 관괘에서 왔다.'는 주문의 경우 진괘는 사음사양지괘와 이음이양지괘에 속하므로 벽괘인 관괘와 임괘에서 추이해오는 것이 『주역본의』 권수의 「괘변도」 체계와 일치한다. 그러나 나머지 17괘의 경우 이러한 원칙이 적용되지 않는다는 것이다. 따라서 이러한 점을 통해 볼 때, 『주역본의』 권수의 「괘변도」와 『주역정의周易本義』의 주문은 일치하지 않는다고 볼 수 있다.

왕무횡의 이러한 지적은 합리적이고 근거 있는 주장이라 할 수 있다. 『주역본의』 권수의 「괘변도」와 『주역본의』의 주문의 일치 여부는 다음 장에서 보다 자세하게 검토하기로 한다.

一卦可變爲六十四卦, 象傳卦變偶擧十九卦以爲說爾. 今圖卦變, 皆自復姤臨遯等十二辟卦而來, 以本義考之, 惟訟晉二卦爲合, 餘十七卦, 則皆不合, 其爲謬妄尤爲顯然, 必非朱子之舊明矣. 故嘗反復參考九圖, 斷斷非朱子之作, 而數百年以來未有覺其誤者. 蓋自朱子旣沒, 諸儒多以其意改易本義, 流傳旣久, 有所纂入, 亦不復辯焉."

5. 『주역본의』 권수 구도 중의 「괘변도」와 『주역본의』의 주문注文

『주역본의』 권수 구도 중의 「괘변도」와 『주역본의』의 주문注文의 일치 여부를 고찰하기 위해서는 우선 『주역본의』 권수 구도 중의 「괘변도」를 먼저 도시할 필요가 있다.[23]

凡一陰一陽之卦各六, 皆從復·姤而來(五陰五陽, 卦同圖異)

剝·比·豫·謙·師·復

夬·大有·小畜·履·同人·姤

凡二陰二陽之卦各十有五, 皆自臨·遯而來(四陰四陽, 卦同圖異)

頤·屯·震·明夷·臨

蒙·坎·解·升

艮·萃·小過

晉·蹇

觀

大過·鼎·巽·訟·遯

革·離·家人·无妄

兌·睽·中孚

需·大畜

大壯

凡三陰三陽之卦各二十, 皆自否·泰而來

---

23 朱熹 撰, 廖名春 點校, 『周易本義』, 北京: 中華書局, 2009, 18~28쪽. 지면상 괘획은 생략한다.

損·節·歸妹·泰

賁·旣濟·豐

噬嗑·隨

益

蠱·井·恒

未濟·困

渙

旅·咸

漸

否

咸·旅·漸·否

困·未濟·渙

井·蠱

恒

隨·噬嗑·益

旣濟·賁

豐

節·損

歸妹

泰

凡四陰四陽之卦各十有五, 皆自大壯·觀而來(二陰二陽, 圖已見前)

大畜·需·大壯

睽·兌

中孚

離·革

家人

无妄

鼎·大過

巽

訟

遯

萃·晉·觀

蹇·艮

小過

坎·蒙

解

升

屯·頤

震

明夷

臨

凡五陰五陽之卦各六, 皆自夬·剝而來(一陰一陽, 圖已見前)

大有·夬

小畜

履

同人

姤

比·剝

豫

謙

師

復

이러한 「괘변도」의 구성은 다시 다음과 같은 5가지 분류로 요약할 수 있다.

凡一陰一陽之卦各六, 皆從復·姤而來(五陰五陽, 卦同圖異)

凡二陰二陽之卦各十有五, 皆自臨·遯而來(四陰四陽, 卦同圖異)

凡三陰三陽之卦各二十, 皆自否·泰而來

凡四陰四陽之卦各十有五, 皆自大壯·觀而來(二陰二陽, 圖已見前)

凡五陰五陽之卦各六, 皆自夬·剝而來(一陰一陽, 圖已見前)

5가지 분류는 각각 이른바 벽괘로부터 추이한 괘로 구성되어 있다. 즉 범일음일양지괘凡一陰一陽之卦는 모두 복괘復卦나 구괘姤卦로부터 추이해온 괘이고, 이음이양지괘二陰二陽之卦는 모두 임괘臨卦와 둔괘遯卦로부터 추이해온 괘이고, 삼음삼양지괘三陰三陽之卦는 모두 비괘否卦와 태괘泰卦로부터 추이해온 괘이고, 사음사양지괘四陰四陽之卦는 모두 대장괘大壯卦와 관괘觀卦로부터 추이해온 괘이고, 오음오양지괘五陰五陽之卦는 모두 괘괘夬卦와 박괘剝卦로부터 추이해온 괘이다.

이러한 구성은 주자 이전부터 전해져 내려오는 「괘변도」의 전통과 대체로 일치한다. 다만 이러한 「괘변도」는 주자 이전의 「괘변도」와 다른 측면이 존재한다. 이 점에 대해 다음 기회에 다루기로 하고, 여기서 『주역본의』 권수 구도 중의 「괘변도」와 『주역본의』의 주문의 일치 여부를 중심으로 살펴보고자 한다.

『주역본의』 권수 구도 중의 「괘변도」와 『주역본의』의 주문의 일치 여부를 고찰하기 위해서는 「괘변도」의 구성 원리를 정확하게 이해해야 한다. 다시 말하면 위의 「괘변도」는 각 분류에 속하는 괘가 그 벽괘로부터 추이해왔다는 점을 도시해주고 있다. 예를 들면 겸괘謙卦는 범일음일양지괘나 오음오양지괘에 속하므로, 벽괘인 복괘나 박괘로부터 추이해 와야 한다.

겸괘가 벽괘인 복괘나 박괘로부터 추이해오지 않았다면 이는 위 「괘변도」와 일치하지 않게 된다. 이러한 점을 기준으로 위의 「괘변도」와 『주역본의』의 주문의 일치 여부를 확인할 수 있다. 논의의 편의를 위해 괘변과 관련된 『주역본의』의 주문을 인용하면 다음과 같다.[24]

1. 訟, 自遯而來(二三爻換)

2. 泰, 自歸妹來(三四爻換)

3. 否, 自漸而來(三四爻換)

4. 隨, 自困而來(初二爻換), 又自噬嗑來(五上爻換), 自未濟來兼之(初二, 五上爻換)

5. 蠱, 自賁而來(初二爻換), 又自井來(五上爻換), 自旣濟來兼之(初二, 五上爻換)

6. 噬嗑, 自益來(四五爻換)

7. 賁, 自損而來(二三爻換), 又自旣濟來(五上爻換)

8. 無妄, 自訟而來(初二爻換)

9. 大畜, 自需而來(五上爻換)

10. 咸, 自旅來(五上爻換)

11. 恒, 自豐來(初二爻換)

---

24 朱熹 撰, 廖名春 點校, 『周易本義』, 北京: 中華書局, 2009.

12. 晉, 自觀而來(四五爻換)

13. 睽, 自離來(二三爻換), 又自中孚來(四五爻換), 自家人來兼之(二三, 四五爻換)

14. 蹇, 自小過而來(四五爻換)

15. 解, 自升來(三四爻換)

16. 升, 自解來(三四爻換)

17. 鼎, 自巽來(四五爻換)

18. 漸, 自渙而來(二三爻換), 又自旅而來(四五爻換)

19. 渙, 自漸來(二三爻換)

이상 괘변과 관련된 『주역본의』의 주문을 살펴보면, 이러한 주문이 『주역본의』 권수 구도 중의 「괘변도」와 일치하는 지 확인할 수 있다.

1. 송괘訟卦는 둔괘遯卦로부터 추이해왔고, 2. 태괘泰卦는 귀매괘歸妹卦로부터 추이해왔고, 3. 비괘否卦는 점괘漸卦로부터 추이해왔고, 4. 수괘隨卦는 곤괘困卦와 서합괘噬嗑卦, 미제괘未濟卦로부터 추이해왔고, 5. 고괘蠱卦는 비괘賁卦와 정괘井卦, 기제괘旣濟卦로부터 추이해왔고, 6. 서합괘噬嗑卦는 익괘益卦로부터 추이해왔고, 7. 비괘賁卦는 손괘損卦와 기제괘旣濟卦로부터 추이해왔고, 8. 무망괘無妄卦는 송괘訟卦로부터 추이해왔고, 9. 대축괘大畜卦는 수괘需卦로부터 추이해왔고, 10. 함괘咸卦는 여괘旅卦로부터 추이해왔고, 11. 항괘恒卦는 풍괘豐卦로부터 추이해왔고, 12. 진괘晉卦는 관괘觀卦로부터 추이해왔고, 13. 규괘睽卦는 이괘離卦와 중부괘中孚卦, 가인괘家人卦로부터 추이해왔고, 14. 건괘蹇卦는 소과괘小過卦로부터 추이해왔고, 15. 해괘解卦는 승괘升卦로부터 추이해왔고, 16. 승괘升卦는 해괘解卦로부터 추이해왔고, 17. 정괘鼎卦는 손괘巽卦로부터 추이해왔고, 18. 점괘漸卦는 환괘渙卦와 여괘旅卦로부터 추이해왔

고, 19. 환괘渙卦는 점괘漸卦로부터 추이해왔다.

이렇게 괘변과 관련된『주역본의』의 주문은 총 19조목이다. 이 중『주역본의』의「괘변도」의 구성 원칙과 일치하는 것은 왕무횡이 지적한 바 있지만, 1. 송괘가 둔괘로부터 추이한 것과 12. 진괘가 관괘로부터 추이한 것 두 조목만『주역본의』의「괘변도」의 구성 원칙과 일치한다.

나머지 17조목은 모두『주역본의』의「괘변도」의 구성 원칙과 일치하지 않는다. 예를 들어, 6. 서합괘가 익괘로부터 추이해왔다고 했는데,「괘변도」에 따르면 서합괘는 삼음삼양지괘에 속하기 때문에 비괘否卦와 태괘泰卦로부터 추이해와야 한다.

하나의 예를 더 들면, 8. 무망괘가 송괘로부터 추이해왔다고 했는데,「괘변도」에 따르면 무망괘는 이음이양지괘와 사음사양지괘에 속하기 때문에 둔괘遯卦와 대장괘大壯卦로부터 추이해 와야 한다.

명말 청초의 학자 황종희黃宗羲(1610~1695)는『주역본의』의「괘변도」와『주역본의』의 주문이 서로 부합하지 않는다고 지적했다.[25]

주자가 비록 이 그림을 그렸지만, 또한 스스로 그것이 결코 사용할 수 없음을 알았다. 주석한 19괘의 단사彖辭는 주변지괘主變之卦를 모두 버리고 서로 이웃한 두 효를 함께 바꾸는 것으로 변變을 삼았다. …… 서합괘噬嗑卦는 익괘益卦로부터 추이해왔고【사효와 오효를 서로 바꾸었다】[26]

즉 황종희는『주역본의』의 주문에서 언급한 내용이『주역본의』의「괘

---

25 黃宗羲 撰,『易學象數論(外二種)』, 北京: 中華書局, 2010, 72~74쪽.

26 黃宗羲 撰,『易學象數論(外二種)』, 北京: 中華書局, 2010, 72쪽: "朱子雖爲此圖, 亦自知其決不可用. 所釋十九卦彖辭, 盡舍主變之卦, 以兩爻相比者互換爲變. …… 噬嗑則自益【四五相換】"

변도」에 나타나 있는 벽괘로부터 추이라는 원칙을 모두 버리고 단지 서로 이웃한 두 효를 함께 바꾸는 것을 괘변으로 보았다고 서술했다. 따라서 황종희는 『주역본의』의 「괘변도」와 『주역본의』의 주문이 일치할 수 없다고 지적했다.[27]

청대의 학자 호위胡渭(1633~1714)도 『주역본의』의 「괘변도」와 『주역본의』의 주문이 부합하지 않는다고 비판했다.[28]

주자는 「괘변도」를 선천도의 뒤에 덧붙이고자 하여 이정지李挺之의 「반대도反對圖」를 사용했으나 진희이陳希夷의 본뜻을 잃지 않았다. 이에 지금 「상생도相生圖」에 근거하여 그 법을 경정했으나 오히려 번쇄함이 이씨보다 더 심했고 경문을 해석함에 이르러 반대괘反對卦를 버리고 범범하게 서로 이웃하는 두 효를 함께 바꿈으로써 괘변을 삼고자 하여 상하를 왕래하는 데 있어서 마침내 정해진 규칙이 없게 되었으니, 어찌 이 그림을 사용할 수 있겠는가?[29]

호위는 주자가 스스로 「괘변도」가 이정지李挺之의 그림보다 더 번쇄함을 알고 경문을 해석함에 이르러서는 반대괘反對卦를 버리고 범범하게 서로 이웃하는 두 효를 함께 바꿈으로써 괘변을 삼고자 했다고 지적했다. 이는 주자가 『주역본의』의 주문에 『주역본의』의 「괘변도」를 규칙으로 삼지 않았음을 뜻한다.

---

27 黃宗羲 撰, 『易學象數論(外二種)』, 北京: 中華書局, 2010, 74쪽: "是朱子之卦變兩者俱爲無當, 宜乎其說之不能歸一也."

28 胡渭 撰, 鄭萬耕 點校, 『易圖明辨』, 北京: 中華書局, 2008, 213~223쪽.

29 胡渭 撰, 鄭萬耕 點校, 『易圖明辨』, 北京: 中華書局, 2008, 223쪽: "朱子欲以卦變附先天之後, 當仍用李氏反對圖, 猶不失希夷本指. 今乃據相生圖以更定其法, 煩碎甚於李氏, 而及其釋經也, 則又舍反對之卦, 而泛泛焉以兩爻相比者互換爲變, 往來上下, 訖無定法, 亦安用此圖爲也."

조선 후기의 학자 정약용도 『주역사전周易四箋』의 「사전소인四箋小引」에서 『주역본의』의 「괘변도」와 『주역본의』의 주문이 일치하지 않는다고 언급한 바 있다.

첫째는 '추이推移'이다. ○ 주자의 「괘변도」가 곧 이 법이다(『본의』에서 말한 괘변卦變과는 같지 않다).[30]

여기서 '추이'는 중국 역학의 '괘변'과 같은 의미이다. 즉 다산도 자신의 역학에 있어서 '괘변'을 중심 이론으로 사용하고 있어 주자의 「괘변도」에 정통하였고, 그리고 『주역본의』의 「괘변도」와 『주역본의』의 주문이 같지 않음을 언급하였다.

6. 결어

본고에서 필자는 우선 조선 역학에 있어서 『주역전의대전』의 절대적인 위치와 이를 통해서 『주역본의』의 권수卷首 구도九圖가 조선 역학에서 하나의 표준으로 자리 잡게 되었음을 지적하였다. 그러나 『주역본의』의 권수 구도는 주자가 1177년 『주역본의』를 완성하고 간행했을 때 『주역전의대전』의 체재처럼 『주역본의』의 권수에 실리지 않았다. 이는 『주역본의』의 권수 구도가 주자의 의도와 다르게 훗날 문인들에 의해서 부가되었다는 것을 의미한다.

---

30 『周易四箋 I』, 『定本 與猶堂全書 15』, 다산학술문화재단, 2012, 31쪽: 「四箋小引」: "一曰推移.○朱子卦變圖, 卽此法也(與本義之言卦變不同)."

본고는 이러한 문제의식에서 『주역본의』의 권수 구도가 『주역본의』의 체재로 자리 잡게 된 과정을 추적했다. 결론적으로 본고는 『주역본의』의 권수 구도가 『주역본의』의 체재로 자리 잡게 된 중요한 계기는 송대의 동해의 『주역전의부록周易傳義附錄』이라고 보았다.

물론 동해 이전에 『주역본의』의 권수 구도가 『주역본의』의 체재로 존재했을 것으로 보이지만 결과적으로 동해의 『주역전의부록』 편찬 이후 그 권위를 인정받게 되었고 명대 호광이 편찬한 『주역전의대전』에까지 이르게 된 것으로 판단된다. 물론 『주역본의』의 권수 구도가 『주역본의』의 체재로 자리 잡게 된 결정적 계기는 명대의 『주역전의대전』이라 할 수 있다.

그런데 명대의 『주역전의대전』 편찬 이후 『주역본의』의 권수 구도가 『주역본의』의 주문注文과 서로 부합하지 않는다는 주장이 명말청초의 학자 황종희, 청대의 호위, 왕무횡, 조선의 정약용 등에 의해 제기되었고, 이로 인해 『주역본의』의 권수 구도의 권위도 문제가 되었다. 필자는 본고를 통해 이러한 학자들의 문제제기가 타당성이 있다고 보았다.

사실 『주역본의』의 내용적 측면을 고려했을 때, 『주역본의』의 권수 구도가 『주역본의』의 내용과 서로 부합하지는 않는다. 즉 『주역본의』의 내용은 상象과 점占의 구조로 구성되어 있으며, 주자의 64괘 괘사 및 효사의 해석에는 괘변과 효변 등의 상수학적 방법을 사용하지 않았다.

따라서 『주역본의』의 내용적 구성 논리에 충실히 따른다면 『주역본의』의 권수 구도가 필요하지 않는 것이다. 이러한 측면에서 볼 때, 호병문胡炳文의 『주역본의통석周易本義通釋』과 웅량보熊良輔의 『주역본의집성周易本義集成』의 『주역본의』 체재가 주자가 1177년 처음 『주역본의』를 완성했을 때의 모습과 가장 근사하다고 판단된다.

양명의 탈성화脫聖化 기획

설준영(성균관대학교 박사과정 수료)

본 연구는 왕수인王守仁(1472~1528, 이하 양명으로 칭함)의 성인관聖人觀을 신성화神聖化로부터의 이탈이라는 맥락에서 해석하려는 시도이다. 성인은 보통 사람[凡人]과 달리 덕德이나 지혜가 뛰어난 사람을 일컫는다.[1] 그는 뛰어난 덕을 통해 완전한 윤리 행위를 수행하거나 뛰어난 지혜로 공동체를 이끌어가는 본보기이다.[2]

한편 유학의 역사를 통해 누구도 같은 시대를 살아가는 사람으로부터 성인으로 인정받는 경우는 없었다. 예컨대 공자의 경우에도 요堯 임금과 순舜 임금 정도를 성인으로 인정했을 뿐이다. 그도 스스로를 성인이라 칭하지는 않았고, 성인의 존재를 볼 수 없다고 아쉬워하기도 하였다.[3]

이처럼 성인은 보통 사람과 다른 존재이자 동시대에서는 볼 수 없는

---

1 『漢語大詞典』: "指品德最高尚, 智慧最高超的人."

2 중국 사상사의 성인의 개념에 관하여는 오진, 「중국사상사에서의 '聖人' 개념」, 『퇴계학논집』 제10호, 퇴계학연구원, 2012 참고.

3 『論語』「述而」: "子曰, 聖人, 吾不得而見之矣! 得見君子者斯可矣!"

존재로 간주되었다. 신유학이 등장하고 나서 성인은 노력으로 도달할 수 있는 존재[可學而至]로 인식되었다. 하지만 현대에 이르기까지 누구도 공자처럼 성인이라 칭송 받는 인물이 없는 것을 통해 알 수 있듯이, 성인이라는 존재는 신성화되어 도달할 수 없는 것처럼 보인다.

이에 반해 양명은 거리에 가득한 사람이 모두 성인[滿街聖人]이라 주장하여, 성인에 대한 인식의 지평을 확장한다. 아무런 조건이 없이 사람이라면 누구나 성인이라는 주장은 파격적이다. 이전의 모범으로서 영원히 도달할 수 없거나, 배워서 언젠가는 도달할 수 있는 존재였던 성인의 지위를 단숨에 깨버리고 보통 사람과 성인을 동일시한 것이다. 그러나 그 역시 여전히 사람을 성인聖人, 현인賢人, 학자學者의 등급으로 나누어 윤리적으로 완성된 사람으로서 성인을 규정하기도 한다. 이 같은 모순을 이해하는 틀을 제시하는 것이 본 연구의 목적이다.

본 연구에서는 양명의 성인관을 존재 양태와 행위 양태의 측면으로 나누어 모순된 주장을 극복하고 그의 성인관을 입체적으로 이해하고자 한다. 존재 양태는 존재가 가지는 다양한 속성들이 현실적으로 나타나는 모습을 의미한다. 본문에서 존재 양태로서 성인이라 함은 실은 '존재 양태로서의 성인이라는 존재'를 뜻한다. 다시 말해 성인의 존재 양태는 사람의 존재가 갖는 다양한 속성들 중 덕 이나 지혜가 뛰어난 모습을 지닌 존재를 뜻한다. 행위 양태로서의 구분은 주체의 행위가 성인, 현인, 학자의 행위 양태 중 어느 곳에 속하느냐를 뜻한다. 예컨대 덕이나 지혜가 뛰어난 모습이 발현된 행위는 성인이라는 존재가 취하는 행위 양태를 뜻한다.

아래에서는 먼저 양지의 보편성을 통해 존재 양태로서 만가성인滿街聖人의 해석을 시도한다. 그리고 윤리 행위의 지속성을 성인, 현인, 학자의 행위 양태를 구분하는 기준으로 설정하여, 행위 양태로서의 성인

에 대해 살펴보겠다. 두 가지 구분을 종합하여 양명의 성인관을 이해해
보려 한다. 이후 탈성화의 맥락에서 양명의 심즉리心卽理에 대한 해명을
시도한다.

1. 존재 양태로서의 성인

1) 양지의 보편성

양명의 성인관을 살펴보기에 앞서, 송대 유학의 성인관의 특징에 대
해 간략히 살펴보자. 송대 유학자들은 성인은 공부를 통해 도달할 수 있
는 존재라 보았다. 대표적으로 주돈이周敦頤는 공부를 통해 성인이 될
수 있다[聖可學]고 하였고,[4] 정이程頤와 주희朱熹 역시 그 가능성을 인정
하였다.[5] 그들의 관심은 어떻게 보통 사람들로 하여금 윤리적 행위를 이
끌어내느냐에 있었다.

그들은 성인에 대해 독창적인 해석을 내놓기보다는 윤리적 완성을 끊
임없이 추구할 수 있는 방법에 더욱 고심하였다. 윤리 행위의 측면에서
현재의 존재 양태보다 변화하여 도달할 수 있는 존재 양태에 더욱 집중
한 것이다. 이에 보통 사람이 윤리적으로 완성된 존재가 될 가능성에 주
목하였고, 성인은 완성의 표상이 되었다.

4　『周敦頤集』권2, 「通書 聖學」: "聖可學乎? 曰, 可." 『周敦頤集』, 北京: 中華書局, 1990, 29쪽.

5　『河南程氏文集』권8, 「顔子所好何學論」: "聖人可學而至歟? 曰, 然." 『二程集』, 北京: 中華
書局, 2004, 577쪽; 『孟子集註』, 「滕文公章句」: "性者人所稟於天以生之理也, 渾然至善, 未
嘗有惡. 人與堯舜, 初無少異. 但衆人汩於私欲而失之, 堯舜則無私欲之蔽, 而能充其性爾.
故孟子與世子言, 每道性善, 而必稱堯舜以實之, 欲其知仁義不假外求, 聖人可學而至, 而
不懈於用力也."

그러나 양명은 한 걸음 더 나아가 모든 사람이 성인이라고 표현한다.

하루는 왕여지가 나갔다 돌아오자 선생님이 물으셨다. "나가서 무엇을 보았는가?" [왕여지가] 대답하였다. "길에 가득 찬 사람이 모두 성인임을 보았습니다." 선생님이 말하셨다. "그대가 길에 가득 찬 사람이 성인임을 보았다면, 그들은 도리어 그대가 성인임을 보았을 것이다." 또 하루는 동나석이 나갔다 돌아와 선생님을 뵙고 말하였다. "오늘 이상한 일을 보았습니다." 선생님이 물으셨다. "무엇이 이상한가?" [동나석이] 대답하였다. "거리에 가득 찬 사람이 모두 성인임을 보았습니다." 선생님이 말하셨다. "이 또한 일상적인 일일 뿐인데 어찌 이상한 일이라 할 수 있겠는가?"[6]

양명은 성인을 보통 사람과 동일한 존재라고 주장하고 있음을 볼 수 있다. 이 경우 양명이 말하는 성인은 보통 사람과 동일한 존재 양태를 뜻한다. 모든 사람이 성인의 덕, 또는 지혜와 같은 속성을 공유하고 있다는 의미이다. 이러한 측면에서 사람은 모두 동일한 존재이며, 공부를 통해 성인으로 존재가 변하는 것이 아니다. 다른 곳에서 양명은 다음과 같이 말하고 있다.

성인이 성인인 까닭은 단지 그 마음이 천리天理에만 집중하고 인욕人欲의 잡스러움이 없기 때문이니, 마치 순수한 금이 다만 그 색깔이 충분하고 동과 구

---

6 『傳習錄』313조목: "一日, 王汝止出遊歸. 先生問曰, 遊何見? 對曰, 見滿街人都是聖人. 先生曰, 你看滿街人是聖人. 滿街人到看你是聖人在. 又一日, 董羅石出遊而歸. 見先生曰, 今日見一異事. 先生曰, 何異? 對曰, 見滿街人都是聖人. 先生曰, 此亦常事耳. 何足爲異?" 『傳習錄』의 원문과 표점은 陳榮捷, 『王陽明傳習錄詳註集評』, 臺北: 學生書局, 1983을 따랐다. 아래에서는 조목만 표기한다.

리의 잡스러움이 없기 때문에 순수한 것과 같다. 사람이 천리에만 집중하는 데에 도달하면 그가 바로 성인이고, 금이 색깔을 충족시킴에 이르면 그것이 바로 순수한 것이다.[7]

인용문에 따르면, 사람의 마음이 천리에만 온전히 집중하면 그가 성인이다. 하지만 순금에 다른 금속을 섞듯, 천리에만 집중하지 못하면 성인이 될 수 없게 된다. 이것은 주돈이나 정이, 주희가 공부를 통해 성인이 될 수 있는 가능태로서 사람을 설정한 것과는 다르다. 마음이 천리를 향해 집중하기만 하면, 그가 바로 성인이라는 말이다. 이는 공부와 같은 다른 계기를 통하여 성인으로 존재가 변화하는 것이 아니라 이미 성인의 속성이 완전한 형태로 존재하고 있음을 뜻한다.

성인의 속성으로 천리를 지목하고 있다. 이때의 천리는 바로 양지良知이다.[8] 다시 말해 양지에 온전히 집중하면 보통 사람도 성인과 동일한 존재 양태가 나타난다. 이 같은 주장은 인격 수양의 최종 목표를 성인으로 상정한 것에서는 동일하다.

양명 이전의 성인은 도덕적 완성의 지표로 존재하는 것으로 존재가 변화하여 성인이 되어야만 하는 성화聖化의 단계가 요구된다. 그러나 양지가 이미 내재해 있다는 것은 성인과 보통 사람을 동일하게 만드는 속성이다. 이는 성인과 보통 사람의 존재 양태가 동일함을 뜻한다.

양명의 주장이 타당성을 지니려면 양지, 즉 천리가 사람의 공통적 속성임을 해명해야 한다. 양명은 천리와 마음을 연결하고 심즉리心卽理를

---

7   『傳習錄』 99조목: "聖人之所以爲聖, 只是其心純乎天理, 而無人欲之雜, 猶精金之所以爲精, 但以其成色足而無銅鉛之雜也. 人到純乎天理方是聖, 金到足色方是精."

8   『傳習錄』 135조목: "吾心之良知, 卽所謂天理也."

주장하여 보편성을 확보한다. 심즉리는 정이의 성즉리性卽理와 동일한
서술 구조로 이루어져 있다. 정이는 다음과 같이 말한다.

> 또 물었다. "재질은 어떠한 것입니까?" 대답하였다. "재목과 같은 것이 재질
> 이다." 나무에 비유하자면 굽고 곧은 것은 나무의 속성이다. 바퀴나 끌채가
> 될 수도 있고, 들보나 용마루가 될 수도 있으며, 서까래가 될 수도 있는 것이
> 재질이다. 오늘날 사람들이 재질이 있다고 하는 것은 재질의 아름다움을 말
> 하는 것이다. 재질은 바로 사람의 자질이니 성을 따라 그것을 수양하면 비록
> 지극한 악이라도 더할 수 없이 선하게 바뀔 수 있다. 또 물었다. "성은 어떠한
> 것입니까?" 대답하였다. "성은 곧 이치이다." 이성理性이라고 하는 것이 그것
> 이다. 천하의 이치는 본래 그 근원으로부터 선하지 않음이 없다.[9]

정이는 모든 사람에게 보편적으로 내재한 자질[才]을 성性에 따라 수
양하면 선할 수 있게 된다고 말하며, 그 근거로 선한 성이 곧 이치임을
들고 있다. 정이는 이를 나무에 비유하여 곧거나 휜 것은 그것의 본래적
속성[性]라 하고, 나무가 변화하여 물건이 될 수 있는 가능성을 재질[才]
라고 표현한다.

이때의 자질이 곧 성인으로 변화할 수 있는 잠재적 가능성을 뜻한다.
그러나 온전한 성즉리의 상태를 타고난 사람은 요 임금과 순 임금에 한
정된다.[10] 결국 배워서 요와 순 같은 성인에 이를 수는 있지만 사람마다

---

9 『河南程氏遺書』권22: "又問, 如何是才? 曰, 如材植是也. 譬如木, 曲直者性也. 可以爲輪
   轅, 可以爲梁棟, 可以爲榱桷者才也. 今人說有才, 乃是言才之美者也. 才乃人之資質, 循性
   修之, 雖至惡可勝而爲善. 又問, 性如何? 曰, 性卽理也, 所謂理, 性是也. 天下之理, 原其
   所自, 未有不善."『二程集』, 北京: 中華書局, 2004, 292쪽.

10 『二程遺書』권22: "若夫學而知之, 氣無淸濁, 皆可至於善而復性之本. 所謂堯舜性之, 是生
   知也."

타고난 자질의 차이가 있기 때문에 모두가 성인은 아닌 것이다. 이를 존재 양태로 설명하자면, 사람의 속성은 성인의 속성과 동일하게 이치에 근거하고 있다.

그러나 성은 그 자체로 활동성을 지니고 있지 않다. 윤리 행위를 결정짓는 것은 자질이다. 자질은 성인과 보통 사람이 다르다는 점에서 두 존재는 동일한 존재 양태를 가질 수 없게 되고, 자질을 계발하여 존재가 전환되는 단계가 요구된다. 한편, 양지의 경우에는 윤리 행위에 있어 성과 자질의 경계가 없어지고, 양지를 속성으로 두 존재의 존재 양태가 동일하다고 할 수 있는 것이다.

심즉리에 대해 살펴보자. 양명은 다음과 같이 말한다.

> 서애가 물었다. "지극한 선을 단지 마음에서만 구한다면, 마음이 천하의 사리에 대하여 다하지 못하는 것이 있을 것 같습니다." 선생이 말하였다. "마음이 곧 이치이다. 천하에 또다시 마음 밖의 일과 마음 밖의 이치가 있겠는가?" …… [이치는] 모두 단지 이 마음에 있을 뿐이니, 마음이 곧 이치이다. 이 마음에 사욕의 폐단이 없는 것이 바로 천리이니, 모름지기 밖에서 조금도 더할 것이 없다.[11]

양명에 따르면 천리는 곧 사람이 타고난 마음의 본체이자 지극한 선이다.[12] 이를 근거로 마음이 곧 이치라 주장한다. 이는 앞서 정이가 천하의 이치가 그 근본으로부터 선하다고 본 것과 같은 논리적 구조를 가진

---

11 『傳習錄』 3조목: "愛問, 至善只求諸心. 心恐於天下事理, 有不能盡. 先生曰, 心卽理也. 天下又有心外之事, 心外之理乎? …… 都只在此心. 心卽理也. 此心無私欲之蔽, 卽是天理, 不須外面添一分."

12 『傳習錄』 2조목: "至善, 是心之本體."

다. 정이는 사람의 본래적 속성을 성性이라고 하고 이를 이치와 연결한 후, 그 근원을 천하의 이치가 모두 선하다는 것에서 찾았다. 이러한 구조에서는 성인의 경우 후천적 학습이 필요 없는 자질로 본성이 존재 그 자체로 직접 연결된다. 보통 사람은 학습을 통하여 존재가 성인으로 변할 수 있는 가능성의 양태로 존재한다. 반면에 양명은 성과 자질에 대한 구분이 없이 마음을 곧바로 이치에 연결한다. 결국 모든 사람에게 마음은 동일하게 존재함으로 이를 통해 모두가 성인이라 말하게 된다.

마음은 양지를 주재하는 측면에서 말한 것이고, 타고난 측면에서 말하면 성性이다.[13] 성은 또다시 마음의 본체로 심, 성, 천리의 구조 속에서 연결된다.[14] 양지의 보편성에 근거하면 모든 사람의 존재 양태는 동일하다. 이러한 측면에서 양명은 거리의 모든 사람이 성인이라 주장한다.

2) 진성측달盡誠惻怛과 추기급인推己及人

양명은 모든 사람이 양지를 지니고 있다는 점에서 성인의 존재를 보통 사람과 동일하게 보았음을 살펴보았다. 양명은 양지를 구체화시켜 진성측달盡誠惻怛이라는 개념을 제시한다.

양지는 다만 천리와 같은 것으로 자연히 밝게 깨닫고 드러나는 곳이며, 단지 진실함을 다하여 다른 사람을 불쌍히 여겨 슬퍼하는 것이 그것의 본체이다.[15]

---

13 『傳習錄』118조목: "知是理之靈處. 就其主宰處說便謂之心. 就其稟賦處說便謂之性."

14 『傳習錄』6조목: "性是心之體. 天是性之原. 盡心卽是盡性."

15 『傳習錄』189조목: "蓋良知只是一箇天理自然明覺發見處. 只是一箇眞誠惻怛, 便是他本體."

앞서 살펴보았듯이 양지는 마음의 본체이다. 그리고 이 마음의 본체는 지극한 선이며, 타고났다는 측면에서 말하자면 성이다. 성은 하늘에 근원을 두고 있다. 그래서 마음을 다 하면 곧 천리와 같은 것이라 말한다. 진실함[誠]을 다한다는 것은 어떠한 사태를 만나 행위를 할 때, 양지를 있는 그대로 남김없이 드러낸다는 뜻이자 양지만을 따라서 행한다는 말이다. 양지는 지극한 선이라는 방향성을 가진다.[16] 그리고 지극한 선을 향해 나아가기 위해서는 뜻[意]을 일으켜야 하며, 행위 주체가 어떠한 사태를 만나 양지를 남김없이 드러낸 것이 바로 뜻을 진실하게 하는[誠意] 것이다. 따라서 양명은 진성측달을 양지의 본래 모습이라 한다. 양지를 바탕으로 의를 발동시키고 행위로까지 이어지는 과정을 구체화한 개념이다. 예컨대, 진성측달을 통하여 부모를 만나는 때에는 효, 형제를 만나는 때에는 우애, 군신 관계에서는 충 등의 덕목이 실현되는 것이다.[17]

진성측달은 어떠한 사태를 만나 뜻을 진실하게 일으켜, 적확한 윤리적 행위를 이끌어내는 일련의 과정을 추동하는 힘이다. 이는 윤리적으로 완전한 양지의 본래 모습을 기반으로 한다. 그러므로 진성측달을 가진 개별자들의 행위가 바로 윤리적 보편성을 획득하게 된다. 진성측달을 통해 개별자의 윤리 행위가 그 자체로 보편의 지위를 획득하게 되는 것은 윤리 행위가 확장을 통해 보편의 지위에 이르는 것과 대비될 수 있다.

맹자는 다음과 같이 말한다.

---

16 『傳習錄』228조목: "至善者, 心之本體. 本體上才過當些子, 便是惡了. 不是有一個善, 却又有一個惡來相對也. 故善惡只是一物."

17 『傳習錄』189조목: "故致此良知之眞誠惻怛以事親便是孝. 致此良知之眞誠惻怛以從兄便是弟. 致此良知之眞誠惻怛以事君便是忠."

맹자가 말하였다. "군자가 뭇 존재를 대할 때, 사랑하지만 사람을 사랑하듯 하지는 않고 백성을 대할 때, 사랑하지만 부모를 사랑하듯이 하지는 않는다. 어버이를 친애하고 나서 백성을 사랑하며, 그 이후에 뭇 존재를 사랑한다."[18]

위 인용문에서 볼 수 있듯이, 도덕적 완성을 위해 노력하는 군자君子는 모든 존재를 사랑하려는 보편적 윤리를 지향한다. 그러나 즉각적으로 그의 행위가 보편적 지위를 획득하는 단계로까지 나아가지는 못한다. 먼저 가까운 곳에서부터 부모를 사랑하고, 그 후 같은 유類인 사람을 사랑하고 나서야 다른 존재에게까지 사랑의 범위가 확장된다. 이를 주희는 나의 경우를 비추어 다른 사람에게 행하는[推己及人] 것으로 풀이하고 있다.[19] 맹자는 「양혜왕상梁惠王上」에서도 나를 비추어 다른 사람에 행하는 것에까지 이른다면 천하를 보호할 수 있다고 하며, 옛사람이 뛰어났던 이유는 나의 마음을 들어 다른 사람에게 잘 베풀었기 때문이라고 말한다.[20]

이처럼 추推는 확장의 논리이다. 어떠한 사태에 직면하여 언제나 완벽한 윤리적 행위를 실천하기 위해서 가까운 곳에서부터 점차 윤리적 사각지대를 없애 나가야 한다. 그러므로 개별자의 행위가 언제나 보편 윤리와 만날 수 있으려면 그가 도덕적 완성의 존재로 변해야만 한다.

그러나 진성측달은 윤리적 행위에 있어 직접 대응한다. 추의 논리처럼 행위자가 특정 사태를 맞이하여 어딘가에 비추어 행위의 범위를 넓

---

18 『孟子』「盡心上」: "親親而仁民, 仁民而愛物."
19 『孟子集註』「盡心章句」: "程子曰, 仁, 推己及人, 如老吾老以及人之老, 於民則可, 於物則不可. 統而言之則皆仁, 分而言之則有序."
20 『孟子』「梁惠王上」: "故推恩足以保四海, 不推恩無以保妻子. 古之人所以大過人者無他焉, 善推其所爲而已矣."

혀가는 것이 아니다. 개별자의 윤리 행위가 곧 보편의 도덕 원칙과 바로 연결된다.

존재 양태로 보자면 추의 논리는 보통 사람이 성인으로 변해가는 과정으로 설명할 수 있다. 지속적으로 행위의 범위를 확대해 나가서 어느 순간 모든 행위가 보편적 윤리와 맞닿게 되는 논리이다. 이에 반해 진성측달의 논리는 보통 사람도 보편의 윤리에 해당하는 행위를 즉각적으로 할 수 있는 양지의 보편성에서 기인한다. 즉 윤리 행위를 촉발시키는 근원으로서 양지는 성인과 보통사람의 존재 양태를 동일하게 볼 수 있는 근거가 된다.

2. 행위 양태로서의 성인

앞장에서는 양명의 성인관이 양지를 바탕으로 존재 양태로서 성인을 말하고 있음을 살펴보았다. 그 근거로 추와 진성측달의 논리를 비교하여 양명의 성인관을 이해하고자 시도했다. 본 장에서는 이러한 이해에도 불구하고 양명이 사람을 성인과 현인, 그리고 학자로 나누어 보고 있음을 해명하려 한다.

이러한 구분은 모든 사람이 성인이라는 그의 주장과 정면으로 배치된다. 가령 그가 사람의 수양의 정도를 나누기 위하여 기존 유가의 도식을 차용하였다 손 치더라도 양지의 존재만으로 성인일 것인데, 어째서 또 다른 범주로 사람을 나누는가 하는 문제를 해결해야 한다.

양명은 사람을 세 부류로 나누어 다음과 같이 말한다.

마음을 다하고, 본성을 알고 하늘을 아는 것은 태어나면서부터 알아 편안히 행하는 성인의 일이다. 마음을 보존하고 본성을 기르며 하늘을 섬기는 것은 학습을 통해 알아 이롭다 여겨서 이를 행하는 현인의 일이다. 일찍 죽고 오래 사는 것에 개의치 않고 자신을 수양하여 기다리는 것은 애써서 알고 힘써 행하는 학자의 일이다.[21]

인용문은 『맹자』 「진심상盡心上」의 첫 구절을 변용한 것이다.[22] 본래의 구절을 보면 각 단계의 세 가지 일들은 각기 전자에서 후자로 선후 관계로 연결되어 있다. 각기 전단계의 일들이 후자의 선결과제로 임을 알 수 있다. 하지만 양명은 세 가지 일을 선후 관계가 없이 동일한 지평에서 말하고 있다. 위 인용문에서는 성인, 현인, 그리고 학자의 일을 각각 세 가지로 나누고 각 단계의 상태를 설명한다.

먼저 성인의 경우 진심盡心, 지성知性, 지천知天이 해야 할 일로 설정되어 있다. 성은 마음의 본체이고, 하늘은 성의 근원이며, 마음을 다하는 일이 바로 성을 다하는 일이다. 그러므로 뜻을 진실하게 하는 것만으로 성을 다할 수 있으며 하늘을 알 수 있게 된다.[23] 다시 말해 성인은 나면서부터 온전한 양지를 편안히 행하는 자를 일컫는다. 성인은 어떠한 사태를 만나더라도 이에 적확한 행동으로 대응할 수 있는 상태에 있는 존재이다.

현인은 존심存心, 양성養性, 사천事天이 해야 할 일이다. 마음을 보존하는 일만으로는 양지가 온전하게 다 드러나지 못하는 점이 있다는 뜻이

---

21 『傳習錄』 134조목: "夫盡心知性知天者, 生知安行, 聖人之事也. 存心養性事天者, 學知利行, 賢人之事也. 夭壽不貳, 脩身以俟者, 困知勉行, 學者之事也."

22 『孟子』 「盡心上」: "孟子曰, 盡其心者, 知其性也, 知其性, 則知天矣. 存其心, 養其性, 所以事天也. 夭壽 不貳, 修身以俟之, 所以立命也."

23 『傳習錄』 6조목: "惟天下至誠爲能盡其性, 知天地之化育."

된다. 따라서 현인은 성을 길러야 한다고 표현된다. 양성은 이미 완전한 양지를 양적으로 늘린다거나 적용의 범위를 확대한다거나 하는 뜻이 아니라 항상 양지가 온전하게 드러날 수 있도록 해야 하는 것을 의미한다.

하늘을 섬기는 것은 하늘을 아는 것과 달리 지극한 선인 천리와 항상 연결되어 있지는 못한 상태를 뜻하며, 이는 성인과의 차이로 나타난다.[24] 다시 말해 하늘을 아는 상태에서는 어떠한 행동을 하더라도 그것이 지극한 선에 꼭 맞는 행위 결과가 나타나므로 그 행위 자체가 이미 하늘과 하나가 된 것이다.

하지만 하늘을 섬기는 상태에서는 행위를 한 연후에 오류가 없는 상태가 나타날 때에만 하늘과 하나가 된다고 볼 수 있다. 따라서 근본적으로 하늘과 윤리 행위의 주체가 둘로 나뉘게 된다. 이는 현인의 윤리 행위가 항상 완벽하지는 못함을 뜻한다. 마지막으로 학자의 경우 요수불이夭壽不貳, 수신修身, 사명俟命이 해야 할 일이다.

일찍 죽고 오래 사는 것으로 인하여 마음이 흔들리지 않는 다는 것은 외부의 환경으로 인해 선을 행하고자 하는 뜻이 단절되어서는 안 된다는 뜻이다. 마음을 한결같도록 하여 선을 행하는 것에 뜻을 정해야 함을 말한다. 이것이 곧 지극한 선인 하늘을 알려고 하는[俟命] 것이다.[25]

이처럼 성인, 현인, 그리고 학자의 구분은 각 단계에 맞도록 해야 할 일이 설정되어 있다. 이와 같은 구분은 각각의 행위 양태가 다름에서 기인한다. 세 단계는 다시 윤리 행위의 목표 설정과 행위 적절성의 측면에

---

24 『傳習錄』 6조목: "事天如子之事父, 臣之事君, 須是恭敬奉承, 然後能無失, 尙與天爲二, 此便是聖賢之別."

25 『傳習錄』 6조목: "至於夭壽不貳其心, 乃是敎學者一心爲善, 不可以窮通夭壽之故, 便把爲善的心變動了, 只去修身以俟命, 見得窮通壽夭, 有箇命在, 我亦不必以此動心. 事天雖與天爲二, 已自見得箇天在面前, 俟命, 便是未曾見面, 在此等候相似, 此便是初學立心之始, 有箇困勉的意在."

서 나눌 수 있다. 먼저 전자의 측면에서 양명은 뜻을 정하는[立志] 것을 말한다. 이에 따르면 다시 두 부류로 나눌 수 있는데, 이미 지극한 선을 향한 마음이 정해진 경우는 성인과 현인이라 할 수 있다.

앞서 인용문에서 살펴 본 것과 같이 성인은 나면서부터 지선과 꼭 맞는 행위를 한다. 현인 역시 행위의 흠결이 있을 수는 있으나 근본적으로 선을 향한 방향성은 설정된 상태이다. 다만 초학자의 경우, 아직 주변의 상황[夭壽]에 흔들려 마음을 정하지 못한 상태이다.

윤리적 행위의 적절성은 뜻을 진실하게 하는[誠意] 것을 말한다. 성의를 기준으로 할 때, 성인, 현인, 학자의 구분은 그대로 유지된다. 뜻은 어떠한 사태를 맞이하여 몸을 주재하는 마음이 움직인 때 생겨나며, 그 본체는 양지이다.[26] 성인의 경우 타고난 양지를 언제나 온전히 발현시키는 상태이므로 곧 어떠한 사태를 맞이하더라도 진실한 뜻으로 행위를 하게 된다. 현인의 경우에는 선을 행하고자 하는 지향은 있으나 종종 지극한 선이라는 목표에 적확하지 않은 행위가 나타나기도 한다. 마지막으로 학자의 경우 어떠한 사태를 맞이하여 행위가 그에 들어맞는 경우도 있으나 현인보다 그 빈도수가 떨어진다고 할 수 있다. 그는 사태를 맞이하여 우연히 선한 행위를 하지만, 그것이 무엇인지 살피지 못하는 상태에 있는 것이다.[27]

행위 양태에 따른 세 가지 구분은 결국 모든 존재가 보편적이고 완전한 양지를 갖는다는 측면에서는 동일하지만 그것의 발현 빈도와 관련하여 나타난다. 이러한 측면에서 볼 때, 성인의 존재는 더는 윤리적 완성의 표상으로서만 존재한다고 볼 수는 없다. 왜냐하면 모든 존재가 이미

---

26 『傳習錄』 6조목: "身之主宰便是心, 心之所發便是意, 意之本體便是知, 意之所在便是物."
27 『傳習錄』 102조목: "雖從事於學, 只徇箇義襲而取. 只是行不著, 習不察非大本達道也."

양지로 말미암아 행위를 한다는 것에서 학자도 특정한 경우에는 성인과 동일하게 진실한 뜻에서 비롯된 행위를 할 수도 있기 때문이다. 그렇다면 문제는 어떻게 윤리적 행위의 지속성을 유지할 것인가에 달려있다. 양명은 지속의 문제에 대해 다음과 같이 말한다.

생각마다 천리를 보존하고자 하는 것이 바로 뜻을 정하는 것이다. 이를 잊지 않는 것이 지속되면 자연히 마음에 응집되는 것이 있다. …… 천리가 생각에 항상 보존되어 아름다움, 큼, 성스러움, 신묘함에 순조롭게 이르게 되는 것 또한 단지 하나의 생각을 따라 보존하고 길러 넓혀나가는 것일 뿐이다. [28]

위 인용문을 보면 생각[念]마다 천리를 보존하고자 하는 지향이 뜻을 정하는 것임을 알 수 있다. 이때의 뜻은 지극한 선인 천리를 향한 지향을 설정하는 것이다. 그리고 이러한 상태가 지속되면 자연스럽게 행위 양태가 성인의 양태와 동일하게 된다. 이에 해당하는 행위 양태는 성인과 현인이다. 그렇다면 생각과 뜻을 진실하게 하는[誠意] 것의 관계를 살펴볼 필요가 있다.

앞서 뜻을 진실하게 하는 것은 지극한 선을 향한 방향성이 설정된 상태에서 사태를 직면하였을 때, 그에 맞는 행동 여부라 하였다. 생각은 뜻을 진실하게 하는 단계 이전에 발생하는 것이다. 즉 어떠한 사태를 만나기 전에라도 발생하는 지점이 바로 생각이다. [29] 따라서 매 순간 생각을 살펴 사사로운 생각이 조금이라도 일어날 틈을 주어서는 안 되는 것

---

28 『傳習錄』16조목: "只念念要存天理, 卽是立志. 能不忘乎此, 久則自然心中凝聚. …… 此天理之念常存, 馴至於美大聖神, 亦只從此一念存養擴充去耳."

29 『傳習錄』28조목: "靜時念念去人欲, 存天理. 動時念念去人, 欲存天理. 不管寧靜不寧靜."

이다.[30] 그 후에 이 뜻을 오랫동안 유지하는 것이 곧 뜻을 진실하게 하여 행위 하는 것이 된다.[31]

행위의 지속성은 처음 발생하는 생각을 살펴 선한 생각을 유지하고, 악한 생각을 제거하는 공부가 얼마나 지속되느냐에 달려있는 것이다. 이것이 바로 뜻을 진실하게 하는 것이자, 치양지致良知이다.[32] 행위 양태로서의 성인은 이것을 나면서부터 알고 끊임이 없이 행하는 존재가 되며, 현인은 가끔 단절이 있기도 하지만 대체로 이를 유지하는 존재이며, 학자는 우연히 이를 행하지만 지속적으로 유지할 수는 없는 존재를 뜻한다. 이상의 내용을 도식으로 정리하면 다음과 같다.

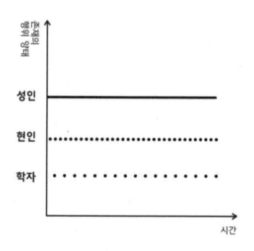

30 『傳習錄』39조목: "常如猫之捕鼠, 一眼看着, 一耳聽着, 纔有一念萌動, 卽與克去, 斬釘截鐵, 不可姑容與他方便, 不可窩藏, 不可放他出路, 方是眞實用功."

31 『傳習錄』53조목: "善念存時, 卽是天理. 此念卽善, 更思何善? 此念非惡, 更去何惡? 此念如樹之根芽. 立志者長立此善念而已."

32 『傳習錄』317조목: "去惡固是格不正以歸於正, 爲善則不善正了, 亦是格不正以歸於正也. 如此則吾心良知無私欲蔽了, 得以致其極, 而意之所發, 好善去惡, 無有不誠矣. 誠意功夫實下手處在格物也. 若如此格物, 人人便做得, 人皆可以爲堯舜, 正在此也."

위 도식은 행위 양태에 따라 성인과 현인 그리고 학자의 구분을 표시한 것이다. 아래 축은 시간에 따라 윤리적 행위의 지속성을 표시한 것이고, 위의 축은 행위 양태에 따른 존재의 구분을 나타낸 것이다. 그리고 완벽한 윤리적 행위의 수행을 점으로 표현하였다. 성인은 타고난 양지가 사욕에 가리지 않고 모든 행위에 나타난다. 윤리적 행위 역시 끊이지 않고 지속적으로 나타난다. 이에 성인은 연결된 선분으로 표시하였다. 현인의 경우 성인과 다르게 단절이 나타나는 무수한 점들의 집합 형태이다. 성인과는 다르게 모든 행위가 윤리적 완전성에 완벽하게 대응하지는 못하는 단절이 있기 때문에 점들의 집합으로 표현하였다. 학자의 경우에는 그 단절이 더욱 심하다. 그는 가끔 선한 생각[善念]을 일으켜 양지가 온전하게 발현되기도 하지만, 지속성이 현격히 떨어져 간격이 넓은 점으로 표기하였다. 학자의 점 역시 성인을 표현한 선분 중의 하나의 점과 동일한 윤리적 완전성을 지닌다.

다시 말해 학자가 어떠한 사태를 맞이하여 양지가 온전히 발현된 행위를 하였다면, 그 지점에서 그는 성인의 행위 양태를 보이는 것이다. 즉 성인의 선분은 학자의 점과 같은 무수한 선한 행위들의 집합체이다.

3. 심즉리를 통한 탈성화脫聖化 기획

이상의 내용을 통하여 양명의 성인관을 존재의 양태와 행위의 양태라는 두 가지 갈래로 살펴보았다. 양명은 양지에 근거하여 성인은 보통 사람과 다를 바 없음을 주장하였고, 이는 존재의 양태로 성인을 바라볼 때 가능한 말이다. 한편 행위의 양태로 바라본 양명의 성인관은 성인과 현인, 그리고 학자의 구분으로 나타난다.

이러한 구분은 성인의 존재만이 어떠한 사태를 만나더라도 항상 완전한 양지를 드러낼 수 있다는 측면에서 발생한다. 그러나 이 둘의 구분은 만날 수 없는 평행선을 달리는 것이 아니다. 성인과 같은 행위 양태가 지속되면 보통 사람과 성인의 경계는 사라지게 된다. 그러나 보통 사람은 아직 천리를 향한 뜻을 정하지 못하고, 우연한 사태에 우연히 선한 행위를 할 뿐이다. 따라서 무엇보다 뜻을 정하도록 이끄는 일이 중요하다.

다시 서두에서 언급하였던 심즉리로 돌아가 보자. 심즉리 명제는 지속의 문제에 관한 양명의 고민을 담고 있다. '마음이 곧 이치이다'라는 양명의 주장은 표현을 그대로 이해하자면 또 다른 논리적 충돌에 이르게 된다. 왜냐하면 마음에는 천리에서 근본한 성性뿐만 아니라 사욕私欲 또한 존재하기 때문이다. 양명 역시 이를 의식하여 마음의 본체는 성이고, 성이 곧 이치라는 말하고 있다.[33]

이때의 성즉리는 어떠한 사태를 맞아 그 마음이 움직이게 되면 이에 적절한 윤리적 이치가 생겨난다는 의미이다. 예컨대, 부모를 만나 효도하는 마음이 있다면 효의 이치가 있게 된다. 그러나 효도라는 별도의 이치가 부모를 만나는 사태가 없더라도 별도로 존재한다는 의미가 아니다.[34] 양명이 마음의 전체를 이치에 대응시킨 것은 행위를 강조하기 위함이다. 즉 이치의 순수성과 절대성을 숭배하고, 이를 대상화시켜 학습을 통해 그것을 획득하려고 했던 것이 아니다. 다시 말해 별도의 이치들을 학습하여야 이를 종합적으로 구현하여 보편의 이치에 닿을 수 있다고 본 것이 아니다. 양명은 다음과 같이 말한다.

---

33 『傳習錄』 133조목: "心之體, 性也. 性卽理也."
34 『傳習錄』 133조목: "理雖散在萬事, 而不外乎一人之心."

선생(양명)이 말하였다. "마음은 이치에 닿아있다. 천하에 또다시 마음 밖의 일과 마음 밖의 이치가 있겠는가?"

서애가 말하였다. "가령 부모를 모시는 때의 효와 임금을 모시는 때의 충과 친구와 사귀는 때의 믿음과 백성을 다스리는 때의 인仁과 같은 것은 그 사이에 수많은 이치가 있으니, 또한 살피지 않아서는 안 될 것입니다."

선생이 탄식하며 말하였다. "이러한 학설의 폐단은 오래되었으니, 어찌 한마디 말로 깨우치겠는가? 지금, 우선 질문한 것에 관해 말해보자. 예를 들어 부모를 섬길 때 부모에게 어떤 효의 이치도 구할 수 없다. 임금을 섬길 때 임금에게 어떤 충의 이치도 구할 수 없다. 친구를 사귀고 백성을 다스릴 때에 친구와 백성을 떠나서 어떤 신信과 인의 이치도 구할 수 없다. (이치는) 모두 단지 이 마음에 있을 뿐이니, 마음은 이치에 닿아있다. 이 마음에 사욕의 폐단이 없는 것이 바로 천리이니, 모름지기 밖에서 조금도 더할 것이 없다. 이는 순수한 천리의 마음인 것이며, 이로써 부모를 섬기는 일에 발휘한다면 곧 효이며, 임금을 섬기는 일에 대하여는 곧 충이며, 친구를 사귐과 백성을 다스리는 일에 대하여는 곧 신과 인이다. 단지 이 마음에서 인욕을 없애 천리를 보존하는 것에 힘쓰는 것이 옳다."[35]

---

35 『傳習錄』3조목: "先生曰, 心卽理也. 天下又有心外之事, 心外之理乎? 愛曰, 如事父之孝, 事君之忠, 交友之信, 治民之仁, 其間有許多理在, 恐亦不可不察. 先生嘆曰, 此說之蔽久矣. 豈一語所能悟? 今姑就所問者言之. 且如事父, 不成去父上求箇孝的理. 事君, 不成去君上求箇忠的理. 交友治民, 不成去友上民上求箇信與仁的理. 都只在此心. 心卽理也. 此心無私欲之蔽, 卽是天理. 不須外面添一分. 以此純乎天理之心, 發之事父便是孝. 發之事君便是忠. 發之交友治民便是信與仁. 只在此心去人欲存天理上用功便是."

위 인용문에서 양명의 제자 서애는 이치를 행위자의 외부에서 찾으려고 한다. 그는 개별 사태를 맞이하여 구체적인 대응 방식들을 모두 공부해야하지 않느냐고 질문하고 있다. 예컨대 효를 해야 한다는 보편의 윤리적 당위에 대해 구체적 방식, 즉 개별적 행위 원칙에 매몰되어 양명이 마음을 통해 두 가지를 통합하려 한 시도를 인지하지 못하고 있다. 이에 양명은 부모, 임금 등 직접적인 대상에 효孝나 충忠의 이치가 있는 것이 아니라고 대답한다. 그 대상을 만나 어떠한 방식으로 대해야 할지에 대해 궁리하는 것이 효, 충 등의 이치를 찾는 것이 아니라는 말이다. 즉 시간과 공간에 무관하게 이미 효, 충 등의 덕목은 마음에 갖추어져 있는 것이다. 따라서 사욕에 의해 양지가 가려지지만 않으면 그 자체로 완전하게 되므로 더 보탤 필요가 없다고 말한다.

그렇다고 외부의 어떠한 것도 참고하지 말라는 뜻은 아니다. 논점은 서애가 개별적인 이치들의 합을 통하여 보편의 이치를 구하려고 했다는 점에 있다. 양명은 이미 마음에 있는 이치가 곧 개별의 이치이자 보편의 이치와 맞닿아 있음을 말한 것이다.

이 이치는 양지와 같다. 양지는 이미 완전함을 지니고 있기에 이를 드러내기만 하면 이 자체가 마음의 전체와 동일하다고 보는 것이다. 그렇다면 문제는 어떻게 양지를 드러낼 것인가에 달려 있다. 양명은 오직 마음에서 인욕을 없애고 천리를 보존할 것을 말한다.[36] 이는 앞서 학자가 해야 할 일에서 살펴보았듯이, 지극한 선을 추구하는 마음을 정하고 지속성을 통해 이를 유지시키는 것에 달려 있다.

이를 맹자의 표현을 빌려 말하자면, 먼저 지극한 선을 향한 목표를 세우면[先立乎其大者], 사욕과 같은 것이 자연스럽게 밀려나게 되는 것이

---

36 『傳習錄』 3조목: "只是有箇頭腦, 只是就此心去人欲存天理上講求."

다.[37] 이때 지극한 선이라는 방향성이 설정이 되면 삶의 다양한 가치들이 목표를 중심으로 재배열 되는 것이다. 이전에 지극한 선과 사욕이 동일한 지평에서 수평적으로 논의가 되었다면, 뜻을 세우고 난 뒤에는 지극한 선을 중심으로 수직적으로 재배열된다.

한편 성은 곧 이치라는 주장에서의 성은 심과 달리 윤리 행위를 일으키는 동적 계기를 갖고 있지 않다. 성은 나면서 받은 성질을 일컫는데, 그 자체로는 직접적으로 행위를 촉발시킬 수 없다. 따라서 이치이면서 지극한 선으로서의 성이 모든 사람에게 있다는 점에서 동일하다고 할지라도 여전히 행위와 성이 어떻게 이어질 수 있는지에 대한 연결고리가 필요하다.[38]

양명은 이 단계를 생략하고 직접 마음에 지극한 선의 지위를 연결시키려고 하였다. 양명에게는 마음이 곧 보편적 진리를 담고 있는 양지로서 성인에서 보통 사람에 이르기까지 모두 동일하다. 이러한 측면에서 존재 양태로서의 성인과 보통 사람은 동일한 것이다. 또한 마음은 생각을 일으키며, 이것의 양태가 선으로 지속되면 성인의 존재로 나타나는 것이다.

따라서 마음이 곧 이치이자, 개인의 윤리적 행위가 보편성을 획득할 수 있게 되며, 이것의 지속 여부에 따라 행위 양태가로서 성인과 보통

---

37 『孟子』「告子上」: "心之官則思, 思則得之, 不思則不得也. 此天之所與我者, 先立乎其大者, 則其小者不能奪也."

38 주희는 사람의 良知와 良能을 자연적 속성이라 하고, 양지와 양능을 통해 윤리 행위의 계기를 설정한다.『孟子集註』,「告子章句」: "人之良知良能自然之性也, 堯舜人倫之至, 亦率是性而已." 하지만 이때의 양지는 자연적 속성으로 유아가 부모를 보며 웃는 정도의 선천적 도덕감을 뜻한다. 맹자의 양지는 선천적 도덕 원칙의 완비를 뜻하지 않는다. 그는 부모를 사랑하는 것 같은 자연 발생적 도덕감, 또는 후천적으로 효와 이치를 학습할 수 있는 가능성의 맥락에서의 양지를 말한다. 신정근,『사람다움의 발견』, 서울: 이학사, 2005, 466~471쪽 참조.

사람이 다르게 나타나는 것이다. 양명에게 있어서 더는 이치의 담지자로서 성인이라는 존재가 윤리적 완성의 표상의 지위에 있을 필요가 없다. 이는 성즉리의 논리가 가지고 있는 이치의 성화聖化를 탈각시키려 한 것이며, 개인의 윤리와 보편의 윤리가 맞닿을 수 있는 계기를 제공한 것이다.

| 신정근

약력

서울대학교 철학과 졸업
동 대학원 철학과 석사, 박사

현 성균관대학교 동양철학과 교수
　성균관대학교 유학대학장
　성균관대학교 유교문화연구소장
　(사)인문예술연구소 이사장
　인문예술학회 회장

주요 저역서

저서 『사람다움의 발견』(2005), 『마흔, 논어를 읽어야 할 시간』(2011), 『철학사의
　　전환』(2012), 『공자의 숲, 논어의 그늘』(2015), 『인권유학』(2017) 등

역서 〈동아시아예술미학총서〉 총 6권 등

논문 「도덕원칙으로서 서(恕) 요청의 필연성」(동양철학, 2004)
　　「전국시대 2단계 心담론으로서 管子 心學의 의의」(동양철학연구, 2009)
　　「맹자와 순자 사상의 결정적 차이」(동양철학연구, 2011)
　　「동아시아 예술 공간의 창출」(유교사상문화연구, 2017)
　　「유교에서 양심과 법의 '애증'관계1」(유교사상문화연구, 2019) 등

| 김미영

약력

세종대학교 무용과 졸업
숙명여자대학교 무용과 석사
성균관대학교 동양철학과 박사

현 성균관대학교 유교문화연구소 책임연구원
  (사)인문예술연구소 상임이사
  (사)한국전통춤협회 성남지부장
  정금란춤 전승보존회장
  검무연구소장

주요 저역서

저서 『『악학궤범』 악론의 동양사상 2580』(2018)

논문 「『武藝圖譜通志』 검술을 기초로 한 조선 검무의 춤동작과 사상성 연구」(대
한무용학회 2009)
「唐詩에서의 춤동작에 대한 문학적 형상화 II」(무용역사기록학 2014)
「전쟁과 춤 그리고 유교-〈破陣樂〉을 중심으로-」(대한무용학회 2016)
「王陽明의 心學 이론으로 본 한국전통춤의 私欲과 天理體認」(무용역사기
록학 2018)
「『詩經』 속 춤동작의 문예적 표현 탐구」(인문예술, 2019) 등

| 송지원

약력

성신여자대학교 음악교육과 작곡전공 졸업
서울대학교 국악과 석사, 박사
현 서울대학교 국악과 비전임 교수
  음악인문연구소 소장
  한국공연문화학회 명예회장
  국악방송 국악산책 진행자

주요 저역서

저서 『정조의 음악정책』(2007), 『한국음악의 거장들』(2012), 『조선의 오케스트라
우주의 선율을 연주하다』(2013), 『새로 쓰는 예술사』(공저, 2014) 등

역서 『역주 시경강의』 1-4 등

논문 「18세기 조선 음악지식 집성의 방식」(한국문화, 2012)
「조선후기 문인음악의 소통과 향유」(한국음악사학보, 2012)
「조선시대 유교적 국가제사 의례와 음악」(공연문화연구, 2013)
「18세기 음악의 '멋' 추구 향방」(한국실학연구, 2017)
「조선시대 음악사회에서 여성음악가의 존재양상」(한국음악사학보, 2018)
「조선시대 선잠·친잠의례와 음악의 역사적 변천」(공연문화연구, 2019) 등

| 고연희

약력

이화여자대학교 국어국문학과 졸업
동 대학원 국어국문학과 석사, 박사
홍익대학교 미술사학과 석사
이화여자대학교 미술사학과 박사

현 성균관대학교 동아시아학술원 동아시아학과 교수

주요 저역서

저서 『아름다운 필묵의 정신사, 조선시대 산수화』(2007)
　　 『그림, 문학에 취하다』, (2011)
　　 『선비의 생각, 산수로 만나다』(2012)
　　 『화상찬으로 읽는 사대부의 초상화』(2015) 등

논문 「동아시아 회화의 복제와 파생에 대한 일고찰- 휘종 매그림을 중심으로」,
　　 (대동문화연구, 2013)
　　 「19세기 남성문인들의 미인도 감상」(한국근현대미술사학, 2013)
　　 「욕기장(浴沂章)에 대한 이해와 형상화 전개」, (유교사상문화연구, 2016)
　　 「잊혀진 왕실병풍·화초병과 인추영모병」, (미술사논단, 2016)

| 임태규

약력

홍익대학교 미술대학 동양화과 및 동 대학원 졸업
성균관대학교 대학원 동양철학과(예술철학) 박사

현 성균관대학교 양현재 강사
　　 배돈 문화공간 대표

주요 저역서

저서 『장자미학사상』(2013)

역서 〈동아시아예술미학총서: 『의경, 동아시아 미학의 거울』〉(2013)

논문 「『莊子』에 나타난 美의 상대성 인식에 관한 연구」(예술철학연구, 2009)
　　 「莊子 德 개념의 미학적 해석」(미학예술학연구, 2010)
　　 「『莊子』에서 化 개념의 미학적 탐색」(인문과예술, 2015)
　　 「다원주의 시대의 예술, 그 明과 暗」(문화와 예술, 2017) 등

| 전성건

약력

고려대학교 철학과 졸업
동 대학원 철학과 석사, 박사

현 안동대학교 동양철학과 교수
　　안동대학교 동양철학과 학과장
　　안동대학교 교수회 사무국장
　　한국실학학회 총무이사

주요 저역서

저서 『정약용의 철학사상과 체제개혁론』(2014), 『조선후기 사족과 예교질서』
　　(2015, 공저), 『일기에서 역사를 엿보다』(2016, 공저), 『퇴계학파의 사람들』
　　(2017), 『퇴계학파의 사람들2』(2018, 공저) 등

역서 『다산 정약용의 사례가식』(2015) 등

논문 「한주 이진상의 『사례집요』와 예학사상」(한국학논집, 2015)
　　「다산 정약용의 경세학 구조와 그 과제」(민족문화연구, 2016)
　　「다산 정약용의 맹자학과 혈기론」(민족문화, 2018)
　　「난은 이동표의 리학과 예학」(민족문화논총, 2019)
　　「하곡의 양지론과 다산의 영지론」(양명학, 2019) 등

| 이해임

약력

명지대학교 철학과 졸업
서울대 대학원 철학과 석사, 박사

현 한림대 태동고전연구소 연구교수

주요 저역서

논문 「韓元震의 未發에 관한 硏究」(철학연구, 2016)
　　「韓元震對朝鮮朱子學未發論詮釋之省察」(UNIVERSITAS-MONTHLY
　　REVIEW OF PHILOSOPHY AND CULTURE, 2017)
　　「The Characteristics of the Earlier Philosophy of Han Won-jin:
　　Major Issues in Yulgok byeoljip bucheom」(國際版〈儒敎文化硏究〉,
　　2018)
　　「조선전기 중앙관료의 《맹자(孟子)》에 대한 인식 -《실록(實錄)》과 경연(經

箋) 자료를 중심으로 - 」(태동고전연구, 2018)
「『맹자(孟子)』「호연지기(浩然之氣)」장(章) 주석사의 전개 양상 연구 : 조기
(趙岐)와 주희(朱熹)를 중심으로」(철학탐구, 2019) 등

| 이원석

약력

서울대학교 철학과 졸업
동 대학원 철학과 석사, 박사

현 전남대학교 철학과 교수

주요 저역서

저서　『처음 읽는 중국 현대철학』(2016, 공저)

역서　『펑유란 자서전』(2011, 공역)
　　　『주자와 양명의 철학』(2012)
　　　『이 중국에 거하라』(2012)
　　　『주희의 역사세계』(2015)

논문　「『대학』〈정심(正心)장〉에 대한 이황과 박세채의 해석」(태동고전연구, 2019)
　　　「『대학』의 주요 개념에 대한 이언적과 이이의 해석 비교」(유교사상문화연
　　　구, 2019)
　　　「이고(李翺)의 성선정악설(性善情惡說) 연구」(유학연구, 2018)
　　　「만국공법의 두 가지 지평과 구한말 유학」(한국학연구, 2018)
　　　「이언적(李彦迪)의『대학(大學)』이해」(대동철학, 2018)

| 권오향

약력

이화여자대학교 자연과학대학 수학과 졸업
성균관대학교 대학원 동양철학과 석사 및 박사

현 (사)인문예술연구소 선임연구원
　　인문예술학회 부회장
　　해여 인문학당 원장

전 성균관대학교 겸임교수

주요 저역서

역서 『신언』(학고방, 2019)

저서 『세종은 과연 성군인가 우문에 대한 현답』(보고사, 2019) 공저

논문 「《순자》의 경세관 연구」(동양철학연구, 2016)
「《장자》의 소통 연구」(동양철학연구, 2017)
「양명철학에서 양지의 체용관」(철학논총, 2017)
「《왕정상》의 실천경세관 연구」(Journal of Confucian Philosophy and Culture, 2017)
「《왕정상》의 도체론 사상 변석〉」(대만 보인대학 哲學論集, 2017)

| 엄연석

약력

서울대학교 철학과 졸업(1988)
동 대학원 철학과 석사(1990), 박사(1999)

현 한림대학교 태동고전연구소 교수
한림대학교 태동고전연구소 소장
한국연구재단 인문한국관리위원회 위원
한국주역학회 명예회장
세계한학연구회한국학회 이사

주요 저역서

저서 『조선전기역철학사』(2013), 『동양고전 속의 삶과 죽음(공저)』(2018)

역서 『국역 심경주해총람』(2014)

논문 1. 「이언적의 『中庸九經衍義』와 『衍義別集』의 경학사상사적 특색」, 대동철학 83, 2018.6
2. 「전통성과 창조성의 균형점으로서 한양과 근기지방의 문화지리학적 의미-화서학파와 북학파의 활동과 사상적 지향을 중심으로-」, 서울학연구 71, 2018
3. 「주역 괘효사에 내포된 원시유학사상의 원형적 요소-주례의 제도적 문화적 내용을 참조하여-, 태동고전연구 39, 2017
4. 「상촌 신흠의 역학에서 상수역과 의리역의 상보적 특성」, 동양철학 48, 2017
5. 「퇴계의 중층적 천관(天觀)으로 보는 경(敬)의 주재성」, 퇴계학논집 19, 2016. 등 다수

| 정도원

약력

성균관대학교 한국철학과 졸업
성균관대학교 대학원 석사, 박사

현 성균관대학교 초빙교수
세종대, 부산대, 한신대, 건양대, 국민대 등 강의
성균관대학교 동아시아학술원 유교문화연구소, 동양철학문화연구소, 한국철학문화연구소 연구원

주요 저역서 및 논문

저서 『유학과의 짧은 만남, 퇴계 이황과 16세기 유학, 퇴계학의 계승과 변화』

공저 『한국사상의 씬스틸러』

논문 「간재 이덕홍의 도학과 역학」(2019), 「조선 도학파의 내성외왕론과 일리의 현실적 의미」(2019), 「주자의 정통적 사회실천론과 '의리''의기'의 현실화 논리」(2019), 「퇴계와 율곡의 심학과 외왕으로의 전환 논리」(2018), 「양촌 권근의 역사의식과 주자학 이해」(2017)

| 이현선

약력

서울대학교 종교학과 졸업
동 대학원 철학과 석사, 박사

현 서울대·건국대 강사
　한림대 태동고전연구소 연구원

주요 저역서

저서 『장재와 이정형제의 철학-기철학과 리철학의 대립』(2013), 『마음과철학, 유학편』(2013) 등

역서 『정명도와 정이천의 철학』(원제: Two Chinese Philosophers. A.C.Graham저)(2011)

논문 "Yi Hwang's and Yi I's Interpretations of the Taijitushuo: Focusing on Their Theories of Li-Qi"(Korea Journal, 2019)
「이정(二程) 형제 불교 비판의 사상적 맥락 고찰 – 유·불일체론과 도통론을 중심으로 -」(유교사상문화연구, 2019)

「율곡 이이의 리기론에 있어 장재와 이정 형제의 영향 - 나흠순(羅欽順)과 박순(朴淳)의 기 철학 비판을 중심으로」(유교사상문화연구, 2017)
「李滉의 程顥 철학 해석과 명대 유학 비판 -「定性書」의 주요 개념을 중심으로 -」(유교사상문화연구, 2016) 등
「정호의 철학과 明代 유학의 탈주자학적 경향」(양명학, 2015)

| 임재규

약력

서울대학교 종교학과 졸업
동 대학원 종교학과 석사
중국 푸단대학교 역사학과 박사

현 서울대학교 윤리교육과 강사

주요 저역서

저서 『한국 사회와 종교학』(2017, 공저), 『다산 정약용의 역학이론』(2019) 등

역서 『화해의 마음으로 세상을 보다』(2012)

논문 「丁若鏞与吴澄的《周易》解释方法论比较」(周易研究, 2016) 등

| 설준영

약력

한동대학교 법학부 졸업
성균관대학교 대학원 동양철학과 석사

현 성균관대학교 동양철학과 박사과정 수료
　성균관대학교 유교문화연구소 연구원보
　인문예술학회 간사

주요 저역서

논문 「정도전의 배불론과 재상 중심 정치체제에 대한 해석」(인문과 예술, 2014)
　　「서(恕)와 진성측달(眞誠惻怛)로 본 동서양의 환대 개념」(유학연구, 2018)

21세기 유교 연구를 위한 **백가쟁명**
2권 정상과 이상의 대결 역사

초판 1쇄 인쇄 2019년 12월 28일
초판 1쇄 발행 2019년 12월 31일

지은이 신정근 외
펴낸이 신동렬
펴낸곳 성균관대학교 출판부

등록 1975년 5월 21일 제1975-9호
주소 03063 서울특별시 종로구 성균관로 25-2
대표전화 02)760-1253~4
팩스 02)762-7452
홈페이지 press.skku.edu

ⓒ 2019, 유교문화연구소

ISBN 979-11-5550-393-5 94150
978-89-7986-493-9 (세트)